中国社会科学院学部委员专题文集
ZHONGGUOSHEHUIKEXUEYUAN XUEBUWEIYUAN ZHUANTI WENJI

争议下的国际问题观察

何 方 ◎ 著

中国社会科学出版社

图书在版编目（CIP）数据

争议下的国际问题观察／何方著．—北京：中国社会科学出版社，2013.1

（中国社会科学院学部委员专题文集）

ISBN 978-7-5161-1594-7

Ⅰ.①争… Ⅱ.①何… Ⅲ.①国际政治—文集 Ⅳ.①D5-53

中国版本图书馆 CIP 数据核字（2012）第 251510 号

出 版 人	赵剑英
出版策划	曹宏举
责任编辑	王　茵
特约编辑	林　昶
责任校对	孙洪波
责任印制	戴　宽

出　　版	中国社会科学出版社
社　　址	北京鼓楼西大街甲 158 号（邮编 100720）
网　　址	http://www.csspw.cn
	中文域名：中国社科网　010-64070619
发 行 部	010-84083685
门 市 部	010-84029450
经　　销	新华书店及其他书店
印刷装订	北京七彩京通数码快印有限公司
版　　次	2013 年 1 月第 1 版
印　　次	2013 年 1 月第 1 次印刷
开　　本	710×1000　1/16
印　　张	25
插　　页	2
字　　数	396 千字
定　　价	76.00 元

凡购买中国社会科学出版社图书，如有质量问题请与本社联系调换
电话：010-64009791
版权所有　侵权必究

《中国社会科学院学部委员专题文集》编辑委员会

主任 王伟光

委员 （按姓氏笔画排序）

王伟光　刘庆柱　江蓝生　李　扬
李培林　张蕴岭　陈佳贵　卓新平
郝时远　赵剑英　晋保平　程恩富
蔡　昉

统筹 郝时远

助理 曹宏举　薛增朝

编务 田　文　黄　英

前　言

哲学社会科学是人们认识世界、改造世界的重要工具，是推动历史发展和社会进步的重要力量。哲学社会科学的研究能力和成果是综合国力的重要组成部分。在全面建设小康社会、开创中国特色社会主义事业新局面、实现中华民族伟大复兴的历史进程中，哲学社会科学具有不可替代的作用。繁荣发展哲学社会科学事关党和国家事业发展的全局，对建设和形成有中国特色、中国风格、中国气派的哲学社会科学事业，具有重大的现实意义和深远的历史意义。

中国社会科学院在贯彻落实党中央《关于进一步繁荣发展哲学社会科学的意见》的进程中，根据党中央关于把中国社会科学院建设成为马克思主义的坚强阵地、中国哲学社会科学最高殿堂、党中央和国务院重要的思想库和智囊团的职能定位，努力推进学术研究制度、科研管理体制的改革和创新，2006年建立的中国社会科学院学部即是践行"三个定位"、改革创新的产物。

中国社会科学院学部是一项学术制度，是在中国社会科学院党组领导下依据《中国社会科学院学部章程》运行的高端学术组织，常设领导机构为学部主席团，设立文哲、历史、经济、国际研究、社会政法、马克思主义研究学部。学部委员是中国社会科学院的最高学术称号，为终生荣誉。2010年中国社会科学院学部主席团主持进行了学部委员增选、荣誉学部委员增补，现有学部委员57名（含已故）、荣誉学部委员133名（含已故），均为中国社会科学院学养深厚、贡献突出、成就卓著的学者。编辑出版《中国社会科学院学部委员专题文集》，即是从一个侧面展示这些学者治学之道的重要举措。

《中国社会科学院学部委员专题文集》（下称《专题文集》），是中国社会科学院学部主席团主持编辑的学术论著汇集,作者均为中国社会科学院学部委员、荣誉学部委员,内容集中反映学部委员、荣誉学部委员在相关学科、专业方向中的专题性研究成果。《专题文集》体现了著作者在科学研究实践中长期关注的某一专业方向或研究主题,历时动态地展现了著作者在这一专题中不断深化的研究路径和学术心得,从中不难体味治学道路之铢积寸累、循序渐进、与时俱进、未有穷期的孜孜以求,感知学问有道之修养理论、注重实证、坚持真理、服务社会的学者责任。

2011年,中国社会科学院启动了哲学社会科学创新工程,中国社会科学院学部作为实施创新工程的重要学术平台,需要在聚集高端人才、发挥精英才智、推出优质成果、引领学术风尚等方面起到强化创新意识、激发创新动力、推进创新实践的作用。因此,中国社会科学院学部主席团编辑出版这套《专题文集》,不仅在于展示"过去",更重要的是面对现实和展望未来。

这套《专题文集》列为中国社会科学院创新工程学术出版资助项目,体现了中国社会科学院对学部工作的高度重视和对这套《专题文集》给予的学术评价。在这套《专题文集》付梓之际,我们感谢各位学部委员、荣誉学部委员对《专题文集》征集给予的支持,感谢学部工作局及相关同志为此所做的组织协调工作,特别要感谢中国社会科学出版社为这套《专题文集》的面世做出的努力。

《中国社会科学院学部委员专题文集》编辑委员会

2012 年 8 月

目　　录

序言 …………………………………………………………… (1)

时代问题篇

我们所处的时代 ……………………………………………… (3)
关于时代问题讨论的回顾
　　——再论和平与发展时代 ……………………………… (71)
国际问题研究中的几个观念问题 …………………………… (111)
不可动摇对国际形势的根本判断 …………………………… (119)
关于跨世纪我国现代化建设的国际环境 …………………… (125)
有关经济全球化的十个问题 ………………………………… (138)
苏联八月事变对世界格局和国际关系的影响 ……………… (151)
对俄国十月革命的回顾与思考
　　——写在"十月革命"九十周年之际 ………………… (159)

国际问题篇

关于朝鲜停战的和谈问题 …………………………………… (169)
评英国的所谓亚洲洛迦诺计划 ……………………………… (174)
有关当前民族独立运动的几个问题 ………………………… (184)
伟大的胜利　巨大的变化
　　——纪念欧洲反法西斯战争胜利40周年 …………… (197)

共和国成立前后的国际形势 ·················· (202)
对当前国际形势的几点看法 ·················· (257)
对国际形势的看法和调整对外政策的建议 ············ (267)
过渡时期国际形势的若干问题 ················· (276)
亚洲的崛起 ·························· (300)
南北差距的新变化 ······················ (305)
21 世纪初中国国际环境的若干思考
　　——谈谈国际问题研究中的几个争论问题 ········· (314)

日本问题篇

对中日关系的一些看法和意见 ················· (331)
新形势下的日本和中日关系 ·················· (339)
记取历史教训　发展中日友好
　　——纪念卢沟桥事变 50 周年 ··············· (362)
日本面临第三次历史性选择 ·················· (367)

序 言

中国社会科学院决定编辑出版学部委员专题文集，我也忝列其中。社科院当年在评选荣誉学部委员时，给我评定的专业为国际问题和中共党史两项。但实际上我在1950年离开地方工作改做外交工作后，主要从事的只是国际问题研究。中间由于1959年遭到错误批判和处理，曾经耽误过一段时间，不过恢复工作后还是专门致力于国际问题研究。而对中共党史的研究只是在1999年离休后才开始，至今也不过十多年。至于其他方面的文章，只能算业余爱好。所以，这本集子就完全限于国际问题范围。还由于我在从事研究工作的同时都担负着一定的行政领导工作，很难对专门问题进行系统研究而写出成体系的专著，只能随着国际形势的发展变化和外交工作的需要，写些带有时间性的专论，而且大多是提供领导参考的看法和建议。为此，又不能不对各种不同意见进行辩驳，从而显示出较强的论战性。这本小书也就干脆命名为《争议下的国际问题观察》。

关于本书的内容，除了一般的国际问题外，还单列了时代问题和日本问题两项。这是因为：

第一，时代问题是一个非常重要的理论问题，判断有误，就会为害全局。中华人民共和国成立后，由于我们的错误判断，无视和平与发展时代在二战后即已到来，而坚持我们仍然处在战争与革命时代，并据此制定国家战略和政策，即，对内以阶级斗争为纲，搞继续革命，接连发动各种运动，造成经济、社会和人民生活出现30年的倒退，耽误了世界快速发展的一段黄金时期；对外推进世界革命，使我们未能利用当时有利于经济建设的国际环境，还导致在国际上的孤立。20世纪80年代，由于提出和平与发展两大时代特征，为改革开放战略奠定了理论基础，此后我国经济随即在市场化的推动下出现长期快速增长，造成后三四十年和头三十年的差别判若天壤，这是无人能够否认的。

第二，列上日本问题，主要是由于我受命当了八年的日本研究所所长。虽不能说对日本有什么研究，但既在其位，总得尽量谋其政，了解点日本情况，写点有关日本的东西。结果就有了一批日本问题的文章，曾发表于当时报刊，或提交给学术交流论坛。这次出版文集，即从中捡出一批充数。还值得一提的是，在我出任所长期间，正值中国开始执行改革开放政策，并同日本缔结了和平友好条约，在日本掀起了一阵中国热，在中国兴起了经济上学习日本的高潮，双方提出的共同口号是"中日两国人民世世代代友好下去"。日本研究所成立于这种时候，不但受到中国有关方面的重视和支持，也受到日本官方和民间的欢迎与资助，致使日本所当时成为社科院在设备物资方面最富足的一个所。没想到后来中日关系竟发生重大变化。从20世纪90年代起，日本由于右翼势力的抬头和许多人对中国崛起的嫉妒和疑惧，加之双方民族主义情绪有所滋长，两国关系又开始出现逆转。不但国家关系中不时发生一些摩擦和争斗，而且人民之间相互不看好的比例也在上升。几年前曾有一次对两国的民意调查，不喜欢对方的人竟占70%以上。这一趋势如得不到制止，任其发展下去，就不仅会损害两国和两国人民的根本利益，也会严重影响亚太特别是东亚地区的和平与发展、稳定与繁荣。但是中日关系要修好，还得双方一同做出巨大努力。

应当说明的是，本书收集的大都是多年前发表过的文章。时过境迁，已成了历史资料。之所以再次付印，正因为还多少有些史料价值。即使如此，有些时间过久的文章仍然需要解释一下当时的历史背景。这里只就五六十年前的三篇文章做点说明。

第一篇是1951年所写《关于朝鲜停战的和谈问题》。这是我从事国际问题研究后（时任驻苏联大使馆研究室主任），在张闻天大使指导下向外交部和党中央写的第一篇调研报告。当时朝鲜战争正在打得难解难分，处于相持阶段。由于中国的参战和苏联的援助，美国军队已不可能推进到鸭绿江边，而中苏朝"三驾马车"（毛泽东语）也无力把美国赶出朝鲜半岛，美朝双方和世界舆论又都希望不要再打下去了。正是在这种历史背景下，张闻天看出了通过和平谈判停止战争的必要和可能，遂让我以使馆研究室名义写了这篇调研报告，送回外交部和中央后，引起极大重视。周恩来总理兼外长曾亲自致电使馆，说今后这类报告应以电报发回，交定期的信使带会贻误时机。

第二篇是1954年日内瓦会议在讨论朝鲜问题未达成协议后转而讨论印度支那问题（主要是越南的停战问题）时，由我主动（因我随张闻天参加日内瓦会议，在讨论朝鲜问题后，张就让我回到使馆，没能再参加讨论印支问题的会）写的一篇调研报告，题为《评英国的所谓亚洲洛迦诺计划》，旨在说明英法（美国虽有不同意见，但当时不起决定作用）在印度支那以至远东问题上的底线是划界而治、维持现状，我方（苏、中、越）要求法国完全退出印度支那也是不现实的，因此只能按英法的底线实行妥协。日内瓦会议最后就印支问题达成的协议，果然也就是这么办的。这篇报告当时曾受到周恩来总理和代表团的重视和赞赏，认为对那场外交斗争起到了一定的参考作用。

第三篇是1959年所写《有关当前民族独立运动的几个问题》，虽然不是张闻天的指示，也没经他看过就已送交《国际问题研究》（1959年第3期）发表了，但写作的动机和背景却和张闻天与毛泽东对世界民族独立运动的不同看法有关。毛泽东在《新民主主义论》中断定，自从俄国十月革命以后，殖民地半殖民地发生的反对帝国主义争取民族独立的革命，就都属于世界社会主义革命的一部分，只能由无产阶级领导，胜利后所建立的也只能是各革命阶级联合专政的新民主主义社会。但是第二次世界大战后，世界上有100多个民族国家独立，走的却并不是这条道路。除了越南、朝鲜、古巴几个社会主义国家外，几乎全都是由资产阶级领导建立的民族独立国家。1958年9月4日毛泽东在接见巴西记者的谈话中对《新民主主义论》也提出了一点修正，不过并未涉及上述根本论断，而只是改变了对殖民地、半殖民地资产阶级对外政策——"要就是站在帝国主义战线方面，要就是站在反帝国主义战线方面，没有其他的道路"的看法，承认亚非拉许多民族主义国家"站在中立的立场，不参加双方的集团"的事实。其实，这倒是次要的小问题。重要的根本问题则是二战后百余国家的独立，用事实否定了毛泽东上述只能由无产阶级领导、只能建立各革命阶级联合专政的新民主主义政权的主要论断。我写民族独立运动的文章，就是想用事实反驳《新民主主义论》中这一基本观点。1956年，张闻天确曾和我谈过二战后殖民主义体系崩溃的历史证明《新民主主义论》有关看法的不确。但这与我三年后写的文章并无直接关系。

国际形势瞬息万变，一些评论和看法可能很快过时。收入本书的文章中的一些观点和估计发生错误，也可以看做是难免的。同时，人的思想认识本身也是在不断发展和变化。以前认为正确的，现在看来却是谬误。反过来也是一样。例如，我们就一直没有把日本的对外侵略看成和说成是日本的民族犯罪，而总是用阶级分析的方法和阶级斗争的观点，把日本的军国主义分子（还强调他们只是"一小撮"）和支持并追随他们的群众严格区分开来。这就有点不如欧美人看德国。欧美人认为德国法西斯的胡作非为，既是希特勒等法西斯头子的罪行，也是整个德国民族的犯罪。而且直接蹂躏各国人民的正是出身于德国工农和知识分子的纳粹官兵。由于德国人自己也认识到希特勒发动的对外侵略战争属于民族犯罪，特别是反法西斯势力战后取代了纳粹的统治，所以才有近乎全民的普遍反思；才有禁止军国主义和法西斯活动的法制（如规定各级教育必须讲法西斯罪行，对公开推崇和膜拜法西斯战犯及仿效纳粹聚会和礼仪等活动的人要追究刑事责任等）；才有战败后东部领土被割去一大片也一直没有再提领土问题；才有勃兰特总理访问波兰时在华沙对死难者的下跪，等等。这都和日本形成了鲜明对照。为侵略战争辩护和尽量减轻罪责、对各邻国挑起领土问题、参拜战犯和侵略战争参与者的亡魂等，越往后就越成为日本舆论的主流，更谈不上应有的民族负罪感了。

还须指出，我们过去一些认识和说法也很成问题。不但没有把日本对外侵略看成是民族犯罪，而且总是以所谓阶级斗争的观点，把这只归罪于一小撮军国主义分子，还一再说日本人民也和我们一样，都是军国主义的受害者。这就混淆了是非。我们怎么能把跑到中国来进行抢劫、欺压和蹂躏中国老百姓的日本兵和遭受抢劫、欺压和蹂躏的中国老百姓相提并论呢？就是没有当兵来中国而留在日本从事生产劳动和其他工作的日本人，绝大多数也是忠于天皇、甘心为"大东亚圣战"作奉献的。真正反战的恐怕极为个别。所以应当把进行对外侵略的国家看做民族犯罪，全国上下也都应有负罪感，而不可为支持和参加侵略战争的所谓大多数人民去开脱和辩解。

这类主观认识的失误和过时应该修正改变的，不但个人有，而且国家也有。例如上世纪60和70年代，我们自己提出了个"苏修亡我之心不死"的伪命题，认定它是对我国安全的主要威胁，强调发动亡我的战争迫在眉睫，因此要加紧全民备战，"立足于早打、大打、打核战争"。历史已经证明，这只是虚惊一场，浪费了大量人力物力，丧失了一个经济科技迅速发展的大好机会。而这种全局估计和据此进行的工作安排，也不能不对当年的国际问题研究发生影响。

本书所讨论的问题虽已经过十多几十年，但并不完全过时，大多还有现实意义以至长远意义。例如，对时代的判断就不能说已经完全解决了，实际上直到现在还没有一个准确的权威的论述与判断，当然应该继续进行研究讨论。书中提到的其他一些争论问题，同样没有解决，也有进一步探讨的必要。还需要说明的是，书中《我们所处的时代》和《共和国成立前后的国际形势》两文，是一年前改写的，反映了我对有关问题的一些新认识。

无论是在写作时还是经过多年的历史检验，书中各篇文章所表述的认识和论断，错误肯定不少，欢迎各位同行和广大读者能够不吝赐教，提出批评。

本书文稿的收集、编排和校订，完全得力于日本研究所的林昶小友，在此表示深切的谢意。

何方

2012年8月31日

时代问题篇

我们所处的时代

如何认识我们所处的时代和区别不同时代的基本特征，是我们制定战略方针的基础，也是了解本国特点的重要前提。如果不能正确认识时代，不能准确把握两个时代的交替，那么在决策上就必然会发生失误，就会给我们的事业造成严重损害。这不仅是从理论上得出的结论，而且也是历史所一再证明了的。

列宁在第一次世界大战期间，曾先后提出"帝国主义时代"和"无产阶级革命时代"。此后，在国际共产主义运动中就一直使用"帝国主义和无产阶级革命的时代"的提法。第二次世界大战以后，这一提法仍然得到公认。只是到了20世纪50年代后半期和60年代，在国际共运的大论战中才出现了不同的提法和争论。但是中国却继续坚持上述提法，直到70年代还一再强调："我们仍然处在帝国主义和无产阶级革命的时代。"从清算极"左"路线和进行拨乱反正以后，在一些文章和书籍中这一提法还是屡见不鲜，只是增加了一些各自不同的解释。

第二次世界大战以后，世界形势发生了根本变化，"帝国主义和无产阶级革命时代"的提法，已经不能反映和概括我们所处时代的主要内容和基本特征。党中央在十一届三中全会以后，根据对社会主义的再认识和对国际环境的重新估量，提出了"和平与发展是当代世界的主题"的论断。应该认为，这是对马克思主义时代理论的重要发挥和发展。很明显，当代世界的主题和当今时代的基本特征是不可完全当作两回事的。决定或成为时代基本特征的，只能是世界的主题，而不应是副题或其他。准此，我们所处的时代可以明确定义为"和平与发展时代"。

讨论时代问题，正确认识我们所处的时代，这是党的第十三次代表大会对思想理论界所发出的号召。

十三大提出马克思主义需要有新的大发展。十三大的政治报告,虽然没有专门谈到世界形势和国际问题,但有一些具有重大理论意义的新提法,是同世界形势和国际问题有关的。例如,报告中提出了两个结合和两个基础。两个结合是:"社会主义理论同各国实践和时代发展的结合。"这已经不再是只提同本国实践相结合,还要和更大范围的时代发展相结合。但是不弄清我们所处的时代,又怎么谈得上同"时代发展"结合呢?两个基础是:"中国共产党人在总结建国三十多年来正反两方面经验的基础上,在研究国际经验和世界形势的基础上,开始找到一条建设有中国特色的社会主义的道路,开辟了社会主义建设的新阶段。"这里提的已经不是一个基础,而是两个基础,把研究国际经验和世界形势提到了和总结本国经验同等重要的地位。这些提法,对国际问题和时代发展的研究,无疑是个重大的启示。可见,讨论时代问题,正是响应十三大的号召,执行十三大的指示。回避时代问题的讨论,不愿听到不同的意见,那就不能说是符合十三大的精神的。时代问题是个理论问题。在理论问题上,只有解放思想、大胆探索、展开讨论、提倡争鸣,使研究工作活跃起来,才能像十三大报告中所要求的那样,做到"开拓新视野,发展新观念,进入新境界"。

讨论时代问题不只是学术上的争论,更重要的是,它有着重大的现实意义。只有正确认识我们所处的时代及其基本特征,才能够看清世界发展趋势和我国的国情,才能够正确理解和自觉执行建设有中国特色的社会主义的基本路线,特别是集中发展经济和改革开放的政策,也才能够更好地总结和记取历史的经验教训,避免发生失误和再走弯路。

我们经常讲的革命和建设的一条基本经验,就是使马克思主义的普遍真理同发展着的客观实际相结合。结合得好,就取得进展,就胜利;结合得不好,就遭受挫折,就失败。而所谓实际,既包括本国的具体特点,也包括整个世界形势。这世界形势,就属于我们所要讨论的时代问题。同本国实际结合固然重要,而同时代发展结合同样重要,甚至更重要。列宁说,只有"首先估计到区别不同'时代'的基本特征(而不是个别国家历史上的个别情节),我们才能够正确地制定自己的策略;只有了解了某一时代的基本特征,才能够在这一基础上去考虑这个国家或那个国家更具体的特点"。① 这就是说，对时代认识不清，是连本国的特点也很难了解的，当然就谈不上联系实际了。而且事实也的确如此。我们过去工作中的失误，就不但是由于脱离了本国实际，而且还由于不适合世界形势和时代潮流。

过去我们只强调马克思主义理论要和中国实际相结合，我们的政策和工作要从中国国情出发，而不大注意也很少提同时代发展结合，从世界形势出发。其影响所及，一方面，造成对世界形势和国际环境的调查研究重视不够。而缺乏研究，自然就了解不深，判断就不会准，决策就容易失误。例如，在一个很长时期，我们对于第二次世界大战后世界范围的新技术革命和世界经济的高速发展，就没有加以充分注意，进行深入研究，提出妥善对策，曾使我们丧失良机，吃亏不小。另一方面，对时代基本特征和世界发展趋势不能很好地认识和掌握，也妨碍对本国实际的了解，造成脱离本国实际。我们以前只强调和自己的过去比，因而感到不错，自以为发展很快，结果被人家落下了一大截。其实，现在讲的"社会主义初级阶段"理论，就不只是正确认识国情的结果，也是研究整个世界形势得出的结论。因为如果不看整个世界，不作横向比较，怎么会知道我们生产力发展落后呢？又怎么能确定到21世纪中叶要达到中等发达国家的水平这一战略目标呢？所以，只有了解世界情况，把握时代的基本特征，才能更客观更实际地认识自己，制定出符合实际的政策。

讨论时代问题，认清我们所处的时代，是破除个人迷信、反对教条主义、重新认识社会主义和资本主义的需要。

在时代问题上，过去我们长期受教条主义的束缚和极"左"思想的干扰，认识始终滞留在革命导师六七十年前所研究和论述的范围内，而且还不断向"左"发展。这最明显地表现在对待世界大战和世界革命的判断上。在时代发展和国际问题研究上，我们往往偏重于唯书和唯上，多是限于对经典著作或上面的提法和论断进行论证和阐释，凡是经典著作上有的或上面讲过的就不可以改，凡是经典著作或上面没讲过的就不可以讲。战后世界形势和国际关系发生了翻天覆地的变化，但在一个很长时期并没有

---

① 《列宁全集》第21卷，第123页。

引起我们应有的重视，对社会主义和资本主义还保持着陈旧的观点，谈论的仍然是传统观念上的社会主义和资本主义，缺乏对现实社会主义和现代资本主义的研究和分析。这就使我们的研究工作有些脱离实际，不能为正确的决策起到应有的作用。十一届三中全会以后，党中央恢复了实事求是的思想路线，提倡解放思想，实行拨乱反正，并且不断对世界形势和时代发展进行研究和估量，逐步调整和完善我国的对外关系和对外政策。但就国际问题的研究来说，还没有得到应有的重视，似乎对世界形势的估量不一定要有深入的研究，时代问题弄不清楚也无关大体，可以避而不谈。研究本身也落后于实际，远没有思想界其他领域活跃，在不少问题上还是围绕着陈旧的观念兜圈子。例如，我们对战后世界的变化、对当代国际上的重大问题和世界发展趋势，仍然习惯于用老框子去套新形势，甚至热衷于争论无产阶级绝对贫困化、资本主义总危机和垂死性等问题。这都不能说是很正常的。通过对时代问题的讨论，将有助于进一步解放思想，克服过时的陈旧观念，提高国际问题研究的水平。

下面就分十个问题来进行讨论。

一　什么是时代和时代特征

（一）时代概念的不同含义

时代这个概念可以用在不同的场合，因而也就有不同的含义，就看以什么为坐标和参照系。例如：论年龄段，就有青年时代、老年时代等；论社会形态，就有奴隶时代、封建时代、资本主义时代等；论劳动工具和生产手段，就有石器时代、蒸汽机时代、信息化时代等；论各国政体和路线，就有斯大林时代、毛泽东时代等。还有在其他不同场合使用的不同含义，诸如全球化时代、大变革时代，等等。

我们这里所谈的时代，属于政治理论问题的范畴。长期以来，在国际共运和社会主义国家中，时代成为一个专门用语。无论在政治层面还是理论层面，都是一个始终被置于首位的问题，主要涉及的就是战争与革命还是和平与发展这样人类历史中的重大问题。国际共运和各国共产党在制定战略方针时，首先要回答的问题就是"我们处在什么时代？"各国共产党工人党1957年签署的《莫斯科宣言》和1960年签署的《莫斯科声明》，开宗明义首先讲的就是时代问题。1963年3月13日中共中央《关于国际共产主义运动总路线的建议》谈了25个问题，第一个问题就提到：上述"这两个文件，指出了我们时代的特点"。

"文化大革命"结束之前，我们一直坚持世界处于战争与革命时代。直到1985年后才不再这样提了，但是也没有否定过。陈云就是一直坚持的。因为在1989年初，他还针对学界有关和平与发展时代问题的讨论，发表了《帝国主义的本性没有改变》的谈话。这篇谈话后来经过修改被收入了《陈云文集》。邓小平讲世界大战不可避免也一直讲到1984年，1984年后才表示中国改变了过去对大战危险的看法。

谈时代概念，有这样几个特点：

第一，它具有国际性。它是一个总的概念，涵盖全世界，而不是指某一个地区或某一个国家的局部发展。什么时候才出现国际这一说法？那是在资本主义产生以后。在资本主义以前，并没有现代意义上的民族独立国家，所以谈不上国际。民族国家的概念始于1648年缔结的威斯特伐利亚条约。这时才提出国家主权和国家疆域等问题。我们中国是闭关锁国，所讲的"天下"其实指的只是中华帝国。我们与外界基本不来往，顶多通了西域，规模还很小。时代特征所说的"战争"，是指世界战争（只有帝国主义国家间的大战才算得上），不是指地区或局部战争，更不是国内战争。"和平"则指全世界的和平。"革命"和"发展"也讲的是世界性的。

第二，它具有全面性。是指整个国际形势和世界的主要发展趋势，而不是指某个局部现象或某一个方面。讲发展，是指经济、政治、社会和文化的全面发展，而不是指科技和武器之类的单项发展，哪怕像把世界连成一片的互联网络这样的科技发展。所以我们说，第二次世界大战后世界进入和平与发展时代，那就是指没有再打世界大战，并出现了人类有史以来最全面最迅速的发展。例如人们就说，战后50年，经济、社会、科技、文化的发展，超过了以前的500年甚至5000年。

第三，它具有决定性。其他一切国际现象都服从于它，受制于它，例如战略格局、国际秩序，以至一国的国内发展等就都受到它的制约。第二次世界大战后，美苏两个超级大国进行冷战，激烈争夺世界霸权，被认为是二战后国际关系发展的主要矛盾。但冷战并没有决定时代特征,相反,是和平与发展时代决定了:美苏争夺一直没能激化到引发它们之间发生战争亦即世界大战。冷战也没能阻止人类取得前面所提到的空前大发展。

第四,它具有相对的稳定性。它在相当长的时期里起主导作用,不会轻易逆转和改变。因此,不应在国际上一遇风吹草动,就动摇对时代的正确判断而随风摇摆。世界局势发展一时看起来有危险,但也未能把时代推回到战争与革命阶段。在这个方面,我们是有过经验教训的,至今也还不能说已经完全得到解决。

(二) 列宁的时代学说

列宁创建时代学说本身,是基于时代发展的需要,属于时代的产物。

马克思和恩格斯在他们的著作中也多次提到时代,但那多半是指人类历史中的不同社会形态,如封建时代、资本主义时代;或者以生产手段、科学文化为标志而划分的,如石器时代、文艺复兴时代等。列宁则明确地把时代同国际形势和革命运动联系了起来,按全世界资本主义发展状态和革命任务的阶段性变化来划分时代。所以,列宁所讲的时代,就是根据阶级斗争的观点确定的历史阶段,其含义包括这个阶段起决定作用的阶级,以及这个阶段的主要内容、基本特征和发展趋势等。他的最大缺点是过分强调阶级斗争,反而模糊了不同时代的划分。列宁还强调时代的世界性,认为不能限于个别国家。他说:"时代之所以称为时代,是因为它包括所有的各种各样的现象和战争,这些现象和战争既有典型的,也有不典型的,既有大的也有小的,既有先进国家所特有的,也有落后国家所特有的。"[1]

可见,时代就是整个世界形势发展进程中的不同阶段。不过列宁关于时代的确切含义和时代的划分并不十分严格,而且显得有些混乱,比较系统的论述主要是在第一次世界大战期间和战后初期。

列宁最早提到时代问题大约是在1903年《我们纲领中的民族问题》一文里,说19世纪后半期是"最后的资产阶级革命运动的时代",而现在

---

[1] 《列宁全集》第23卷,第28页。

则是"处在无产阶级革命前夕的,反动派十分猖獗,各方面力量十分紧张的时代",并说"这两个时代的区别是极其明显的"。[①] 1913 年,列宁在《马克思学说的历史命运》一文中,提出马克思主义诞生后的"世界历史三大时代",即:1848—1871 年,1871—1905 年,1905 年以后。

  不久发生了第一次世界大战,世界革命问题也提上了日程。列宁对时代问题作比较系统的论述和第一次提出"帝国主义时代",是 1915 年写的《打着别人的旗帜》一文。其中对时代又作了新的划分。说"通常把历史时代划分为:(一)1789—1871 年;(二)1871—1914 年;(三)1914—?"。1916 年出版的《帝国主义是资本主义的最高阶段》中,列宁对帝国主义作了全面分析,更多地提到了"帝国主义时代"。1917 年二月革命后,社会主义革命提到了议事日程,列宁第一次提出"无产阶级社会主义革命的时代",并说明这种革命是"世界无产阶级革命"。他把进入 20 世纪以后的时代称为"帝国主义时代"和"无产阶级革命时代"。当时他对两者是分开提的。斯大林 1924 年讲述列宁主义的基础时才把两者合并在了一起。后来的历史证明,这一提法并不完全准确。如果说提出帝国主义时代,正是在帝国主义战争即第一次世界大战期间,已为实践检验和证明;那么,提出无产阶级革命时代,就没有什么根据了。因为当时并不存在世界性的无产阶级革命形势。固然,战争引起了革命,但第一次世界大战引起的只是世界性的民族民主革命,如欧洲推倒了四大帝国(德、俄、奥匈、奥斯曼),亚非拉兴起了民族独立运动。就是在俄国,现在人们也只承认推翻沙皇的二月革命,而十月革命则属于夺取政权的政变了。但是由于列宁认为,帝国主义战争不可避免,帝国主义就是战争,而战争必然引起革命,所以后来共产国际和各国共产党也就把"帝国主义和无产阶级革命时代"简称为"战争与革命"时代。毛泽东在《新民主主义论》中就说,"现在的世界,是处在革命和战争的新时代"。由于历史的局限和个人因素,列宁的时代学说含有空想和过左的一面,对时代及其特征的判断也不准确,当时提无产阶级革命就是证明。在马克思主义发展史上,列宁不但和当时就被认为修正主义的伯恩施坦一派不同,而且和考茨基、普列汉

[①] 本文对列宁著作或其他文章的引证,凡是文内已提到时间和文章题目的,不再一一注明出处。

诺夫等代表的正统派也不同，被认为是"左"的流派。

列宁过分强调阶级划分和阶级斗争在时代划分中所起的作用，并且认为在帝国主义时代，不是资产阶级，而是无产阶级在起主导作用。因此他断定帝国主义是无产阶级革命的前夜，世界革命马上就要胜利，一再说他们那一代人就会看到"世界苏维埃共和国"的实现。历史已经证明，这都属于"左"的空想。

把20世纪上半期叫做"战争与革命时代"还比较恰当和符合历史。因为在40多年的时间里，发生了人类历史上仅有的两次世界大战，还有战前的备战和战后的恢复。50年人类的生活都直接与战争有关。再加上两次世界大战之间长期的经济停滞和萧条，两次大战也确实引起了两次世界性的革命高潮。第一次世界大战引起了欧洲许多国家的民主革命，还引起亚非拉不少国家的民族独立运动。第二次世界大战引起的民族民主革命高潮，则导致了世界殖民主义体系的彻底瓦解。在中国，头50年更是战争与革命一直持续不断。所以20世纪上半期可以说是一个世界性的战争与革命时代。

历史证明，列宁，还有斯大林和毛泽东，在对无产阶级社会主义革命前途的估计上都犯了乌托邦的错误。原因就在于他们对资本主义的看法错了。他们忽视了资本主义的自我调节能力，过高估计了资本主义的腐朽性，而过低估计了资本主义条件下科学技术革命周期的缩短和飞速发展。把战争与革命时代正式定名为"帝国主义和无产阶级革命时代"，源于列宁关于帝国主义的理论。《帝国主义论》出版后近百年的历史证明，这个理论的许多论断不仅早已过时，而且有些论断在当时就不正确，缺乏充分根据。这里只谈和帝国主义与无产阶级革命时代这一命题关系较大的以下几点。

第一，列宁认为，帝国主义是资本主义发展的最高阶段，已经发展到顶、不能再高了，因此已进入腐朽和垂死阶段，成为无产阶级革命的前夜。二战后的世界历史证明，列宁的这些论断都是不对的。资本主义不但没有垂死，也并不完全腐朽，更没面临无产阶级起来埋葬它的世界革命。它仍然统治着全世界，连中国改革开放后也借助经济市场化，融入了它支配的全球化体系中。第二次世界大战后世界经济的发展和人类知识的积累，要超过列宁所说帝国主义时代（就算是整个20世纪上半期）的千百倍，有人甚至说相当于人类有史以来的总和。可见，《帝国主义论》的书名《帝国主义是资本主义的最高阶段》和立论就是很不确切的。

第二，列宁认为，帝国主义发展不平衡是它的绝对规律。后起的国家必然要争夺殖民地和势力范围，但殖民地已瓜分完毕，因此为了重新瓜分世界，帝国主义战争（也就是世界大战）就成了不可避免的，而战争又必然引起革命。直到1952年，斯大林还在《苏联社会主义经济问题》中说，"要消灭战争的不可避免性，就必须消灭帝国主义"。但是，第二次世界大战后由于传统资本主义转变为国家干预和调节的现代资本主义，资本主义大国间的战争不但可以避免，而且还变成不可能的了。根据当前形势和今后全球化展望，世界大战大概也是不会再打了，所谓世界革命更是看不到边。

第三，列宁虽然认为，无产阶级社会主义革命可以先在一个国家开始取得胜利，但要取得最后胜利，还得主要国家一齐动手。他仍然坚持马克思主义的基本原则，即无产阶级革命终究是全世界工人的共同事业，需要全世界无产阶级联合起来，全世界被压迫民族联合起来。因此各国无产阶级都必须承担国际主义义务，推动世界革命，推翻国际资本主义。列宁创立的第三国际对国际主义义务作了如下规定：（1）一个国家无产阶级的利益服从全世界无产阶级的利益；（2）取得胜利的民族要为推翻国际资本主义承担最大的民族牺牲。[①]

过去不但苏联，中国在革命胜利后头30年也一直履行着自己的国际主义义务，而且几次宣布，为了支援其他兄弟国家（如朝鲜、越南等）的革命，我们不惜作出最大的民族牺牲。这样讲，也真的这样做了。但是人们后来发现，输出革命是错误的，也很难成功。苏联很快就把国家利益摆在了首位。苏联东欧剧变后，几乎所有国家的共产党工人党都放弃了国际主义口号。中国共产党在十二大时还在提"把爱国主义和国际主义结合起来"，但已对国际主义作出新的解释，不再遵循列宁的定义，而是强调"中国民族利益的充分实现不能离开全人类的总体利益"。从十三大起更不再提国际主义了。支援世界革命，我们承受不了。邓小平干脆提出，把我们自己的事情办

[①] 见《列宁全集》第39卷，第164页。

好,"决不当头"。世界革命的事,现在世界上已很少有人再提了。

我个人是在分析批判《帝国主义论》的基础上提出世界已进入和平与发展时代的。我的说法是《帝国主义论》已经过时,而且对一些问题,当时就估计得不正确。例如第一次世界大战是说明了战争不可避免,后来又有第二次世界大战。但是第二次世界大战的性质已经和第一次世界大战不同,不是帝国主义战争,而是民主国家的反法西斯战争。而且第二次世界大战后殖民主义体系已经崩溃,列宁所说引起战争的前提为争夺殖民地也已不复存在。又如,帝国主义至今仍有自我调节的能力。

因此,我谈时代问题,虽然源于列宁,但又不同于列宁。对待一种学说抱这样一种态度,我以为是正常的。因为实践是检验真理的唯一标准,否则就是教条主义。列宁就修正了马克思主义,我们也在许多方面修正了马克思主义,如对私有制、计划经济、按劳分配,对国际主义的看法和态度。

马克思主义的生命力就在于不断发展,能够随着客观形势的发展变化,及时修正不准确的或过时的论断,提出新的看法。马克思、恩格斯之所以伟大,不但在于他们创立和发展了科学社会主义,积极参加和领导了工人阶级革命运动,而且也在于他们始终坚持实事求是,发现错误就立即改正,因而思想不断发展,能跟上形势。

(三) 时代是由时代特征决定的

时代的命名、性质等一切都决定于时代特征。可见时代特征就是确定时代的决定因素。例如,我们说和平与发展是当今时代的主题和基本特征,那自然就说明我们处在和平与发展时代,因为不可能存在背离自己主题和基本特征的时代。在命名上,战争正好与革命相搭配,不仅两者紧密交织,而且革命本身也是战争,因为革命往往离不开暴力。和平则正好与发展相搭配,因为两者互为条件。

但有些人却不这样认为。虽然这种人越来越少,但至今仍有些人坚持,特别是所谓的"左"派。他们仍然把时代特征与时代本身分开,坚持现在仍然是帝国主义与无产阶级革命时代,或如苏共二十大所提并为1957年各国共产党工人党《莫斯科宣言》确认的"从资本主义向社会主义过渡的时代"(即仍为帝国主义与无产阶级革命时代,只是从资本主义向社会主义过渡除暴力革命外，还可能经过其他方式，如和平过渡）。毛泽东当时在这个宣言上签了名，但过后不久就变了，完全排除了走议会道路的和平过渡的可能。他不但仍然坚持斯大林给时代下的定义，还更进一步，说是世界已进入"帝国主义走向全面崩溃、社会主义走向全世界胜利的时代"①，直到认为世界大战迫在眉睫，因此要立足于"早打、大打、打核战争"。

在时代问题上进行争论并不是毫无意义和无关大局的。问题的实质就在于，一遇风吹草动就有人出来否认和批判时代已从战争与革命变为和平与发展的提法，还往往趁机煽动民族主义情绪和鼓吹扩军备战，直接向既定的战略和政策挑战。在发生科索沃战争、伊拉克战争时，就一再出现过这种情况。

（四）时代学说只能产生于第一次世界大战后

战争和人类与生俱来。原始社会时期，不同的氏族或部落就经常为了争食物、抢地盘，互相打仗。但只有在民族国家形成之后才可能产生国际的概念。前面已说过，时代特征中的战争与革命或和平与发展，都是指世界性的，不是指个别国家和地区。如果没有第一次世界大战，列宁也不会提出时代问题。第一次世界大战前不可能产生时代学说。因为没有第一次世界大战就谈不上国与国之间的世界大战。世界战争必定引起世界革命高潮。大战使一切都世界化、国际化了。只有在这种条件下，才有可能产生涉及世界战争与世界和平、世界革命和全球发展的时代问题。

今后时代问题有可能逐渐淡化。因为战争与革命时代已经结束，和平与发展时代则已有60多年的历史，今后还将长时期持续。这样一来，时代问题的现实意义就不像战争与革命时代那样大了。

二　认识时代和区别时代特征的重要性

（一）时代判断是制定战略方针的基础

列宁说，只有"首先估计到和区别不同'时代'的基本特征（而不是

---

① 中国共产党第九次全国代表大会通过的《党章》序言。

个别国家历史上的个别情节），才能正确制定自己的策略；只有了解了某一时代的基本特征，才能够在这一基础上去考虑这个国家或那个国家更具体的特点。"① 这里要说明一点，列宁说的策略往往正是战略。例如他所著《社会民主党在民主革命中的两种策略》一书，书名是策略，讨论的却是战略问题。这就是说，要制定党或国家的战略和方针，必须首先对时代特征作出判断。例如，对执政前的党来说，必须估计革命究竟是处于高潮还是低潮，估计错误就会犯"左"或右的路线错误；对执政后的党来说，判断时代特征关系到国家命运，是把国家引向成功还是失败的重大因素。

认识时代特征对个人也有很大好处，甚至对个人的命运都关系极大。因为这涉及个人如何立志，决定自己学什么、做什么。例如在抗战前，战争与革命是时代特征，这就决定了大批青年包括我本人在内，响应时代的召唤，为了抗日救亡和追求民主自由，选择了去延安。

时代问题是国际战略中最基本的理论问题，是共产党、工人党观察国际问题的出发点，也是估量本国在世界上所处地位的立足点。这既是制定国际战略，也是制定国内战略的基础。中国怎样看待所处的国际环境，如何规划国家发展道路和同外界交往，前提就是对时代作出什么样的判断。

不但共产党领导的国家，就是资本主义国家的政府，在制定内外政策时也必须首先考虑时代特征，不管它们是否认同时代学说和使用时代这个术语。虽然时代问题并不是列宁个人的创造发明，但它还是一个客观存在。资本主义国家政府也得考虑，世界是处于和平时期还是要准备打仗。日本战败后的吉田茂政府，被迫改行民主政治，集中力量发展经济，在客观上适应了和平与发展的时代潮流，结果就带来了日本经济长达20年的高速增长。中国则由于对时代判断错误，而导致了共和国成立后头30年国民经济和人民生活水平的倒退。

（二）时代判断的正确与否，决定革命的成败、国家的兴衰以至存亡

在革命时期，要认识革命的来潮和退潮，高潮和低潮，是否存在革命形势。这就只能出于对时代的正确判断。

---

① 《列宁全集》第21卷，第123页。

什么是革命形势？列宁讲，有三个条件：群众不能照旧生活下去了，统治者不能照旧统治下去了，群众掀起了革命的激情。三者缺一不可。不存在革命形势而去发动革命，或者把革命的低潮看成高潮，会使革命遭受失败，使革命力量受到损失以至被消灭。而把革命高潮看成革命低潮，就会丧失革命的时机。在国际共运历史上，主要是前一种情况。

印尼共产党 1965 年遭到毁灭性打击，就是它的总书记艾地错误估计革命形势、选择错误革命道路的结果。他直接受到毛泽东的影响。1949 年 7 月刘少奇访问苏联，同斯大林进行会谈。斯大林提出，中苏两党可以在国际共运中分工：苏联管西方资本主义国家，中国管东方殖民地半殖民地国家。按照这个分工，亚洲各国的革命就由中国管了。毛泽东要它们根据中国党的经验，去搞新民主主义革命。其实根据毛泽东事后对中国革命的解释，新民主主义革命就是社会主义革命。在共产党的领导下，新民主主义不是一个独立的社会形态，在中国的实践中也没能构成一个阶段。毛泽东在共和国成立后很快就取消了代表新民主主义革命阶段的《共同纲领》，向社会主义过渡了。他后来更直截了当地说，新中国自成立之日起就进入了社会主义。印尼共没有根据和平与发展的时代特征去致力于推进国家民主和社会发展，却去搞新民主主义革命。艾地也公开宣布，他们是在为实现社会主义而奋斗。对外，他坚决同中国党站在一起，在中苏论战中反对修正主义。他过高估计自己的力量，特别是在印尼军队中的力量和影响，轻举妄动，结果遭到印尼军方苏哈托的残酷镇压。艾地和大批党员惨遭杀害。与印尼共合作、对我国友好的苏加诺总统被软禁。一个党员人数达 250 万之多、在国内和社会主义阵营以外各国均属第一大党的印尼共，就这样被彻底消灭。到现在已经 47 年了，仍未听说它得到恢复和活动的消息。我们当时和越南一起大力支持印尼革命，对艾地的评价很高。陈毅副总理在一次报告中说，世界革命的中心不断转移，从德国转到俄国，又从俄国转到中国，说不定以后艾地能成为中心人物。

中国党抓住了战争与革命的时代特征，赢得了革命的胜利。这一时代特征和毛泽东的倾向和主张正好相合。毛泽东一贯认为只有靠打仗才能解决问题，枪杆子里出政权。抗战一结束，就准备接着和蒋介石打仗，而且要一直打下去。我们要打他，他也要打我们。毛泽东要到重庆去和蒋介石谈判，让在晋察鲁豫的刘伯承先来了个上党战役。谈也是立足于打。因此，随后的全面内战乃是历史发展的必然。

执政后的党如何判断时代特征，同国家命运的关系更大。

在战争与革命时代，苏联对世界大战是作了准备的。苏联集中力量发展重工业，为军工打下强大基础。第二次世界大战爆发后第二年，苏联就可以制造出大量飞机。它建立一批拖拉机厂，也是准备一旦发生战争，马上就变身，成为制造坦克的工厂。这也是使苏联最后取得第二次世界大战胜利的物质基础。问题是，在谁跟谁打、什么时候打起来的问题上，斯大林的估计有误。由于认为战争仍将在帝国主义国家之间发生，斯大林对德国、意大利和英、法之间的战争危险估计得更充分些，而对德国同时以苏联为侵略目标有些麻痹大意。1939年8月23日他同希特勒签订互不侵犯条约，条约附有规定苏联和德国势力范围的秘密协定，就有这一背景。在这种麻痹大意之下，也使斯大林可以继续在红军中进行大清洗，杀害大批苏联军官。1937年到1938年被清洗的红军军官达四万多人，包括许多杰出的将帅如图哈切夫斯基元帅。战争开始后又不得不紧急集中提拔新指挥员。这种自我削弱军事力量的做法，也是使德国法西斯在战争初期得以在苏联境内长驱直入，使苏联几乎败亡的原因之一。

但在战后，社会主义国家普遍判断错误，没有看到世界开始进入和平与发展时代。我们错了，苏联也错了，经验教训深刻，战后各社会主义国家经济发展都很缓慢。苏联长时期大规模扩军备战，80%的工业都同发展军事力量相关。在冷战中，苏联以美国1/10的人均国内生产总值，同美国搞军备竞赛。结果，军事力量倒是上去了。它第一个发射人造卫星，后来核武器的数量甚至超过了美国。但是，国家很穷。根据西方四个权威金融机构提出的报告，建国72年后的1989年，苏联人均产值只略微超过哥斯达黎加。俄罗斯人均消费水平从1917年占世界第7位，到苏联1990年退到第77位。它解决不了粮食问题，第二次世界大战后长时间仍达不到沙皇俄国1913年的水平。经济没搞上去，是苏联最后亡党亡国的一个重要原因。在地缘政治上，苏联借助军力，西打捷克斯洛伐克，东打阿富汗，同美国的霸权争夺竟进入苏攻美守态势。

我们共和国成立后头30年，也是一直搞备战经济，还大力支援世界革命，到"文化大革命"结束时我国经济已经到了崩溃边缘。

（三）认识时代和内外政策之间的相互关系

过去人们一谈时代问题，好像只涉及对外战略的制定，与国内政策关系不大。例如毛泽东以前就趁美国对我们实行封锁，提出过"关起门来，自力更生地建设社会主义"的口号。

其实在客观上，不但国内外形势不可分，国内外政策也不可分。常言道："外交是内政的延伸。"而且主观上也不可分。国内"以阶级斗争为纲"，必然会夸大国际上的阶级斗争，决策上就多树敌，强调斗，支援世界革命，搞革命输出，把国内出现的一些问题归之于国外敌对势力的破坏，或曰里应外合。波匈事件就与毛泽东发动反右派斗争有联系。中苏关系变坏与1959年的庐山会议也有联系，毛泽东从反"左"转到反右，就是把国内"右倾机会主义"同国外"现代修正主义"联系到了一起。这就是为什么会上会后一定要污蔑彭德怀、张闻天"里通外国"。这种联系屡屡出现，现在也有表现。国内无论发生什么动荡，往往就说是内外敌对势力相勾结。

时代问题本来就覆盖国内外全局。对国际和国内形势的判断、决策的选择是正确还是错误，都是内外不可分的。

三 关于战争与革命时代

（一）20世纪分为两个时代

1997年北京学术界召开了一次"国际关系理论研讨会"。会议讨论的重点之一就是现在是什么时代，当前的时代主题是什么时候形成的。这次讨论几乎是当时整个学术界对时代问题看法的一个缩影。中央党校主办的刊物《理论前沿》1998年第2期发表文章，专门介绍了会议的讨论情况。其中说，"时代主题是和平与发展，这早已形成共识，邓小平也有过明确论述。问题是能否说现在的时代就是和平与发展时代。多数学者认为，应该承认现在的时代就是和平与发展时代，这个时代是随着战争与革命为主题的时代的结束而到来的。时代与时代主题是分不开的，没有无主题的时代。""关于和平与发展时代是何时到来的，分歧较大。……但是相当多的学者认为……和平与发展时代开始形成于二战后，50年代中期已初见端倪，到60年代已经定型。……和平与发展时代在50年代末60年代初就已经形成。"

我的看法是：根据时代特征（这是时代的决定性因素）和时代主题（这是时代的主要内容），20世纪被分为两个时代。头50年称为战争与革命时代。后50年应当是和平与发展时代。和平与发展时代以战争与革命时代结束为起始，这一点是明确的。它会持续多久？由于全球化和其他因素的存在和发展，没有再次发生大战的前景，整个人类社会也在继续迅速向前发展。因此，整个21世纪大概仍将处于和平与发展时代。

我们的观念应该随着时代的变化而改变，不能再把战争与革命时期形成的对内对外都以斗争为主、斗争性质是你死我活等观念套用到当前时代的头上。革命的根本问题是取得政权，首要问题是分清敌我友，资本主义和社会主义两种制度之间存在着敌我两方谁战胜谁的问题，这些都是战争与革命时代题中之义。我们长时间正是这样认识世界和企图改变世界的。在和平与发展时代，社会主义同资本主义两种制度早已不是红白对立，而是相互接近。资本主义向社会主义靠近，如在推行社会保障制度和国家对经济的干预等方面。直到现在，西方国家政府推行照顾劳工大众多一些的政策，往往仍会被反对派攻击为搞社会主义。20世纪80年代初以来，社会主义更多地向资本主义靠近，如接受市场经济和多种所有制并存，等等。现在中国的正式说法早已改为：不分社会制度，各国谋求互利共赢、共同发展。这也是世界各国的普遍看法，只有极少数国家除外。这种观念顺应并推进着和平与发展的时代潮流，正说明这个时代将长期持续下去。对于两种制度的好和差，也应该面对现实。社会主义理应比资本主义实现更大程度的公平，城乡、贫富差距更小。但事实却相反，在有些自命是社会主义的国家中，强势对弱势群体在某些方面的压制、剥夺等不公平现象反而更为严重。朝鲜和韩国就对比鲜明。在我国，两极分化竟然超过了美国和日本。根据国家统计局正式公布的数字，中国的基尼系数超过0.45，美国是0.40上下，日本不到0.3。据联合国开发署的《人类发展报告》，2008—2009年的基尼系数，中国是0.469，美国是0.408，日本是0.249。

下面，让我们先重温一下20世纪前半期的历史和国际共运的发展，简单地谈谈战争与革命时代。

（二）战争与革命时代提法的由来和演变

战争与革命时代由列宁提出，再由斯大林发挥，其要点是：

第一，帝国主义是资本主义的最高阶段，已经成为腐朽的垂死的资本主义，因此，帝国主义是无产阶级社会革命的前夜。

第二，由于帝国主义国家经济政治发展不平衡的绝对规律，它们要争夺市场、原料、投资场所、势力范围以至世界霸权，因此，帝国主义战争就不可避免了。

第三，战争必然引起革命，并导致整个资本主义世界的崩溃。

第四，革命属于世界性。这就要求先取得革命成功的国家履行国际主义职责，为推翻国际资本承担最大的民族牺牲，帮助尚未成功的国家起来革命。不这样做，一个国家的革命不可能巩固。因此，就得搞世界革命。

第五，世界革命会很快胜利，他们那一代人就会看到这一天。

我在20世纪80年代初就写过文章，说凡是革命导师都容易犯性急的毛病。马克思和恩格斯曾几次估计，欧洲主要资本主义国家的革命就要爆发并且取得胜利，认为19世纪将是社会主义的新纪元。但后来他们都做了修正。恩格斯在临终前的1895年就承认："历史表明，我们以及和我们有同样认识的人，都是不对的。""1871年的轻易胜利，也和1848年的突然袭击一样，都是没有什么成果的。"列宁在共产国际大会上说过，胜利已经为期不远。1920年以后，他的看法也发生了变化，说西欧资本主义国家的发展"不会像我们以前期待的那样"。斯大林直到晚年还一再大谈资本主义总危机。毛泽东更是大进一步。他1958年发动"大跃进"，就是想超过苏联，跑步进入共产主义。当时曾听过传达，说我们会比苏联先进入共产主义，但我们得"谦虚"一点，不要说出来。只是与马克思、恩格斯和列宁不同，毛泽东从未说过自己的估计不对。

（三）判断为战争与革命时代的根据

把20世纪前半期叫做战争与革命时代，还是符合实际的。

1. 首先，在那短短的时间里爆发了人类历史上空前也许绝后的两次世界大战。战争持续的时间应该加上战前的军备竞赛（备战）和战后的修复战争破坏。这样，战争及其相关的内容就填满了那半个世纪。

为什么只有这两次战争称为世界大战呢？邓小平说："因为我们讲的战争不是小打小闹，是世界战争。打世界大战别人没有资格，只有两个超级大国有资格。"世界大战就是主要大国间的战争，美国不参加，谈不上打大战。即使日本同朝鲜打起来了，也还是局部战争，区域战争。

两次世界大战的规模都了不得。

"一战"，参战国家33个，卷入人口13亿，造成死伤各两千万。

"二战"，有60多个国家和地区参加，波及人口20亿，占当时世界人口的80%。战场广达2200万平方公里。双方动员兵力1.1亿，死亡军民5500多万。造成的直接物资损失达时价14万亿美元。其中中国抗战八年，军民被屠杀2100万，物质损失6000多亿美元。

在两次世界大战前的两三千年里，世界人口没有怎么增加。中国的人口也是增增减减，长期不怎么增加。这里面，战争是一重大因素。成吉思汗死于西夏，蒙古人就把西夏人消灭殆尽。西汉时期中国的人口已有5000万左右，三国时打来打去，剩下不到1000万，隋唐时增加到五六千万，经过五胡十六国，又减到一两千万。明朝人口开始上了亿，到清朝才增至三四亿。现在全世界人口那么多，地球负担越来越重。但是人类在进步，不会再靠战争手段来减少人口了。

"一战"后各参战国不是发展经济，而是接着准备战争。"一战"前前后后七八年，和第二次世界大战几乎连上了。关于"二战"何时开始，世界的算法是从1939年德国打波兰算起。到打败德国法西斯，"二战"一共延续了六年。我们中国有不少学者主张，第二次世界大战应该从1931年"九一八"事件算起。如果这样算，那就长达15年了。但是世界上支持我们这个意见的人不多。第二次世界大战后，西方国家迅速结束战时体制，恢复战争创伤后开始迅速发展经济。许多发展中国家和地区也是转而谋求发展，突出的如"四小龙"。只有社会主义国家，还是大力发展军备，准备战争爆发，结果经济没有得到很快发展。我国的情况尤为突出。

因此，把20世纪前50年称为战争时代，应当是没有问题的。

2. 其次，战争引起革命。两次大战引起两次世界革命高潮，过去称为战争与革命周期。

一战前有四大帝国，即奥斯曼帝国、奥匈帝国、沙俄帝国、德意志第二帝国。一战导致它们统统倒台，一些欧洲国家爆发了革命，如俄、德、匈、土（耳其），许多中小国家获得了独立。在亚非拉，到处都燃起革命的火焰。我国的辛亥革命也发生在这一时期。有些国家取得独立，多数国家遭到失败。中国革命经过反复，五四运动和大革命失败了。

过去讲革命，说的都是暴力革命和社会制度更迭。马克思讲革命是历史的火车头。他的缺陷是过分强调暴力、阶级斗争、无产阶级专政。这个说法影响很大。根据我个人意见，这是忽略了改良。其实改良也是一种革命。改良推动社会进步的幅度和程度，有时还要超过暴力革命。俄国和中国革命，造成社会长期不稳定，反而影响了社会进步。资本主义国家的政治民主，原来局限性很大，民众的选举权利受到种族、性别、财产等因素的诸多限制。二战后经过不断改良，发生了很大变化。美国进行改良，实行凯恩斯主义的新政，使自由资本主义转变为现代资本主义，历史地看问题，也相当于一场革命。其他一些国家也有各种社会改良，实际上这也属于社会革命范畴，只是没有通过暴力。

二战中和二战后，作为资本主义体系主体和世界主导力量的西方资本主义发生了历史性的变化。经过改良和调整，它们从传统资本主义转变为现代资本主义。通过改良即改革，加上后来的发展，包括美国在内，西方各国民主取得了很大进步。

因此，20世纪上半期也完全称得上是一个革命与变革的时代。

3. 一战和二战之间的世界经济和科技处于相对停滞状态。

1929—1931年的经济大萧条，使世界经济倒退到20世纪初的水平。跨各大洲的世界贸易往来是从哥伦布发现新大陆就开始了的，这时也相对停滞。世界贸易在1889—1913的24年里翻了一番，后来就停滞下来了。一段时期世界贸易出口年增长只有0.7%。19世纪末兴起的对外投资，20世纪上半期并无多大发展，也基本处于停滞状态，1938年只有263亿美元。

作为比较，1950年世界贸易出口额607亿美元，30年后的1980年，竟增至 20014 亿美元。1950 年到 1973 年世界出口年增长率达到 9.1%。世贸增长比生产增长更快。

二战前，世界大国忙于扩军备战，实行贸易保护，科技也没有多大突破。爱因斯坦的相对论产生于这一时期，但是开花结果还是在以后。

到 1950 年前后，各国被战争破坏的经济有所恢复，殖民体系基本垮台，世界进入了和平与发展时代。

四 关于和平与发展时代

（一）和平与发展时代特征的界定

正像作为时代特征的战争指世界战争一样，这里说的和平是指世界和平，也就是不打世界大战。世界和平就是指主要大国之间没有打仗。

除了大国之间的全面战争，一国的内战或局部战争打得再大再久，也不会对全世界发生决定性的影响。内战如中国的解放战争，规模算得上是二战后最大的战争，二战前也少见。国共双方投入的兵力，最后计算达到 1300 余万。内战战火遍及全国。中国国土面积是 960 万平方公里，几乎和面积 1015 万平方公里的欧洲相当。从参加的兵力、死伤的人数和消耗的物资来看，不啻在全欧洲打了个大仗。但是中国内战对世界，甚至连对周边国家却都没有产生太大影响。日本照样发展，其余许多国家该独立的独立。局部战争如朝鲜战争，参战兵力 300 万，死伤各 100 万，是二战后最大的局部战争。参战国一方有联合国军 16 国；另一方是中朝苏三驾马车。战争打了三年，但是对世界安全的影响和破坏性并不太大。战争的爆发反而立即成为战后世界经济高速发展的契机，使在二战中遭到的破坏得到迅速恢复。首先是日本和德国出现转折。日本利用朝鲜战争得到大量特需订货；如果不是朝鲜战争日本的经济困难还会延续相当一段时间。其他的局部战争对中国均无多大影响，更不用说对全世界了。

作为时代特征的发展，也是指经济和社会的全面发展，即经济的增长，社会的进步。对于发展，要看如何理解。革命是推动社会进步的；马克思说，"革命是历史的火车头"。因此，广义地历史地讲，革命也算发展。革命与发展都是在推动历史进步，其根本区别只在于采取和平手段还是暴力手段，是突变还是渐变。采取什么手段不能只由主观决定，还要看客观条件。

在这里，想提出一个问题来讨论。这就是：革命往往都是指暴力革命，革命本身就是战争。改良不算革命。实际上，改良往往以建设的方式而不是以彻底破坏的方式同样起到推动社会进步的革命作用。暴力革命总会导致对社会的破坏，与发展不能等量齐观。发展也是相对于革命而言的。相对于暴力革命的，是和平发展与和平改良。发展主要指通过改良和调整来推动社会进步，包括经济、政治、社会、文化、科技等各方面的进步。革命往往和战争结合在一起，而发展总是与和平结合在一起。

政治上的发展方式，有革命与改良两种。政治革命就是一个阶级推翻另一个阶级的统治，改变社会制度。革命是历史的跃进，是突变。革命来得快，牺牲大，解决问题彻底、利索。改良是非暴力的渐进，是和平演变，显得缓慢甚至痛苦，不一定彻底，但牺牲小，可以减少破坏和伤亡。所以，恩格斯到晚年已倾向于走改良的道路。他和他的学生威廉·李卜克内西、考茨基、伯恩施坦等创建的第二国际，就主张通过改良即走议会道路，实现从资本主义向社会主义的过渡。代表人物有倍倍儿、卡尔·李卜克内西等，成为一派。另一派是以列宁为首的激进派，后来分裂出去，成立了第三国际，坚持暴力革命。这样，在马克思、恩格斯之后，国际共运就分成了两派，第二国际被指称为改良主义或修正主义。围绕暴力革命还是议会道路，在国际共运中进行了长期的争论和斗争。

经济发展，也有革命和改良之分。区别在于，是一次完成还是逐渐完成，是全部用新设备换掉旧设备，还是在旧设备的基础上逐渐改变和更换零部件。这就像房屋有建造和装修之别一样。以蒸汽机代替人力为动力，是革命，是工业革命和技术革命。

在时代特征上，革命只能与战争相匹配。发展则总是同和平相匹配，因为要发展必须有和平的条件，以和平为基础。

（二）两个时代的交替

战争与革命跟和平与发展两个时代的交替有个过程，不是一蹴而就。20 世纪两个时代的交接大约是从二战结束到 50 年代初。这表现在：

1. 1950年，不但二战已经结束了五六年，而且战争的破坏也基本上得到恢复。苏联和中国有些例外，稍微晚了一点。中国因为二战后接着打了几年内战，一时还没有和平。苏联实现了和平，但到50年代初经济还没有恢复到战前水平，社会发展更受影响。但就世界整体而言，1950年已经进入和平时期。不久前美国马里兰大学一个研究小组收集的数据显示，"我们眼下处于20世纪50年代以来全球暴力的最低点"，别看发生了伊拉克、阿富汗等战争。哈佛大学一位专家说，我们或许生活在人类有史以来最和平的时期，人们之所以感到世界动乱比以前更严重了，是由于信息的发展，往往一个地方发生爆炸或骚乱，一下子就传遍了全世界。在信息传播还不那么灵便时，有些地方出了大事，人们还不大清楚。例如卢旺达一下子有近百万人遭到屠杀，当时信息不那么快，就没有在世界上受到太大注意。信息传播快又在敏感地区，如科索沃战争死的人远没那么多，却立即引起全世界的极大注意。

2. 殖民主义体系崩溃。第二次世界大战后到1950年，民族民主革命的高潮正在结束。

第二次世界大战和第一次世界大战的性质不同，引起的后果也是两样。第二次世界大战从一开始就属于反法西斯的民主的性质，而不是单纯的帝国主义战争。所以参加反法西斯战争各国的无产阶级及其政党，对战争的态度和采取的策略，已不是反对战争，进行革命，而是支持政府的战争政策，实行劳资合作，积极参加战争，并且因此赢得了各阶层人民的爱戴，力量迅速壮大，政治地位大为提高。但在二战开始时，斯大林和毛泽东认为仍然是帝国主义之间的战争。到二战打到苏联头上，就不能仍然说是帝国主义之间的战争了。他们很快改变了看法，说这是反对法西斯、争取民主和民族解放的战争。

（1）民族民主革命的高潮发生在20世纪40年代下半期。1945年到1948年发生的民族解放与独立革命，到20世纪50年代初差不多就已告一段落，开始走向低潮。在这个问题上，人们有些争论。有人说，那时还有一部分国家并没有取得民族独立，大部分非洲国家就是在1950年之后才获得独立的，是否应该往后算才对。但是，殖民体系瓦解的高潮，在20世纪40年代末就结束了。这时，中国、印度、印度尼西亚、巴基斯坦、埃及、摩洛哥以及叙利亚等大部分国家都解放或独立了。他们的人口加起来占亚非总人口的4/5，殖民统治已属强弩之末。剩下的是在殖民体系中起作用不太大的，或者宗主国对它们抓得不那么死的。1950年以后，真正通过战争获得独立的只有越南和阿尔及利亚等少数几个国家，多数都是通过宗主国被迫让步或自愿放弃而和平地实现了独立。马来亚、新加坡、文莱，都是事先谈好独立条件解决了问题。印度也不是经过打仗取得独立的。法国1960年一下子放弃了12个非洲殖民地，让它们独立。这已经是革命进入低潮时的表现。这时还有个标志性的重大历史事件，就是第三世界的形成。

（2）西方资本主义国家战后的民主改革，也是在1940年代下半期就基本上告一段落了。那几年，这些国家的民主改革进行得可说是大刀阔斧，应视为也是一种革命和发展。这应成为20世纪50年代初两个时代分界的另一个标志。但是，过去人们是不怎么把民主改革算成革命和发展的。德、意、日三个轴心国家，在战后立即被迫改行民主制度。在德、意两国，老百姓接受民主改革比较顺些。日本人则是靠麦克阿瑟的强加才实行和平与民主的，天皇的权力一下子被削减到很小，实行了多党制和民主选举制度，就是现在的局面。美、英、法也是在那时来了个大改变。他们的改变始于反法西斯战争期间。罗斯福1941年6月提出四大自由：免于匮乏的自由、信仰上帝的自由、言论自由和免于恐惧的自由。这意味着美国政府从此要对人民的经济安全负责，成为美国政府职能的一大转变。这一条在战后得到进一步落实。附带说一下，1943年7月3日中共《新华日报》社论曾高度评价这四大自由；1945年9月27日毛泽东在回答路透社记者甘贝尔的问题（中共对"自由民主的中国"的概念及界说如何？）时更说，"这样一个国家""将实现孙中山先生的三民主义，林肯的民有、民治、民享的原则与罗斯福的四大自由。"[1] 英法两国也都有改革。英国工党取代保守党上台，改变了原来保守党推行的一些政策。美国的杜鲁门政府也未敢抗拒这一民主革命的潮流，力主审判战犯和禁绝法西斯和军国主义，支持对德、日等进行比较彻底的民主改造，为德日制定了和平民主

---

[1] 《毛泽东文集》第四卷，第27页。

宪法。

（三）和平与发展作为时代特征的根据

根据什么断定20世纪下半期是和平与发展时代呢？

1. 先谈和平。世界和平就是不打世界大战。20世纪上半期打了两次，下半期以来就再没有打过世界范围的战争了。大国之间虽然矛盾很多，冲突不断，美苏之间的矛盾更是突出，但没有打仗。它们分别是东西方两个阵营的头。如果打起来，不仅两个阵营各国都会参加，亚非拉地区好多发展中国家也会卷入。这就是世界大战了。但是美苏始终没有打起来。其他大国更是尽量避免发生大战。为什么20世纪下半期没有发生世界大战？看来有以下几个原因。

第一，是人类本身的进步。这可不是空话。人们可以从历史中学习到新认识、吸取经验教训。人类的良知在不断提升。这里有各国人民的觉悟，也包括统治集团甚至独裁者的认识在内。这不完全是个性善性恶的问题，前车之鉴关系很大。统治者会逐渐地从中看到自己应负的历史责任，不敢轻举妄动。希特勒的下场，是各国统治者个人不能不考虑的。

大国中有些人对最近这次世界金融危机，一开始看得很重，认为大萧条又来了。有些经济学家甚至认为，这次的严重性将超过1929—1932年那次。后来证明情况不是如此。因为这次已大不同于1929年。那次是各国自己保护自己，以邻为壑，实行贸易保护主义。这次则是采取合作的态度，共同设法控制，证明人类接受了那次大萧条的经验教训。这就是一大进步。

战争问题也是一样。人类同样注意到了过去的经验教训。毛泽东经常讲战争贩子、战争疯子，说这些人到时候是一定要发动战争的。二战后，靠战争发财的战争贩子倒是有一批，战争疯子却没有。这是在和平与发展时代，由历史趋势决定的。在这个问题上还有些争论。我曾就此写过文章征求一些人的意见，有些人觉得太乐观了。问题是现在谁和谁打？苏联解体后，只剩下中国和美国有能力打大仗了。可是我们和美国都不大可能打。二战后，即使军人当权，也不敢挑起战争。军人出身的艾森豪威尔将军是二战时的盟军统帅，当选为美国总统后，一上台就力主朝鲜停战。我们说在朝鲜战争中打败了美帝，其实就是指它同意了停战谈判，并不是说我们把它赶下海，它落荒而逃了。如果美国选择要继续打，它是有能力再打下去的。赫鲁晓夫这个人好像很冒失，但在古巴导弹危机和第二次柏林危机问题上最后还是作了妥协和让步。苏联在古巴危机中丢了脸，从古巴撤走了导弹，但实际上还是合算的。美国答应了两个条件，不进攻古巴，也不在土耳其一带部署导弹。双方终于妥协，证明在和平与发展时代，大战不容易打起来。

第二，是在世界上占统治地位的资本主义体系发生了根本性变化，也可说是带一定意义上的质的变化，即从"传统资本主义"变为"现代资本主义"。传统资本主义就是过去那种经济上完全实行自由放任的资本主义。现代资本主义是市场经济加政府调节，政府调节的力量还很强，这就改变了帝国主义的某些本质属性。它出了毛病，在很大程度上能自我调节。这次世界金融危机，大家都讲要一起来进行调节。为此开了好几次峰会，20国峰会，金砖四国峰会等。会上讨论是放还是收，结果决定仍然要继续合作，实行管制。在亚太经合组织峰会上，胡锦涛和奥巴马都表示还是要管住。

什么是帝国主义？现在还有没有帝国主义？也真是成了问题，很值得研究。列宁的定义不可以乱套。例如列宁讲帝国主义的主要特点就是垄断。而经济发展到一定时候，确实会出现垄断。例如在国内市场和对外贸易上，芬兰的诺基亚垄断性很强。瑞士也有垄断性企业和产品。我们的中石油、中石化都是垄断性的。那么，芬兰和瑞士难道都是帝国主义？说是，不行；说不是，又不符合列宁的定义。

为争夺殖民地而打仗就更谈不上了。现在哪里还有争夺殖民地这件事？帝国主义国家在二战后不是互相争夺殖民地，因为殖民地不再只是掠夺和剥削对象，反而变成了包袱和负担。有人认为，美国打阿富汗和伊拉克就是这类争夺，说美国在这里和俄国、甚至和我国争夺。实际情况是，美国到阿富汗去就是为了抓本·拉登。如果是同中国争夺，那为什么不在朝鲜和台湾搞名堂？在阿富汗和伊拉克，美国在更大程度上是与别国，包括和当地政府合作。至于在资本主义国家之间，它们发生矛盾，已有一套相互竞争和协调的办法，用不着靠相互打仗来解决。在美国已盛行多年的

"民主和平论",就是说民主国家之间不可能打起来,是有一定道理的。

现在,我们干脆连帝国主义也不叫了。在官方正式文件和讲话中已不再用美帝国主义这个词。共和国成立后头30年,称美国从来都和帝国主义联在一起。80年代以来,人们在口头上有时还"美帝"长"美帝"短的。对老头们,这是出于习惯;对"愤青"们,则是出于一腔无名怒火。

现在回头看,二战后传统资本主义转化为现代资本主义,这个变化的意义确实非常之大。

第三,核武器及其运载工具这类毁灭性武器的迅速发展以及日新月异,也是对大国之间战争的有力制约。使用核武器有导致人类毁灭的危险。这成为制止发生新的世界大战的重要因素。大国的领导人和民众大约都不敢冒此风险,结果是谁也不敢打。美俄是两个最大的核国家。苏联一个时期核弹头超过10000枚,后来逐渐削减,还有3000多。奥巴马不久前宣布,美国还有5000多。那么多核弹使用起来不知可以毁灭地球多少次。人类会干这种事?它们之间已经开始核裁军,并将继续下去。过去它们在使用核弹上就一直非常谨慎。朝鲜战争时,美国对我们参战没有准备,被我们打了一闷棍。当时麦克阿瑟提出使用战术核武器,用原子弹把我国东北一些地方炸一炸。当时在美国不少人也同意。但是杜鲁门考虑再三,没有批准。他怕苏联也对美国使用核弹,因为苏联当时站在中国一边。还有一次,是在1958年台海危机时。实际上这次并不是正式的战争,我们只是向金门打炮。当时美国的军部,就是参谋长联席会议也提出在福建前线使用战术核武器的问题,说先准备着,万一我们进攻金门或者打美国的船只,需要时就使用。当时美国在金门有顾问,已经死了人。但是美国非常谨慎,不让用核武器,第七舰队也停在我们领海三海里外的公海上,不敢接近中国领海。这些都证明,武器的进步,对爆发战争有很大的制约作用。

核国家正在共同致力于防止核扩散。但是这个问题还没有办法得到解决。事实上核武器已经开始在中小国家中扩散。印度、巴基斯坦、以色列、伊朗、朝鲜都已经是核国家或实际上已经拥有核武器,或想拥有核武器。以色列几年前就有核武器。据说朝鲜已有几枚核弹。伊朗也想制造。如何不让它们拥有核武器,很难办。朝鲜拥有核武器首先威胁到中国。它一旦使用起来或者在它那儿发生核材料泄漏事故，首先遭殃的是吉林省，其次威胁到日本和韩国，对遥远的美国威胁不大。但这些国家即使使用核武器，也不可能引发世界大战。

这三条是根本原因，当然还有诸如战略平衡等其他因素，使大战没有打起来。而且20世纪下半期的大国关系不是变坏，而是变得更好点、更可以控制了。美国和日本、美国和欧洲，矛盾不是尖锐化，而是更接近了。它们之间关系的发展在同步化。这是一个新的问题，需要我们很好地研究，才不致落后。以往的认识是，大国发展的不平衡会引起它们间矛盾的激化甚至战争。而二战后各国的发展是在不平衡中走向相对的均衡化，没有发生大战。美国和中国、美国和苏联，也是从相互敌对转到不以敌人相待，既竞争又合作。大国之间的相处更趋于平等，关系也更成熟了。

2. 再谈发展。第二次世界大战后，在长期的和平环境下，世界经济、政治、社会、文化取得了人类历史上空前的大发展，使人类文明进入了一个全新的阶段。这主要表现在以下几个方面。

第一，是生产力的大发展。

人类在20世纪下半叶创造的生产力和积累的知识财富，超过了以往一切时代成就的总和。据陈志武教授讲，从公元元年到1880年，世界人均国内生产总值只增加了一倍。1880—2000年却增加了五倍。增加主要在二战之后，这里还应扣除世界人口的激增。单是战后头30年，世界工业产值累计额就是在这以前人类历史上工业总产值的两倍。战后资本主义劳动生产力的提高，百分之八九十靠技术进步取得。经济和科技方面的突飞猛进，人人皆知，就无须多讲了。

第二，是市场化的大发展。

除了生产力的大发展以外，还因为二战后出现了延续至今的两大潮流，一个是经济市场化，另一个是政治民主化。市场化是经济发展的重要动力。凡是"化"的国家，经济发展一定快，反之，就会停滞甚至倒退。中国的经济发展就靠市场化。例如改革开放初期，我国的人均国内生产总值只有印度的2/3，但因印度的市场化比我们晚了十多年，我们很快就超过了它。二战后相当一段时期，社会主义国家都没有实行市场化，许多发展中国家也没有。1985年以后，市场化才在全世界范围迅速铺开。我们虽然在 1979 年就开始改革开放，但只有在邓小平 1992 年南方谈话后，市场化才真正展开。在 1985 年以前，全世界卷入市场化的人口只有六亿，到 20 世纪末，经过不到 20 年，就已增加到 60 亿。现在还剩几个国家，如朝鲜、古巴，情况大家都很清楚。"化"和不"化"的后果，差别极大。只要看看东德和西德、大陆和台湾当年的对比，韩国和朝鲜直到如今的对比，就一目了然。

市场化指经济上对国内国外市场的开放。只有通过市场化才有可能参与国际化，特别是全球化。

第三，是二战后兴起的民主化潮流。

政治民主化是二战后和经济市场化一同掀起的潮流。战前只有少数几个现代意义上的民主国家——美、英、法等，而且这些国家民主的内涵还很不完备。单以选举论，即有财产、性别、文化水平等限制，还有种族歧视，使许多民众得不到选举权。由于二战的反法西斯性质，20 世纪下半期民主化得到迅速扩展，这些问题逐渐得到解决。从 70 年代起，民主化的发展更为迅速。1975 年，全世界有民选政府的只 30 多个国家，2005 年已增加到 119 个。20 世纪 80 年代，拉美国家几乎全都由文人政权代替了军人政权，建立起了代议制民主。1989 年，53 个非洲国家中实行多党制的只有三个，五年后的 1994 年已达到 48 个。西方发达国家也不例外。德、意、日三国的民主改造可说是有目共睹。拿日本来说，经过战后多年的改造，已经建成成熟的社会，无论执政的党派更换得多么勤，都不影响整个社会的正常运转。老牌民主国家有长期的民主传统，民主化更得到很大的进步和完善。美国的种族歧视有了根本性的改善。马丁·路德·金 1963 年 8 月的著名演说《我有一个梦想》中的要求已经基本实现，奥巴马这位非洲裔黑人当选总统即为明证。妇女同工同酬问题也越来越得到实现。现在美国妇女的就业率日益提高，妻子的工资高过丈夫的情况也不鲜见。一些家庭，转而由丈夫在家带孩子了。还应该提到的是，苏联东欧国家实行转型，都卷入了民主化潮流。它们的情况不尽相同，有民主传统的国家在这方面的发展快些。现在全世界违背民主化潮流实行集权或专制制度的国家已经不多了。它们也很难长期维持下去。

第四，是社会福利化潮流的兴起和落实。

这是二战后世界上的一个很大进步。这个潮流既是人民斗争的结果，也是现代资本主义善于自我调节的重要表现。在西北欧国家，民众从生到死都由国家包了。有的北欧国家，生孩子连丈夫也可享受长时间的产假。发达国家的社会福利超过了社会主义国家。王震副总理1978年访问英国。他当时就对我们驻英国使馆的官员说，英国已经消灭了三大差别，除了缺少共产党的领导外，已经达到我们理想中的共产主义了。有些从加拿大回来的人也说，"人家才是社会主义呢！"美国的福利搞得差些，贫富差距也因此大些。但穷人出身的奥巴马上台后，首先抓医疗改革。因为现有的福利制度，还有10%—20%的人没有得到医疗保障。我们储蓄率那样高，就是因为怕老了看不起病，没人管。还有那么多的中国人非法移民和冒死偷渡。发达国家就不存在这些问题。当然，福利化也有问题，搞过了头，会出懒汉。不过因为这些国家的民主和平等，国家的竞争力还是很强的。

最后，谈一下文明和文化。

二战后，随着经济、政治的发展，人类文明进入了一个新阶段。无论物质文明还是精神文明，变化都极大。我们战争年代梦想的共产主义，就是"电灯电话楼上楼下"。在许多国家，人们从衣食住行到衣着革命，这个要求标准早已被大大超过，人们已从只求温饱到了牛奶面包的大普及。科学发展，"知识爆炸"，还有风俗习惯的演变，人类自身生产的进步，信息时代的到来，网络化和手机的普及，等等。宇宙航行的发展，使嫦娥奔月的神话真能实现。

根据以上论述，可以认定，世界在1950年前后就已进入了和平与发展时代。这应该是没有什么问题，无可争议的了。

五　我们在时代判断上的沉痛教训

客观形势的发展十分清楚地表明，世界在二战后不久就进入和平与发展时代。60多年没有发生世界大战，在这期间，经济科技文化飞速发展。可是毛泽东生前却一直坚持，世界仍然处于战争与革命时代。人家说有望保持和平，我们还在准备打仗；人家注意谋求发展，我们还在坚持继续革命。完全是对着干。这就使国家建设丧失了30年的机遇期，落后是必然的。

（一）对时代误判是国际共运的普遍现象

对时代，和对其他重大问题的判断一样，各国共产党都得听共产国际的。共产国际于1943年解散，但是苏联对国际共产主义运动的领导地位未变，1947年还成立了欧洲共产党和工人党情报局。被称为中共党史学的奠基人和开拓者的胡乔木说过："列宁建立了一个集中制的共产国际，这是一个非常严重的原则错误。"[①] 连胡乔木也对列宁和共产国际得出这样的论断，更加证明列宁主义是马克思主义传承中一个"左"的流派。但是话又得说回来，要是没有共产国际，也不知道什么时候才会有中国共产党和中国国民党。中国共产党是在共产国际帮助下建立的，国民党是在共产国际帮助下改造的。两个党除了主张不同，组织体制几乎一模一样。在列宁之后，斯大林和国际共运后来又长期无视二战后世界形势发生的根本变化，断定世界仍然处于战争与革命时代，还要在国内搞继续革命，对外输出革命。时代判断的错误，是社会主义国家和整个国际共运遭受挫败的一个重要原因。那么二战后世界上存不存在世界革命形势呢？历史已证明不存在，世界革命形势更没有出现。

从1935年到二战结束，共产国际主张建立并巩固反法西斯统一战线。在二战后期和二战后的头一两年，斯大林主要考虑的也是维系并加强和西方国家的反法西斯同盟关系。他提出"联合政府"政策，主张资本主义国家有武装的共产党应当放下武器，和资产阶级政党合作，以合法身份进入议会和政府。有人（如铁托）批评这是犯了右倾错误，放弃了夺取政权的机会。其实也很难说。因为这是符合时代主题随着二战结束而开始发生转变的趋势的。譬如，戴高乐是反法西斯英雄，法共要是起来反对戴高乐，能不遭到法国和世界人民的反对吗？二战后世界上是否存在无产阶级革命形势？答案是否定的。战后，发达国家致力于维护和平局面、恢复和发展本国和世界经济、在政治上推进战败国的民主改造和本国的民主改革。它们因此进入了一长段黄金发展时期。在这些国家搞无产阶级革命缺乏条

[①] 《胡乔木回忆毛泽东》，人民出版社2003年版，第465页。

件，硬要去搞，必定失败。尽管法共和意共这两个大党在二战中都拥有自己的武装力量，在国内的影响很大，但它们在战后都不可能上台掌权。铁托等的批评，看来就是出于对时代的错误判断。当时的这种判断直到现在仍然留有回响。实际上，法共意共后来党员人数越来越少，影响越来越小，恰恰不是因为它们"右"，相反，而是它们太"左"。这是国际共运的通病。

（二）毛泽东对时代的判断还越来越"左"

毛泽东的马克思主义不是直接从马克思那里、而是从斯大林那里学来的。毛泽东是真诚的列宁、斯大林主义者，还因为列宁、斯大林的学说和为人正好适合毛泽东的理想和个性。毛泽东要专政、爱好斗争。这和列宁、斯大林一样。毛泽东很少讲和平。他基本上不主张和平共处，在他的著作中也很少提，只有一次提到，还说成"和平共处就是冷战共处"。至于他在《新民主主义论》中所说，"十月革命"后世界上的民族民主革命都是世界无产阶级革命的一部分，都只能由无产阶级领导，胜利后也只能建立新民主主义政权，走社会主义道路；二战后100多个民族独立国家的历史已经在事实上否定了他的这一论断。

经过延安整风到1945年召开中国共产党第七次代表大会，毛泽东的领袖地位和绝对权威正式确立。七大后，毛泽东的意见也就是党的意见。二战结束之初，当时世界还处在战争与革命时代，这一点在中国表现得特别突出。毛泽东那时的判断还合乎实际，领导革命取得了胜利。但就在那时，他已有过"左"的苗头。例如1947年《目前形势和我们的任务》这篇文章，认为革命力量已经超过了帝国主义力量，苏联超过了美国的力量。因此，他准备和苏联分工搞世界革命了。所以才有1949年7月刘少奇访问苏联期间和斯大林谈的话。斯大林说，"希望中国今后多负担些对殖民地、半殖民地、附属国家的民族民主运动方面的帮助，因为中国革命本身和革命经验会对他们产生较大的影响，会被他们参考和吸收。"[1] 这绝不是说说而已，以后对亚非拉的民族民主革命，中国还真是管起来了。

---

[1] 沈志华主编：《中苏关系史纲》新华出版社2007年版，第96页。

在解放战争时期和建立共和国后的头几年，即斯大林在世时，毛泽东还非常尊重斯大林的意见，他们对于战争与革命的估计是：世界大战打不起来，要打，也是帝国主义之间的战争。斯大林在1952年发表的《论苏联社会主义经济问题》这本书，就是这样说的。因此这段时期中国可以放手打内战，接着又打朝鲜战争。朝鲜战争后，本来应该立即对内集中搞经济建设，对外打开同资本主义国家的关系。但是毛泽东没有这样做，而是对内接着搞继续革命，对外支援世界革命。在国内继续革命，就是不断地发动各种政治运动，改变生产关系，搞穷过渡，从强迫合作化到人民公社化，向共产主义过渡。支援世界革命，几乎在亚、非、拉遍地开花，而把重点放在朝鲜、越南、阿尔巴尼亚和后来的柬埔寨身上。1979年我们去打越南，也是为了支持红色高棉、作为世界革命的一部分。我们为各国革命力量提供了大批各种无偿援助，包括在中国为他们开办各种训练班，花的钱真是不少。结果是到处树敌，导致我们自己孤立。

研究时代和国际形势，必须同研究国内形势连在一起。中国自己就是把对内对外路线一直紧密联系在一起的。对内以阶级斗争为纲和对外打倒帝、修、反，就是同一条路线的内外两面。例如1959年的庐山会议，反右倾就与中苏关系恶化直接相关。毛泽东认定，彭德怀、张闻天不仅在三面红旗问题上右倾，而且还说他们有"里通外国"问题。会议从原来反"左"转到反右，对外就是导致中苏关系走向破裂。1959年10月2日，毛泽东等中国领导人和来访的赫鲁晓夫大吵，当面给他戴上"机会主义"的帽子，赫鲁晓夫也怒不可遏。到1962年，毛泽东提出阶级斗争要年年讲、月月讲、天天讲，在国内和国际上同时扭紧阶级斗争这根弦。这一年，全国广泛开展反修防修的社会主义教育运动，还在"七千人大会"上进一步突出所谓"里通外国"问题；对外反修防修，中国同苏联东欧国家的关系进一步恶化。

但毛泽东不但不加改正，反而发动把中国推向更大灾难的"文化大革命"，对内搞全面内战。对外提出"美帝、苏修亡我之心不死"，发动全国紧急备战，要建设大小三线、要全民皆兵、准备打仗，后来更进而提出"立足于早打、大打、打核战争"，使全国进入临战状态。

总之，共和国成立后头30年，由于毛泽东推行极"左"路线，使中国不但错过了二战后世界经济技术空前迅速发展的黄金时代，而且出现了经济、社会的倒退。

（三）错误的时代判断使中国人民付出惨重代价

错误判断引起穷折腾，人民跟着倒大霉。既然是集中力量搞阶级斗争和支援世界革命的备战，自然就顾不上经济文化建设，而且造成巨大浪费。邓小平在1988年6月3日的一篇讲话中说，"我们从1957年下半年以后（按：其实头八年也有些瞎折腾），耽误了20年，而这20年又是世界蓬勃发展的时期。""20年'左'的错误，表现在生产不发展，人民生活没改善。"这就是承认，共和国建立后头28年犯了"左"倾机会主义的路线错误。

造成的损失，仅列举以下几点：

第一，经济没有发展，反而发生大倒退

建立共和国后头30年，当然也取得一些成就，例如，维护了国家的独立和统一；在苏联帮助下建立起比较齐全的工业体系；发射了两弹一星，等等。但总的来说，由于路线错了，所得到的更多只能是沉痛的教训。

头30年世界经济发展的最好机遇期，被错误的时代判断白白丢掉了。同主张和平发展的国家如战败国的德国和日本相比，我们似乎是在对着干。人家着重发展生产力，我们着重阶级斗争；人家以对外开放立国，我们坚持闭关自守；人家重视发展教育和科学技术，我们忽视教育、轻视知识；人家搞民主改革，我们加强专政……结果是人家各个方面都有飞跃发展，我们却全面地倒退了。这显著地表现为人民生活水平的下降。例如按国家统计局的数据，1978年全国居民的粮食和食油消费量就比还在打仗的1949年分别降低了18公斤和0.2公斤。粮食消费减少18公斤是个什么概念呢？以我个人1960年下放安徽的粮食消费水平为例，当时每月定量是12斤原粮。在当地就是没有加工过的玉米，每天平均四两。把这四两玉米磨成粉，分两顿吃，每顿只能领到一大勺稀糊糊。这样吃下来，不到一个月，我就得了浮肿病。我出身于农民家庭，15岁奔赴延安参加革命前一直生活在国民党统治区，前后对比，解放后头 30 年的情况确实是历史的倒退。

1948 年中国人均国内生产总值排在世界第四十位，1978 年下降到排在倒数第二位，只有印度人均的 2/3。大多数发展和生活指标排在世界国家和地区的第 170 位之下。① 拿我们同日本比，二战后它比我们困难得多。二战刚结束时，经过美国的大轰炸，日本东京等大城市可说废墟一片，人民生活和我们三年困难时期差不多。邓小平说，一直到 1960 年，日本还和我们处在同一个起跑线上。据世界银行统计，1955 年，中国经济总量占世界的比重为 4.7%，日本只有 2.4%；1980 年，中国降到 2.5%，日本则上升到 9.5%。（国家统计局的数字是：中国 1960 年占 4.6%，1978 年为 1.8%。）不但同日本这样的发达国家，就是同一些发展中国家和地区如亚洲"四小龙"的差距，我们也是迅速拉大了。

第二，政治上瞎折腾使中国人民受尽折磨

整个看来，搞政治运动都是不对的。人家在社会发展上是一步上一个台阶，我们则是一个运动接着一个运动。我们过去搞的运动，很少是有利于社会发展的。有些属于必要，但也错误严重，如解放初期的镇反，搞错的起码在 2/3；土改，何必一定要斗争地主富农并影响他们的子孙后代？后来的反胡风、肃反（在知识分子中被整肃的比例超过总数的 5%）。反右派，一下子把知识分子打压下去了。"大跃进"、人民公社化对生产和环境造成的大破坏超过"文化大革命"。中国舆论和当代史对反右倾重视不够。其实，无论从规模、声势还是后果看，反右倾都比反右派厉害得多，上自中央下至生产队都被卷了进去。有些地方上的领导，如四川的李井泉，援用反右派运动的"引蛇出洞"，采取了"钓鱼"的办法，在传达庐山会议精神时，他故意先把彭德怀的讲话拿出来而不说彭已遭到整肃，结果同意彭德怀的干部就顺理成章地被打成了右倾机会主义分子。大跃进和反右倾运动造成全国饿死 4000 多万人，光四川一个省就饿死 1200 万。当时既不开仓济贫，还不准逃荒。有的因逃荒或偷吃东西而被打死。在和平时期饿死那么多人，为人类历史上所罕见，古今中外都没有过先例。死去的冤魂至今没有得到安抚。三年的人为灾难往往还被说成是三年自然灾

---

① 见周天勇发表在 2008 年 8 月 25 日中央党校《学习时报》上的文章。

害，把"大跃进"、公社化和反右倾运动的严重后果一笔勾销。还有人民没有得到公民本应享受到的各项自由，这里就不详加叙述了。在官僚制、等级制、特权制之下，当然谈不上什么公平、平等。

第三，文化教育上的优良传统丧失殆尽

在以阶级斗争为纲的指导下，头30年的文化教育损失实在太大。对一切优良传统都有所摧残和破坏。党内风气和干部作风迅速恶化。最为严重的是道德败坏。庐山会议的参加者全都是党内精英。大多数都认为"大跃进"出了问题，应该反"左"。可是毛泽东一转，全都跟着反右了。反右倾后全国死水一潭，万马齐喑。最后引发为畸形的"文化大革命"。

30年没有培养出大师级的人才，原来的大师级人才则没有写出大师级的作品。曹禺23岁写出《雷雨》，新中国成立后就不行了。郭沫若早年写出大批成功的作品，"文革"时自己说是"犯了罪"，应该一把火烧掉。现在培养出来的大学生，有些人不是为社会尽责任，而是如何拉关系、找到好的出路。

总而言之，我们白白耽误了30年。近二三十年来一直讲我们面临着前所未有的20年机遇期，不知有什么根据。对于过去错过了二战后黄金机遇期的30年，竟不敢正视，不愿总结经验教训，视而不见。主流舆论总是讲头30年的成绩，什么两弹一星，等等，不讲饿死人和整错人等事实。其实这是犯了路线错误的30年。为了今后的发展，极其需要认真总结和吸取教训。

六　对时代特征判断的拨乱反正

上面谈到1976年国家经济已经达到崩溃边缘，全国上下都认为，这个局面必须改变。如何改？要抓生产抓经济建设。但是对时代问题的认识，并不是一下子就转了过来。

（一）对时代特征的认识有个过程

人的认识往往落后于实践。但问题是应该集思广益，多倾听群众意见，领导者不应自视一贯正确，听不得不同意见，压制批评。毛泽东如果在 1959 年的庐山会议上能听取彭德怀、张闻天等人的意见，也不致发动反右倾运动，引来三年困难，更可能避免使中国几近崩溃的"文化大革命"。

随着毛泽东去世，"四人帮"被擒，"文革"也宣告结束。当时全国从老百姓一直到中央领导，一致要求改弦更张，但也有求稳怕乱的想法。中国实行的是共产党一元化领导，以前是毛泽东，"文革"后经过华国锋两年的过渡，后来就是邓小平当权了。在放弃"以阶级斗争为纲"、改为"以经济建设为中心"这一点上，中央领导层比较快地达成了一致。本来从华国锋开始，就已经既抓建设又抓开放。他提出要引进外国技术，要搞十个大庆，还派人到多个国家去考察。后来这些被批评为搞"洋跃进"，是不对的。只是他不够全面，还坚持"两个凡是"。而且在他当第一把手时，竟以反革命罪判处几位对毛泽东提过意见、发表过反对"文革"言论的青年死刑。所以直到十一届三中全会，才正式确定以经济建设为中心，作为长远国策。

但是，在时代特征的认识和判断上并没有及时转变过来，有好几年邓小平和党中央还在坚持"战争与革命"时代特征的判断。对时代特征没有一个准确的判断和一致的看法，就很难坚持以经济建设为中心。还要不要继续准备打仗，还要不要继续推行世界革命、支援东南亚共产党，等等，还都是问题。我们要求美国不要同苏联谋求缓和，要日本猛增军费，批判主张对苏联搞缓和的所谓索南费尔特主义。其实索氏当时只是美国的一位中级官员，主张承认苏联在东欧的影响和地位，邓小平就给戴上了绥靖主义的帽子。他觉得委屈，在学术交流中曾一再向我们解释。我们反对缓和，加速推进建立国际反苏统一战线的主张，外国人不能理解，客观上显得是：全世界要缓和，我们要紧张；大家要和平，我们要备战。这只能落下个好战之名。

其实，在中央领导人之间，看法也并不完全一样，有的转变看法早一些，有的晚一些。对于以往过高估计战争的可能性，当时学界很多人也提出意见，说世界上好多人都在讲和平有望，我们还老讲战争不可避免，影响很不好。但"文革"结束后不久成为第一把手的是邓小平，他的认识对全党起决定性作用。而邓小平却觉悟很晚，"文革"后有七八年都认为战争只能推迟，不可避免。

邓小平还听不进不同意见。当时胡耀邦对时代特征的变化已有所认识，竟受到批评。1979年7月开第五次驻外使节会议，头一天（17日），胡耀邦发言说："苏联统治集团反华，20年来亡我之心不死，但不等于他要搞亡我之战。他要搞对华战争，进行亡华之战，我觉得不容易。他的决心不容易下。"这表明，胡耀邦在看法上已经发生变化。邓小平显然是看到了会议简报，决定出来批驳。第二天就在讲话中针锋相对地说，"战争威胁确确实实在增长。战争要来只能来自苏联，要立足于它早来，立足于大打，要采取'一条线'思想……美国起码是间接同盟军。"

20世纪80年代初，中联部常务副部长李一氓曾组织撰写和上呈六篇关于国际形势的内部《讨论稿》，其中有一篇认为和平可能维护，不宜再提战争不可避免。当时他拉我参与其事，所以我了解点情况。邓小平和李一氓在长征遵义会议期间曾一起住在一间屋子里，早就比较熟悉。在一次研究这些《讨论稿》的政治局会议上，邓小平就说："你这个一氓呀，帝国主义还存在，战争怎么能避免呢?"李一氓受到了批评。只是那时的批评都比较客气。

邓小平继续讲了几年战争不可避免，只能推迟。只不过推迟的时间，开始时说是十年，后来是20年，再后来是更长时间。不讲持久和平，而继续说战争不可避免，并没有根据。从二战后到那时，已经有三四十年没有再打过世界大战了。

战争只能推迟不能避免的认识引出了一个矛盾：一方面要大搞建设，另一方面又要准备有朝一日来个打仗大破坏。可以说，十一届三中全会是在主要领导人心里还是七上八下、是抱着在苏修和美帝亡我之心不死的疑虑下，决定以经济建设为中心的。这就不可能集中全力，实现快速增长。也不可能大刀阔斧地作出一些必要的决策，例如调整只适合备战经济的产业部署。当时在经济建设上占上风的是陈云的思想。他提出鸟笼经济，就是计划经济为主，市场调节为辅。

在支援世界革命的问题上，邓小平也没有立即转过来。1978年3月31日，他在会见泰国总理江萨时还说，"不支持（革命）是不可能的。这个问题极大。如果我们改变这个原则，就等于在苏联社会帝国主义面前放下了武器，连在意识形态上反对苏联社会帝国主义的资格都没有了。"①

三中全会后过了四五年，邓小平才看出新的时代特征。只是20世纪80年代生产关系已经有了改变，尽管变化得不快，生产已有显著发展。这是因为，那属于大破坏后的恢复性质。一取消人民公社，实行联产承包制，农业生产很快就上去了。用不了多少投资，很快就能见效。20世纪80年代中期，随着思想的大转变，更是大放手、大发展。在对时代特征有了明确认识之后，90年代才突破鸟笼经济，提出市场导向。之后这20年，中国经济大翻身，从此进入高速增长轨道。由此可见，对时代特征的认识绝非小事，而是非常重要。

从公元前后也就是我国的秦汉时期，一直到世界进入20世纪前，即我国清朝末年，中国经济一直发展得非常缓慢。我国有些地方，像独轮车、木犁、纺车这类生产工具，一直到不久以前用的还是汉朝制式。当然，在这段时期，全世界的经济也处于相对停滞的状态。从公元元年到1888年，全世界经济只翻了一番。而中国最近这二三十年的成就竟然超越了以前的200年甚至两千年。

（二）邓小平对时代特征的探索和认定

邓小平以亲身体会认识到中国的落后、人民的贫穷，使他早就有把经济搞上去的主张。他在"文革"前就同毛泽东的意见相左。毛泽东还在坚持三面红旗时，他在1960年就提出过"猫论"：不管是黑猫还是白猫，能逮住老鼠的就是好猫。意思是，当时民众吃不饱饭，只要能吃饱，用什么办法都行。1975年第二次出山，他已决心改变毛泽东的"文革"路线。成为核心领导人之后，他根据国内实际和外国的情况，在华国锋打开国门的基础上发动出国考察。他也注意集思广益。在国内，也不能说他完全不听胡耀邦、李一氓和其他人提出的一些意见。在国外，他看重日本的经验，注意向新加坡的李光耀请教。

直到1985年，邓小平才认识到了要改变对时代特征、也就是改变对战争与革命的判断，放弃联美反苏的"一条线"战略。同时也改变了对日

---

① 朱良：《十一届三中全会后对外政策的调整》，《炎黄春秋》2008年第11期。

本的看法。二战后日本政府规定军费不能超过国民生产总值的1%。我们却希望它增加军费。时任我军副总参谋长的伍修权公开讲，希望日本军费起码达到国内生产总值的3%。后来我们也改口说不能超过1%了。

邓小平有个习惯：事关中国决策的一些重大问题，往往先和外国人谈。提出20年内产值翻番和分三步走的战略，就是先同日本人谈的。关于时代特征的判断也是这样。1984年10月10日，他和德国客人谈到，我们对战争的看法有变化。过了20天，邓小平11月1日才在中央军委座谈会上发表重要讲话，说，"没有这个判断（即改变战争不可避免的判断），一天诚惶诚恐的，怎么还能够安心地搞建设？我们既然看准了这一点，就犯不着花更多的钱用于国防开支。要腾出更多的钱来搞建设，可以下这个决心。"对时代判断的正式宣示，是1985年3月4日向日本友人提出："世界上真正大的问题，带全球性的战略问题，一个是和平问题，一个是经济问题或者发展问题。和平问题是东西问题，发展问题是南北问题。"过了三个月，6月4日在军委扩大会议上发表重要讲话，主要谈对国际形势判断和对外政策的重要转变。第一个是对战争与和平问题的认识，"我们改变了原来认为战争的危险很迫近的看法"，第二个是改变了"一条线"战略。

从此就为以经济建设为中心和改革开放解决了理论与思想认识上的前提。决定在国内推行市场化、在国外加入世界贸易组织、融入世界经济。这都是因为对时代问题有了正确的判断。经济发展的动力主要是市场化。我们在1992年才正式提出市场化。尽管进展慢、不完整、有缺陷，但终究进入市场化进程了。现在的问题是，还存在国有企业的垄断，国家干预也过多，权力过于集中等，这都不符合市场化的发展。因此，至今承认我们的市场化地位的多是些小国，美欧各国还不承认，动辄在进口上对我们征收惩罚性关税。在和平环境下，市场化不光是个认识问题，而是有一大套，绝不只指在街上买卖东西这一类简单行为。

中国选择市场化发展后，20世纪90年代开始经济高速增长。除了时代问题判断的前提，还离不开中国特有的内部条件。一个是中国实行威权主义。在一元化的领导体制下，只要中央下决心，就能够办成大事。在发展的一定阶段，威权主义、垂直体系是有一定作用的。此外，我们还靠低人权、高投资和高消耗。中国的高速发展要归功于农民工。举办奥运会，靠大批农民工进行各个场馆的建设。中国人吃苦耐劳，在工资问题上又处于无法讨价还价的地位。实际上，并不存在什么创造了独特奇迹的中国模式。何况集中力量办大事，既能收到巨大成效，也能造成严重损失。我们要严防胜利冲昏头脑。

在全球化时代，中国的发展已不仅仅是中国自己的事情。除了在经济发展速度和由此带来的国际影响上见高低，发展方式也在国外引起连锁反应。拿威权主义来说，所推行的一些大工程和工人低人权低福利待遇，在外国发生的影响就和我们国内完全不同。一些国家如印度和美国，发展和建设处处受到民意和人权等各种条件的限制。例如最新的例子是，我们想在国外投资建造高速铁路，奥巴马就很难在国内铺开修建，即使准备给有关的州提供财政优惠也不行。中国的低人权换来产品的低成本，东西卖到外国很便宜。这使外国的消费者得利，却加重了外国工人的失业问题。这就是为什么美国工会组织劳联和产联对中国的态度一直不大好。它们从一开始就反共。而越是发达国家，共产党就越是发展不起来。拿高消耗来说，我们对进口能源的依赖越来越大，在全世界找能源。这对能源生产国和进口国以及对全球环境的直接影响，更不用多说了。

我们的高速发展离不开两个良好的外部条件：一个是我们的经济起飞正好碰上发达国家经济转型，就是它们的产业大升级大转移的机遇；一个是二战后科技的高速发展和建立起来的经济秩序比较完整也比较合理，我们可以利用世界上已经普及的高科技和现成的国际经济秩序。发达国家正在进行产业的大升级和大转移。人们日常用的一些东西，它们在国内已经不大生产了，需要在国外找地方生产。我们正好接过来。例如它们减少钢铁生产，这就使我们生产的钢年产量达到六、七亿吨。家电，它们减少生产，我们就增加生产。一些小东西，什么玩具、鞋子、袜子、打火机、纽扣，我们更是几乎全揽了过来。据说全世界的打火机，95%是我们浙江温州生产的。浙江义乌有全世界最大的纽扣批发地。

在这里可以专门谈一下对现有国际经济秩序的看法。中国一直对自己在国际货币基金组织里没有多少发言权有意见，认为应该有所作为，予以纠正。邓小平1990年提出，应该在联合国提出议案，要求建立提高发展中国家地位的国际经济新秩序。其实这并不现实。国际货币基金组织就等于一个股份公司。一国的发言权取决于它的投资数额。而原有的经济秩序也是比较公正和比较合理的。

1941年罗斯福和丘吉尔签订的《大西洋宪章》和1946年有我国参与制定的《联合国宪章》，不仅说明二战的民主性质，也推进了二战后世界的市场化和包括殖民地独立在内的民主化潮流。二战后在联合国框架下成立国际货币基金组织、世界银行和关贸总协定，在贷款、援助和贸易等方面，都对发展中国家规定有诸多优惠条件。随着我国国力增强，最近我们在国际货币基金组织等国际金融贸易机构里的发言权已经增加，发达国家甚至担心我国在制定国际规则上所能发挥的作用过大。但我们对发展中国家地位继续坚持不放，就是因为这类国家在现有国际秩序中是占便宜的。

（三）对时代特征认识的不足影响到拨乱反正的不彻底

认识不足表现在：

1. 没有把改变时代判断同战略与政策调整联系起来。这一点至今也没有完全解决。时代问题是马列主义第一课。1984年邓小平提出和平与发展是两大世界问题。1987年十三大提出和平与发展是世界主题，1992年十四大和1997年十五大提出是时代主题和时代特征。但是一直没有直接提出和承认和平与发展时代。中央党校刊物《理论前沿》曾发表文章指出，没有内容的时代是不存在的。这就是说，主题和特征就是时代本身。

2. 把和平限于东西问题，发展限于南北问题，这是邓小平多次讲到的。这种看法既有片面性也不合乎实际。和平不止是东西问题，发展也不止是南北问题。两者都是世界性问题。东西问题指的是世界格局，而决定世界格局的是时代。当时谈到东西方对峙的格局，主要同大战危险、社会制度、意识形态等问题连在一起。南北也是全世界的发展问题。邓小平过分强调北方对南方的依赖，说过：南方得不到适当的发展，北方的资本和商品出路就有限得很；如果南方继续穷下去，北方就可能没有出路。这都是不准确的。其实，领导世界发展的并不是发展中国家，也不是社会主义中国，而是资本主义发达国家。发展中国家能跟上发达国家就不错，超过当然更好。只是这需要相当长的时间。现在中国共产党在讲"三个代表"。但理论要由实践来检验。拿生产力来说，美国的比尔·盖茨的企业代表先进的生产力，恐怕是无法否认的。我们什么时候才能超过？

3. 说"和平与发展问题一个也没有解决"，在理论上造成了一定的混乱。如果认定战争危险主要来自苏联霸权主义，那么，苏联解体后和平问题算不算解决了？发展问题，怎样才算解决？理论是起指导作用的，"一个也没有解决"这个提法影响到理论的系统性和彻底性。中央外事工作领导小组办公室组织编写了《邓小平外交思想学习纲要》[①] 一书，由江泽民作序、钱其琛写代前言，应该说具有很大的权威性。只是这本书有一节既以"和平与发展问题一个也没有解决"这个提法为标题，又在文内说明问题已经解决。这只能让人越读越糊涂。该书第34—35页里有一句话："显然，解决世界和平问题，归根到底是要缓和因美苏争霸而造成的国际紧张局势，消除因两霸对抗而产生的战争威胁。"出书时，世界上早已只剩下了美国一霸，两霸对抗业已过去，和平问题岂非已经解决？指出标题和内容打架，绝不是挑剔。现在大学里的政治课不是叫做"邓小平理论、三个代表和科学发展观"吗？其中必然涉及时代问题。问题弄不清楚，在理论上和实践上的影响都是巨大的，影响到如何总结过去和规划未来，妨碍吸取教训。

例如在规划未来时，不搞政治改革，丧失了时机。经济改革留下的弊端和隐患，包括权钱交易、权贵资本、两极分化、贪污制度化、行政手段黑社会化等，也无法克服。在工业化和城市化的过程中矛盾丛生。城乡差别、地区差别、农民工权益得不到保护，原因就在各级官员依地位的高低享有大小特权，不受监督，不受制约。老百姓从农民变成市民，却不能和城里人享受一样的社会保障。这里面就反映了一系列问题。

（四）需要启蒙，需要补课

对时代特征认识不彻底，涉及能不能正确对待历史，包括大人物在时

[①] 《邓小平外交思想学习纲要》，世界知识出版社2000年版。

代问题上认识错误或有片面性的问题。为大人物讳，为特定的个人讳，必然歪曲历史，颠倒黑白，欺瞒世人，贻误后代。对过去的事提倡采取宜粗不宜细态度，是一种草率交待、怕揭盖子的做法。留下了头 30 年犯了什么错误，是否属于路线问题，能否三七开等一系列问题。头 30 年是否有路线错误，叶剑英在 1979 年的国庆讲话中提到了林彪、"四人帮"的极"左"路线，但后来通过的历史问题决议又不把问题提到路线高度了。决议对新中国成立前的情况，还提到李立三、王明路线，后来就干脆不提路线了。

不能总结过去、汲取教训，错误必然重犯。例如个人崇拜，中国已经吃了 60 年的亏。后来中央曾一再禁止，历史决议也反对了，胡耀邦时期还专门作出决定。但现在又正在恢复旧的崇拜，还制造新的崇拜。

七　和平与发展时代和全球化

（一）和平与发展时代与全球化的关系

为什么讲时代问题时要谈全球化呢？所谓全球化，是指人类的交流和来往已冲破地域、族群以至国界的限制；国际间的行为主体也已不再限于国家，而扩大到跨国公司、国际组织、地区集团甚至个人。交通、信息的发达，实现了古人"天涯若比邻"的理想，地球变成了一个大村落，所以人称"地球村"。

这种全球化只能在和平与发展时代出现。在战争与革命时代没有可能出现全球化。因为那时，大国之间存在着你死我活的矛盾，不是一体化，而是谁胜谁负的问题。甚至在和平与发展时代的冷战时期都谈不上全球化。那时世界分为两个阵营，相互对立，相互争夺，哪能"化"到一起。只是到了冷战结束，全球实现市场化，世界也才真的实现了全球化。由此可见，全球化和全球市场化是同步的，甚至可以说是一回事。

全球化只能出现在和平与发展时代，因为全球化必须伴有和平的国际环境，这是显而易见的。没有世界和平，慢说全球化，连以国家为主要行为体的国际化也谈不到。至于发展，更是全球化形成的根本要素。由于人类历史进入资本主义阶段，生产的发展才要求有更多的市场和原料产地，于是就出现了向海外的探险。走在历史前面的欧洲，出的航海家、探险家也最多，先后有了哥伦布、达·伽马、麦哲伦。在他们之后，人们才知道了大地原来是圆的球体，并取名地球。我们中国古人，长期以来都相信天圆地方之说。只有南宋的辛弃疾设想过大地的背面可能有人。他在《问月》一词中说，"可怜今夕月，向何处去悠悠？是别有人间，那边才见光影东头？"这不过只是诗人的想象。肯定那边有人，还是发现新大陆以后的事，但那离全球化还远得很。又过了五六百年，直到第二次世界大战后，人类进入了和平与发展时代，随着持久和平的实现和经济、科技的迅猛发展，世界的交往中只限于以主权国家为主体已经很不够了，公司、企业以至个人都要走出去，于是从国际化过渡到了全球化。

（二）国际化与全球化

国际化，顾名思义，只是现代意义上的民族国家出现之后的事，也就是从1648年威斯特伐利亚条约开始。只在有了领土、疆界的主权国家之后才谈得上国际化。在这以前的人口迁徙和部族征服同化，都不算国际化，因为那时还没有"国"。例如古时候，从后来的中华大地出发就有三次著名的民族大迁徙。一次是公元1世纪前后的匈奴人西迁，一直打到高卢（现在的法国），以匈牙利为根据地建立了一个匈奴帝国。不过现在的匈牙利人是从乌拉尔西迁的马扎尔人，也可能有匈奴人的混血，但不是匈奴人的后裔。第二次是7世纪中叶，西突厥人被唐太宗打败，西逃到土耳其和中亚，即现在的突厥语系各国，在中国的还有维吾尔人。第三次是蒙古人的西侵，几乎占了大半个欧洲和中亚，建立了四大汗国，统治了300余年，至今各地散流的鞑靼人，即蒙古后裔。所有这些都还不算国际化，因为那时没有现代意义上的"国"。

国际化虽然始于民族国家的出现，和资本主义的产生与发展同步，但真正大"化"起来，还是第二次世界大战以后。二战后，世界进入和平与发展时代，大战打不起来，经济与科技以空前的速度发展，出现了人类历史上国际化的高潮。可惜中国在成立共和国后头30年，由于对时代判断的错误，自处于国际化高潮之外，继续推行战争与革命的方略，实行闭关锁国，从而失去了一个发展的黄金机遇期，成为世界上最大的落伍者。直到 20 世纪 80 年代，国际化已过渡到全球化，中国才改变路线，跟了上去。

在经济市场化向全世界加速扩展的过程中，1985 年世界上第一次出现了全球化这个名词。此后用了不到 10 年的时间，全世界实现市场化的人口就从 6 亿扩展到 60 亿，全球实现了市场化。

全球化和国际化有相似的含义，但两者内涵还是有很大的不同。

第一，两者主要的区别在于：国际化的行为主体，主要是主权高于一切的民族国家；全球化的行为主体，则除了国家外，还有跨国公司、国际组织和各种非政府组织，以至个人。而且随着全球化的加深与扩大，国家的作用还在逐渐减弱，而跨国公司等的影响却在进一步膨胀。例如在国家主权管辖下的一国货币，由于牵动世界金融和国际贸易，也不能一切由本国说了算。欧洲一大批国家就干脆自愿放弃本国货币，共同使用欧元。又如我们特别强调人权问题是一国内政，不容外界干涉，但是却也做不到不容他人置喙。这个问题不仅是我国和一些西方国家双边关系中的经常议题，还是联合国人权理事会按国别审查成员国人权状况的对象。对于不分国界的环境保护、空气污染、疫病流行等领域，情况就更加明显了。

第二，国际化不一定要求制订出有严格约束力的规章制度强制各国共同遵守；全球化则必须有越来越多和越来越严格的国际制度、法规和组织，各国和各种非国家行为体都受到约束。例如在过去，苏联、中国可以自行其是，另搞一套。两国可以不参加一些重要的国际组织、条约、法规和协定，就是已经参加的联合国和国际法庭，同它们合作的领域也很有限。全球化则促进传统的国际关系不断地和迅速地向全球拓展。例如现在已达到可以跨国界抓人、判刑的地步。智利、塞尔维亚和波黑的前总统已因反人类罪、战争罪、或种族灭绝罪受到国际刑事法庭或国际特别法庭的传讯或审判。

从国际化过渡到全球化，明显地发生在 20 世纪 80 年代。因此大体上可以把 80 年代看做一个分界线：二战后头三十年算作国际化，此后就是全球化了。共和国成立六十年，1980 年也正好是一个转折：头三十年耽误了参与国际化,后三十年则赶上了全球化。全球化的基础是全球经济市场化的形成,在1980年代以前,世界上实行市场经济的国家,人口只有世界人口的十分之一,包括苏联、中国、印度这些大国,还都执行着严格的计划经济。但此后情况已发生根本变化,世界几乎所有国家(个别小国例外)都实现了经济市场化。

(三) 全球化与和平发展时代的发展前景

国际化和全球化,与和平发展时代是一而二、二而一的事情,谁也离不开谁。瞻望未来发展趋势,起码是可预见的将来,只能是和平发展时代的不断延续。道理很简单,人类社会越往后发展,就越打不起世界大战。局部或地区战争(包括国际战争和内战)都不影响时代的和平特征或主题。二战后的局部战争就从未间断,但一直没有改变和平与发展时代特征。既打不起世界大战,那就将长期保持一种全面和持久和平的局面。在这种情况下,人类的主要工作或任务,就只能是推进人类社会的全面发展了。所以和平与发展时代,将是一个长远存在的状态或趋势。

全球化也是一个不可阻挡的历史发展趋势。在和平发展的时代背景下,全球化必然会持续发展下去,并将具备以下几个特点:一是全面性,而且越来越全面。现在的全球化,还偏重于经济,今后的全球化,政治、社会、文化等方面也会跟上来。二是深刻性,就是说越来越深入。国家(主权、疆域等)的限制将日益弱化。三是均衡性,就是民族、地区等的悬殊与差异会逐渐缩小。例如进入全球化以来,非洲的经济发展就赶了上来。四是趋同性,就是各民族、各国家、各地区在发展上互相借鉴、扬长避短,在文化多元化的同时走向共同文明和世界大同。

全球化是人类文明进化发展的必由之路。要赶上世界文明,就应该积极主动地参与全球化,而不能躲避,甚至反其道而行之。积极参与全球化,就是在经济、社会、政治、文化上都应更加开放,反对闭关自守、抱残守缺。当前的一个试金石,就是对待普世价值的态度。既然讲全球化,就应遵守普遍的价值。因为它涵盖着各国人民对世界文明的贡献。其中也包括我们中国的传统文明。例如儒家的"己所不欲,勿施于人",就属于公认的普遍的价值。盲目地反对西化,反对现代化,就是开历史的倒车。

八　和平发展时代与第三世界

（一）第三世界是和平与发展时代的产物

第一，何谓第三世界？

第三世界形成于 20 世纪中叶。在亚非拉地区还是西方列强的殖民地、半殖民地、附属国时，在世界被分为东西方两大阵营前，出不来第三世界。这个称谓出自 1952 年一位法国记者所写的文章，指的是既不属于东方（社会主义国家），又不属于西方（发达资本主义国家）的庞大群体，即亚非拉（日本算西方）。第一世界指西方，第二世界指东方。按照这个说法，全世界属于第三世界的国家，包括除日本外的亚非拉和除澳新外的大洋洲共约 150 个国家。

第二，第三世界的兴起

胡耀邦在中共第十二次代表大会的报告中说，第三世界的兴起，是我们时代的一件大事。在和平与发展时代潮流中，第三世界成为越来越重要的推动因素。它的人口在世界上占 4/5 以上，是维护和平的重要力量，还日益成为促进发展的动力。第三世界的兴起是殖民主义体系瓦解的必然结果。原殖民大国的力量和地位因此有所削弱，从而有利于制止争夺殖民地的战争。第三世界的发展，基本上是在 20 世纪 80 年代中期的全球化浪潮中得到启动的。从 20 世纪 90 年代起，发展中国家的经济政治普遍发生巨大变化，纷纷走向经济市场化和政治民主化。最显著的是印度。它是继中国之后十年左右才转而走上市场化道路的。只经过几年工夫，拉美各国普遍从军人政府转为民选政府，非洲从只有三个多党制国家增加到普遍实行多党制，尽管有些国家的多党制还有名无实。无论在拉美还是非洲，那里各国之间联系多，相互作用比较强。玻利瓦尔曾想把拉美搞成一个国家，1826 年倡导成立维护拉美各国独立和主权的泛美联盟。非洲也长期存在全非统一的追求，1963 年成立了非洲统一组织。这和大一统的中国情况大不相同。中国可以特立独行，不受其他亚洲国家影响。近二三十年来，第三世界在世界事务中的地位和影响不断提高。进入 21 世纪，第三世界中的新兴大国已经取代发达国家，成为世界经济增长的主要推动力量。2007年中国对世界经济增长的贡献率已居世界第一。

　　二战后，发展中国家和地区中除了少数如韩国、新加坡、中国台湾、墨西哥等之外，多数和我们一样，耽误了第一个黄金期。凡是和发达国家一样明确追求和平与发展的发展中国家，经济增长和社会进步都快。台湾当局就是看到反攻大陆无望，又碰上美国减少援助，才开始转型的。台湾的起飞正好和它的经济发展进入出口导向阶段（1960—1986年），也就是和它参与国际化重合。20世纪50年代末60年代初，韩国和中国台湾的情况甚至比我们更差。就在这时，美国出于减轻本身财政负担的考虑，开始大大削减对外的赠予或优惠性援助。当时接受这种援助份额最大的是韩国。美国停止这类援助后，反而促使中国台湾和韩国发奋图强。不久它们就和新加坡、中国香港一起成为亚洲"四小龙"了。事实证明，一味依靠外援的国家不可能很快发展。我们过去为了输出革命和拉拢一些国家的当权派，慷慨地向第三世界一些穷国提供援助。有些援助用于在当地大修楼堂馆所，或者落入当权派的个人腰包，对这些国家的发展没有多大帮助。突出的例子是援助中非3000万美元和博卡萨当皇帝时的花费等值。这个皇帝后来因杀人和吃人被判过死刑。

　　第三，第三世界的分化和逐渐退出历史

　　第三世界的形成、兴起和式微，是一个历史过程。各国发展不平衡，分化是必然的。客观事物既一分为二，又合二而一。发展不均衡和发展相对均衡化分别代表分与合。当年毛泽东只承认一分为二，批判杨献珍的合二而一，是错误的。代表合的全球化亦即一体化，其作用就在于不断地把不均衡推进到相对均衡，再向新的高度继续这种运动。原属第三世界的几个国家逐步进入发达国家行列。由发达国家组成的经济合作与发展组织原来只包括20个西方发达国家，后来逐步增加，到2010年底，已有34个成员国。先后加入的除了原属第一世界的日本、芬兰和新西兰，第二世界的捷克、匈牙利、波兰、斯洛伐克、以色列、斯洛文尼亚和爱沙尼亚，还有第三世界的墨西哥、智利和韩国。欧盟的历史更能说明问题。西班牙、葡萄牙、爱尔兰以至后来的一些中东欧国家，进入欧盟后，发展大大加快，从而推进了欧洲各国发展的相对均衡化。其他中东欧国家和土耳其仍在拼命争取进入，道理就在这里。但是欧盟内部又随着新成员的加入出现了新的不均衡，并在新的水平下迈向新的相对均衡化。

各国发展不平衡，既有客观原因也有主观原因。主要因素还是国家治理者的观念和所推行的制度。地理和资源条件不是决定因素。例如，不能说发展快是因为地处沿海或者资源丰富。这些都靠不住。瑞士地处欧洲内陆、资源匮乏，但发展很快也很好。意大利不沿海的北部地区比沿海的南部发达得多。希腊沿海，但不够发达。索马里在海边，却是海盗盛行的失败国家。不容分化，只强调统一，不见得一定好。如果秦始皇不统一中国，中国没准儿早就和今天的欧洲一样了。

第三世界中一些发展快的国家已不愿再被视为第三世界。墨西哥和新加坡就都不愿被称做发展中国家，尽管墨西哥还不够发达。事实上，第三世界内部的差别也太大，很难按一定的标准计算和划分。联合国早已根据人均收入把各国分成了发达、欠发达和最不发达国家，把好一点的算成欠发达，差一些的算最不发达。

原来成员均属第三世界的国际组织，如不结盟运动、七十七国集团等，它们今天的作用已经减弱，不结盟运动实际上已经停止活动。作为整体，第三世界正在衰落。这个称谓正逐渐从历史上消失。现在人们已经很少采用这个称谓。

第四，中国与第三世界

中国属于第三世界，但由于社会制度和意识形态的关系，又有别于其他第三世界国家。中国既受它们欢迎也被它们排斥。欢迎，是因为有过去受到外国侵略和欺凌的共同遭遇，又都比较穷；排斥，是因为我国对一些国家输出革命，对西方国家、后来又对苏联一味强调斗争。其原因仍然是对时代特征的判断不够明确和坚定，坚持战争与革命的观点和传统，从世界革命的观点出发看问题，而忽视广大第三世界国家的发展需要，包括同发达国家发展关系的需要。

表现之一是，毛泽东、邓小平都和第三世界亲。毛泽东一再说，他愿意会见穷朋友、小朋友和女朋友。这是指那些来自贫弱小国和工人、青年、妇女群众组织的外宾，因为认定他们是反帝的中坚力量。邓小平也说，"中国永远属于第三世界"。一直到现在，中国仍然不断表示我们是发展中国家。当然，其中一个原因是从世界革命出发仍把第三世界当做我们的直接同盟军，另外就是要在国际上能继续享受给发展中国家的优惠条件。我们长期把发展同第三世界的关系当做我国外交工作的基础或出发点。其实这并不合乎实际。改革开放后才认识到同大国发展关系的重要性，甚至讲"对美关系是我国外交的重中之重"。

（二）谈南北差距问题

一直到前几年，即世界已经进入21世纪后，中国舆论界和领导人还一再讲南北差距的扩大。这也是只从政治需要看问题，因此许多说法都是脱离实际的。不少人有个特点，不大看书，也不大研究问题，只知道跟着上面的说法转。数字就在那里，材料也不断送给领导看，但一开口，不问事实如何，还是讲南北差距在扩大。这个说法近两年已不多见，但并没有消失。

实际上，在二战后和平与发展时代的多数年代，就整体而论，发展中国家经济增长速度都超过发达国家。它们70年代建立组织，提出要求，显示了第三世界的力量，还迫使发达国家作出一点让步，如同意南北谈判，增加援助份额等。但第三世界后来走了一段下坡路。在20世纪70年代到80年代一个短时期，它们发展得慢些。拉丁美洲经历了"失去的十年"，非洲战乱不止，亚洲特别是印度以西地区起色不大，致使这个时期出现了南北差距拉大的趋势。这时发展中国家集团，如七十七国集团和不结盟国家组织会议，进行了一些活动，提出建立国际经济新秩序的建议，并获联合国大会通过，由此开动了南北对话。南北谈判进行过两次，都以失败告终。最后一次是坎昆会议，在美国捣乱下失败。进入90年代，南北差距扩大的趋势已完全得到扭转，但我们反而更频繁地讲南北差距扩大了。这是对时代特征，特别是发展问题研究不够，又只凭既有论断、不看实际的结果。

进入20世纪90年代，南方发展得特别快，年均增长率平均7%，至少5%；北方发展慢，年增长率也就是3%、4%左右。明明是南方快北方慢，但是中国人还是说南方慢，大概是因为只看到南方的基础差。从产值看，南方增长7%还比不上北方增长1%。即使如此，南北方产值的差距同样在缩小，只不过不像增长率的差距那么悬殊就是了。

从20世纪90年代开始，发展中国家取代发达国家，成为世界经济增长的主要推动力。现在发展中国家的经济总量只占世界1/3左右，但对世界经济增长的贡献已超过发达国家一倍。据国际货币基金组织统计，"金砖四国"和发达国家对世界经济的贡献率，1990年分别为0.6%和88.6%，2010年则为30%和60%。继2007年之后，2008年中国对世界经济增长的贡献率再次占世界第一。中国、印度、巴西、俄罗斯、南非这"金砖五国"和墨西哥、尼日利亚等其他发展中大国已和发达国家的七国集团组成20国集团。后者在世界经济和其他事务上发挥的影响都正在超过七国集团。

（三）关于三个世界的理论

这个问题理论性强些，至今也不能说完全转了过来。例如我们对不同国家的看法，在心理上总是认为美国老是欺负别国，我们是受害者，动辄用"阴谋论"套美国；认为第二世界的那些国家不怎么欺负我们，还可以和它们联合；认为第三世界国家是受欺负的，我们总是愿意和它们站在一起。

毛泽东提出划分三个世界，是为了给建立联美反苏的"一条线"战略寻找理论根据，后来由胡乔木把它提升为三个世界的理论。

毛泽东1974年2月在同一个非洲国家领导人谈话时提出了三个世界的问题。他说，"我看美国、苏联是第一世界。中间派，日本、欧洲、加拿大，是第二世界。咱们是第三世界。""第三世界人口很多。亚洲除了日本都是第三世界。整个非洲都是第三世界，拉丁美洲是第三世界。"他这里所说第三世界包括的对象，和1952年以来的说法一致，但是对第一和第二世界的划分却和过去完全不同。第二世界不再专指东方（社会主义）国家。1974年邓小平出席联合国大会特别会议时，专门就三个世界的划分作了发言。当时我们的目的，是要动员和联合第三和第二世界反对美苏两霸，特别是苏联。这个理论在世界的影响其实并不大。"一条线"战略倒是影响较大，中美苏战略大三角由此形成。

扰乱中国理论界，一直影响现在一些人的认识的，是胡乔木主持写的关于三个世界划分理论的文章。他是根据邓小平的指示写的。文章以《人民日报》编辑部名义于1977年11月1日发表，之后组织全国学习。文章开宗明义就说："这个划分，是依据列宁关于我们的时代是帝国主义和无产阶级革命时代的理论，帝国主义发展不平衡、帝国主义必然要用战争重新瓜分世界的理论……"既然对时代的论断是错误的，这个所谓划分的理论自然也就站不住了。

首先，这种划分没有根据，既不合理也无意义。无论从经济上还是从政治上看都没有根据。发达的英法德等西欧国家，怎么能同落后的又互相对立的东欧国家，例如保加利亚和阿尔巴尼亚相论列？这套理论用到欧洲，其实只是两个中间地带划分的翻版。有的国家我们把它划为第三世界，它并不愿意，譬如说泰国。把美苏都划为第一世界，遭到全世界反对。第三世界许多国家不是跟着美国就是跟着苏联的。我们对待它们，不是以美划线就是以苏划线。结果弄得我们自己反而很孤立。

其次，这种划分还往往根据对我国的态度而定。例如罗马尼亚和阿尔巴尼亚算第三世界，保加利亚和匈牙利就算第二世界了。这岂不荒唐！

20世纪80年代初，中联部常务副部长李一氓曾在中联部主持以《讨论稿》名义就对外战略问题向中央提出意见。意见中包括不再提三个世界理论，认为把许多党打成"修正主义"不妥，应和它们恢复关系，等等。对三个世界划分的理论，中央讨论时同意以后在中央正式文件和主要领导人正式讲话中不再提了，唯学界允许争鸣，因此这个意见不下达。此后确也照此办理。《邓小平文选》第二卷多处提到三个世界的划分，第三卷就不再提了，连他1974年在联合国特别大会上的讲话也没有收进去。1982年召开中共十二大，胡乔木主持起草政治报告。国际和外交部分有李慎之、马列等参加。李慎之有一次向胡乔木问起那篇关于三个世界划分理论的长文，胡乔木说，那都是胡说八道。这件事，李慎之已著文披露。十二大报告确也再未提三个世界划分的理论，更不用说十三大、十四大及其他中央文献了。

毛泽东去世、"四人帮"倒台、"文革"结束，中国开始进行拨乱反正的大讨论，其中也包括对外交问题的大讨论。我从20多岁起就开始研究国际问题，所以后来也参加了这次讨论，见证了三个世界理论在拨乱反正时期被推翻的过程。只是学术界不了解中央不再正式讲三个世界理论的决定，有的还在继续论证。

提这个问题不是算什么人的老账，而是为了使后来人学习外交和国际问题时不再走迷路。

九　和平与发展时代的前景

从20世纪50年代前后，世界进入了和平与发展时代，到现在已经过了六七十年了。这个时代会持续，还是会回到战争与革命时代，或是会被别的什么时代代替？我认为，从目前的情况看，在可以预见的将来，和平与发展时代还会长期持续下去，不会再被世界大战和世界革命所代替。

（一）如何看战争

第一，关于世界大战

先谈一下战争。我们在讨论时代问题时讲的战争，一直都是指世界大战。看来世界大战相当时期甚至永远打不起来了，人类可能赢得持久和平。原因还是前面已经讲过的三条：人类本身的进步，核武器的发明和发展，全球化。

这里只再谈一下全球化的作用。全球化使各国的利益更加重叠交错，政治上必须协商合作，文化上相互渗透融合。

全球化速度之快，简直了不得。全世界贸易额1946年还不如中国现在一国的对外贸易额。当时全世界的对外直接投资也就是五六百亿美元的样子。现在我们自己的外汇储备就有两万亿美元，其中买美国国债一万亿美元左右，成了美国的最大债主。对于全球化问题，我们的认识还不够深透，例如把全球化基本上限定在经济范围。又如动不动就讲中国情况特殊，强调中国特色。事实上我们已经特殊不起来，有些方面还化得极快。比方说牛仔服，没几年就从青年普及到了小孩儿甚至老人。

我们过去长时间反对帝国主义文化侵略，现在也还在大反"西化"。我们把美国当年在中国办学校视为文化侵略。美国教会办了燕京大学、圣约翰大学、金陵大学，等等，还办了一大批教会中学。清华大学也是美国人用庚子赔款办起来的，一开始就叫留美预备学校。其实这些不仅没有什么害处，还给中国带来了很大的好处。这些学校不仅为中国培养出大批人才，还从中出了不少革命者。有人粗略统计，参加革命的大学生在全校学生中所占比例，一时燕京大学高于清华大学、圣约翰大学高于复旦大学。其中的一个原因是，和有些国民党政府官办的大学不同，美国人办的学校不去干预学生的政治倾向。1949年后全面否定它们的办学，在大陆上把它们扫荡光了，没有什么道理。回过头来看，应该把这种办学看作是一种重要的中西文化交流。它们确实对中国进行了文化渗透。在共和国成立之前，也可以说是对中国起到了促进社会进步的和平演变作用，但谈不上是对中国的文化侵略。近几年我们在外国一下子办了好几百所孔子学院，目的是弘扬中华文明的优秀传统，这能说是对外进行文化侵略吗？不久前中美第一次合办大学，是在上海。说明我们的认识已有变化，但是对过去那种做法并没有认真地反思过。

现在中国人过的外国节日越来越多了，除了圣诞节，还有什么情人节、万圣节，等等。美国现在也把中国春节当成一个节日，到这一天，总统会表示一下祝贺。现在中外合资的公司和工厂很多。连股份带基础设施和设备，都是分不清中外。只是我们的技术差。不少工厂，我们光生产外壳，内部的关键部件，还是外国的技术专利。合作生产汽车，我们到现在还制造不了一些技术含量高的部件。

地区国家之间的关系越来越紧密，通过地区一体化逐渐走向全球一体化，已是大势所趋。欧盟的一体化程度最高，欧洲国家之间已经根本不可能打起仗来。同理，世界大国之间、地区集团之内和之间，大概也打不起仗来了。

第二，关于局部战争

和世界大战不同，局部战争却不可避免。局部战争大体上有三种情况。

一是大国参与的局部战争，这种战争以后还会有，发展趋势是从多到少。所谓代理人的战争也不会多。

已经有过苏联参加的阿富汗战争、美国参加的伊拉克战争、北约参加的科索沃战争。它们从这些战争中得到的只是教训，在阿富汗尤为惨痛。

在阿富汗，英国打了200年，苏联50万军队打了十多年，美国现在还陷在那里出不来，奥巴马很难办。在朝鲜战争和越南战争之后，美国都认定不能再打这类战争。小布什发动伊拉克战争，美国今后也将尽量避免。奥巴马就是靠反对伊拉克战争当选的。

二是小国之间的战争。这也还避免不了。长期存在的领土纠纷、资源分配、民族或部族矛盾，等等，都是在小国之间发生战争的根源。伊斯兰教的逊尼派和什叶派都是跨国界的，在两者势不两立的地方，就容易爆发战争。这类局部战争，大概少不了，但也不会太多，也呈减少趋势，就是打起来也不会持续太久，更不会由一个具体事件酿成大战，像奥地利王储斐迪南大公被刺杀触发第一次世界大战那样。现在人们感到世界上战乱不断，和信息发达有关系。进入信息化时代，一个地方出了事，可以一下子传遍全世界。

第三，关于内乱和跨国界的恐怖主义活动

这些倒是有持续的趋势。内乱，一种是党派之争。在亚非拉一些国家，长期存在反政府的政治和武装力量。其中有些还同我们过去奉行支持世界革命的路线相关。例如印度、尼泊尔和拉美一些国家就有毛派力量，有的长期拥有武装。缅甸同我们接壤的几个邦长期自治，中央政府管不了。有些邦的骨干力量是我们当年支援缅甸革命留下来的。缅甸政府不久前出动了军队，把这些邦直接管了起来。

国家内乱和跨国恐怖主义，根本问题是国与国间和国家内部的贫富差距不断扩大。索马里国家治理失败，沦为海盗的根据地。一些拉美国家贩毒严重。

长期存在的宗教和民族矛盾也是重要因素。

展望世界，今后主要面临两种危险：一是恐怖主义有扩大、多生之势，大小国家都有可能遭劫。二是核扩散，还有使用核武器的危险。只是无论大小国家，使用核武器都受到制约。在万一的情况下真的使用了，也不致酿成大规模战争而动摇世界和平大局。对世界安全的主要威胁，不是世界大战，也不是局部战争，一个时期变成了恐怖主义。对应世界战争的世界和平，可望持续。核扩散还是个问题。但总的看来，谁也不敢用，大国更不敢。

（二）如何看发展

世界革命对应世界发展。在相当时期不会出现世界性的革命形势，因此也不会发生世界性的革命。作为时代特征的发展，将同和平一起，长期持续下去。这里既包括生产力的迅速发展，也包括生产关系及其他社会制度的改革、调整和变迁，还包括文化和精神文明的进步。

邓小平讲发展生产力和共同富裕，就是指产品的极大丰富和人人平等，即富裕和公平。而经济增长和社会进步，都属于发展范畴。

无产阶级社会主义革命，值得重新研究。首先，无产阶级的界限日益模糊；其次，什么是社会主义，人们也弄不清楚。

现在我们强调坚持四项基本原则。一条是坚持人民民主专政，也就是无产阶级专政。谁是无产阶级？我们的煤矿工人才是真正的无产阶级，但他们沾得上专其他阶级的政的边吗？反而是那些腰缠万贯的官员和官商，他们现在既有权也有钱，还要把权力和家产传给自己的儿子、孙子。

全球化带来的是趋同和融合。按我们原来对社会主义和资本主义制度的理解，只能说两种制度在许多方面趋同了，而现实的社会主义很难说比现代资本主义优越。缩小以至消灭贫富、城乡、体力脑力三大差别是社会主义的理想。实际情况却是，这在发达资本主义国家得到更多的体现。是社会主义国家的人向资本主义国家跑，而不是相反。这说明那里的生活条件好，现代化程度高。跑到那里的人往往喟叹：这里才是社会主义呢！在这种情况下，资本主义国家的人民大众怎么会起来革命？列宁谈革命形势成熟的条件，一个就是统治阶级不能照旧统治下去了。现代资本主义国家现在没有，在可预见的未来也不会出现这种情况。

今后社会进步的方式大概会是渐进改良，不会是暴力革命。最近一次日本、美国大选，口号都是改变。如果提出的口号是革命，没有人支持。连那里的共产党都不支持，它们已主张和平演进。其实，俄国早在普列汉诺夫时代已经看到渐进改良的前景。只是俄国和中国革命的主导力量始终不是普列汉诺夫、陈独秀那类具有高度马克思主义理论修养的知识分子。从列宁开始到后来的国际共运，都轻视以至敌视知识分子并成为传统。俄国的布尔什维克和中国的共产党，都采取了通过暴力革命夺取政权的方针。

什么时候才能够真正实现社会主义，难说。在发展问题上，无论是可持续性还是全面性，资本主义显然还走在我们的前面。世界革命的前景起码不那么乐观。现代资本主义国家的渐进改良没有停过步。美国还在继续向公平和平等的方向走着。原来这些方面很不够，歧视穷人、歧视黑人、歧视妇女。这些方面的进步，世人有目共睹。奥巴马的当选，就很能说明问题。要放在三四十年前，这能想象吗？也不能说他完全代表垄断资产阶级。他提出医疗改革，就是要照顾那些还没有被纳入医保范围的穷人。反对他的是中产阶级。他们认为吃亏：为了照顾少纳税的穷人，他们得多纳税。当然，奥巴马不能反对中产阶级，对垄断资产阶级限制得太厉害也不行。

现代资本主义带动各方面发展的技术发展也很快。这方面我们落后很多。现在不断提倡要创新，但是不落实公民的宪法权利、不在制度上真正进行改革，包括教育改革，就没有创新所需的必要环境。当然中国也会变。只是变得慢一些，痛苦一些。现在网络的作用越来越大。有人讲，今后要民主，手机、微博、推特这些就可以起大作用。

世界和平不会为世界战争所代替。在相当时期，世界范围的发展也不会为世界范围的暴力革命所代替。

十　和平与发展时代讨论情况

最后简要介绍一下前些年关于和平与发展时代的讨论情况。谈这个问题是为了再次强调一下：对这个问题的研究、认识和了解，并不是纯学院式的说教，更不是玩弄名词，而是有着重要的现实意义。

（一）和平与发展时代的提出

1985年3月4日，邓小平会见日本客人时提出和平与发展是世界上两大问题。这说明，邓小平是怀着强烈的时代感观察世界的。只是他没有说，他在考虑对时代问题作出新的界定，更没有把和平与发展同时代联系起来。在我提出时代已经改变而在社会上引起争论后，听说当时外事部门的一位领导人曾经问过邓小平怎么看。得到的回答是：不忙，还要看一看。

我在 1986 年一次学术讨论会上把问题挑明了，说现在已经是和平与发展时代。这时，改革开放已经开始四五年，邓小平提出和平与发展是世界两大问题也已有一年多，大家的思想多少解放了一些。我的思想也多少解放了些。眼看着别的国家发展很快，我们却没有，觉得根本问题在于对时代问题作出的错误判断。我在这次会议上说，我国的落后是吃了列宁《帝国主义论》的亏，这本书早已过时，而且其中的一些论断当时就不正确。我说，现在早已不是战争与革命时代，必须改变对时代的判断。

我提出这一论断后，很快引起了广泛的讨论，还出现过一两次小高潮。讨论的热闹劲持续了两三年。一开始，反对的声音占压倒优势。在 1986 年的那次会议上，除了一位，就几乎没有一个人同意我的意见。不久展开的讨论几乎遍布全国。很快就有些人开始写文章。开头批判的文章比较多。后来既有批判的，也有同意的。

确定我们处于什么时代，是党和国家制定战略策略的根本前提。讲清楚时代，才能讲清楚我们要干什么。我们讲政治经济学，第一章就得说明：我们处于什么时代。这个问题弄不清楚，大家意见不统一，大学教科书就没法编写，高校也没法教学。我这一捅，把问题捅乱了。有些人不愿意把时代问题写进教科书里去了。是 1986 年还是 1987 年，中国人民大学的吴树青校长，还有其他承担大学政治经济学教科书编写任务的人员，就把谈时代的这一章给空下来了。

（二）当时讨论中的几种观点

20 世纪 80 年代末和 90 年代围绕时代问题的看法，大致有以下一些。

第一，大时代的小阶段论

坚持"帝国主义和无产阶级革命时代"的提法，但作了新的解释。根据这种解释，"帝国主义和无产阶级革命时代"是个大时代，并没有变化，而且从帝国主义诞生直到其死亡即无产阶级社会主义革命在全世界取得胜利为止，都不会改变。只是在这个大时代里根据形势的变化还可分为若干小的阶段，例如当前就属于"和平与发展阶段"。至于有人提出的所谓"大小时代结合论"，实际上意思也是一样的。

首先，这种解释已经离开了列宁的原意。因为列宁所提帝国主义时代和无产阶级革命时代,是指资本主义正在全面崩溃,世界革命危机日益成熟并即将取得胜利。除了我们前面已引证和叙述过的以外,为了进一步说明列宁的原意,这里再引列宁的几段话。"暴力将是一个世界性的历史时期,是充满着各式各样战争……的整个时代。"[1]现在,在战争的第五年,帝国主义的总崩溃已是有目共睹的事实;现在大家都很清楚,各交战国的革命不可避免的。[2] 70年来,特别是第二次世界大战后40多年来,形势的发展并非如此。因此,对"帝国主义和无产阶级革命时代"的这种新加的解释,是缺乏理论和事实根据的。

其次,大时代的小阶段论,没有区分时代和阶段的质的区别,没有说明它们各自的基本特征。实际上,这里讲的大时代套的是社会发展五阶段论。这里讲的小阶段,实际含义反而是列宁所讲的时代。因为把时代的主要内容、发展方向、基本特征的变化,如战争与革命变成和平与发展,只是当做阶段的更迭,而不是时代的交替,显然是概念的混淆。

最后,不管形势的变化,把时代拉得这么长,绵亘几百年,怎么能"区别不同时代的基本特征","正确地制定自己的策略"呢?又怎么能"认清这个时代的基本特征","来估计这国或那国的更详细的特点"呢?这样的时代研究,无论从理论上还是实际上看,都是没有意义的。

第二,"从资本主义向社会主义过渡的时代"

这是苏联很早以来的提法。我国报刊上出现这种提法,并且引用列宁在1918年所写《无产阶级革命与叛徒考茨基》一书中说的"从资本主义过渡到共产主义是一整个历史时代"的话来证明。其实这种提法只是对"帝国主义和无产阶级革命时代"换了一种说法,并且还是对列宁原话的误解。

列宁这里所说的"历史时代",是指无产阶级社会主义革命取得胜利到消灭阶级这一过渡时期,特别是强调过渡时期的阶级斗争。所以他的原话是:"从资本主义过渡到共产主义是一整个历史时代。只要这个时代没有结束,剥削者就必然存在着复辟希望,并把这种希望变为复辟行动。"我们说过,列宁对"时代"这个字眼的使用并不十分严格。如果不完整地

---

[1] 《列宁选集》第3卷,第479页。
[2] 《列宁全集》第35卷,第115页。

理解列宁关于时代的理论,不分列宁在不同场合和不同意义上讲的时代,那就只能造成混乱。其实不只是列宁,所有的人直到现在使用时代这个名词也是不作严格区分的。例如时常见到的新石器时代、封建时代、文艺复兴时代、青年时代、毛泽东时代等,这些"时代"的含义同我们所说的帝国主义和无产阶级革命时代中的这个"时代"显然是不同的。所以我们在讨论时代问题时不能把不同的含义相混淆,引证列宁的话也要看他使用的场合。

而且列宁这里所用的共产主义,也指经典作家常说的共产主义第一阶段,现在看来,还只是社会主义建设的开始时期,否则就不会再发生资产阶级的复辟问题。如果把这里用的共产主义理解为共产主义的高级阶段,那么这个"时代"就从十月革命一直延续到共产主义在全世界完全确立,看来这至少也得二三百年,当然不是列宁讲的过渡时期了。

说从十月革命到共产主义在全世界的确立还得二三百年,是否把时间估计得太长了?也不是。从十月革命到现在已70多年,社会主义还大多处于初级发展阶段,完全进入共产主义社会,恐怕还得二三百年,甚至更长些。拿资本主义世界来说,很可能也还会继续200多年。一国两制都准备以百年计,何况全球两制?资本主义即使再活200多年,在人类历史上也还是时间最短的社会形态。资本主义生产方式的基础是机械化的工厂大工业,这顶多只能从18世纪中叶的产业革命算起。资本主义经济占据统治地位和进入周期运行,大约还得从19世纪算起。因为1825年英国才发生了第一次资本主义经济危机,而第一次世界性的同步危机则出现在1857年。1848年的《共产党宣言》中说:"资产阶级在它的不到100年的阶级统治中所创造的生产力,比过去一切世代创造的生产力还要多,还要大。"可见,马克思、恩格斯对资产阶级的统治,也是从产业革命算起,而不是从尼德兰或英国的资产阶级革命算起。现在资本主义才活了200多年,如果再活200年,也不过400多年。但封建主义在欧洲却活了1000多年,在中国活了两千多年。但中国这两千年到底算封建主义还是皇权专制主义,已出现新的争议。

第三,"激烈竞争"的时代

一些同志痛感我们时代的竞争激烈,淘汰无情,关系到国家民族的生死存亡，因而为了唤起民族的危机感和紧迫感，认为提激烈竞争比和平发展更切实际。这种想法无疑是崇高的。但这不是我们所讨论的时代问题。因为"时代"有它比较确切的含义，而不只是一个宣传鼓动的口号。

激烈竞争或者每个国家民族求生存和发展的竞争，并不是我们时代专有的特征，可以说是古已有之。在资本主义原始积累时期，竞争的激烈程度绝不亚于现代，甚至还要厉害得多。在那个时期，硬是有许多国家被消灭了，还有一些民族或部族、种族被淘汰了。我们中华民族，也就是在长期竞争中沦为半殖民地，受尽了侵略和凌辱，而且这也成为我们至今仍然落后的一个重要原因。事实上，激烈竞争贯穿着整个资本主义的始终，从来没有平息过，今后也不会平息。没有竞争就没有资本主义。如果对求生存的竞争作达尔文主义的了解，那范围就更大了。所以，不能用激烈竞争概括我们时代的主要内容和基本特征。而且在我们这个时代，发展既要求合作，更离不开竞争，只有竞争才能促进发展，激烈竞争不但和发展不矛盾，反倒是发展的应有之义。

至于说到两种制度之间的竞争或者叫做竞赛，那是从十月革命后就已开始了的，并不是我们这个时代的主要现象和基本特征。列宁把和平共处看作阶级斗争的一种形式，现在苏联已经正式修正了这一提法。姑且不论在核时代对此应如何看待，单是两个制度的共存本身就包含着全面的激烈竞争和竞赛。因此我们所处的时代也不能定义为两种制度竞争的时代。何况现在世界上存在的还不能简单地以两种制度来概括。

第四，"争取和平与发展的时代"

这一提法是要强调，和平与发展不会自动到来，也不会自动保持下去，必须通过主观的努力去争取。而且还担心不提"争取"，人们有可能产生麻痹大意、坐享其成的思想，放弃努力，松懈斗志。这种用意当然可以理解。但是它不够科学，减弱了时代的科学含义。有的文章走得更远，连"当代世界主题"的"和平与发展"也要修改为"维护和平与争取发展"，其实并没什么新意。

时代是一种客观存在，是由人类历史一定阶段的主要内容和基本特征决定的，并不以人们的意志为转移，而历史又是人所创造的，没有人的努力，也就谈不上历史的发展。人类历史中几乎每一项发展，都离不开主观的努力，但没有人给每一项都加上"争取"。和平就一直是人类争取的一个目标。远的不说，第一次世界大战前，第二国际和各国工人阶级就曾为反对战争、争取和平尽了最大的努力。从1907年的斯图加特会议、1910年的哥本哈根会议，到1912年的巴塞尔会议，都着重讨论了反战同盟，发表了反战宣言或决议。第二次世界大战前，反对法西斯和保卫世界和平的运动更是汹涌澎湃。但这两次都没能阻止得了大战的爆发。第二次大战后，也并不是不存在战争势力，但大战终于没有打起来。这当然是客观形势发展变化的结果。例如作为战争手段的核武器就有两重性，其中一面竟成了防止世界大战的重大因素。这已是人们公认的客观事实，与"争取"的关系并不大。

"和平与发展的时代"用不着加上"争取"二字，正像列宁所提"无产阶级革命的时代"不加"争取"一样，后者也并不意味着无产阶级革命不用争取，不要主观努力，就会自行到来。我们说社会主义必然要代替资本主义，但这种代替也得靠争取，靠主观努力。不提争取，不见得就会使人发生错觉，放松努力。世界范围的和平也是客观存在的，不管我们主观上曾经怎样估计和做了什么准备，过去没有发生世界大战却是事实。至于我们的主观努力应该如何，是以极端警惕、积极备战来争取和保卫和平呢，还是利用和平这一客观存在的现实和趋势，集中发展我国的生产力呢？这是历史已经作了明确结论的。

总之，称作时代的和平与发展，前面不必要也不宜于加上"争取"二字。

第五，和平与发展时代从20世纪80年代算起

有的文章说，和平与发展时代的"纵向时间跨度，大约50年到70年，即从20世纪的80年代起到下一世纪的中期"。这就产生了两个问题：第一，时代的交替有没有一定的客观标志，也就是列宁所说"如何估计到区别不同时代的基本特征"；第二，和平与发展时代起于80年代，那么80年代以前的一段时间又算做什么时代呢？

时代的划分必须有重要的客观标志。列宁就是以法国大革命、巴黎公社、资本主义进入帝国主义阶段特别是第一次世界战争，来划分不同的时代的。时代的交替，并不是由于人们主观上认识到了和正式提出了时代的

主题，才有了不同的时代。列宁是在 1915 年才第一次提出帝国主义时代的，但他并不认为这个时代就是从 1915 年开始。这有他的话为证："马克思、恩格斯两人都没有活到全世界资本主义进入帝国主义的时代，因为这个时代最早也只能说是在 1898—1900 年间开始的。"[①]因此，我们也不能说，因为我们在 1980 年代才认识到和提出了"和平与发展是当代世界的主题"，这个时代只能从 80 年代算起。诚然，近年来国际形势发生了转折性变化，出现了缓和的趋势，但这也不足以成为和平与发展的主要标志，何况这还是 80 年代中叶以后的事。至于改革调整的潮流以及新技术革命的进一步发展，同样构不成时代交替的标志。

另外，如果从 80 年代才开始和平与发展的时代，那么在这之前是否还是战争与革命的时代，也就是帝国主义和无产阶级革命的时代呢？或者是另外一个什么时代？在那段时间里，没有发生大的战争，没有发生世界无产阶级社会主义革命，当然不能再算做战争与革命时代了。拿发展来说，20 世纪 50—70 年代，特别是 50 和 60 年代，世界范围的经济与科技得到空前发展。总不能说高速发展不算，只有 80 年代的低速发展才算作为时代基本特征的"发展"。所以说，把新时代的起点定到 80 年代，是缺乏科学根据的。

当然，讨论时代问题并不只是为了向后看，更重要的还是为了向前看。当时，和平与发展的时代已过去了 30 多年，如果再持续五六十年，整个时代的纵向跨度就当以百年计。

在两三年时间的讨论里，认为现在是和平与发展时代的人慢慢增加，数目越来越多。因为我提出这一套理论多少还有些说服力。现在谁敢打大战？世界发展很快，50 年的成果抵得上以前的五千年。这一点是大家公认的。不论如何，客观上就是和平与发展时代。这个论点能站得住，后来已没有太多人反对。

（三）中央提法的改进和讨论的波折

十多年来，从时代意义上谈和平与发展，党中央的提法越来越明确。

[①] 《列宁全集》第 25 卷，第 229 页。

1987年党的十三大政治报告，提出和平与发展是"当代世界的主题"，并把这一论断列为十一届三中全会以来党在哲学、政治经济学和科学社会主义等方面发挥、发展的一系列科学理论观点之一。1992年十四大政治报告，进一步把和平与发展提到"时代主题"和"时代特征"的高度，并把促进世界的和平与发展定为外交政策的基本目标。1997年十五大政治报告，更把和平与发展的时代特征同邓小平理论连在一起，说邓小平理论"是在和平与发展成为时代主题的历史条件下"，"逐步形成和发展起来的"；提到邓小平理论的"时代精神"时说，离开本国实际和时代发展来谈马克思主义，没有意义。这一报告对和平与发展的提法，内涵就是指时代本身。

但是，由于中央对时代问题的表述不够明确，所以一有风吹草动总是有人出来反对和平与发展时代的提法。在这里只谈一下两次波折。

第一次发生在1989年北京政治风波之后。据《陈云年谱》记载，9月8日"陈云同李瑞环谈话，指出：那种认为列宁的帝国主义论已经过时的观点，是完全错误的，非常有害的。这个问题，到了大呼特呼的时候了。"他说："列宁论帝国主义的五大特征和侵略别国、互相争霸的本质，没有过时。"他"历数从1917年到70年代末帝国主义战争和无产阶级革命的主要史实，然后说：从历史事实看，帝国主义的侵略、渗透，过去主要是'武'的，后来'文''武'并用，现在'文'的（包括政治的、经济的和文化的）突出起来，特别是对社会主义国家搞所谓的'和平演变'。"陈云的这个讲话，当时就向下传达了，说法要比后来发表出来的更厉害。

在陈云谈话之后，1990年3月，由邓力群主持，中央书记处研究室召开了四次关于帝国主义和时代问题的座谈会，但是最后的结果是不了了之。

这四次会，有北京理论界和学界好几十人参加。会议以我为对象，进行批判。我顶住不变，决不收回我的意见。《帝国主义论》确实已经过时。我学过俄文。列宁说，帝国主义已处于垂死阶段。俄文的垂死，是正在死亡的意思。现在殖民地已经没有了，帝国主义的本性有很大变化，变成了现代资本主义。它们有国家调节，有福利制度，增进自由、平等、博爱。

说这样的资本主义马上就要灭亡，连老百姓都不信。社会主义国家的老百姓要跑的话往哪儿跑？还不是往资本主义国家那边跑。在明摆的事实面前，我在会上却是孤军奋战。我认为他们批判时说不出个道理，熊复、何东昌等都说不出道理，因此说不服我。他们只是表示同意陈云同志的意见，说《帝国主义论》没有过时。最后吴冷西发表意见，说和平与发展是小平同志提出的，再批下去只会引起误会，不要再批了。邓力群接受了这个意见，不再开会批判，同时决定也不发表批判文章。事实上，如果发表的话，我是一定会写反驳文章的。这一场批判算是有惊无险地过去了。

第二次是在1999年科索沃战争，特别是美国飞机轰炸我驻南使馆之后。对这一事件，国内舆论反应的一个特点就是再次对和平与发展提出质疑。这次非难主要来自主流舆论和一些著名的"左"派人士。他们还据此提出调整或修订既定政策的意见。当时占上风的舆论是和平与发展面临严重挑战，战争威胁正在接近，甚至出现中美以至中日都必有一战的论断。谈论战争和战备就一时成了热门话题。在时代问题的舆论上发生动摇可不是一件小事，会影响领导，影响决策。当时中央领导就已有人说，前一段和平与发展讲得太多了，阐述和认识上有过头现象。针对这些议论，我在多次会议上提出批驳，说明事情不是这样，不能在时代问题和对国际形势的根本判断上动摇我们的信念。还写了多篇文章，集中起来于2000年出版了一本专著——《论和平与发展时代》（世界知识出版社）。

进入21世纪，意见逐渐趋于一致，就是多数学者认为现在是和平与发展时代了。几乎没有再发生过什么争论。学界的不同意见也只是和平与发展时代应该从什么时候算起。我认为是上世纪50年代。有的认为是70年代末，还有的认为应从邓小平提出问题时，也就是80年代中期算起。

但是，还不能说已经最后解决了对时代的认识问题。尽管已经不大见到公开挑战和平与发展是时代主题这一判断的说法，但对这个判断的含义的理解就各式各样了。对于世界大战不是不可避免这一点大概已无争论。但像陈云那样把"和平演变"等同于战争，并因此断言还没有和平、帝国主义的本性还没有改变的，仍大有人在。对于发展的看法，更是歧见纷出。对全球化发展覆盖的领域和达到的深度，有选择地承认、视而不见或断然否认的现象仍屡见不鲜。在形势估计和对策建议背后，有时掺杂着部门利益，也会离开时代判断。军方不谈战争的可能性，军费能增加吗？美国军方要钱，中国军方也要钱。

看看现实世界发展，总趋势是除了军事上缓和，还有社会发展上趋同。

对于战争，美国过去一直说要有打两个半战争的能力，那也是指要具备和伊朗、朝鲜打局部战争的能力，没说要和大国打仗。一般规律，民主国家之间打不起来。法国和德国过去打了多少年，德国民主化以后，和法国一起，成为整个欧盟的两个主导国家。日本和中国之间的麻烦大些，但今后也得像法国和德国那样。日本打不过我们，我们也打不过日本。而且两国打起来又是什么意思？过去是日本要把中国的地方拿过去，当做自己的殖民地。现在不仅行不通，还远不如通过经济手段得利大，而且还是互相得利。个别小国为了争夺一块地盘，倒是有可能打一打，但规模不可能大。

各国在逐步走向一体化。欧洲各国的一体化走在前面，货币已一体化为欧元。在这个过程中，国家的作用在下降，国界在模糊化，部分主权在转让。大家越来越接近，不是越来越疏远。人类需要联合起来共同应付各种问题，如气候变暖、疫病流行、人口老化，等等。人口老化和移民问题联在一起，不可避免地就成了国际问题。对于人口，美国不存在太大问题，因为它是移民国家，面积又大。日本已经是老龄化国家。还有不少地方面临人口下降问题，日本、俄罗斯、一些西欧国家和我国台湾都是。许多情况都在变化之中。各国的国内事务已不能完全由自己主宰，还必须共同对全球事务负责。当然，在一体化的过程中免不了磕磕碰碰。奥巴马和胡锦涛会谈，就拉中国共同承担国际责任。我们有的干，大部分不干，因为我们负不起这个责任。气候变暖，得共同减碳，要给各国规定低碳指标。我们受到很大挑战。我们的能源69%来自烧煤。把煤炭液化搞清洁能源，长期解决不了，成本也过高。我们正到处捞石油。可现在"地球是平的"，石油是大家共用的，你去拿，人家能不注意？但这种磕碰，再大也引发不了大战。

二战后，特别是20世纪80年代中期全球化迅猛发展以来，各国的社会发展一直经历着趋同的过程。经济市场化和政治民主化已经成为不可阻挡的世界潮流。社会主义国家经历着意义深远的全面改革。过去对社会主义的理解，只是片面强调同资本主义的彻底决裂，因此往往只注意两种制度的本质差别和完全对立，而忽视它们之间的同一和相互影响。其实，社会主义制度本来就是脱胎于资本主义制度的，对后者具有诸多方面的继承性，不可能一刀两断，泾渭分明。特别是由于社会主义多半诞生在比较落后的国家，在发展工业文明和商品经济上，不但要进行历史的补课，还要更多地从现代资本主义取得借鉴。社会主义国家从20世纪50年代起就逐渐认识到商品、货币和市场作用的重要，先后开展了对经济体制的改革。但由于各种原因，其中也包括在时代认识上的失误，多数改革收效不大，甚至遭到失败。只是70年代末以来，才相继开始了全面和深刻的改革。而资本主义的生存和发展，在严重的危机面前，从上世纪30年代起，特别是第二次世界大战后，也不得不持续进行增进自我调节能力的改革和调整。这固然主要是出于它本身的发展规律，但在一定程度上也是受到社会主义理论和制度的影响以及对世界力量对比新格局做出的反应。这样，两种社会制度就出现了某些接近和交错，被某些人称为"趋同现象"。例如：在国家功能上，现代资本主义的主要特征就是加强国家对经济的干预，社会主义却在改变高度集中的经济体制；在所有制上，现代资本主义国家直接控制着相当大比重的国民经济，社会主义则在实行以公有制为主体的多种所有制；在计划和市场的结合上，许多资本主义国家制定和执行了经济发展和科技发展计划，社会主义国家也日益重视发展商品经济和运用市场机制；在社会政策上，现代资本主义进行了一些进步的社会改革和建立了各种福利制度，社会主义则要克服分配上的平均主义和消灭"大锅饭"；在民主化上，资本主义国家的民主有一定程度的扩大，社会主义国家更把民主化放在改革中的重要地位，等等。两种社会制度正出现的这些现象，性质是完全不同的，一方面是社会主义制度的不断完善，另一方面则是资本主义越来越接近"社会主义的入口"，只是这一接近过程比列宁原来的预计要长得多。社会主义要创造出高于资本主义的劳动生产率，在科技和经济上赶上并超过资本主义，充分发挥出自己的优越性，还需经过相当长的时间。现代资本主义由于形成了一定的自我调节机制，今后一个长时期还会继续得到发展。在这个时期里，社会主义国家的主要任务，不是推进世界革命，而是维护和平和促进发展，特别是加速本身经济、政治、社会、文化的发展，成为高度文明和高度民主的榜样。社会主义和资本主义作为不同的两种社会形态，将长期和平共处，既相互联系又相互竞争，和平竞赛是两种社会形态之间矛盾的主要表现形式。在这方面，社会主义本身的全面改革和不断完善有着世界性的历史意义。这也是一个重要的时代特征。

社会主义国家在好多方面得学习资本主义国家的好东西，例如劳保制度、教育制度、公民社会、人权保护。按现在的趋势发展下去，人类走向大同世界是可能的。但那时的社会形态不会是现在的这种社会主义，也不会是现在的这种资本主义。

（此文原本写于 1988 年，首次发表于《当代世界政治经济基本问题》，世界知识出版社 1989 年版；之后收入《论和平与发展时代》，世界知识出版社 2000 年版。2011 年初，根据 2009 年在"超星名师讲座"的讲稿另写成文，发表在《社会科学论坛》2011 年第 9—11 期。本文由这两篇文稿合成。）

关于时代问题讨论的回顾

——再论和平与发展时代

这里说"再论",是因为关于时代问题和作为时代特征的和平与发展,我在过去十多年里曾经反复谈论过不少。现在又"再论",则是由于在这个问题上出现了新的情况,我也想趁此机会陈述一下自己的意见并作点答辩,希望继续得到批评和指正。

一 科索沃战争及其影响再次证明,和平与发展是当代世界主题和时代特征

科索沃战争和以美国为首的北约无端轰炸我驻南联盟大使馆,在我国引发起一场对国际问题的大讨论。讨论涉及许多方面,特别是对国际形势的根本判断。正像一位学者所说,"科索沃战争发生以来,人们不时听到和提出一个基本问题:究竟是否需要对整个国际形势的判断作一个根本的改变。"[①] 对这个问题的回答,见仁见智,有不同看法是很自然的。但值得注意的是,肯定的答复比较多,也就是认为国际形势发生了根本变化,不但原先的判断和看法而且据此作出的某些重大决策都需要进行调整和修正。这方面的言论一时颇为盛行,造成很大声势,我虽然参加的讨论和阅读的材料有限,但也看到和听到不少。根据个人的理解,下面就这一时期报刊上的言论,分三类各举些例子加以说明。

一是认为国际形势发生根本变化,紧张代替了缓和,甚至战争威胁也

---

① 《当代世界与社会主义》1999年第3期,第5页。

在接近。例如说,"科索沃战争已超出地区热点问题的范围而带来了国际关系结构、地缘政治的转折性变化","已经动摇了国际关系的基础","葬送了已有的军备控制和裁军的成果"。有的说,"事实证明,军事力量在国际生活中的作用并未下降","全球新一轮军备竞赛已大大加剧","不能说经济是国际关系的重点和各国都把经济安全放在了国家安全的首位"。还有这样的提法,"科索沃事件和美国轰炸我驻南使馆,再一次提醒我们,战争离我们并不遥远","世界处在两次战争之间"。一些人预计,美国和北约轰炸南联盟只是开了个头,并讨论下一个目标在俄罗斯还是中国,还出了一本《下一个目标是谁》的书。

二是对国际形势的基本判断有点动摇,对两大世界主题和时代特征的和平与发展发生疑问。如说,"过去对和平与发展讲得太多了,阐述和认识上存在过头现象"。惊呼"和平与发展面临严重挑战",说"全球性的加强和民族性遭到空前挑战表明,世界和平与发展处在一个十字路口","冷战后的终结使世界和平与发展不可避免地隐含着空前的不确定性"。总之,和平与发展作为世界主题和时代特征已靠不大住,起码不太稳当了。而有些人还干脆否认和平与发展是世界主题和时代特征。在这种气氛下,出现对"和平与发展时代"的批判也就不足为奇了。与此同时,已有人不承认多极化的趋势,更要批评前一段经常提的多极化在加速发展,认为美国强大且发展快,实际上是单极世界,因为"多极化制约不了单极,相反单极阻断了多极化趋势"。至于全球化,由于它的"实质是跨国公司化、美元化或美国化",对发展中国家弊大于利,所以不是积极参与,而是要审慎对待。还说有一个"现在遍及发展中世界的'反全球化'浪潮",使人对全球化就更害怕了。

三是根据以上看法,提出调整或修订既定政策的意见。例如在国际战略和对外关系方面,就有人提出,多极化既然受阻,促进无望,因此"对付单极世界的方法已不是多极化,而是恢复两极体制","恢复两极体制的关键在于恢复大三角关系"。外交上,不少人认为过去对美国(还有日本)的态度太软了,让步过多,应该强硬些,等等。

此外,特别值得注意的还有对外开放和国防建设。关于前者,《世界知识》1999年第14期开辟的"外资与国家经济安全"专栏,也许具有一定代表性。编者说是"出于强烈的忧患意识",所以"对于困境中的民族工业、国民经济特别是我国经济安全受到的挑战给予了更多的注意"。但我觉得,它还是反映了很多人对全球化的担心和不愿进一步扩大开放的情绪。如认为外企和外贸是造成国内生产能力过剩的主要原因之一;民族工业无法同它们竞争,"随着外国大公司的进入,国内企业主导行业发展的能力存在被严重削弱的趋势";"相对于我国当前的发展水平和吸收能力而言,外资进入的总量已经不小"。因此提出,"对外开放也要量力而行",要"坚定不移地保护民族工业","对外开放的程度一定要考虑民族工业承受国际竞争的能力,与民族工业的国际竞争力水平相适应",等等。在别的一些文章和发言中,反映出主张不急于参加世贸组织的也不少,认为在现在条件下参加对保护民族工业和经济安全不利。

再就是谈论战争和战备一时成了热门话题,出了一批抢手的文章和畅销的书,在国内外引起了不小反响。例如有一本前不久由解放军文艺出版社出的名为《超限战——对全球化时代战争与战法的想定》的书就一下走红了,以大字排印,首次印数即为 25000 册。而一般学术著作,包括一些国家重点课题,也大多只印三千到五千册。对这本"引起海内外的广泛关注"的书,中国社会科学院世界经济与政治研究所适时地举办了一次书评座谈会。这里摘引几位书评者的三言两语,以说明这本书确是代表了谈论战争的一时风尚。据一位会议参加者介绍,本书分析的重点"是 20 世纪末和 21 世纪初的战争",即是"发生在明天晚上或是后天早上的战争",而他读后的印象却是,"未来战争的恐怖性跃然纸上,我不由得对世界和平和人类的前途深深地担忧"。另一位虽然认为"《超限战》是一本好书",但因它"把恐怖主义列为战争的一种选择",因而担心:"鉴于作者的军人背景和恐怖主义在国际社会的巨大影响,于是,中国军队会不会采用恐怖主义等非常手段对付美国的威胁,就成了国外强烈关注的一个重大问题"。所以有的书评者就建议,"对《超限战》的讨论和宣传应有限度","宜适可而止",原因之一是"《超限战》毫无必要地在和平阶段破坏中国的国际道义形象"。该书作者在会上发言,也有点吓人,如谈到东南亚金融危机时说,"我们已经看到,东南亚一些重灾区国家,在这次危机中所受到的损失绝不亚于海湾战争中的伊拉克,也不亚于科索沃战争中的南联盟。"这是否有点言过其实呢？而索罗斯"对东南亚金融市场的攻击"，其作用是否也有点被夸大？至于说"本·拉登的汽车炸弹""对美国这等世界首屈一指的国家造成了难以估量的战略震撼"，"使敌人望而却步"，恐怕也是谈得有点过分。①

关于加强国防、提高战备，也出现各种各样的议论和建议。颇有人主张乘机扩充军备，海空先行，甚至捕捉战机。例如惯于发表惊人之论的一个叫作《战略与管理》的刊物，就接连发表了两篇鼓吹军备竞赛的文章：《科索沃战争与中国新世纪安全战略》、《台湾问题与中国前途》，说的相当吓人。"1999年，中国已走到历史的十字路口。""现实迫使中国只有两种选择：要么……冲出霸权的封锁，……要么，将是中国的内战和分裂。"因为"科索沃战争后，以美国为首的盟国对华遏制战略在中国东部地区已进入收缩阶段，中国东部的安全形势已近战争的底线"。"中国若不能建立起海上和空中进而外层空间的相对优势，就可能失去对台湾、南沙群岛乃至西藏、新疆的主权。"如果不愿意放弃这些主权，"那么，时不我待，中国现在就应该认真地、迅速地作好准备"。"只有拥有与中国的对手相差不过于悬殊的战斗力，中国才能避免鸦片战争在中国东海降临，避免或推迟类似北约干涉科索沃的战云在台湾、南沙及西藏地区重演。""现实留给中国共产党和中国人民的选择，应当以强力打散美国遏制中国的环岛锁链"，"引起美国支持的代理人与美联合或在台前单独地与中国发生正面冲突。这对中国来说，既是一场严峻的挑战，又是历史赋予中国冲出霸权封锁的千载难逢的机遇"。这就是说，不仅要加紧备战，而且要抓住机遇同美国及其大小盟国打一仗。无怪乎与之商榷的一篇文章《时代特征与中国的机遇》把这说成是"有中国特色的军国主义终于登台亮相了"。邓小平说，"基本路线要管一百年，动摇不得。"现在有人公然要加以改变了。理由是"历史发生了变化，中国是否也要调整自己的战略呢？"②

这类言论实在不胜枚举，而且不但见诸书刊报端，还一时成了街谈巷议的热门话题，连一些出租汽车司机也向并不认识的人打听"会不会打

---

① 有关书评见《世界经济与政治》1999年第10、11期。
② 参见《战略与管理》1999年第3、5、6期。

仗"。总之，那一阵造成的舆论气氛很容易给人以战争不可避免甚至很快就会发生的印象。

上面举的例子以及其他类似的言论，一方面表达了对美国无端轰炸我驻南使馆的义愤和因此强调要提高警惕的意向，但同时也表明对科索沃战争及其影响确实反应过分，把国际形势的变化估计得太严重了，以致动摇了多年来对世界局势和国际环境的根本判断。当然，不同的意见是一直有的，有时还表现得很强烈。但是必须承认，那种过分反应在一个时期的传媒和舆论中几乎是占主导地位的，现在也还有一定的市场，其影响不可忽视。带来的负面影响就包括在振奋爱国主义精神的同时还会激发民族情绪，而情绪总是非理性的，容易发生偏颇和出现极端，对外交政策形成一定干扰。例如当时就有过这样一些议论：抱怨我们在外交上态度太软，主张对西方强硬；不再多提"韬光养晦"，而强调"有所作为"；提出组织国际反霸统一战线；实行"单极之外的力量中心和潜在力量中心的战略联合"，同单极（也就是美国）相抗衡，实际上是要把我们置于"当头"的地位，等等。这种情绪和言论自然会影响到决策，给外交当局形成某种压力，在一定程度上束缚了外交的手脚、减弱外交的灵活性。同时还会对外造成一些不良影响，引起外国对我们产生这样或那样的误解，例如怀疑中国的政策有变，对外态度强硬了，改革开放政策要收，在煽动民族主义情绪等，使我国的形象受到损害。

造成这种过分反应，首先是舆论导向。只要回想一下一个时期各种传媒的报道和评论就明白了。而且基调不断提高，对美揭批层层加码，直到与希特勒德国相提并论，甚至还有过之。其次是学术界一些人紧跟发表的一些研究论文也在加温，分析和平与发展面临严重挑战，论证国际形势出现转折和发生根本变化。这就为当时的舆论导向提供了理论根据，产生了近乎"风助火势，火趁风威"的效应，一时间助长了对科索沃战争影响的过分反应。

对科索沃战争以来国际形势的估计现在也还有很大争论。一些同志最近还说科索沃战争标志着国际形势发生了全面、深刻和根本的变化，认为前一时期的舆论反应一点也不过分。当然，有不同看法和意见是很自然也是很正常的。但是有一点必须明确，就是我们对国际形势的根本判断，主要指和平与发展是世界主题和时代特征的认识，不可轻易动摇。因为这是对当代世界及其发展趋势的高度概括，是对我们所处时代的准确表述，从而也是我们制定政策的基础和观察、处理国际问题的出发点与立足点。试想，如果和平与发展果真面临严重挑战、处在了十字路口，那么我们"一心一意搞建设"的基本路线和"分三步走"的战略计划不就得重新考虑了吗？对和平的严重挑战就只能意味着面临世界大战的威胁，因为局部战争过去就一直存在，其中许多都比科索沃战争的规模大和时间长。现在世界上还找不到一个国家在准备打世界大战，我们自己的战略方针也是"打赢现代技术特别是高技术条件下的局部战争"。至于发展，世界科技正在突飞猛进，世界经济也正在摆脱东南亚金融危机的影响恢复正常增长，中国经济仍以较快速度在持续运行。无论世界还是中国都没有面临停滞、倒退和全面危机。各国仍然把发展经济放在国家战略的首位，国际竞争和斗争的重点也还是综合国力特别是经济和科技领域的竞争，又怎么能说发展面临严重挑战，更谈不上走到十字路口。如果是指世界性和各国内部贫富差距的扩大，或者是许多发展中国家的经济和社会危机，那也是早有的现象，并非科索沃战争所引起。可见，对和平与发展两大世界主题的怀疑是没有根据的，这种言论只能造成某些思想混乱。

  但是也不可夸大科索沃战争引起的过分反应的作用。它对群众情绪和某些具体政策的执行可能会有一些影响，却没有也不可能改变我国改革开放以来所形成的对国际形势和时代发展的总体估计和根本判断。就是在反映强烈的那一阵，中央领导同志也一直重申和平与发展的世界潮流不可逆转。最近中央在经济工作会议公报中再次郑重重申三个不变，即"世界多极化趋势在继续发展，国际形势总体上仍然趋向缓和，和平与发展依然是时代的主题"；并说明，"这是党中央在科学分析当代世界矛盾，全面审视和平力量和战争因素消长的基础上作出的重要判断"。还说，"我们完全有可能争取一个良好的国际和平环境和周边环境，继续推进我国的现代化建设。"在一个完全谈经济的文件中特别谈这些问题并且立即公开发表，看来不是偶然的。对于澄清科索沃战争引起的某些过分反应，对于端正搞乱了的部分群众的思想，把全国人民的认识集中到对形势的根本判断上来，以坚定对百年不变的基本路线的信念，这样重申都是非常需要和极其及时的。同时这也有利于恢复我们的外交声誉和对外形象。随着科索沃战争的结束和巴尔干形势逐渐趋于平定，国际和国内的舆论都在逐渐降温，一些大谈战争的过火言论多已失去市场，人们从这次的一些过火反应中会进一步领会邓小平关于"冷静观察，稳住阵脚，沉着应付，韬光养晦，决不当头，有所作为"这些观察和处理国际问题的原则的深刻含义。

当年提出和平与发展两大问题时的国际形势要比现在复杂和严重得多。那时，"有资格打世界大战"的两个超级大国还处于对抗状态。但是邓小平根据对国际形势的仔细观察和科学分析，并接受了过去判断失误的教训，果断地提出了"战争是可以避免的，和平是有希望的"新观点，改变了"一条线"的战略。他说："讲战争危险，从毛主席起讲了好多年了。粉碎'四人帮'后我们又讲了好久。现在我们应该真正冷静地做出新的判断。这个判断，对我们非常重要。首先就是我们能够安安心心地搞建设，把我们的重点转到建设上来。没有这个判断，一天诚惶诚恐的，怎么能够安心地搞建设？……我们既然看准了这一点，就犯不着花更多的钱用于国防开支。要腾出更多的钱搞建设。"因此决定裁军100万。[①] 正是由于有了关于和平与发展两大问题的科学判断，他才适时和果断地作出了集中力量进行社会主义现代化建设的历史性决策。

又如80年代末和90年代初，北京政治风波后国际上出现一股强大的反华逆流，西方大国首脑会议决定对中国实行"制裁"，紧接着是东欧剧变和海湾战争，不久苏联完全解体并放弃社会主义选择，一时间乌云压城，出现二战后国际形势的最大变化。在此关键时刻，如果对时代主题的判断发生动摇，那就可能或者如西方想的那样发生多米诺骨牌效应；或者如1957年波匈事件后作出的过分反应，以阶级斗争为纲和集中力量反修防修。其后果都不堪设想。这次多亏邓小平掌舵。他不但处变不惊，用他的话说，就是"尽管东欧、苏联出了问题，尽管西方七国制裁我们"，"我们并不着急，也不悲观，泰然处之"，"这点小风浪吹不倒我们"。[②] 仍然坚持和平与发展两大主题没有改变，认定"我们过去对国际问题的许多

---

① 《邓小平思想年谱》，第302页。
② 《邓小平文选》第3卷，第359页。

提法，还是站得住的"[1]；而且更进一步提出"现在世界发生大转折，就是个机遇"，"机会难得呀！"[2] 的新观点，抓紧了上海的开放，号召"力争隔几年上一个台阶"。[3] 他认为，"世界上一些国家发生问题，从根本上说，都是因为经济上不去，……长期过紧日子。"[4] 所以"关键是发展经济"，"发展才是硬道理"。[5] 特别值得指出的是，就是在这种情况下，发表了南方讲话，最后完成了邓小平理论的建设；我国的经济建设，不但没受国际形势变化的影响，反而在南方讲话的鼓舞和指引下上了一个更大的台阶。

比起上述两个时期的国际环境来，科索沃战争引起的变化就要小多了。事实上，科索沃战争只是一场时间较短和规模较小的局部战争，不能同过去许多局部战争如朝鲜战争、越南战争、两伊战争、海湾战争等相提并论。以往那些规模大得多的战争，尚且没能阻止时代发展的总趋势，不曾改变世界主题的性质，科索沃战争的影响当然就更有限了。它的发生固然有一定的必然性，因为从进入近代以来，欧洲就一直存在民族自决和欧洲统一两大潮流，又在东欧和巴尔干长期受到抑制，等冷战一结束便一齐喷发出来。[6] 巴尔干更成了两大潮流的交汇点，不断发展和日益激化，无论是民族独立的要求还是欧洲一体化趋势都已无法阻挡。但是由于时代不同了，现在有和平与发展两个基本特征的制约，科索沃战争还是被限制在了一定的时间和较小范围内，没有使巴尔干这只火药桶像第一次大战开始那样燃起世界战火。关键就是没有也不会酿成大国之间的直接冲突。中俄虽然坚决反对美国和北约对南侵略，但基本上都还限于道义上和政治层面，没有也绝不可能发生军事上的卷入。而且战争停止后，无论是俄罗斯还是中国，都已逐渐缓和了同美国及其他西方国家的关系。这是因为，改善同这些国家的关系，避免发生对抗，是时代的要求，因而也是完全符合

---

[1] 《邓小平文选》第3卷，第353页。
[2] 同上书，第369页。
[3] 同上书，第375页。
[4] 同上书，第354页。
[5] 同上书，第375、377页。
[6] 参阅陈乐民、周弘《欧洲文明扩张史》第四、五章，东方出版中心1999年版。

中俄两国的国家利益的。

至于说，科索沃战争给美国提供了一个推行霸权主义的新模式，它可以轻易地（避免人员伤亡）迫使一个弱小对手就范，因而今后会更多地使用这一战式。这也是把问题看得太简单了。实行空中打击，科索沃战争并非第一次，在这之前美国和北约已对波黑的塞尔维亚地区使用过了。这两个地方都具有巴尔干地缘和历史形成的特殊性，在别的地方就不一定敢贸然行事。否则，美国为什么不对称之为"胡作非为国家"使用这一手段呢？在我看来，索马里的教训使美国不敢轻易派出地面部队进行军事干涉，科索沃战争后美国对这类空中打击也要更加慎重了。至于有人提出，一旦俄罗斯或中国某个地方出了事，美国也可能以保护人权为借口给予空中打击。这就更有点杞人忧天了。美国连它视为眼中钉的朝鲜和近在咫尺的古巴都不敢动，还敢碰具有核报复能力的大国？除非你先打它，或者严重威胁到它的国家利益。

事实上，科索沃战争后，国际形势整体上仍然继续保持缓和的趋势，各国都更加重视经济问题，世界经济也出现复苏和提高增长的势头。所以总起来说，科索沃战争不但没有使和平与发展受到严重威胁，处于十字路口，而且再次证实这两大世界主题在我们所处时代国际形势的发展变化中的稳定地位和主导作用。对于这点，现在人们也许会认识得更加清楚了些，而不致继续为一时的舆论过分反应所迷惑。

科索沃战争引起的国际问题大讨论，特别是一些过分反应，说明对邓小平理论的重要组成部分、成为时代特征的和平与发展问题，需要进一步加深认识和领会。因此，开展关于时代问题的学习和讨论，不但是必要的，而且是迫切的。党的十五大报告在阐释和发挥邓小平理论时很强调时代问题，多处提到时代特征、时代主题、时代精神、时代潮流等概念，如"马克思主义必定随着时代、实践和科学的发展而不断发展"，邓小平理论"是马克思主义同当代中国实践和时代特征的结合"，"是在和平与发展成为时代主题的条件下，……逐步形成和发展起来的"，等等。但是由于后来在这方面缺乏深入广泛的学习与讨论，所以人们连一些重要名词如时代、时代特征、世界主题等都弄不清，也就很难领会有关的精神实质了，以致看到有人长篇大论地谈时代，却总是说不清，还前后矛盾，出现常识性差错。对时代问题研究和讨论不够，很可能是造成这次对国际变化作出过分反应和动摇基本判断的原因之一。

其实，学术界一直就有主张开展时代问题学习和讨论的呼声，认为这是学习邓小平理论、认识国内外形势和领会与掌握党的路线的重要一环。中国社会科学院1998年工作会议提出的近期研究规划中，第一项就是"从时代的特征和发展的角度深入认识邓小平理论"[1]，只是不知现在研究的成果如何。另外，在此之前，于光远同志已一再呼吁"对时代问题认真进行研究，开展讨论"。他在1998年9月17日为中国生产力学会第10届年会写的论文《最充分地适应我们的时代》中还具体提出："我希望2002年中国共产党举行全国第16次代表大会时，能把时代问题作为一个最重要的问题之一提出来讨论和解决。"因此建议："我们的工作需要紧张地进行。"

不过也应明确，我们要研究和讨论的时代问题，属于科学社会主义的范畴，即列宁创立并为国际共运近百年来一直尊奉的时代学说，而不是其他含义的时代。因为时代是个使用极广泛的概念，可以有无数种提法，如果不明确它的内涵和外延，就缺乏共同语言，也就很难讨论起来。例如一方提出讨论的问题是：帝国主义和无产阶级革命的时代是否已经过时，现在所处是否和平与发展时代，当今时代的基本特征是战争与革命，从资本主义向社会主义的过渡，还是和平与发展或者别的；另一方提出的却是信息时代、知识经济时代、大调整时代，以至后冷战时代等。这也很难谈到一块。当然，对列宁的时代学说可以有不同的理解，也需要讨论。但连一些基本概念都搞不清楚，却要硬说成是经典作家的意见，同样无法达成共识。所以在讨论时代问题时还有个普及问题，就是弄清什么是时代和时代特征。

这次国际问题大讨论还说明，和平与发展不是讲多了，而是讲少了，讲得不深不透，因而才使许多人不大了解时代主题，稍有风吹草动就对作为时代主题的和平与发展表现动摇。上引《战略与管理》那篇文章[2]，更

---

[1] 新华社1998年1月14日报道。
[2] 《战略与管理》1999年第3期。

以唬人的口吻,不顾前后矛盾地说,"现实告诉我们:历史留给中国和平与发展的时间已经不多了。如果我们还不能从现实已不存在的'和平与发展'的海市蜃楼中惊醒,……那等待我们的前景将是非常危险的。"这就不仅是动摇,而是对我们国家据以制定发展战略和内外政策的对时代发展和国际形势的根本判断完全失去信心和表示反对了。这当然不是什么小问题,而是更加说明,必须进一步开展有关时代问题的学习和讨论,大力提高对邓小平理论的重要组成部分和平与发展两大问题的认识。

时代问题,不只是个重要的理论问题,也是迫切的实际问题。

二 随着时代主题的转换,世界早已进入和平与发展时代

提出和平与发展问题,无论在理论上还是实践上都具有划时代的意义。这是对马克思主义的重大发展,特别是时代学说上的重大突破,也标志着邓小平理论走向成熟。它既是制定建设有中国特色的社会主义战略方针的理论基础和科学根据,也是观察和处理国际问题的出发点与立足点。

(一) 根据列宁的时代学说,20世纪划分为两个时代

十多年前,我在一篇题为《我们所处的时代》的文章中,曾介绍过列宁关于时代的论述,这里就不再多重复了。

一切理论都是在适应实践需要的历史条件下才会出现的。正是出于时代发展和革命实践的需要,列宁根据马克思主义的原理创立了有关时代的学说。他所讲的时代,就是整个世界发展进程中不同的历史阶段,其内涵主要包括这一阶段的阶级关系、主要内容、基本特征和发展趋势等。这也是国际共运中一直得到普遍承认和我们现在所要讨论的时代概念。

但是在我们对时代问题的讨论中,有时和有的人却并不是依据列宁关于时代的学说,这就容易造成概念的混乱。例如有些学者认为,时代就是指不同的社会形态,时代的交替就是社会制度的改变,还说这才是"马克思主义的时代概念"。例如说,"《共产党宣言》提出的'一个幽灵,共产主义的幽灵,在欧洲徘徊','资本主义丧钟敲响了'等名言,已经反映了当今时代的实质。"说邓小平在南方讲话中指出的"封建社会代替奴隶社会,资本主

义代替封建主义，社会主义经历一个长过程发展后必然代替资本主义。这是社会历史发展不可逆转的总趋向"，是"邓小平对于时代内涵和现时代性质的认识，从文字到精神都是与马列主义奠基人的时代观完全一致的"。谈到时代的时间跨度时又说："我理解，马克思主义经典作家所说的时代，是一个跨越数个乃至数十个世纪的大历史时期。"① 这种绵延几百和几千年的"时代"，哪里还谈得上"时代发展"，又怎么能成为"正确地制定自己的策略"的基础？这与列宁关于时代的论述又有什么共同之处？

列宁认为时代是个关乎全世界的发展变化和国际整体联系的概念。因而时代概念如同国际概念一样，都是在资本主义兴起后才出现的。按照马克思的说法，只是到了近代，资本主义才使狭隘的、地区的和民族的历史变成了世界的历史。"资产阶级，由于开拓了世界市场，使一切国家的生产和消费都成为世界性的了。……过去那种地方的和民族的自给自足和闭关自守状态，被各民族的互相往来和各方面的互相依赖所代替了。"② 特别是第二次世界大战后，随着国际化的空前发展，一切国家的重大社会问题都只有放在世界范围内，在国际整体联系和时代发展中才能说清楚；任何国家的革命运动或现代化建设，离开世界发展和时代潮流都是不会成功的。

还应说明的是，列宁说的时代或时代基本特征，一方面是指不以人们意志为转移的客观存在，即现实特征的概括和发展趋势的描述；另一方面也是人们的主观认识和判断，既体现人民的要求和愿望，也是无产阶级政党为自己规定的任务和目标。列宁对所处时代的两种提法，帝国主义时代和无产阶级革命时代，就都是这种情况。帝国主义是已经存在的现实自然不用说，就是无产阶级革命也是当时的客观存在，因为不少国家出现了革命形势和革命运动。但同时它又是革命人民的要求和愿望，也是共产党确定的任务和目标，需要进行斗争去争取。

时代性质是由时代主题或时代的基本特征决定的。这似乎是常识性的

---

① 《世界经济与政治》1999年第7期，《世界进入了"和平与发展的时代"吗？》；另见世界知识出版社1997年1月出版的《有中国特色的社会主义与当代世界》导论和第一章。

② 《马克思恩格斯选集》第1卷，第255页。

问题，但也还有争论。党的文献对时代特征的提法虽前后稍有变化，但基本意思是完全一致的。十三大报告的最早提法是世界主题，到十四大和十五大报告才更多使用时代特征和时代主题。现在学术界在谈到时代问题时，较多地用时代主题。其实用主题规范时代，倒也更明确。有人说时代主题变了，但时代性质没变，那在逻辑上是不通的。至于为此而生造一些名词如时代总主题、基本主题、阶段主题等，更容易引起概念的混乱。因此，把时代主题理解为列宁所说的"时代的基本特征"，应该成为讨论时代问题中的共识。

准此，根据不同的时代主题，20世纪大体可分为两个时代。学术界许多人也是这样划分的。上半期被称为帝国主义和无产阶级革命时代。由于这个阶段的时代主题或基本特征是战争与革命，所以通常又称为战争与革命时代。毛泽东在《新民主主义论》中就说："现在的世界，是处在革命和战争的新时代。"确实，20世纪上半期是个大动乱时期，资本主义的发展危机引起了两次世界大战，战争又引起了两次世界范围的革命高潮。把这个时期定为战争与革命时代，是准确的，合乎当年的实际，一直也没有什么争论。

20世纪下半期的时代主题和基本特征变为和平与发展，世界也就进入了和平与发展时代。进入战争与革命时代，由于经历着世界大战和各地的革命浪潮，时代主题表现得比较明显，人们容易察觉，所以列宁很快就指出了新时代的到来。而和平与发展时代却不尽相同，国际上不但存在冷战和不间断的局部战争，而且世界还长期笼罩在核大战的阴影下，时代主题表现得不太明显，所以在长达30年的时间没有被正式提出来。相反，社会主义国家和国际共运还坚持时代主题没有发生交替。

（二）没有认识到时代主题的转换是社会主义遭受挫折的重要原因

第二次世界大战后，时代主题开始逐渐从战争与革命转变为和平与发展，到50年代末已基本完成。造成这一变化的原因，主要有以下几个：一是资本主义通过大调整发生部分质变，从传统资本主义转化为现代资本主义，基本上走出了发展危机，进入了相对稳定的发展时期，使帝国主义战争从不可避免变成不大可能，资本主义生产方式重新获得较强的生命力，可以较长期地生存和发展。二是第三次技术革命的突飞猛进大大推动了世界经济的发展和人类文明的进步，还成为大国之间冲突的一个制约因素。技术的发展加上经济结构的调整，使国际化进入一个新阶段，而国际化又成为世界经济和科学技术发展的推动力量。三是社会主义在一系列国家的胜利和第三世界的兴起以及西方资本主义国家民主力量的壮大，从根本上改变了国际力量对比，形成了有利于维护和平和促进发展的总趋势。

作为时代主题的和平，就是指不打世界大战，这是不应有疑义的。邓小平说，"因为我们讲的战争不是小打小闹，是世界战争。"[①] 这都说的是世界战争。对全世界来说，没有发生世界大战，就是和平时期。这也是邓小平一再强调的"难得的机遇"。

至于发展，则是指全世界经济、科技、社会、文化的全面发展，特别是作为基础的经济的发展，也就是邓小平视为"硬道理"的发展。和平是发展的前提，发展是和平的基础，二者密不可分。

二战后，虽然局部战争从未间断（只是呈数量减少和规模缩小之势[②]），且不可避免，但终究没有爆发世界大战；同时谁也不能否认，世界经济与科技是以人类历史上无与伦比的速度在发展。可见，就是在冷战时期，和平与发展也是活生生的客观存在；冷战后，和平与发展作为世界主题就更突出了。因此，那种认为和平与发展只是奋斗目标而非现实，还硬说邓小平"反复强调和平与发展目前还只是一种斗争的目标，而不是已经变成了现实"[③]；有的竟直接批评提出世界两大问题，说"所谓和平与发展只不过是好心人的主观愿望罢了，实际上是并不存在的"[④]，就都是不顾事实的推论。如果真是这样，那就等于说全世界至今仍处于战争状态，经济和科技的大发展也不曾有过，"难得的机遇"只是"主观愿望罢了"。其实邓小平从未说过和平与发展不是现实，更不用说"反复强调"了。恰

[①] 《邓小平文选》第 3 卷，第 104 页。
[②] 中国解放战争和朝鲜战争后，局部战争的规模即不断缩小，而从民族独立运动走出高潮后，数量也在减少。可参阅俞新天《世界南方潮》，第 57—73 页。
[③] 《世界经济与政治》1999 年第 7 期，《有中国特色社会主义与当代世界》第一章。
[④] 《中流》1999 年第 11 期《在新世纪的门槛上》。

恰相反，他一再提到："战争是可以避免的"，"维护和平是有希望的"，"要建设，没有和平环境不行"，"抓住时机，发展自己"，"善于利用时机解决发展问题"，"利用国际和平环境……加速我们的发展"，等等，都在于表明现在是和平发展时期，不可使机会错过。而且那种关于和平与发展只是斗争目标的说法，实际上还是在忽视甚至贬低提出这两大问题的重要意义。因为既然从人类社会诞生起，和平与发展就一直是人们追求的目标，现在提出来还有什么新鲜呢？

为了表明和平与发展面临严重危机或者并不是客观存在，近来引证邓小平关于"和平与发展问题一个也没有解决"的话突然多了起来。其实，这也是误解。如上所述，时代主题或时代特征包含有三层意思：客观现实的概括，发展趋势的表述，斗争任务的规定。和平与发展作为争取完成的任务和奋斗目标，即实现世界的持久和平和普遍繁荣，当然一个也没有解决。正像在第一次世界大战和十月革命期间，或第二次世界大战和民族民主革命处于高潮期间，作为时代特征的战争与革命都是活生生的客观现实，但能说哪个问题解决了？又如社会主义建设是中国最大的现实和发展趋势，但谁也不敢说问题已经解决了。

其实这并不是什么新见解，而且历史的经验也值得注意。正是由于否认或忽视和平与发展的客观现实，当时代主题已转换为和平与发展时还坚持战争与革命时代的观点和政策，才导致了世界社会主义的严重挫折。时代主题的转换，意味着各国发展和国际竞争的重点在从军事转向经济。因此即使是资本主义国家，只要适应新时代，坚持和平与发展，如日本和西欧以及后来的新兴工业化国家和地区，就都取得了快速发展和长足进步。但苏联却仍然坚持战争与革命时代的发展模式和国际战略。其他社会主义国家又一律向苏联"一边倒"，不仅外交上向苏联看齐并结盟，而且社会主义建设也照搬苏联模式。其结果是人们已经看到了的。

苏联模式在社会主义国家具有普遍性，所以值得稍为一谈。苏联模式是战争与革命时代俄国特殊条件下的产物，是一个经济落后的大国，在资本主义包围下，为了生存和发展，不惜一切代价加强经济实力和国防力量的发展模式。单就这一点说，它有一定的必然性。它没有走现代化的通常道路，实行经济市场化和政治民主化，而是采取了高度集权和专制下的严格管理和粗放经营。这个模式与生俱来就有很大弊端，但它是那个时代的产物，也发挥过重大的历史作用，如为反法西斯战争的胜利准备了物质基础，经济上一个时期取得了超过资本主义的高速增长，完成了初步的工业化和城市化，科学技术和文化教育都有惊人成就，计划经济和福利制度也产生了广泛影响。这些都使社会主义的威望一时大增，对新一轮民族民主革命起了推动和号召作用，也对资本主义国家的改革调整起了促进和借鉴作用。但是随着时代主题从战争与革命向和平与发展的逐渐转换，这种同战争和备战相适应的发展战略和集中管理体制就越来越显得不适应了，在同资本主义的经济竞赛中陷于劣势地位，最后打了败仗。[①] 经过战后恢复，苏联的发展速度已逐渐慢于发达资本主义国家，差距从缩小变为扩大。只是苏联领导出于内外需要而成倍夸大统计数字，如在1976年最后一次公布的国民经济统计中，说当年的国民收入为美国的67%。可是实行公开性后经国际权威机构一算，1989年的国民生产总值也只有5120亿美元，约为美国的1/10。随着苏联的解体和这一神话的破产，苏联模式就此退出了历史舞台。

在时代问题上，我们过去可能比苏联还要"左"一些。建国后，我们不去适应时代主题的转换，而是实行"一边倒"路线，"走俄国人的路"。邓小平说："我们过去照搬苏联搞社会主义的模式，带来很多问题。我们很早就发现了，但没有解决好。"[②] 实际上我们后来比苏联更彻底。苏联还强调增强经济实力和国防力量，我们却搞以阶级斗争为纲和穷过渡，长期没有按时代要求，把集中力量发展社会生产力、改革经济体制和提高人民生活放在首位。邓小平在1980年就指出："近30年内，经过几次波折，始终没有把我们的工作重点转到社会主义建设这方面来。"[③] 加之二战后国际化已成为推动世界经济发展的重要因素，我们执行的却是从"打扫干净房子再请客"到"关起门来自力更生地建设社会主义"的方针，又怎能不落后？邓小平就说，"三十几年的经验教训告诉我们，关起门来搞建设

---

① 有关苏联模式还可参阅《时代发展与中国特色》，北京大学出版社1998年版。
② 《邓小平文选》第3卷，第261页。
③ 《邓小平文选》第2卷，第249页。

是不行的，发展不起来。"① 这都使我国经济所占世界份额大幅下降，从1955年的4.7%降到1980年的2.5%，而日本同期则从2.5%上升到10%。② 由此可见，现在说的从1952年到1998年，我国经济年平均增长7.7%，明显高于世界年均增长3%左右的水平，可能是有极大水分的。在这个问题上也应接受苏联的教训。

在时代的提法上，我们那时也比苏联更激进。大家都坚持"帝国主义和无产阶级革命时代"的传统提法，只是苏联后来稍有变通，改为"从资本主义向社会主义过渡的时代"（1957年《莫斯科宣言》接受了这一提法）；我们在60年代却进一步提高为"帝国主义走向全面崩溃和社会主义走向全世界胜利的时代"。在中苏分歧加剧后，我们更批评苏联变修，自己主动担负起"世界革命中心"的重任，大力推行反帝反修、积极备战和输出革命的政策，"使中国陷入了极其被动的国际环境之中"，"不得不在孤立的状态下勉力支撑我们的外交工作"。③ 支援世界革命的政策基本上是失败的，对一些国家的援助也显得太过分。例如曾公开宣布也确实准备为抗美援越作出最大的民族牺牲，而把台湾放在次要地位。"仅1972年，我国给阿尔巴尼亚的各种无私援助，平均到他们国家每个人头上，达一人5000元人民币之多。"④ 这时我国农民的人均年收入大约还不到100元⑤，行政级别低的干部月工资是37.5元。

值得我们自豪的是，新中国彻底改变了过去长期受屈辱的历史。建国后头二三十年，也在工业建设和科技发展上取得了前所未有的成就。但正如邓小平一再说的，由于犯"左"的错误，使我们在世界蓬勃发展的时期失去了一次机会，还不如周边一些国家和地区发展得快，"这是非常可惜的"。现在也还有人在为苏联模式和"左"的错误辩解，这就证明，在总结历史经验和认识时代问题上，邓小平所说的"中国要警惕右，但主要是防止'左'"也完全适用。

---

① 《邓小平文选》第3卷，第64页。
② 见1988年4月6日《人民日报》和1993年7月20日《经济日报》。
③ 参见《邓小平外交思想研究论文集》，世界知识出版社1996年版，第48、68页。
④ 《炎黄春秋》1994年第9期。
⑤ 据《存亡之秋》（人民中国出版社1993年版）第17页所引邓小平谈话估算。

(三) 和平与发展是邓小平理论的时代背景和重要组成部分

邓小平根据对中国社会主义建设和国际共运经验教训的总结，根据对世界形势发展变化的缜密观察和科学分析，提出了和平与发展是当代世界两大问题。这就为中国现代化建设开创了一个新局面，中国也因此而开始崛起。不过人的认识总会有个过程，两大问题也不是一下就提出来的。

结束"文革"和粉碎"四人帮"后，真可谓百废待兴，最迫切的则是恢复生产和拨乱反正。30 年的教训也要求我们必须改变国家的发展战略，用一心一意搞建设代替阶级斗争为纲。为此就需要审视国际环境，因为正如邓小平所说，"要建设，没有和平环境不行。"① 一开始虽然还囿于一些传统观念和列宁的过时论断，认为帝国主义发展不平衡必然导致战争，因此仍然坚持战争只能推迟不可避免的观点；但是根据战后的形势发展和当时的情况判断，估计战争一时打不起来，争取推迟 20 年或更长一点时间是可能的，这就是个难得的机会，并根据这一判断调整了国家的工作重点。邓小平说："一九七八年我们制定一心一意搞建设的方针，就是建立在这样一个判断上的。"② 后来又经过进一步的观察和分析，也吸收了学术界有关的研究成果和建议，遂于 20 世纪 80 年代中期正式提出了和平与发展两大问题，并且明确是作为世界主题和时代特征提的。不久后党的十三大就证实了这一点。

对时代问题的认识属于最高层次的战略判断。所以科学观察和分析时代特征、正确估量和把握世界主题，是正确制定内外政策的基础和依据。或如列宁所说，"首先考虑到各个'时代'的不同的基本特征（而不是个别国家的个别历史事件），我们才能够正确地制定自己的策略。"③ 提出和平与发展两大问题的科学论断，当然不是简单重复一下人类有史以来就有的愿望，而是反映了世界发展变化的本质特征，体现了当代国际关系的基本内容，揭示了世界已经进入了和平与发展的历史时期。这就引导中国社

---

① 《邓小平文选》第 3 卷，第 233 页。
② 同上。
③ 《列宁全集》第 26 卷，第 143 页。

会主义建设实现了从以战争与革命为时代主题向以和平与发展为时代主题的作法的重大转变，确定了以经济建设为重点和推行改革开放政策。这也使中国不但避免了苏联东欧剧变的多米诺骨牌效应（邓小平就说过，中国不搞改革也是要垮台的），而且开始了经济上的起飞。

改革开放的成效举世瞩目，无须多讲。制定这一政策的主要依据，就是客观存在的和平与发展两大世界主题和主观上作出的正确判断。试想，如果正在进行世界大战或面对强敌压境，能够以经济为中心和实行改革开放吗？就是30年代那样的经济危机和国际环境，大约也是不太容易实行对外开放的。

时代问题也是国际战略中最基本的理论问题，是观察和处理国际问题的立足点与出发点。对时代主题的新论断正是邓小平外交战略的基础。在提出和平与发展问题的同时，中国的对外战略也作出重要的调整，就是改变了"一条线"的战略，奉行独立自主的外交路线和外交政策。这两个改变是相互联系的。邓小平说："十一届三中全会以后，我们对国际形势的判断有变化，对外政策也有变化，这是两个重要的转变。"[1]

过去的"一条线"战略，"就是从日本到欧洲一直到美国这样的'一条线'"[2]，实际上就是联美反苏，是针对当时苏联霸权主义威胁的，出于一定客观形势的需要，但更重要的是基于对时代主题的不准确判断。这一战略起了某些积极作用，有助于外交的开展，特别是改进了同美国及其他西方国家的关系和恢复了在联合国的席位。但它本身有明显的缺点，和以前的"一边倒"一样，是以战略关系划线，不利于独立自主原则的贯彻，不利于团结第三世界，而且着重反苏修和以苏划线，也不利于反对霸权主义和利用美苏矛盾，还损伤中国的对外形象和对外关系。放弃"一条线"战略，就使中国的对外政策真正建立在独立自主的基础上，把中国外交推进到了一个更加成熟的历史时期，迎来了对外关系的大发展和国际地位的大提高。

维护和平和促进发展是中国国际战略的根本目标。这体现了中国国家

---

[1] 《邓小平文选》第3卷，第126、127页。

[2] 同上。

利益和人类利益的一致，也体现了列宁时代学说中强调的阶级内容。因为在和平与发展时代，就世界范围总体而言，无产阶级的首要任务已经不是推翻资本主义制度，而是维护世界和平和促进社会发展。这在国际共运中也早已达成了共识。1957年的《莫斯科宣言》就指出，"各国共产党认为争取和平是自己的首要任务。"只是许多党由于没有认识到并根据时代主题的转换及时转变政策，才导致力量削弱和遭受挫折。同样，随着时代主题的转换，社会主义国家对外的首要任务也不再是支援世界革命了。列宁规定的国际主义义务即：（1）一国无产阶级利益服从全世界无产阶级利益；（2）正在胜利的民族要为推翻国际资本承担最大的民族牺牲，[1] 当然也就不适用了。所以中国党从标志着有中国特色社会主义理论开始形成的十三大起，就不再提国际主义口号了。

　　提出和平与发展问题，并不像一些人说的只是作为奋斗的目标，而是明确作为对国际环境的正确认识、概括世界现状和发展趋势的时代主题提的。基于科学分析世界形势演变和正确总结经验教训，邓小平有强烈的时代感。时代发展的最重大的表现，是时代主题的转换。邓小平首先抓的就是把握和平与发展的时代主题。这就是他说的，"要善于把握时机来解决我们的发展问题"。[2] 邓小平提出有中国特色的社会主义，不仅具有国别意义，合乎中国国情，而且具有时代意义，符合时代要求。他说，"我们要赶上时代，这是改革要达到的目的。"中国"还要更发展起来，这是民族的要求，人民的要求，时代的要求"。邓小平理论的一个重要特点，就是把和平与发展同社会主义结合起来，在把握时代特征的基础上认识社会主义的本质，准确抓住中国在当代世界上面临的机遇和挑战，加速社会主义现代化的建设。可见，有中国特色的社会主义具有鲜明的时代特点，也可称为和平与发展时代的社会主义。邓小平明确指出："我们搞的是有中国特色的社会主义，是不断发展社会生产力的社会主义，是主张和平的社会主义。"[3]

---

[1] 《列宁全集》第39卷，第164页。
[2] 《邓小平文选》第3卷，第365、242、357页。
[3] 同上书，第328页。

正确估计时代主题,不但是进行重大决策的基础,也是马克思主义发展的一项重要内容。如果没有作出对和平与发展两大问题的判断,怎么能下决心采取"集中力量搞现代化建设"和改革开放的战略方针呢?又怎么会提出建设有中国特色社会主义的问题来呢?邓小平把党的十二大说成是七大以来最重要的一次会议,就是因为在这次会上提出了两个互相关联的新问题:改战争不可避免的观点为世界和平有可能维护的认识;第一次提出建设有中国特色的社会主义。过了两年即作出关于和平与发展问题的正式判断,而不久后的十三大又成为有中国特色社会主义理论(邓小平理论的原先提法)开始形成的标志。被邓小平宣布一个字也不能改的十三大报告,已经对这一理论作了初步的系统叙述,指出它包含的"一系列科学理论观点"中就有"关于和平与发展是当代世界的主题的观点"。南方讲话标志着邓小平理论的最后完成。随后的十四大和十五大报告又都明确指出,和平与发展既是它产生的时代背景,又是它的一项重要内容。

正是通过对时代主题的重新评估和正确判断,邓小平走出了晚年毛泽东思想的误区,创立了有中国特色的社会主义理论。作为新民主主义革命的理论和政策,毛泽东思想指导中国革命取得了胜利,但进入社会主义建设时期就显得有些不适应了。这里只列举两个重大的失误和邓小平对它的修正与发展。

一是忽视生产。邓小平曾明确指出,"马克思主义的基本原则就是要发展生产力",而毛泽东同志"有一个重大的缺点,就是忽视发展社会生产力,……没有按照社会经济发展的规律办事"。① 正是估计到一时不会发生世界大战和认为必须赶上时代,邓小平70年代末就提出放弃以阶级斗争为纲和把工作重点转移到经济建设上来。这一方针的贯彻执行,就为中国开创了一个全新的局面,经济上不但很快医治了极"左"路线造成的创伤,远离了崩溃的边沿,而且引导中国走上了振兴之路,在经济上开始站起来了。

二是时代判断错误。建国后,时代主题已逐渐从战争与革命转向和

---

① 《邓小平文选》第3卷,第116页。

平与发展。但我们仍然坚持过时观点，还不断升温，强调战争迫在眉睫和世界革命很快胜利，并据此作出了违背时代潮流的加紧备战、积极支援世界革命和争取当头等重大决策。其结果有如邓小平所说，使中国耽误了20年，丧失了一个发展的大好机会。也正是在把握时代主题和与时代的结合上，邓小平对毛泽东思想作了重大的修正和发展。这在对毛泽东思想和邓小平理论所下的定义上也表现得极其明显。无论是毛泽东本人，还是党的文献（包括两个历史决议）和阐释毛泽东思想的权威人士的言论，在讲毛泽东思想时都没有提到同时代的结合。对邓小平理论则从开始形成就强调同时代结合。十三大报告可说开了这方面的先河。过去我们一般只讲马克思主义同本国实际结合和以总结本国经验为基础，十三大却第一次提出两个结合和两个基础，即"社会主义理论同各国实践和时代发展的结合"；"在总结建国30多年来正反两方面经验的基础上，在研究国际经验和世界形势的基础上，开始找到一条建设有中国特色的社会主义的道路"。最能说明问题的还是十五大报告的两个定义："马克思列宁主义的理论与中国革命的实践之统一的思想——毛泽东思想"，"马克思主义同当代中国实践和时代特征结合起来的邓小平理论"。所有这些，总不能都说是偶然的。

由于实现了同中国实践和时代特征的结合，邓小平理论成了马克思主义发展的新阶段。特别是它的社会主义本质论，提出解放和发展生产力标准，更使社会主义减少了不少空想成分，又一次向科学迈进了一大步。邓小平理论给社会主义注入了新的生机与活力，是世界社会主义发展模式的创新和现代化，开创了马克思主义与时代发展要求相结合的新时期，不仅在指导着中国的现代化建设，而且也会对世界社会主义产生深远影响。有人强调邓小平理论是"中国的"三个字，这就有点降低它的世界意义，也是不够实事求是的。正像十五大报告所说，"邓小平理论坚持用马克思主义的宽广眼界观察世界，对当今时代特征和总体国际形势，对世界上其他社会主义国家的成败，发展中国家谋求发展的得失，发达国家发展的态势和矛盾，进行正确分析，作出了新的科学判断。"可见邓小平理论的形成和发展，是一直同时代主题和世界形势相结合的。因此可以说，邓小平理论是和平与发展时代的马克思主义。

三　和平与发展时代的提出和学术界讨论的一些情况

和平与发展时代问题的提出和讨论已有十多年了。这里将我所知道的一些情况作点介绍和交代，也许有助于讨论的开展。

（一）关于和平与发展时代问题的提出

1985年，邓小平提出和平与发展两大问题的著名论断。和平与发展时代的提法自然只能在这之后。我是在1986年底提出这个问题的，此前有无同样提法，至今并不清楚，也没有去查。

1986年12月10日，中国社会科学院世界经济与政治研究所发出一封邀请信，内称，"我所接受了中央交办的'当代世界经济与政治'专题研究任务，决定在12月25日召开'关于时代问题'的学术讨论会"，要我参加。就是在这次会上，我作了一个"我们所处的时代是和平与发展时代"的发言。主要讲了三个问题。一是时代已发生根本变化，不宜再提帝国主义和无产阶级革命时代。因为列宁的《帝国主义论》，有些论断已经过时，如帝国主义国家间的矛盾必然导致战争，帝国主义不可能进行改良等；有些论断当时就不够准确，如对资本主义的生命力估计不足，对世界革命过分乐观等。而且战后40年的国际形势和时代发展已经证明，世界大战没有打，今后相当时期也打不起来；世界经济和科技获得空前发展，并会持续下去；社会主义革命形势的到来还相当遥远。二是在时代问题上我们有过沉痛教训并在重估形势和吸取教训的基础上进行了政策调整。由于建国后长期没有认识到时代的交替，仍然坚持战争不可避免的观点，热衷于世界革命，实行闭关自守，没有以经济建设为中心，使我们耽误了20多年的时间，丧失了一次良好的发展机遇。三是时代的基本特征早已从战争与革命转变为和平与发展。和平与发展既然已经成为国际斗争和世界发展的主要内容和方向，同时也是全世界人民的要求和愿望，因此我们所处的时代就应当界定为和平与发展时代。

这一提法当时遭到多数发言者的反对。他们的基本论点还是坚持帝国主义和无产阶级革命时代的提法。不过也有两点新见解：一是说在这个时代里还要分几个不同的发展阶段；二是当前所处这一阶段的主要特点是"三个世界的并存"。

这次会只开了一天，当然不可能讨论得很深，但它开了近年来研究时代问题的先河。此后，无论是报刊文章还是学术会议，有关时代问题的讨论就逐渐展开了，甚至可以说掀起了一个小小的高潮。我自己由于处在争论一方的地位，所以既受到更多的批评和帮助，也得到在一些会议上发表意见和作报告的机会。除在一些讨论会上发表意见外，后来还结合十三大文件的学习，在一些研究机关和学校，如中央党校、国防大学、军事科学院等，以及有关学会上就时代问题作过报告。1987年12月17日在北京国际关系史学会的年会上作了一次专题报告，事后当时任学会会长的周纪荣同志又要求将报告整理成文字，并以《论"和平与发展的时代"》为题发表在1988年《国际关系研究》的一期增刊上。

1986年后也看到其他一些学者提到和平与发展时代的问题。例如童大林1987年8月16日在哈尔滨召开的"国际经济新变化研讨会"的总结发言中，就提到"世界范围的战争与革命时代结束了，人类历史上开始了一个和平与发展的新时代"；王纪宽在1987年10月5日《世界经济导报》一篇题为《新时代、新观念、新挑战》的文章中提到，"我们所处的时代是和平与发展的新时代"；李震在1988年9月12日的《光明日报》上著文说，"当今的时代是和平与发展的时代"；鲁从明在1988年12月21日的《光明日报》上说，"50年代以后，……世界进入了和平与发展的时代"，等等。当然，同样认为是和平与发展时代，也还有不少分歧，如前面是否应加上"争取"二字，从何时算起，跨度有多长，以及所谓大时代的小阶段论等。

不过这一时期，在时代问题上较普遍的提法，仍然是坚持帝国主义和无产阶级革命时代。只是一些学者接过了苏联人的提法，改为"从资本主义向社会主义过渡的时代"。应该说，这两种提法并无原则性的区别，有些同志本来就是一起使用的。这在下面还要谈到。

（二）关于时代问题讨论的一些情况

这里介绍的只是我知道的一点情况，难免挂一漏万。

上面提到的讨论时代问题的一个小高潮，大约始于 1987 年下半年。当年 7 月在上海召开的一次国际关系理论研讨会上，就对时代问题展开了讨论。从给会议提交的论文看（因为我没有参加这次会议），基本上是两种意见。一种认为，帝国主义和无产阶级革命时代的提法不能变，但在这个大时代中应分为几个不同的阶段。例如刘江永在论文中就提出，"历史发展的客观进程表明，'帝国主义和无产阶级革命的时代'并未完结，大时代没有变"，只是"迄今业已经历了两大阶段"。另一种意见认为，时代已经变了，但如何界定现在所处的这个时代，则有多种表述，其中有代表性的一种就是杨铮在论文中说的，"当前的时代是和平与发展的时代"。张柏新和张志的论文也倾向于这一提法。

《世界知识》杂志社 1987 年 12 月 25 日专门组织了一次"我们所处的时代"座谈会，并将会上的 22 个发言刊登在翌年 2 月出版的第 1000 期专辑上。这次会上发表的意见比较广泛也颇具代表性，大体上可分为三类，但没有人再坚持帝国主义与无产阶级革命时代。明确提出世界处在和平与发展时代的有宦乡、童大林、周纪荣、何方等。浦山则认为，"我们所处的时代当然还是资本主义向社会主义过渡或转变的时代"，可以归于这一类的是柳瑟青的提法："大的时代还是从资本主义向社会主义、共产主义过渡时代，现时代则是争取和平与发展的时代。"第三类虽然相互接近但比较庞杂，如宫达非提的"争取和平发展、共处竞赛、自主进步的时代"、王殊的"维护世界和平，反对霸权主义"时代、倪立羽的"多种体制竞争共处的时代"等。①

此后，研究和讨论时代问题的会议和文章仍然不少，还出了一些专著。在这个讨论时代问题的小高潮中，虽然歧见杂陈，但是最具原则性区别的还是时代是否发生了变化。认为没变的，仍然坚持帝国主义和无产阶级革命时代，只是多已改称从资本主义向社会主义过渡的时代。认为发生了变化的，就是主张世界已进入和平与发展时代。可以代表这次讨论结果和两种主要意见的，是 1989 年出版的两本书。一本是在浦山指导下由王怀宁主编的《世界经济与政治概论》，认为"我们现在仍处在资本主义向

---

① 以上均见 1988 年第 3 期《世界知识》。

社会主义过渡的历史时代","这一历史时期是从20世纪初开始的"。[①] 一本是宦乡和何方主编的《当代世界政治经济基本问题》,提出"我们所处的时代可以明确定义为'和平与发展的时代'","这个时代起始于50年代中期"。[②]

  从讨论中看到的其他各种提法可说是大同小异。例如主张过渡时代的,除起始时间不同外,还有从资本主义还是帝国主义向社会主义过渡的区别。梁守德在为庆祝北大国际政治系成立30周年学术讨论会提供的论文《列宁的时代观与当今世界》中就说,"如果要给新时代下一个完整的定义,最好概括为'从帝国主义向社会主义过渡的时代'。浙江省社科院"八五"期间的重点课题《列宁主义与现时代》中也说,"我们认为列宁关于时代的基本思想是:帝国主义是资本主义的最高阶段,由此开始了向社会主义过渡的时代。"[③] 对于这一区别,梁守德说,"至于有人提'从资本主义向社会主义过渡'的时代,我认为不妥。因为当今世界的资本主义仍然一分为二,即西方的垄断资本主义和发展中国家的民族资本主义。……后者则处于上升阶段,属于新兴力量,……具有存在与发展的历史合理性与进步性……" 主张和平与发展时代的,前面已作列举,此处不再赘述。把两种时代观捏在一起的,还有一些人提出的"大小时代论",即大时代没变,小时代变了。例如中央党校的仇启华、吴健、王玉名1988年10月在一篇《关于时代问题的几点意见》的论文中说,"从资本主义向社会主义的过渡是一个大时代,它的发展必须经过在于具有不同特征的小时代。""我们当今所处的时代是维护和平与争取发展的时代。"该文认为,20世纪上半叶为战争与革命时代,但未用反对(战争)与争取(革命)字样,不知为什么对和平与发展时代却要加上"维护"与"争取"。

  还有一种情况,就是没有提出对当前时代的具体意见,只是不同意现在是和平与发展时代。如在上述《世界知识》召开的座谈会上,陈宝森就说,"有人说我们现在已经处在和平与发展的时代,我看这样说早了些。"

[①] 见该书《绪论》,世界知识出版社1989年版。
[②] 见该书第一章,世界知识出版社1989年版。
[③] 见该书第45页,浙江人民出版社1997年版。

直到最近的2000年1月4日《解放日报》上一篇《世纪之交的国际风云》文章还说,"人类还远未进入和平与发展的时代。"而且放在"世界和平与发展这两大问题,至今一个也没有解决"的引语后,紧接着又用了一句概括的话说,"国际形势的发展变化,完全证明了邓小平同志的真知灼见。"这就给人以暗示是邓小平的意思,却又不像上引《世界进入了"和平与发展的时代"吗?》那样明显强加的所谓"反复强调"。

介绍讨论时代问题的情况,还可补上最后一笔。说来也凑巧,我开始参加关于时代问题的讨论,并第一次提出和平与发展时代,是在中国社科院世经政所13年前召开的一次研讨会上。在我也许是最后一次听取有关时代问题的讨论,并引起我写这篇《再论和平与发展时代》的文章,又是在世经政所的最近一次会议上。1999年10月20日,世经政所举行《世界经济与政治》创刊20周年纪念。会上,当年曾主持并多次参加时代问题讨论的同志,在发言中又旧话重提,说我就不同意何方关于和平与发展时代的提法。最近有的同志写了一篇很好的文章(指《世界进入了"和平与发展的时代"吗?》),很有说服力,大家可以看看嘛。当然也允许发表不同意见,百家争鸣,开展讨论。……正是由于受到这次会上的激发和一些人的鼓励,我本已改行研究党史问题,却又重操旧业,回过头参加时代问题的讨论。由此可见,我之参与研究时代问题,从头到尾都与世经政所有关,这是值得怀念和感谢的。

(三) 对和平与发展时代提法的批评

如上所述,和平与发展时代提出后就受到许多批评,也引起很大争论。这都是完全正常的。这里只谈这样一种现象,就是每当国内外发生重大变化,对和平与发展时代提法的批评就会升温,甚至掀起一阵波浪。这种情况,一次出现在1989年北京政治风波和苏联东欧剧变后,一次是科索沃战争和美国轰炸我驻南联盟使馆后。关于头一次,下面只介绍一次座谈会的简况。

1990年3月5日,中央书记处研究室在中南海西楼会议室召开关于帝国主义和时代问题的座谈会,有思想界的几位领导同志和理论界、学术界的一些人参加。我可能是由于发表过不同意见,所以也受到邀请,但因同外事活动冲突，只参加了两次，有的会如 6 日就请了假。会议一开始先传达陈云关于《帝国主义论》的谈话，批评"那种认为帝国主义论已经过时的观点，是完全错误的，非常有害的"。认为列宁论帝国主义五大特征都没有过时。（当时传达的内容似比收入《陈云文选》中《帝国主义本性没有改变》一文要多些）传达完，会议主持人点名让我首先发言。我说我是来听取批判的，还是请别的同志讲。他说，不同的意见都可以讲，就是要百家争鸣嘛，不先发言，那么可不可以把你的信念给大家听？我表示同意。于是会议就以读我的信开始了讨论。

事情的原委是这样的。1986 年我提出帝国主义与无产阶级革命时代在 50 年代即已转变为和平与发展时代，并说《帝国主义论》中有些论断也已过时，有些论断在当时就不够准确。由于在发开会通知时附有一份中国社会科学院世界经济与政治研究所两位学者写的提纲《当代帝国主义与我们的时代》，所以我就针对这份提纲给会议主持人写了一封信。那个提纲可能是作为讨论的基础，我的信也算是书面发言了。提纲的开宗明义第一段就是："从十月革命开始，人类社会进入了从帝国主义向社会主义过渡的时代。这是一个漫长而曲折的过程。它可划分为帝国主义仍占优势和社会主义已占优势两个大的阶段。现在依然处于第一阶段。"接着分析帝国主义的发展变化和向社会主义过渡的问题。（这是提纲的主要部分）然后批评到和平与发展时代的提法，说："把当前的时代称之为'和平与发展的时代'是不妥当的。不能作这样的逻辑推理：由于经济国际化，各国的相互依赖加深，有着越来越多的共同利益，这必然会在各国之间加强经济协调与合作，使世界经济走向一体化，这就导致了所有国家的共同发展与繁荣。这与现实的世界经济秩序与发展状况并不相符。对时代作这样的概括和解释有害而无利，反而会损害争取和平与发展的斗争。"

我于这年 3 月 1 日写了一篇《初读"提纲"后的几点疑问》的信交出。主要内容有三点：一是"提纲关于时代的定性和论述似乎并未根据列宁的时代学说"。例如，对这一提法缺乏理论分析，也没有说明同列宁所提并为国际共运长期坚持的帝国主义和无产阶级革命时代是什么关系，是一回事还是不同；列宁划分时代是为了正确制定我们的策略，而确定这样一个绵延数百年的过渡时代又同制定策略有什么关系。二是对和平与发展时代提法的批评缺乏严肃的说理态度，假设的"逻辑推理"并不完全存在，实际上还没有看到主张和平与发展时代的人谈"所有国家的共同发展与繁荣"，他们总是强调激烈的竞争和优胜劣汰。三是对二战后发达国家（提纲中的帝国主义国家）的经济发展估计不足，在讲获得"较大发展"的原因时（讲了三条：美国"建立了相对统一的国际贸易和金融制度与秩序"；"帝国主义国家的生产关系得到了一定的调整"；"把石油和原料价格压到最低的水平"），忽视了第三次科技革命的重要作用等。

经过一些讨论后休会一段时间，3月28日通知再开会时又附来一篇署名常谦的论文《论我们所处的时代》（初稿），要求提出修改意见。从内容看，很明显是上次提纲的展开，从约2500字写成了15000字左右。分为三大部分：帝国主义的本质没有改变；向社会主义过渡的问题；时代的主题和内容，以及对和平与发展时代提法的批评。我由于有事不能参加这次讨论，会议主持人要我把自己的意见写出。于是我写了一篇《对"论我们所处的时代"（初稿）的一些粗浅意见》，提出了以下几点看法，供修改时参考。第一，文章没有对"从资本主义向社会主义过渡的时代"提出理论根据，连时代的概念都没说清。第二，有意贬低资本主义战后的经济发展，如说"帝国主义国家在战后能有20年的快速增长，是与第二次世界大战造成的严重破坏联系在一起的，是一种经济复苏性的繁荣"，是一种"短暂繁荣"。第三，对发展中国家的崛起估计不足，如说"发展中国家虽不再是帝国主义的殖民奴隶，却又是名副其实的债务奴隶，被禁锢在借贷资本的锁链之中"。第四，认为和平与发展不是"当今世界的现实"，这是违背历史事实和时代潮流的；对主张和平与发展时代论者的批评不够实事求是，强加给对手的论点是臆造的。第五，把两种制度的并存与竞争定为"整个时代的主题和内容"，在理论和实践上都站不住。第六，用资产阶级革命后复辟和反复辟的斗争比拟东欧剧变很不恰当，因为前者，例如法国路易十八的上台只是波旁王朝的复辟，资本主义的生产关系和上层建筑丝毫未动，不但拿破仑法典仍然通用，而且经济发展反而更快了；后者则是整个社会制度的改变。

上面只是简单列举在时代问题上争论双方的一些论点，没有概述整个会议的讨论情况。照我看来，会上的发言，基本精神同上述提纲和论文草稿是一致的。主要是：拥护陈云同志有关《帝国主义论》的谈话，批判各种"过时"论；论证帝国主义的本质没有改变；探讨社会主义遭受挫折的原因，以及改革开放中存在的问题；在涉及时代问题的一些发言中，批评或不同意和平与发展时代的提法；更多地谈到当时的国际形势。最后一次会议我因故请假，曾向与会的徐达深打听讨论情况。他说，会议主持人宣布，这次座谈只是交换意见，没有结论。由于一位从前的领导同志提出，和平与发展两大问题是小平同志讲的，批评和平与发展时代提法不要引起误会。因此当问及提交会议的论文草稿如何处理时，主持人未作表态，也就不了了之。

至于这一时期的社会舆论和报刊传媒，在时代问题上大体同上述会议的情况相似，多是揭露帝国主义本质未变和批判"过时"论，对和平与发展问题，可能是顾虑到投鼠忌器，避免在对邓小平有关论断上引起误会，所以还没有科索沃战争后最近这一次反应强烈。

科索沃事件后，国内舆论反应的一个特点就是对和平与发展的质疑。正像1999年第12期《世界经济与政治》一篇文章中说的，"由于发生了以美国为首的北约对南联盟的狂轰滥炸并悍然袭击中国驻南联盟大使馆的野蛮暴行，随之也出现了一些对和平与发展时代主题表示疑惑的议论"。[①] 有关这些议论，本文在第一部分中已列举了一些，此处无须赘述。只是要指出的是，对于由邓小平提出、三次党代会都给予肯定和强调的和平与发展是时代主题尚且表示疑惑，对和平与发展时代的提法给予批评和加以反对就不足为奇了，而且每逢形势发生重大变化，舆论反应出现摆动也是带有规律性的现象。

这次对和平与发展时代提法的批评，看到和听到的确乎不少。批评的理由仍然是以前一些批判文章所讲过的那些。如说和平与发展只是奋斗目标而非世界现实。对此，我们在本文的第二部分已经作了答辩。又如，由于"帝国主义和霸权主义存在，战争的危险就依然存在"，"说当今世界

---

① 见该刊《"和平与发展"仅仅是奋斗目标吗?》一文。

进入和平与发展的新时代",就会"丧失警惕,产生和平麻痹思想"。[①] 这也是说不通的。说成"时代主题"、"时代特征",不会丧失警惕,说成"时代"就一下丧失警惕了?而且作为时代主题,既是当前现实和发展趋势,又是人民的愿望和奋斗的目标,自然包含着必须维护和争取的意思,绝不是提出时代就表示可以坐享其成,不要任何主观努力了。列宁提出"无产阶级社会主义革命时代",难道就是说革命会自然到来而无须为之奋斗了?就会丧失警惕,产生对革命的麻痹思想?如果这种逻辑能够成立,那么提从资本主义向社会主义过渡的时代,不是也会使人坐等"过渡"、产生麻痹思想?或者前面也要加上"争取"字样?而且,既然承认和平与发展是世界人民的奋斗目标,那也正合乎列宁所讲的时代性质和阶级内容。因为包括无产阶级在内的各国人民,当今时代的主要任务和奋斗目标,不是争取从资本主义向社会主义的过渡,而是维护世界和平和促进社会发展。这是没有人能够否认的。

还有一种说法,就是最近有人在一篇谈论和布置新世纪中国哲学社会科学任务的文章中,也批评说,"有的学者说现在是和平与发展时代,和平与发展是相对世界大战而言。那么人类有史以来,除了两次世界大战共10年外,是不是都是和平与发展时代呢?冷战对峙时期,特别是倾其国力进行准战争时期是叫和平与发展还是别的什么?战争时期的朝鲜、越南、波黑、南斯拉夫算不算处在和平与发展的时代呢?"这一批评与质问虽然更严厉,但却与列宁的时代学说相去更远。因为列宁所说的和国际共运长期以来认定的时代,是对国际社会的现实状况、发展进程和基本趋势的最高战略概括,只能是资本主义在全世界占统治地位以后的国际现象,既谈不上"人类有史以来",也不能以国家论,有什么朝鲜时代、越南时代,等等。如果这样理解时代,那列宁说的无产阶级革命时代就只能算十月革命炮打冬宫那一阵子,而且还限于俄国一国,包括中国党在内的国际共运都是不能说"我们处在帝国主义和无产阶级革命时代"的。

[①] 均见《世界进入了"和平与发展的时代"吗?》。

（四）关于从资本主义向社会主义过渡的时代

在主张从资本主义向社会主义过渡的时代（以下简称过渡时代）的言论中，还一直没有看到提出这一论断的根据和充分的理论分析，因此使人对这样提的根据和含义始终搞不清楚。有些人有时也引证经典作家关于过渡时期的论述，但却并不能成为提出过渡时代的根据。因为这些论述多是指取得政权后向社会主义过渡的阶段，而不是指作为一个时期国际现象和当今世界发展趋势的时代。即使用时代这个词，意思也不一样，或者是由于译法的不同。人们引证最多的是列宁在《无产阶级革命与叛徒考茨基》中的一句话："从资本主义过渡到共产主义是一整个历史时代。"但紧接着列宁又说，"只要这个时代没有结束，剥削者就必然存在复辟希望，并把这种希望变为复辟行动。"如果再往下看，就更明显了。[①] 说明列宁这里讲的时代，同马克思说的过渡时期，含义是完全一样的。《哥达纲领批判》上的说法是，"在资本主义社会和共产主义社会之间，有一个从前者变为后者的革命转变时期。同这个时期相适应的也有一个政治上的过渡时期，这个时期的国家只能是无产阶级专政。"[②]

在中国，过渡时期和时代也是一直分得很清楚的。新中国成立初期毛泽东就提出，"从中华人民共和国成立，到社会主义改造基本完成，这是一个过渡时期"，并制定了"党在过渡时期的总路线和总任务"。[③] 后来在1959年12月读苏联《政治经济学教科书》的谈话中又说，"过渡时期包括一些什么阶段，现在也有各种各样的说法。一种说法是，过渡时期包括资本主义到社会主义，也包括社会主义到共产主义。另一种说法是过渡时期只包括从资本主义到社会主义。究竟怎样说法才对，要好好研究。"还说，"马克思这里讲，从资本主义社会到共产主义社会有一个'革命转变时期'。我们现在就处在这样的革命转变时期。"[④] 至于时代，中国党的提法直到80年代也没改变，一直坚持"我们仍然处在帝国主义和无产阶级

[①] 《列宁选集》第3卷，第641页。
[②] 《马克思恩格斯选集》第3卷，第21页。
[③] 《建国以来毛泽东文稿》第4册，第301页。
[④] 1998年1月印的《谈话记录稿》下册，第77页。

革命的时代",在"文化大革命"中曾经一度提过"帝国主义走向全面崩溃和社会主义走向全世界胜利的时代",但始终没有过渡时代的提法。

那么这个过渡时代的提法究竟从何而来呢?看来很可能是从苏联搬来的。因为50年代苏联出了一部《政治经济学教科书》,中国即普遍用作干部学习和大学的教材。1958年,毛泽东又号召全国乡县以上干部读这本书,并带头边读边议。这就使这本书产生了广泛影响,给人以深刻印象。而这本书就把政治经济学的社会主义部分又分成两部分,第一部分的标题即为"从资本主义到社会主义的过渡时期"。虽然含义和马克思、列宁讲的完全一样,但因为它强调无产阶级革命是这一过渡的前提,说向社会主义过渡"必然是一个以工人阶级为首的劳动群众的统治代替资产阶级的统治和以生产资料公有制代替私有制的革命过程"①,这就容易使人理解为社会主义革命也包括在过渡时期中了,最后演绎成过渡时代代替了无产阶级革命时代。1957年的《莫斯科宣言》就接受了苏联的观点,说"我们时代的主要内容是由俄国伟大十月社会主义革命所开始的由资本主义向社会主义的过渡"。但这是出于对世界发展过分乐观的一种"左"的估计,认为"社会主义和民族解放运动的发展剧烈地加速了帝国主义的没落过程","帝国主义各国的社会,由于深刻的阶级矛盾和这些国家之间的尖锐矛盾,正在分崩离析"。②也就是在通过这一宣言的会议上,毛泽东提出了"东风压倒西风"的著名判断。1960年的《莫斯科声明》仍然坚持这一提法:"以伟大的十月社会主义革命的开始的从资本主义向社会主义的过渡为主要内容的我们时代。"对形势的估计则更"左",如:"我们时代的主要特征,是世界社会主义体系正在成为人类社会发展的决定性因素";"社会主义力量日益明显地超过帝国主义","社会主义在世界生产中的比重方面,也占首位的时候已经不远了";"世界资本主义体系处在一个深刻的衰落和瓦解的过程中"等。③在这些影响之下,中国也就更多地讲起过渡时期或过渡时代了,而且把这个时期作了几近无限的延伸。直到1993年,

---

① 《政治经济学教科书》1960年2月第3版增订本,中文版,三联书店1979年版,第4页。
② 1957年11月25日《人民日报》。
③ 1960年12月4日《人民日报》。

作为国家教委推荐教材的《政治经济学（资本主义部分）》的最后一章，还是《资本主义生产方式的历史过渡性》，并从"资本主义生产方式的进步性"和"局限性"讲起，然后落脚到："1. 社会主义取代资本主义的客观必然性"，"2. 从资本主义向社会主义过渡的长期性"。①

从以上所述可以看出：第一，所谓过渡时代，也就是帝国主义与无产阶级革命时代，而且有些持此论者也是这样说的。例如《世界经济与政治概论》的《绪论》中就一再说，"我们认为，当前的时代仍然处于从资本主义向社会主义过渡的时代，处于帝国主义时代。"② 第二，提过渡时代是出于对历史发展和理论了解的一种"左"的判断，两次莫斯科会议的文件都证明了这点。而且在资本主义仍占绝对优势并具较强生命力、世界革命形势还望不到边的情况下，谈论向社会主义的过渡和把过渡视为时代的基本特征，这本身就是颇能说明问题的。

有人说，提过渡时代是为了"坚定我们走社会主义道路的信心和决心"，为了给全世界人民指明方向和奋斗目标。但这是马克思主义所有组成部分都在分析和说明的根本问题，并不是时代学说的特殊任务。而且在国际共运百多年的实践中，犯错误和遭受挫折，都不是在奋斗方向和终极目标上出了问题，而多是由于在形势估计和时代主题把握上发生失误。这方面的事例是不胜枚举的。

时代学说的首要任务是为了制定政策，就是列宁说的，只有"首先考虑到各个时代不同的基本特征，我们才能够正确地制定自己的策略"。那么像《世界进入了"和平与发展的时代"吗？》的作者提出的一个长达几百以至几千年的时代（这似乎对奋斗目标又太悲观了），对"正确制定我们的策略"又有什么关系呢？对于这点，同样主张过渡时代论的《列宁主义与现时代》的作者，就认为制定战略策略的根据是时代主题，而不是他们说的时代。例如书中说，"在和平与发展成为时代主题的条件下，社会主义的任务就是加快发展、维护和平。""以邓小平为代表的中国共产党人，正是根据对时代主题的上述认识确定自己的战略、策略和路线、方

---

① 《政治经济学（资本主义部分）》，中国经济出版社 1993 年 8 月版，第 414—429 页。
② 见该书第 13、3、9 页。

针、政策的。"① 但他们又认为时代主题不能决定时代性质,这就同列宁的论述直接发生了矛盾。

由于当前以及今后相当长一段时间,世界革命都不会提上日程,相反一些社会主义国家反而恢复了资本主义,"波兰的瓦文萨在夺取政权之前曾经宣称,'我们将实现由社会主义向资本主义的过渡'。"② 在这种情况下,宣传向社会主义过渡的时代,不但太脱离实际,而且会迷惑人民,使人误以为现在的社会主义国家已不必防止"和平演变",而是要推进世界革命,实现"向社会主义过渡"了。所以过渡时代论既缺乏理论根据,在实践中又有害无益。

持此论者提出的所谓当前"这一阶段的主要特点"是"三个世界的并存"③,同样也是站不住脚的。

(五) 关于三个世界的理论

过渡时代论者在谈及现阶段(即大的过渡时代中帝国主义占优势的小阶段)的主要特点和分析当前国际形势时,很强调三个世界的理论。④ 坚持帝国主义与无产阶级革命时代提法的人们,在提出三个世界的划分后,也把这看作时代问题的重要组成部分。例如上引的1975年版作为高等院校教材的《政治经济学》,在《我们的时代是帝国主义和无产阶级革命的时代》一章里,就专门辟了一节叫《天下大乱与三个世界》。因此,在讨论时代问题时,谈一下三个世界的理论并不是多余的。

1974年2月,毛泽东在同外宾的一次谈话中,提出三个世界划分的问题。同年4月,邓小平在联大特别会议上的发言,对三个世界划分的战略思想作了详细阐述。后来进一步提到理论高度,是1977年11月1日发表的《人民日报》编辑部文章《毛主席关于三个世界划分的理论是对马克思列宁主义的重大贡献》。文章认为,三个世界的划分是依据列宁关于我们的时代是帝国主义和无产阶级革命时代的理论,是涉及当前世界范围内

---

① 见该书第221、222页。
② 麦德维杰夫:《俄罗斯向何处去》,中文版,第2页。
③ 见上引《世界经济与政治概论》,第7页。
④ 《世界经济与政治概论》,第7页。

阶级斗争的关键问题，因为民族斗争和国家间的关系，说到底，都是阶级斗争问题。文章断定，由于苏美争霸和积极备战，"在目前的历史条件下，持久和平的可能性是不存在的，新的世界大战是不可避免的"。我们的任务就是要"加强反霸斗争，……推迟战争爆发的时间"。苏美两霸固然都要反，但不可"等量齐观"，而是要认清"苏联是更危险的世界战争策源地"，是"反霸斗争中的首要目标"。这说明，提出三个世界的划分，正是为一年前毛泽东会见基辛格时所提出的"一条线"战略服务的。上升成理论以后，在一个相当时期不但影响着中国对国际形势的分析和判断，也在很大程度上决定着中国的内外政策。

党的十一届三中全会后，随着理论上的拨乱反正和政策上的重大调整，自然也出现了对三个世界划分理论的反思。对照当时的实际情况，这一理论存在着明显的缺陷。第一，它所依据的时代判断已经过时，不能说仍然处在帝国主义和无产阶级革命的时代。第二，得出世界大战不可避免的结论是缺乏根据也很不策略的。第三，对苏联的判断显然不准确，而以联美反苏为核心的"一条线"战略也是弊大利小。第四，三个世界的划分缺乏经济和政治的客观标准，在实践中容易造成以我划线和乱贴标签。例如把参加华约的波兰、匈牙利、保加利亚等东欧国家，同英法德日等国一起划为第二世界，又把其中的罗马尼亚、阿尔巴尼亚算成第三世界，就使人无法理解。总之，把三个世界的划分说成是一套有体系的理论是极为勉强的。再继续奉行这一理论或战略，在新形势下对中国带来的消极影响会更大。因此，随着拨乱反正和政策调整，也到了必须放弃三个世界划分的理论和改变"一条线"战略的时候了。

首先提出三个世界划分理论不妥的是李一氓。他在十一届三中全会后出任中联部常务副部长，上任后特别注意抓了重大理论和思想问题的拨乱反正，选定一些问题组织人马进行研究。在他的直接主持下，80年代初写出了一系列研究报告。其中一篇就是关于对三个世界划分问题的分析和建议，认为它在理论上不妥，在实践中有弊端，建议今后不要再提三个世界的理论了。与此同时，还有其他一系列研究报告。例如，一篇是关于战争与和平问题的，在分析了当前国际形势和今后发展趋势后，得出结论认为不能说战争不可避免，实际上倒是避免战争的可能性更大。在对待战争问题上，调整政策和改进宣传，不但有利于国内建设，而且有助于改善国际形象。还有一篇是分析国际共运和群运情势的，并建议恢复同各国党的关系，摆脱我们的孤立处境，等等。总之，"文化大革命"后在国际问题研究上的拨乱反正和国际政党关系的开拓上，李一氓有不可磨灭的贡献。

实际情况也是，从80年代初以后，在党中央和国务院的文件和中央领导同志的正式讲话中，就再没有提过三个世界划分的理论。这一做法直到现在也没改变。1982年筹备党的十二大时，主持上述《人民日报》编辑部文章写作的领导同志，就明确表示，三个世界划分的理论不要再提了。因此，十二大的文件就不曾提到这个理论。还应指出的是，在编辑《邓小平文选》时，也没有收入1974年在联合国大会特别会议上那篇发言，邓小平本人有时谈到这次讲话，也只说其中包括的"中国永远属于第三世界"和"中国永远不称霸"的内容。80年代以前倒是提到过，如《文选》第2卷所载1977年12月那次讲话，只说"关于划分三个世界的战略"，没有说成理论，而且此后就再没谈过三个世界的问题了。

至于学术界，基于百家争鸣的精神，有些人还一直坚持三个世界划分的理论，但在苏联解体后讨论国际形势时已经很少有人再提了。只是在涉及以前那段历史，对于如何估计三个世界划分理论仍然存在很大争论。这个问题的兴起和式微，其实都是中国人自己的事，并不像当时宣传的那样得到国际上特别是第三和第二世界的重视与支持。因此，80年代后中国不再提，自然也就不曾引起国际上的太大反响。

最后需要说明的是，三个世界划分的理论是不妥当的，因而不能再提了，但"第三世界"的概念仍然可以提，而且应该提，因为三个世界的理论和第三世界的提法是完全不同的两回事。第三世界是法国人类学家弗雷德·索维尔1952年在一篇文章《三个世界，一个星球》中正式提出和使用的概念，把它界定为西方自由世界和东方共产主义两大阵营以外的广大地区。此后就约定俗成，逐渐推广了起来。60年代后，第三世界已常与发展中国家、南方国家相等同。联合国第一届贸发会议还决定用发展中国家代替第三世界。加之联合国及其相关的一些权威国际机构日益按经济发展水平进行国家分类，于是发展中国家就使用得更多了，而第三世界的提法则有所减少。但两者毕竟不尽相同，除了经济发展程度外，还应考虑共同的历史遭遇、共同的要求和共同的任务等因素。例如我们一再说，"中国永远属于第三世界"，但却不能说，"中国永远属于发展中国家"，顶多只能说"永远和发展中国家在一起"。这就是说，三个世界划分的理论不宜再提，但第三世界的概念还可以继续使用，有时还必须用，如中国永远属于第三世界。

（六）在时代问题上正逐渐形成对和平与发展时代的共识

提出我们处在和平与发展时代已有 13 年多了。虽然一直有争议，至今还有人在批评反对，但对这个问题的共识在逐渐增多却是明显的事实。甚至可以说，这一提法从头几年的比较孤立发展到现在已经在学术界占据了优势。这不只是由于学术界讨论的不断深入，根本原因还是开展学习邓小平理论的结果。因为从 1987 年 10 月党的十三大有中国特色社会主义理论（即后来的邓小平理论）开始形成起，在学习中就不能回避有关时代的问题，而这在邓小平的言论中已有多次比较明确的阐述。所以只要一提到时代，就必然会联想到和平与发展问题。例如 1988 年 5 月 2 日《人民日报》发表郑必坚和贾春峰一篇题为《大变动，再认识》的文章，第四节的小标题就是《要对我们所处的国际环境和时代进行再认识》。内称，"至于说到时代，邓小平同志曾经精辟地指出，和平和发展是当代世界的两大问题"，"这对我们科学地认识所处时代具有重要意义"。

实际上，从十三大以后，就已是越来越多的人认为我们处在和平与发展时代了，只是在这个时代从何时算起还存在一定分歧。例如 1988 年 9 月 12 日《光明日报》关于人民大学、山西社会科学联合会和山西大学共同举办学术讨论会的报道，就专门谈到时代问题，说："这次会议讨论的中心问题是当代世界社会主义所处的时代。与会同志认为，70 年代末 80 年代初以来，人类又在经历一个转折时期，即从以革命与战争为主题的时代进入了以和平与发展为主题的时代。"下面就谈到时代转换的原因和标志，以及为适应新时代应具有的新思维，如："人类共同利益高于任何阶级利益、局部利益"；"通过斗争，世界和平可以保卫，新的世界大战可以避免",等等。

关于时代问题的讨论,1989年后曾一度出现某种波动。但从邓小平南方讲话后,特别是通过党的十四大,正式提出和平与发展是时代主题和时代特征,情况就又扭转了过来。十五大的进一步强调,更使学习中不能不接触到时代主题、时代特征和我们所处的时代。不然怎么理解"邓小平理论是在和平与发展成为时代主题的历史条件下逐步形成和发展起来的","是同中国实际和时代特征相结合的产物"?这就把时代问题的讨论推向了一个新阶段,对和平与发展时代的共识又前进了一大步。两年前北京一次"国际关系理论研讨会"就颇有代表性。

一篇关于这次会议的报道说,会议讨论的重点之一是"关于现在是什么时代与时代主题何时形成问题"。然后详细介绍了讨论的情况:"时代主题是和平与发展,这早已形成共识,邓小平也有过明确论述。问题是能否说现在的时代就是和平与发展时代。有的学者认为,列宁和毛泽东所提出的帝国主义和无产阶级革命时代还没有结束,因为社会主义取代资本主义是个相当长的历史过程,现在世界还处在这个过程中。邓小平也并没有明确说现在的时代就是和平与发展的时代。……但多数学者认为,应该承认现在的时代就是和平与发展时代,这个时代是随着战争与革命为主题的时代的结束而到来的。时代与时代主题是分不开的,没有无主题的时代。""关于和平与发展时代是何时到来的,分歧较大。……但是相当多的学者认为,新的时代有个较长的形成过程,它是与旧时代的逐渐结束相伴随的。和平与发展时代开始形成于二战后,50年代中期已初见端倪,到60年代已经定型。问题是我们长期以来没有认识到时代的变化。邓小平曾说过,中国耽误了20年的建设时间。以此推论,和平与发展时代在50年代末60年代初就已经形成。"[①]

这里之所以大段引证,是因为这次会议反映的情况几乎是整个学术界对时代看法的一个缩影。就是说,在时代问题上,至今仍有少数人坚持帝国主义和无产阶级革命时代,或者变个提法叫从资本主义向社会主义过渡的时代;而多数人认为早已进入和平与发展时代。根据十多年来的发展趋

---

① 参见《理论前沿》1998年第2期。

势看，随着时代的发展和学习邓小平理论的深入，在时代问题上的共识会逐渐增大，就是说会有越来越多的人承认和平与发展时代，一些分歧也会趋于缩小以至消失，坚持帝国主义和无产阶级革命时代或过渡时代的人会越来越少。但同时也可肯定，坚持后一观点的人将来一直都会有，因此争论还将持续下去。这也是在一些学术问题上古今中外都有的通例，是并不奇怪的。

不过需要提出的是，和平与发展作为时代主题和时代特征，是我们国家对时代发展和国际形势的根本判断，是制定现代化建设总路线的基础，因此是不容许也不应该怀疑的，更不用说篡改和否定了。但是历史又证明，一遇风吹草动特别是较大的风浪，如以上列举1989年后和1999年的情况，还是容易产生对和平与发展两大时代主题的动摇的，如果掌握不好，就势必造成某种思想混乱，以至给国家造成一定损失。由此可见，在学习中加深对和平与发展两大问题的理解和掌握是多么的重要，而关于时代问题的讨论也不是纯学术问题或什么名词之争了。

（原载《论和平与发展时代》，世界知识出版社2000年版，第3—52页）

国际问题研究中的几个观念问题

学习邓小平理论，贯彻党的思想路线，要求在国际问题研究中进一步解放思想、更新观念。我们批评西方一些政治家和学者坚持冷战思维，自己更不能保留任何过时的旧观念。但一些基本原则和观点又必须坚持，不可随风摇摆。下面对几个观念问题谈点个人意见，希望得到批评指正。

一 和平与发展问题

这个问题已经谈论很多，但仍有争论，而且国际问题研究中不少分歧也来源于此，所以仍然值得进一步讨论。

根据列宁关于时代的学说，20世纪大致可以分为两个时代。前半期为战争与革命时代，即帝国主义与无产阶级革命时代。后半期是和平与发展时代。50年代中期以后，民族民主革命运动走出高潮，再没有爆发世界大战，世界经济和科技得到空前发展。这就标志着世界性战争与革命周期的基本结束和新时代的到来。但是由于我们仍然坚持战争与革命时代的观念，对内以阶级斗争为纲搞"继续革命"，对外推行世界革命路线，并在很长时间处于临战状态，结果吃了大亏，经济发展落在了许多资本主义国家之后。例如同日本比，它的经济总量1955年只有我国的1/2多一点，到1980年却已是我国的4倍。

和平与发展时代在冷战后进入了一个新阶段，跨度可能延续到21世纪中叶甚至更长。这期间由于发展不平衡的加剧，各国的兴衰分化和世界形势的变化将会更快，但作为时代特征的和平与发展却会保持总体上的稳定。这就使我们对今后（起码15—20年）的国际形势可以有以下一些大致的看法。

1. 世界大战打不起来。局部战争仍难避免但影响有限，而且规模和数量还在缩减。像中国解放战争那样的内战和朝鲜、越南那样的国际战争，今后大概不会再有了。近来一些地区的动荡与冲突有所加剧，但不会改变世界和平的大局和国际形势总体缓和的基本趋势。

2. 包括大国在内的世界多数国家，都把维护和平与发展经济作为主要政策取向。寻求利益共同点和避免发生对抗成为国际关系的主流。相互关系已基本摆脱"零和游戏"规则，反而往往认为别国以至对手国内政治经济稳定才符合本国利益。霸权主义依然存在，控制和反控制的斗争不可避免，但不会引起世界范围的紧张局势，更不可能恢复冷战。

3. 世界经济继续得到较快发展。只是重点从数量增长转为质量提高，更重视知识经济和可持续发展。技术的日新月异、市场化和全球化的加速发展，正在推动着一场深刻的产业革命，把人类文明带进一个新阶段。但发展这一时代特征并不改变基本经济规律，因而动荡和危机仍难避免。

4. 以经济为基础的综合国力竞争成为国际斗争的主要形式。各国实际上都已把经济安全置于首位。外交的主要任务已从争取和平的国际环境转为争取对发展更有利的条件和维护经济安全。激烈的竞争加剧国家间的不平衡发展，改变着各国的排名位次。发展中国家虽然在经济和技术上处于不利地位，但作为整体的发展速度仍将超过发达国家。

二　现代资本主义问题

现在人们已很少使用帝国主义这个概念，这并不是偶然的。第二次世界大战后，资本主义本身发生了阶段性的部分质变，由传统资本主义转化为现代资本主义，有了一些带有本质性的新特点，成为形成和平与发展时代的重要因素。

两次世界大战和30年代的危机，使资本主义矛盾空前尖锐，大有不能再照旧统治下去之势。摆在它面前有两条路：进行自我扬弃或者走向死亡。国际共运的重大失误就在于一直坚持后一种可能，没有看到资本主义的内外因素会推动它用改良和改革的手段达到自我扬弃。这里说的外部因素主要有二：一是社会主义制度先后在一些国家的确立，对资本主义既形成压力（如盛行一时的多米诺理论），也提供了启示（如福利制度和计划经济）。二是民族独立运动胜利和第三世界兴起，堵塞了它们瓜分殖民地和进行武力扩张之路。当然，起决定作用的还是内因。资本主义本身的发展使它必须进行改革和调整。历史还证明，原有的矛盾除了具有破坏作用的一面外，还是推动社会发展的动力。最明显的像自由竞争推动了生产和科技的迅速发展；劳资矛盾迫使统治阶级改良分配和福利制度，等等。传统资本主义转化为现代资本主义带来了一系列重要变化，可以举出以下几点。

1. 以前称为帝国主义的主要资本主义国家间发展的不平衡不再必然引起战争，它们之间爆发战争反而不可思议。这是因为：现代资本主义国家对经济和政治的改革和改良，抑制了以军事手段对外扩张的倾向；经济国际化的高度发展，相互依存和一体化的加深，使它们处于俱损俱荣的格局中；经济成为国家战略和国际关系的重点，本国人民的觉悟和殖民地的独立，使它们不必要也没有可能再为争夺领地而战；科学技术的进步特别是毁灭性武器的发展，对大国间战争也起了制约作用，等等。当然，主要资本主义国家间的矛盾仍然尖锐，经济竞争和主导权的争夺仍很激烈，但是相互关系已经变为以协调为主。

2. 现代资本主义对生产关系和上层建筑的改革与改良，使一些妨碍发展的因素得以消除或减弱。一些基本矛盾趋于缓和，一些原有规律发生变形，因而起到了解放生产力的一定意义上社会革命的作用，使资本主义的发展进入一个新阶段，不能再说是"垂死的"了。虽然资本主义的固有矛盾依然存在，有时还会激化，造成经济与社会的动荡和危机，但总的看来，不断的改革和调整还会使它长期存在和发展下去，并在世界经济与科技中继续居于统治地位。

3. 人民群众的觉醒和抗争，迫使统治阶级作出让步，进行一定社会改良。其结果又使人民群众的社会地位得到提高，民主权利有所加强，对国家政策走向起着越来越大的作用。第二次世界大战后，和平主义与民主主义精神更加深入人心，使法西斯和军国主义的复活再无可能。而且随着市场化的急剧扩大和全球化的迅速发展，世界范围的民主潮流还将进一步高涨，而这又有利于和平与发展两大主题的巩固。

4. 在和平与发展时代，两种制度将长期处于相互依存与竞争共处状态。在相互关系中，起决定作用的已不再是意识形态，而是国力的增强和政策的正确。由于现代资本主义的生产关系还能够适应生产力的发展，这一社会制度还有强大的生命力，发达国家在相当时期内大概也不会出现无产阶级革命形势，更不可能发生暴力革命。历史证明，社会主义国家推行的"世界革命"路线，在理论上带有很大的主观成分和局限性，实践上也是失败的。当然，社会制度的更替，资本主义退出历史舞台，这是改变不了的客观规律，但在世界范围可能还是很遥远的事。社会主义国家长时间的中心任务只能是集中力量推进经济现代化和政治民主化，不断增强在竞争共处中的地位。

三　全球化与多极化问题

东南亚金融风暴的扩散，使一些人动摇以至丧失了对全球化的信念。又加上美国经济形势持续看好，也影响到不少人对多极化的看法。由于对这两个问题的谈论已经很多，下面只就几个争论较大的问题谈点看法。

（一）关于全球化

全球化的积极作用是主要的。它和多极化一起构成当今世界两大潮流，是维护和平与促进发展，推动人类历史进步的重要因素。全球化由来已久，只是第二次世界大战后出现飞跃，成为世界经济得到空前发展的一个主要推动力量。但是由于全球化的基础是市场化，所以具有很大的盲目性和一定的破坏性。冷战后全球化又发展到一个新阶段，有关体制和规则一时很难适应，因而更容易造成冲击。尤其金融全球化，发展更快，风险更大。但这些冲击反过来又会推动国际金融和世界经济进行自我调节。这次风暴就已迫使人们进行金融体制的改革，以逐渐稳定国际金融市场，恢复世界经济的较快发展。恢复也不会拖延太久，顶多3—5年。因此不可把这次金融危机看得过分严重，不可抹杀全球化的积极面而只夸大其消极面。

全球化对发展中国家利大于弊。它对一切国家都是机遇与挑战并存。

机遇的大小固然与国家的经济实力成正比，但更重要的还是决定于政策，证之以亚洲四小龙的崛起和中国改革开放前后的对照。全球化对发达国家有利，也为发展中国家提供了实现现代化和追赶发达国家的难得机遇，这里不存在"零和"关系。事实是，在全球化进入高潮的1979—1997年的20年间，发展中国家经济的增长率就高出发达国家一倍。这种趋势今后还会持续下去。

全球化隐含着市场与国家的根本矛盾。随着全球化的发展，民族国家的作用也在加强（表现为多极化趋势。而全球化和多极化也是世界市场和民族国家一对古老矛盾的发展）。经济上的控制与反控制、霸权与反霸权斗争会长期持续下去。美国等发达国家不但要维护旧秩序，还要制定新的不平等规则，强迫开放市场、实行自由化。发展中国家由于一般处于不利地位，所以更要发挥国家的作用，但不是消极回避，而是在积极参与全球化的过程中坚持独立自主，维护经济安全。要既善于斗争，又善于妥协，无论如何也不能被排除在国际合作之外。

中国只能积极参与全球化，特别是早日加入世贸组织。从这次金融危机中吸取教训，对参与全球化固然要更慎重些，例如开放金融市场要有步骤，不可过早过急，但总的精神仍应是进一步扩大开放，加快同国际接轨的进程。当务之急则是对争取2000年前加入世贸组织作出政治决断。因为一则美国的要价在不断加码（还要注意随着它的经济渐趋疲软和外贸逆差增大近期可能增加对我限制）；二则2000年将开始新回合的服务贸易多边谈判，制定我们也必须遵守的经贸规则，不参加进去就没有发言权；三则还得防止台湾先进去。参加经贸组织一开始势必对我国一些部门和企业带来不小冲击，但是长痛不如短痛，而且更要看到会带来的好处，即有助于引进竞争机制，提高国际竞争力，避免保护落后。

（二）关于多极化

在对世界格局的看法上，当前一个值得注意的现象就是过分突出美国和低估发展中国家的作用。例如颇为流行的"一超多强"提法，实际上就是日本人说的美国主导下的大国协调体制，发展中国家被完全排除在外。这同多极化是有原则区别的。因为多极化是世界政治经济不平衡发展的结果,其主要表现正是发展中国家的崛起和大国实力均衡化,及其反衬出的美国实力和影响相对衰落。由于多极化是建立在多种力量相互依存又相互制约的基础上,有利于世界和平与国际关系民主化,因而得到绝大多数国家的支持。江泽民主席在肯定多极化和发展中国家的作用时就说过,"以广大发展中国家崛起为重要特征的多极化趋势,犹如滚滚洪流,势不可当。"

对发展中国家的地位和作用估计不足,有悖于我们的外交思想和政策。发展中国家不但是维护世界和平的重要力量,而且经济上的崛起也不可逆转。这次金融危机虽会造成一时挫折,但不可能改变发展中国家崛起的基本趋势。说危机"使东南亚有的国家几十年努力奋斗所积累起来的财产几乎顷刻消解",是过度的夸张,因为基础建设等物质财产不可能一下消失的。绝不能因这次危机就对发展中国家丧失信心。我们是一贯重视发展中国家的地位和作用的,从来都把加强同它们的团结看成对外政策的立足点。邓小平也一再强调"中国永远属于第三世界"。现在连美国等西方国家都在加强对"新兴市场国家"的工作。我们更不能轻视发展中国家,放松对它们的团结工作。不能让发展中国家以为我们只搞大国外交,忘记了在国际斗争中曾经患难与共的穷朋友。

对美国和其他大国也应有恰当的估计。在当代国际事务中,大国关系起着决定作用。包括我国在内的发展中国家的现代化也离不开西方大国的合作。因此,搞好大国关系极为重要。美国在相当时期都将是多极中最强的一极,更是打交道的主要对手。但也不可对一些基本原则发生动摇。例如把资本主义固有矛盾的一时缓解或变形看作完全消失,跟着宣扬所谓摆脱了周期和通胀的美国"新经济"。又如无视发展不平衡规律日益加剧的作用,认为美国的一超地位会越来越稳,发展中国家同发达国家间的经济技术差距只能不断扩大,等等。对美国当然不应低估,但近年来更多的是有点高估,以至否认美国相对衰落的历史趋势。美国坚持单极和推行强权政治,是遭到多数国家反对的。因此,要积极发展中美关系,但不能模糊反霸的旗帜。

对中国在多极化中地位的看法有两种偏向。一种是怀疑中国能同美欧日并列为一极,认为中国的综合国力和国际影响有限,特别是经济和科技上同发达国家的差距还在继续扩大。这实际上也是对中国赶上中等发达国家的战略目标缺乏信心。但更值得注意的是对中国地位和影响估计偏高，强调中国的大国作用，醉心于一些外国舆论对中国的赞扬，对发展中国家和除美国外的其他大国都有点看不大起。邓小平说："中国不要贬低自己，怎么样也算一极。"但也更强调中国既是大国又是小国和永远属于第三世界，提倡埋头苦干和韬光养晦。

四　国家利益原则

我们常说，观察国际问题和处理对外关系必须坚持原则。这个原则主要就是国家利益。邓小平说："考虑国与国之间的关系主要应该从国家本身的战略利益出发。着眼于自己的长远利益，同时也尊重对方的利益，而不去计较历史恩怨，不去计较社会制度与意识形态的差别。"国家利益的概念涵盖很广，从最根本的主权独立和领土完整到民族感情和国家尊严，表现在许多方面。但当前主要的战略利益则是国家的经济建设，因此同样适用以"三个有利于"作判断标准。

不计较社会制度和意识形态的差别，这是容易理解的。因为在这方面的教训太多了。不计较历史恩怨也不是要在历史问题上放弃原则，而是说处理历史问题要服从经济建设这一国家最高战略利益。因为不同国家对历史的看法存在分歧是常事，要以统一认识、正确对待作为改善关系的前提从来都是行不通的。如果一定要苏联承认俄国夺走我国150万平方公里领土，大概从开头就不会有中苏友好，边界问题也难解决。要以美英法等列强承认侵华为改善关系的前提同样也不现实。日本特殊一些。对日本少数人歪曲历史的言行必须批判，属于政治行为还应进行政治斗争，但应以服从国家战略利益即有利于我经济建设为度，并且注意效果。因此周恩来等过去的中国领导人就一再强调中日关系要向前看。邓小平明确提出，"对一小撮不甘心中日友好的人，唯一的办法就是用不断加强友好、发展合作来回答他们。"

以国家利益为最高原则，还应防止用情绪代替政策。列宁提出，不能以群众情绪决定政策。这是因为，情绪是非理性的东西，容易被激发和鼓动起来而失之偏颇，当然也不难在正确舆论引导下得到改变和提高。对群众情绪的看法尚且如此，少数人或个人情绪就更不用说了。以国家利益为最高原则，自然也包含着对群众的相应教育和引导，防止某些狭隘民族主义情绪滋长。

  以经济建设为国家利益主要原则，并不是轻视或否认维护主权独立和领土完整的重要。主权和领土是一切国家利益以及国家存在的前提，应该是不言而喻的。但在当前的时代背景和国际条件下，严重威胁独立和侵占领土的危险并不存在，因此国家的主要任务还不是维护主权和保卫国土，而是集中力量从事现代化建设。而且随着时代的变化，也不能再把主权观念绝对化，而应使主权政策服从国家最高利益。就是说，只要对国家总体战略有利，部分主权是可以让渡的（其实这本身也是行使主权的表现）。这也是参与全球化特别是参加一些国际组织必须做到的。欧盟各国就让出了作为主权一个重要象征的货币发行权。随着全球和区域一体化的不断加深和加速发展，主权的部分让渡还会越来越普遍。这也有个观念更新问题。

（原载《理论前沿》1999 年第 3 期）

不可动摇对国际形势的根本判断

《中国评论》编者按：美国及北约在5月8日袭击了中国驻南斯拉夫大使馆，引发了中国民众的愤怒。在震惊之余，中国的国际问题研究者们开始重新审视国际形势。毋庸讳言，不少人对形势看得十分严重，有人甚至怀疑和平与发展是否还是世界的主要潮流。在此之际，中国著名的国际问题专家何方坚持己见，呼吁切勿把逆流当主流，乱了中国自己的阵脚！文中小标题为编者所加。

不能把逆流看成主流，乱了自己的阵脚

当前国际形势发展的一个新特点，就是出现了一定的逆转：美国霸权主义显著抬头。以美国为首的北约对南斯拉夫持续狂轰滥炸，甚至袭击中国大使馆，造成国际形势的一时紧张。在这种情况下，分析和判断国际形势，既要反对麻木不仁、看不到新变化和新动向，也要防止情绪化和走极端。现在特别值得注意的倾向是，把形势看得过分严重，以致动摇了对国际形势的根本判断。例如怀疑和平与发展是世界主题和时代特征；否认多极化的发展趋势和经济成为国际关系的重点；过高估计美国的能量和过低估计发展中国家的作用，等等。这可不是什么小问题。因为任何时候，正确分析和判断国际形势都是科学地制定内外政策的基础。如果对我们20年来形成的观察国际问题的基本原则和出发点发生动摇，那就势必影响我们集中力量搞经济建设的发展战略和改革开放政策的坚持与贯彻。所以必须分清当前国际形势发展中的主流和逆流，更不能把逆流看成主流而乱了自己的阵脚。

国际形势曲折反复是正常的事

　　国际形势的发展从来都不是直线的，出现曲折反复和一时逆流是正常的事。因此观察国际问题，一方面要强调解放思想和更新观念，另一方面又必须坚持那些从实际中概括出来并经过实践检验的基本原则和基本观念，不能一遇风吹草动就发生摇摆。这里说的原则和观念主要是指，和平与发展的时代特征和全球化与多极化的发展趋势，这就是国际形势发展的主流，也是我们观察国际问题的出发点和制定国内外政策的基础。美国霸权主义的抬头和国际形势某种程度的趋紧，这只是一时的逆流；固然需要给予高度重视，但却不应让它影响我们对形势的根本估计和基本政策的贯彻执行。

不能对美国实力估计过高

　　近年来，国际形势确实出现了一些值得注意的变化，应当进行深入研究。这里仅举数例做点说明。

　　一是美国经济的持续增长和实力的一定加强，成为促使美国霸权主义抬头的一个重要因素。把美国历史性的相对衰落简单看成短期的直线下降，本来就是不对的。而美国一个时期的较快发展，其实也并不奇怪。这不但是世界发展不平衡的一种反映，也可说是世界经济发展的应有现象。因为促成和平与发展的一个重要因素，就是传统资本主义转化为现代资本主义。这一变化既使大国之间的战争可以避免，也使资本主义在不断改革和调整下仍保持强大的生命力，可以得到较快的发展。美国自不例外。但对美国的实力也不可估计过高，更不能为它的霸权主义所吓倒。

　　美国现在主要靠军事手段推进霸权主义，其实并不说明它的强大。独霸世界是美国冷战后的一贯政策。在苏联解体和海湾战争后，美国曾不可一世，以为单靠经济力量就可达到目的，克林顿更把经济安全提到首位。但是由于进行得并不顺利，于是转而强调它占绝对优势的军事力量，利用这点加强北约和日美同盟。炫耀武力主要还是为了威胁，而不是真想到处打仗。

科索沃危机，就是美国原以为只用空袭即可在三五天内迫使米洛舍维奇投降，结果却碰了钉子，弄得骑虎难下。南斯拉夫能够坚持多一天就多一分胜利，其结果将产生深远影响。如果说索马里的教训是使美国不敢轻易派出地面部队，那么科索沃危机可能使它今后使用大规模空袭也得谨慎一些。

"第三条道路"不会动摇两大时代特征

二是所谓"第三条道路"的政策和思潮在西方的兴起。其中就包括布莱尔等人鼓吹的"新干涉主义"，即用激进手段推行新的"共同体"意识和进行超越民族国家界限的民主扩张。所以这次的对南侵略就表现出：欧洲所谓"左派"当权的国家都积极参加；北约以及各国统治集团内部比较一致；西方舆论几乎一边倒，群众中反战情绪不高等。但这只是暂时现象。全球化固然对民族国家提出了严峻挑战，却不能改变它作为国际关系中主要行为主体的地位。

事实上，冷战后民族主义在欧洲反而有所高涨，出现了一大批新独立国家。就是英国工党，也是既在欧元面前徘徊不前，又解决不了北爱尔兰问题。可以断言，科索沃危机拖延下去，北约和各国内部的矛盾势必会加剧，迅速兴起的国内外强大压力终将使它们退步。无论如何，"第三条道路"决不能改变国际形势发展的基本趋势，更不会动摇和平与发展两大时代特征。

发展中国家仍将恢复增长势头

三是前一时期对发展中国家估计有点偏高。发展中国家的崛起无疑是当代一件大事，在西方世界引起巨大震动。20世纪进入90年代，它们对发展中国家的估价不断提升，并且也作了政策上的相应调整。亚洲金融危机爆发后，又走向另一个极端，认为发展中国家不行了，从而增强了西方的傲慢和美国的霸主心态。应当承认，这种高估和低估对中国的国际问题研究都不无影响。这是值得注意的。

这次金融和经济危机暴露出许多发展中国家存在的问题，但通过改革调整反倒可能使坏事变好事，取得更健康的发展。事实上，亚洲几个受危机冲击的国家和地区已大多开始走向复苏，拉美虽受波及也不像原来预料的那么大。而且发展中国家千差万别，又在急剧分化，不能只看到非洲，占比重最大的还是包括中国在内的亚洲。虽然近两年按人均产值，南北差距又呈扩大之势，但经济总量的增长速度，发展中国家仍超过发达国家。根据一般估计，今后相当长时期，发展中国家都会以高出发达国家一倍以上的速度增长，大约经过二三十年就可以实现总量上的超过。

中国根据和平与发展趋势判断制订百年不变计划

霸权主义抬头造成的国际形势逆转和某种程度的紧张，终究是一股逆流，没有也不可能扭转世界发展的总趋势和阻挡时代潮流，当然也就不应影响我们观察国际问题的根本出发点和制定政策的基础。这主要指和平与发展的时代特征和相应的全球化与多极化发展趋势。

把和平与发展定性为世界主题和时代特征，是对当代世界形势和长远趋势的根本判断，也是对我们所处时代的确切表述。我们正是根据这一判断才制定了百年不变的以经济建设为中心的发展战略和改革开放政策。这一判断意味着，今后长期，起码几十年内，下面一些趋势是不可逆转的：虽然地区冲突和局部战争仍将不断，但不会发生大国之间的战争和世界大战，连美国也没有这个打算；霸权主义使世界不得安宁，而且随着技术的发展、各国也会更新军事装备，但这都不会导致全面的军备竞赛，更不会恢复冷战；无论提法怎么变，实际上各国都更加重视发展经济和科学技术，综合国力的竞争始终是国际斗争的重点；世界经济发展有起伏，更不平衡，但总体上会保持长期的较快增长。因此，不能因为发生亚洲金融危机而对作为时代特征的发展有所动摇。实际上，经过世界规模的调整，在全球化和新一轮技术革命的推动下，世界经济到21世纪头几年就会进入一个新的发展高潮。

同样，美国霸权主义抬头，会造成局部紧张，威胁一些地区和平，但不会影响世界和平的大局，而且也不可能持久，总体缓和的趋势将得到恢复和发展。世界各国特别是大国，更不会在美国的刺激下改变以经济为重点而去搞军备竞赛。

多极化是不可抗拒的潮流

经济全球化和世界多极化构成当今世界两大潮流，是维护和平、促进发展和推动人类历史进步的重要因素。全球化的基础是市场化，具有一定的盲目性和破坏性。但作为历史趋势，既不可抗拒，积极面也是主要的，对各国都是机遇与挑战并存。机遇的大小固然与国家经济实力成正比，但关键还是看政策是否正确。认为全球化对发展中国家弊大于利是不合乎事实的。亚洲的崛起就靠开放，四小龙起步前几乎谈不上实力。在今后的全球化过程中，发展中国家仍将是世界经济发展的重要推动力量。

中国只能积极参与全球化，进一步扩大开放，任何后退和收缩都是要付出相应代价的。多极化是世界政治经济不平衡发展的结果，也是不可抗拒的潮流。同时，多极化是建立在大小不等的多种力量相互依存又相互制约的基础上，有利于世界和平和国际关系民主化，因而得到绝大多数国家的支持，使美国的单极企图不能得逞。只是世界格局的转换有个较长的过渡期，多极化的发展也是个缓慢过程，其间还会有反复。即使多极格局形成后，美国还会是最强大的一极，各极完全均衡是永远也不会有的。推动多极化的两个主要因素——大国实力相对均衡化和发展中国家的崛起，仍在继续发展。不能只看到西方一致的一面而忽略它们的矛盾也在增长。更不能因为一时的挫折就对整个发展中国家的前景丧失信心。

邓小平当年处变不惊，今日逆转小可之事

历史的经验值得注意。十年前那场政治风波后曾出现一股强大的反华逆流，紧接着是苏东剧变和海湾战争，弄得天下大乱。但是邓小平处变不惊，提出冷静观察、稳住阵脚、沉着应付、韬光养晦等一系列方针，坚持和平与发展的论断和多极化的看法，进一步强调以发展经济为中心的战略

和深化改革扩大开放。而且正是在这个时候发表了南方谈话，完成了邓小平理论建设，推动经济发展上了一个新台阶。相形之下，现在国际形势中这点逆转，实在是小可言之，更不应动摇我们的基本观点。特别要记取的历史教训是，如果建国后没有头二三十年的耽误，中国的经济实力定会大大超过日本（论经济总量，1955年日本还只有中国的一半多一点），更不用说德国、意大利等国了。这样一来，大概也不会发生现在所谓"八大国"制定解决科索沃危机的方案，把安理会常任理事国的中国排除在外，只让它在安理会起点橡皮图章的作用（同意或弃权）。所以我们一定要坚定不移地集中力量发展经济，韬光养晦、埋头苦干，不断增强综合国力，使中国永远立于不败之地。

（香港《中国评论》1999年7月号）

关于跨世纪我国现代化建设的国际环境

跨世纪我国所面临的国际环境首先是处在和平与发展的时代。这个时代还要延续到下世纪中叶。这个时代世界发展的主要趋势是传统资本主义转化为现代资本主义，世界多极化加速发展，全球经济一体化势不可当，世界经济发展进入新阶段，人民觉悟和和平力量空前加强。我国同周边大国和发展中国家间的关系都得到加强。还要处理与周边安全有关的敏感问题，迎接经济安全的挑战，适应现有的国际经济秩序。搞好自己的改革，树立良好的大国形象，注意韬光养晦。

跨世纪涵盖的时间下限起码要到 2010 年。这正是我国要完成经济体制和增长方式的根本转变、保持经济持续快速健康发展、为下世纪中叶基本实现现代化打下坚实基础的关键时刻。对于这个时期的国际环境，邓小平已作出了科学的判断，这就是"机遇难得"。而能否认清国际环境抓住难得机遇，将关系到我国实现现代化战略目标兴衰成败的大问题。

对跨世纪国际环境的认识，学术界还是比较一致的。当然也总会有些不同意见。但是，对重大问题的估计却不能有原则分歧，也不能一遇风吹草动又对基本看法发生动摇。由于思想认识和思维方式的惯性作用，这种情况又比较容易发生，这就需要认真进行研究，以求得统一和加深认识。

跨世纪国际环境的时代背景

一 我们处在和平与发展时代

1985 年，邓小平提出和平与发展是当今世界两大主题。党的十四大和十五大报告都明确界定世界主题为时代特征。这就是说，我们所处的时代是和平与发展的时代。因为时代性质是由时代特征决定的，时代的基本特征制约和规定着一个特定历史阶段世界发展的性质、内容、趋势和各国人民相应的主要任务，而认清和区别不同时代的基本特征，又是正确估计形势和决定政策的基础。

根据列宁创立的时代学说，20世纪大致可分为两个不同的时代：上半叶的基本特征是战争与革命，因而被称为战争与革命时代（也叫帝国主义与无产阶级革命时代，意思是一样的）。下半叶的基本特征是和平与发展，自然应称为和平与发展时代。因为第二次世界大战后，经过大规模的调整，国际形势渐趋稳定，战争引起的民族民主革命高潮也越过顶峰。因此约到20世纪50年代中期，世界就过渡到和平与发展时代。作为时代特征的和平，是指世界和平，就是不打世界大战。邓小平说："因为我们讲的战争不是小打小闹，是世界战争。"至于局部战争，还会长期存在。但它不影响整个世界大局。所谓发展，则是指人类社会的全面发展，特别是作为基础的经济的发展。在冷战时期，虽然一直存在美苏的尖锐对抗和核大战的威胁，国际形势经常处于紧张状态，但终究没有打世界大战。局部战争也是数量减少和规模缩小之势。特别是50年代和60年代，世界经济取得了史无前例的高速增长。如果按年均增长率算，18世纪为0.5%，19世纪为1%，20世纪上半期为2%，而1950—1985年则为4.5%。因此，从历史发展和世界全局看，虽然受到冷战的干扰和掩盖，时代两大特征还是基本上得到了体现。包括中国在内的社会主义国家，就是由于没有认清和区别不同时代的基本特征，仍然过高估计战争危险和着眼于世界革命，没有以发展经济和科技为重点，也没有真正进行适应时代潮流的改革与调整，结果吃了大亏。邓小平就多次说，我们"耽误了20年，而这20年又是世界蓬勃发展的时期。这是非常可惜的"。

随着冷战的结束，和平与发展时代进入一个新的阶段。冷战的阴影和造成的威胁解除，形成时代特征的因素更加巩固和突出，并增加了一些新因素。这也预示着和平与发展时代延续的时间会更长，起码持续到21世纪中叶。这就使我们获得一个较长时间总体上的世界和平和人类大发展的国际环境。所以邓小平说，"基本路线要管一百年，动摇不得"。我们现在讨论的跨世纪这段时间，正是和平与发展时代进入新阶段的头20年。处在新旧世界格局交替的过渡时期，国际形势固然会出现某些不稳和动荡，但总的趋势却是走向缓和。对我们来说，就是机遇大于挑战，有利条件多于不利条件。

二 当今世界发展的几个主要趋势

这些趋势就是形成和平与发展时代的基本因素，也是决定我国国际环境的主要宏观条件。下面分别作点简单说明。

（一）传统资本主义转化为现代资本主义。这是第二次世界大战后一个极其重要的变化。它改变了先前我们一直坚持的列宁两个重要原理。一是帝国主义战争不再是不可避免的，它们之间的战争反而成为不可能。世界大战打不起来了。二是资本主义能够进行改革调整（列宁称为改良），并因此重新获得强大的生命力，使相当时期不会有世界无产阶级革命形势，更不会发生暴力革命。国家对经济的调节和国际化的发展，殖民体系的崩溃和第三世界的兴起，科技革命以及核武器的威慑作用等，都使原来的帝国主义国家不可能也不必要发动世界大战。而东西方的意识形态分歧也并没有引发全面战争。资本主义内部的深刻改革和对国际关系的重大调整，适当解放了生产力，缓和了它原有的一些基本矛盾，扩大了国际市场，从而使经济得到快速增长。由于资本主义在世界经济中的主导地位和绝对优势，它的发展也就极大影响以至代表了世界经济的发展。资本主义的这些重大变化就成了和平与发展的一个重要根据，也是影响我国国际环境的重要条件。当然，霸权主义和强权政治仍然存在，世界并不安宁。但是，和平与发展的时代特征不会轻易改变。现代资本主义在继续改革调整的条件下还有很大的发展余地。

（二）世界多极化加速发展。这是导致两极格局崩溃和世界和平进一步巩固的重要因素。还在 70 年代初，人们就已在谈论五大力量中心的形成。冷战后，多极化发展更为加速。推动多极化发展主要有两个因素：一是发展中国家的崛起，结束了国际事务完全由少数列强操纵的历史。二是世界政治经济发展不平衡规律导致的大国实力均衡化，使世界大事也不再只由一两个超级大国说了算。多极化既是世界发展的客观趋势，也是除美国外世界绝大多数国家的普遍要求，因而是不可阻挡的。但是世界从两极格局向多极格局转变是在和平条件下进行的，所以过渡期更长，估计要到2010年前后，新的多极格局才会最后形成。即使到那时，各极的力量也不可能完全均等，总会有大小强弱之分。何况包括国家和国家集团的所谓"极"，还应按其实力和影响分为世界性和地区性几个层次，而且还在变化着。例如印度在南亚和东盟在东南亚以至亚太地区的作用，就不在欧盟和俄罗斯之下。那种无视发展中国家崛起和过分突出美国而把当今世界概括为"一超多强"的提法，是不符合实际情况的。正是由于多极化使大小力量中心都发挥作用并相互制约，所以不但有利于世界和平，而且有助于国际关系民主化。这就是中国为什么积极支持和推动多极化的原因。

（三）全球经济一体化势不可当。世界经济产生和发展的历史，可以说就是一体化的过程。所谓国际化、全球化、地区化和集团化中的"化"，指的都是一体化，都有某种协议和共同遵守的规则。一体化过去很长时间发展较慢，只是到第二次世界大战后发生了一次质的变化，成为推动世界经济增长的一个主要因素。一国经济发展的成败快慢，在很大程度上就看是否参与一体化和参与的程度，闭关自守则肯定落后。由于国家一直是国际经济关系中最重要的行为主体，在战后推动一体化加速发展中（如缔结关贸总协定、建立国际货币基金组织等）起着重要作用。所以长时间都把一体化称为国际化。从80年代中期起，特别是冷战后，世界经济一体化出现又一次飞跃。一方面是宏观层次的国际化在世贸组织成立后进入一个新阶段，另一方面是体现微观层次一体化的跨国公司有了高度发展，从此就更多地称为全球化。不过当前地区化显得更为突出，各种地区经合组织或集团如雨后春笋。它们虽实行一定保护，但对外基本上都是实行开放的。因此，它们只是全球化的组成部分和发展阶段。全球化是国际分工造成的一种客观必然趋势，任何国家也不能躲开。它给各国都带来机会，同时也提出挑战，使它们面临顺者昌逆者亡的抉择。全球化的基础是市场经济，要参与全球化就必须按市场规则办事，使本国市场和世界市场连接。在全球化过程中，发达国家起主导作用，但发展中国家也完全能够在积极参与中利用后发效应取得速度高出发达国家的发展。事实证明，全球化对发展中国家还是利大于弊。东亚各国就是在不断扩大开放和积极参与全球化的过程中取得经济的高速增长的。全球化不但有利于世界经济发展，还加深各国的相互依赖和相互渗透，从而有助于防止战争和维护和平，也是我国国际环境的一个有利因素。

（四）东亚正在成为世界经济格局中新的第四极。这里所说的东亚，主要指中（包括港台地区）、韩、东盟等发展中国家。20多年来，东亚经济一直保持高速增长，从根本上改变了东亚的面貌和地位。以前被称为世界经济格局的美欧日三足鼎立之势，随着东亚的崛起开始被打破。还在1995年，东亚的出口总额就已分别与美欧相当，高出日本一倍，成为与他们并列的世界四大贸易中心之一。即以经济规模论，东亚按购买力平价计算早已超过日本。另据世界银行和国际货币基金组织等的估计，再过15—20年还将赶上以至超过美国。区内贸易已逾5000亿美元，相互投资额也高于外来投资。地区经济实现了相对独立，由对外从属型变为自主型。90年代初西方国家普遍的经济衰退，东亚就没有受到影响，反而帮了它们的大忙，成为世界经济新的增长中心。1993年世界银行发表了《东亚奇迹》的报告，世界各国也纷纷调整政策向东亚倾斜。许多国际统计中已把东亚列为一个单独计算单位，还往往注明日本除外。1997年下半年先后在泰国、印度尼西亚和韩国爆发的金融危机，暴露了东亚国家经济特别是金融体制的脆弱性，使东亚经济发展受到严重影响。但这只是东亚经济发展中的一个插曲。虽然后果严重，却并不影响其世界经济增长中心之一的地位，日本经济多年不景气也并未影响它在世界经济格局中的地位，这次金融危机自然也不会影响东亚成为第四极。经过三五年的改革调整，东亚经济还会实现更健康和较高速度的增长。中国是东亚的主要成员，东亚形势的发展变化与中国息息相关。

（五）世界经济进入一个发展的新阶段。冷战后，以经济为基础的综合国力的竞争代替了军备竞赛。经济成为各国发展和国际关系的重点。而世界经济发展也基本上走出了长周期的低谷，迎来又一个新高潮。这除了大战威胁减退和形势趋于缓和这一大背景外，还由于80年代兴起的市场化、信息化和全球化三大潮流的有力推动。为了促进经济快速发展，几乎所有国家都在进行改革与调整，其中心内容就是市场化。社会主义国家、转轨国家和多数发展中国家推行以市场为导向的改革，使市场经济在世界上扩大了好几倍，使生产力在更大范围得到进一步解放。有人甚至说，全球市场化的历史意义超过了冷战的结束。发达国家扩大自由化的改革调整，也是为了更好地发挥市场机制的作用。其次，以信息化为代表的这场技术革新，正在引发一场新产业革命。它不仅将大大推动世界经济发展，还会导致社会结构和生活方式的深刻变革。这些再加上全球化，就把世界经济推向一个将有20多年的大发展时期。当然，这次高潮也会出现一些新趋势或新特点。例如第一，不同类型的国家都得到普遍发展，但是重点不同。发达国家重视经济质量和信息化，在实现从工业经济向信息经济或知识经济的过渡。发展中国家更重视速度，以实现工业化为主兼顾信息化，力争毕其功于一役。第二，经济发展不平衡的一个重要表现是，发展中国家总体上的发展速度大大超过发达国家，使南北差距趋于缩小。再过20多年，双方经济总量可能达到平衡甚至发生逆转。但是人均产值和技术水平差距虽然总体上也在缩小，不过，双方主体部分大致拉平恐怕至少也得100年。第三，争夺市场与资源的竞争日趋激烈。同时为维护世界市场稳定和实施可持续发展特别是保护资源与环境等方面的共同利益也明显增多，推动国际合作不断发展，出现一种竞争与合作、摩擦与协调并存或交替的局面。但在多数情况下还是以合作与协调为主。对广大发展中国家来说，虽然还面临各种严峻挑战，但是世界经济新高潮对它们主要的还是难得的机遇。

（六）人民觉悟的提高和和平力量的加强。这是和平与发展成为时代基本特征的一个更为重要的因素。因为和平与发展不只是客观形势发展的必然趋势，还是各国人民的希望和奋斗目标。而人民终归是历史发展的决定力量。冷战后，发展中国家进一步崛起，对和平与发展必能作出更大贡献。同时，发达国家人民的觉悟也显著提高，为改善生活待遇和争取民主权利进行了不懈斗争，迫使统治阶级不能不进行改革和调整。人民的社会地位和政治影响有了历史性变化，统治阶级及其政府就再也不能一意孤行了。随着社会的进步和科技的发展，今后再动员人民去从事侵略战争就更难了。而且越是发达国家的人越怕牺牲，这也是对霸权主义发动侵略的一个极大限制。

正是由于上述世界发展的一些主要趋势，使和平与发展的时代特征得到不断巩固。这就是中国在跨世纪以及此后相当时期所处国际环境的重要背景。

跨世纪国际环境中的几个具体问题

一 我国的周边安全环境

（一）同周边三个大国的关系。大国关系是影响我国安全最重要的因素。冷战后，我国同其他大国的关系发生了重大变化，基本趋势是向积极方面发展。总的看来，从冷战结束到2010年这个跨世纪时期，我国同美日俄的关系有以下一些重要特点：第一，相互不再构成直接的军事威胁，对我国全面入侵的危险基本上排除了。第二，虽然传统意义上的战略安全考虑仍是影响相互关系的重要因素，但经济的地位迅速上升，相互依存不断加深。第三，相互间拥有广泛的共同利益，而且还在增多，从而使磋商与协调成为关系中的主要趋势。第四，彼此也存在不同程度和不同性质的分歧与矛盾，处在竞争与合作、摩擦与协调并存或交替的状态中，弄得不好还可能出现倒退。第五，虽然相互实力对比有很大差距，各对双边关系也不平衡、不等边，但在四大国之间和三个三角中，都已形成一种相互依存、相互制约、相互促进（即一对关系的发展会推动另两对或一对关系的改善）的互动关系。第六，现在亚太地区的力量结构已经达到相互依存和相互制约下的相对均衡，发展中国家也成为影响大国关系的一个重要因素。第七，大国关系正经历着重大调整。初步确立了重视经济合作和面向21世纪的基本框架，还在改进和新建各种机制，使相互关系趋于稳定和得到不断发展。从以上各点可以看出，大国关系的演变总体上对我国是有利的，但我国同它们的关系又各有特点，差别很大。

问题不多和关系比较好的应算中俄关系。近年来双方关系得到顺利发展，已建立起面向21世纪的战略协作伙伴关系，为今后进一步增进睦邻友好和深化全面合作开辟了广阔前景。但中俄不会重新结盟，同时在新形势下也不可能再有冷战后期那种两家联合对付一家的战略大三角。双方经济合作的潜力很大，只是由于目前各自条件的限制，在市场、资金和技术上还都不能解决对方的问题，成不了主要伙伴，这是不能性急的。

相对来说，中美关系最为重要，也最为脆弱。重要，是因为美国是唯一的超级大国，是中国对外打交道的主要对手。脆弱，是因为美国不愿看到中国的强大和统一，总要施加压力和进行干涉。中美之间既有严重的分歧和矛盾，又有不断增多的共同点和共同利益。中国需要美国的市场、技术和资金，以及其他许多方面的合作，因此极其重视保持和发展对美关系。美国也把中国列为其新兴大市场战略的第一对象，在国际事务特别是亚太地区离不开中国的支持，因此也重视对华关系，更不敢把事做绝。要在两国间建立战略伙伴关系就是美国的主动。但它对华的两手政策不会改变，霸权主义的干涉不会停止。这就迫使中国保持相应的警惕和进行不得已的斗争。在相当时期内，中美关系都将处于又合作又斗争、又冲突又妥协的状态中，时而出现反复甚至倒退，但不致失控。主要趋势还是协调与合作。近年来经过高层互访和不断调整，双方关系已渐趋稳定，出现好转和发展势头。

中日关系总体是好的，保持了平衡的发展，友好合作一直是主流。但近年来由于日本大国主义抬头和政治与社会思潮倾向保守，影响了两国关系的顺利发展。和美国一样，日本也担心中国强大，想进一步染指台湾。因此，今后的中日关系中，除历史问题外，台湾问题可能突出起来。中国早已把发展中日友好合作关系定为国策，关键就在于日本的走势。日本正处在转折点上，恢复经济需要较长时日，国际上争当政治大国的步伐却在加紧，同时又不断增强军备，引起东亚国家的警惕。但由于许多因素的制约，日本在跨世纪期间还不会成为军事大国，恢复战前那种军事主义更无可能，基本上还会走和平发展的道路。因此，这一时期的中日关系虽然摩擦和碰撞在所难免，但友好合作仍将是主流，而且会更务实一些。

（二）同周边发展中国家的关系。现在，中国同所有邻国都建立了睦邻友好和互利合作关系，开创了一个前所未有的比较稳定因而有利于集中力量进行经济建设的周边环境。在同印度尼西亚复交后，中国又先后同新加坡、韩国和中亚几个独联体国家建立了外交关系，实现了同周边国家关系的全面正常化，而且取得迅速发展。特别值得指出的是同印度和越南关系的改善。因为同这两个国家都存在有边界和领土争端，过去又发生过武装冲突。冷战后，经过高层互访和双方努力，相互关系已得到显著改善，开展了各方面的合作。就是在边界和领土问题上，也都已达成谅解，承诺不因此而妨碍关系的发展，还表示了通过协商对话解决问题的愿望，这就大大减少了发生边境武装冲突的可能。

同东盟的友好合作关系近年来发展很快。双方除相互贸易与投资迅速增长外，在亚太经合组织和东盟地区论坛中，也进行着有效的合作。中国承认东盟是亚太地区重要一极，对本地区的和平稳定与发展合作起着重要作用。在国际事务中，双方对许多问题存在共同利益，持有相似观点，可以进行相互支持与合作。当然在双边关系中也还存在一些问题。除通常的经济竞争和不同的政治观点外，主要有三个：一是东盟对中国的强大和政策走向有些疑虑，并有所防范，在执行大国平衡外交中支持美国在西太平洋的存在。这种担心，再加上历史遗留的一些误解，特别是美日等以"中国威胁论"进行挑拨，都会对双方关系产生某些消极影响。但是"日久见人心"，中国的睦邻友好与平等合作的政策定会被逐渐了解。二是一些东盟国家出于经济考虑和某些历史缘由不能完全坚守"一个中国"的承诺，同台湾发展某种政治关系，如高层人员的互访等。这些做法如任其发展，当然会危害相互关系。但估计它们也不会走得太远。三是几个东盟国家同中国在南沙群岛归属上存在争议。这在下面还会谈到。虽然存在这些问题，但只要掌握得好，当不致成为双方关系中大的障碍，发展友好合作还是主流。

为了进一步稳定周边环境和发展睦邻友好，中国还寻求同邻国建立安全措施。中国同俄罗斯和三个中亚国家，根据友好协商精神，不但解决了多年的边界问题，而且建立了包括减少边境驻军等的安全措施。1993年，中印双方签订了《保持中印边境实际控制地区的和平与安全协定》。双方还同意各自从边境地区撤军。中越双方也保证在边界协议达成之前不再采取任何可能导致事态严重化的行动。这些都有助于稳定边境面貌、防止可能的冲突。

（三）周边安全的几个敏感问题。跨世纪期间虽然排除了对我国全面入侵的威胁，但局部的和潜在的威胁却依然存在。而霸权主义的军事压力和炮舰政策更会经常发生。在这方面最突出的也是对我国安全威胁最大的就是台湾问题。一方面是岛内分离主义猖獗，制造两个中国或台独；一方面是美国等外国势力进行干涉，企图固定分裂局面、阻挠实现统一。在这一事关民族愿望的原则问题上中国是不会让步的，因此反分裂反干涉的斗争就在所难免。但中国对统一并未设时间表，力争以和平的手段达到目的。台独行不通，终必失败。美国人民和国际社会也不会支持美国武力侵台。在这种情况下，只要处理得当，随着中国综合国力的增强和两岸关系的发展，实现和平统一和避免局部冲突的可能是存在的。

在南沙问题上，某些参与争议的国家想让东盟联合对华和使问题国际化，美日也企图插足，这就使问题趋于复杂，增加了解决的难度。但中国的政策是通过和平谈判友好协商解决问题，在解决前实行搁置争议、共同开发。大的时代背景，加之由于争议各方都已是友好邻邦，就基本上排除了动武的可能。因此在可预见的时期内，南中国海将是比较稳定的，不会发生严重危机。

朝鲜半岛在冷战后仍然是个热点，是我国周边安全的一个潜在威胁。美国虽然把这里列为它准备打局部战争的地区之一，但是它的主要目标还是保持东北亚的和平与稳定。而且这里是四大国利益交汇之地，各方都会慎重对待，美国也不敢轻举妄动。从美朝签订核框架协议后，朝鲜半岛总的形势还是趋向缓和。朝鲜同美日关系在逐渐改善，有可能在下世纪初实现正常化。南北关系也出现松动。经过中美朝韩的四方会谈，将有可能使形势进一步缓和并稳定下来。东北亚这个热点即使再保持很长时间，爆发全面武装冲突的可能已经减少，那种有中美分别参加一方的朝鲜战争大概再不会有了。

二 关于经济安全的国际环境

冷战后，各国实际上都把经济安全放在国家安全的首位。对于以经济建设为中心的中国就更是如此。我国经济安全大的世界背景，上面已谈到一些，如和平与发展、全球化与经济发展趋势等。下边只讲几个具体问题。

（一）外交更多地为经济服务。这是经济成为重点的必然逻辑。1997年5月的德国《时代》周刊就说过，外交机构在越来越多地把促进本国的经济发展宣布为外交活动的主要目标，国务活动家也成了贸易代表。新的情况说明，我们过去常讲的外交工作的任务在于为我国争取一个和平的国际环境的提法已经显得不够了。因为在和平与发展的时代，争取到和平的国际环境应该说是比较容易的，而为经济建设争取到更多更有利的外部条件则要困难得多。因此在提法上应把后一层意思增加上。这不仅是为了和"发展"这一世界主题相适应，更重要的是表示了外交工作重点的转变。

（二）迎接对经济安全的外来挑战。经济在国际关系中地位的上升，加剧了经济领域的矛盾和斗争。发达国家利用其经济和技术的优势地位，经常威胁发展中国家的经济安全，这已成为南北矛盾的主要内容。世纪之交中国面临的一个严峻挑战就是来自发达国家特别是美国在经济方面的强大压力。中国由于经济水平和竞争力较低、体制还不适应、国际经验和知识不足，在同西方的经济关系中相当时期都处于劣势。这就增加了工作的难度。当然中国也有自己的优势，如经济迅速发展、市场日益扩大、改革不断深入等，可以尽量做到扬长避短。美国等西方国家还尽量使经济关系政治化，动辄用歧视、限制、封锁、制裁等手段。因此维护经济安全还得进行政治外交等综合斗争。

（三）增强风险意识和提高防范能力。由于全球化的加速发展，经济领域的风险也传播极快，特别是随着资金跨国界的大规模流动，随时都可能造成一个国家的金融危机。1995年墨西哥和1997年东亚几个国家的危机说明，这方面的风险越来越大，后果也越来越严重。各国都在从中吸取教训，提高风险意识，采取防范措施。虽然中国没被东亚这次金融危机卷进去，但也受到很大影响。更重要的是中国存在着同韩国、泰国、印度尼西亚相似的问题，如经济结构不合理、银行制度不健全、呆账死账量大、政企没有适当分开、腐败和行业不正之风比较严重等，都削弱着中国抵御风险和抗击外来冲击的能力。这也是中国当前一项重要改革内容。

（四）适应现有国际经济秩序。国际经济环境主要就是国际经济秩序。所谓与国际接轨，实际上就是和现行国际经济秩序接轨。要对外开放、走向世界，就必须按国际规则办事。一般成员首先要做的是遵守规则，而不是要改变规则。但是现行的国际经济秩序和规则是由发达国家主导和制定的，对发展中国家不平等，仍然属于旧经济秩序。随着第三世界的崛起，反对旧经济秩序和建立新经济秩序的运动在20世纪70年代曾经达到高潮，并导致进行南北对话。后来由于西方国家主要是美国的反对，没能取得什么结果，并且逐渐低落下来。这是因为，国际经济秩序也和大的股份公司一样，在章程制定和规则确立上，谁的股多谁的发言权就大。实际上这在旧经济秩序的主要体现如关贸总协定、国际货币基金组织、世界银行中部是明文规定了的。后来代替关贸总协定的世贸组织也并未改变这种状况，基本上还是发达国家说了算，发展中国家也只有参加到里面去，才能取得一定的发言权，否则只能在门外空喊。而且随着全球化的加速，制定共同遵守的协定和规则的进程也空前加快。没有参加讨论的国家，既无发言机会，事后还必须遵守和执行。所以争取早日参加世贸组织有重要意义。国际经济秩序和规则归根结底决定于经济实力。只有发展中国家经济比重赶上和超过发达国家，才有可能改变旧的经济秩序。在这之前，随着发展中国家力量的上升，可以争取对旧的协议和规则进行一些修订或补充，但还谈不上建立新经济秩序。当前重要的是，适应现行经济秩序，加快同国际接轨的进程。

结束语

关于面对跨世纪国际环境我国应取对策的建议，上文已多有涉及，这里只提几点作为全文的结束。

（一）关键在于把自己的事情办好。这是多年来都在一直讲的，但谈国际环境时仍不能不再强调。因为根据跨世纪国内外形势的分析，对我国的主要挑战还是来自国内。国际形势基本上是好的，但国内还存在很多问题，不适应和跟不上时代的发展。无论是经济体制改革还是政治体制改革，都必须加快步伐，迎头赶上，否则经济发展和政治稳定都会受影响甚至出乱子。对此要有清醒的估计，保持应有的忧患意识。

（二）树立一个良好的大国形象。中国是个公认的大国。中国在经济上的崛起引起了全世界特别是其他大国和周边国家的重视。对此有人归纳为两种看法和两种态度。一种是认为中国的崛起对世界来说是个很好的机遇，提供了广阔的市场与投资场所，并可能成为一个负责任和可信赖的伙伴。另一种是认为中国强大起来后会不遵守世界通行规则，进行对外扩张，形成对世界特别是周边的威胁，因此，保持警惕、设法防范和进行抑制。很明显，第一种态度如占上风，就为我国提供了一个稳定和有利的国际环境。如果第二种态度占上风，那就使中国面对一个非常险恶的环境。中国在国际上的重大任务就是争取第一种环境和防止第二种环境。当然，美国和某些西方国家的态度，主要取决于它们的基本立场和国内政治需要，但是我们的政策和做法对外界的态度也有极大的影响。简言之，就是要努力在国际上树立一个开放的、守规则和负责任的大国形象。

（三）韬光养晦、埋头苦干。为了能够集中力量搞经济建设，尽量减轻中国崛起在世界上引起的震动和由此带来的不利反响，一定要遵守邓小平关于韬光养晦、绝不当头、埋头苦干等重要指示，在外交工作和对外宣传中始终保持谦虚和冷静的态度，严防给人以咄咄逼人的感觉。更不可因图虚名而招实祸。邓小平提醒的"中国要警惕右，但主要是防止'左'"，对国际问题研究和对外关系实践当然都是适用的。特别是在对国内群众教育和对外宣传上更应注意肃清"左"的流毒和影响。

国际环境对我们有利，机遇难得，问题是要善于把握。

(写于 1998 年 3 月 19 日，是国家级课题《跨世纪我国现代化建设的国际环境》一书的序；本文为《太平洋学报》1998 年第 2 期转载时的删节版)

有关经济全球化的十个问题

有关经济全球化的十个问题是：经济全球化就是全球经济一体化；全球化与区域化相辅相成共同发展，而区域化更为突出；全球化削弱国家主权，但维护国家主权和民族特性的倾向也在加强；市场化的扩展是全球化发展的基础；信息化是全球化发展的重要推动力量；全球化加剧不平衡发展，也加速重新平衡的趋势；全球化使财富迅速增加，但容易导致贫富差距扩大；全球化对发展中国家利大于弊，关键在于政策正确；要参与全球化就得先同现行国际经济秩序接轨；和平与发展的时代特征是全球化的前提，又同全球化相互促进。

一 全球化与一体化

经济全球化也就是全球经济一体化。这似乎不应成为问题，但讨论中的分歧仍然很大。其实，不但全球化，就是国际化、区域化、集团化中的"化"，也都是一体化的意思，都是指生产要素在相应范围自由流动的不断加深和遵守一定的共同规则。否则，这些"化"的词义就说不清了。现在国际上对一体化也用得很泛，不像一些学者规定得那么严格。严密如欧盟，称为一体化。松散如亚太经合组织，甚至非洲某些内容不多的区域组织，也都称为一体化。而世界经济一体化应用得更普遍了。当然，化总是指一个过程，有先后和高低深浅的不同，可以分成若干阶段，并不是一开始化就已"彻头彻尾彻里彻外"了。所以事实上，不是一体化比全球化的层次高，全球化倒是一体化发展的较高阶段。

从历史上看，世界经济形成和发展的过程也就是一体化的过程。一体化是国际分工和科技发展所形成的必然趋势。只是在很长时间里，发展都比较缓慢，还出现过一些反复，直到第二次世界大战后才发生了质的变化，成为世界经济发展的一个主要推动力量。一个国家经济发展的快慢与成败，在相当程度上就看是否参与一体化和参与的程度，闭关自守则肯定落后。由于国家一直是国际经济关系中最重要的行为主体，在推动战后一体化加速发展中起着主要作用，如推动自由化、构筑国际经济秩序支柱的关贸总协定和国际货币基金组织等，所以有人又把一体化称为国际化。冷战时期，由于世界一分为二，一体化也分为两摊。西方发达国家控制着资本主义世界，在经济和技术上占绝对优势，成为世界经济的主体。苏联东欧组成经互会，也在实行一体化，但由于脱离世界经济主体，实际上只是集体的闭关自守。中国在20世纪50年代经济上贴近苏联，后来又两头不沾边，都是脱离国际化，因而丧失了一次机遇，没有跟上世界发展水平。邓小平就多次说感到很可惜，并得出结论："三十几年的经验教训告诉我们，关起门来搞建设是不行的，发展不起来。"

到了80年代中期，特别是冷战后，世界经济一体化出现又一次新的飞跃，进入一个新阶段。其原因可以归纳为这样几点：一分为二的世界又合二而一；市场经济体制的大扩展为建立统一的世界市场创造了条件；在宏观层次上，世贸组织的成立把贸易、投资以及服务的国际化（即自由化）提高到一个新水平；跨国公司的迅猛发展使微观层次即公司内部的一体化扩散到全球，以信息技术为核心的新一轮科技革命成了一体化的主要推动力量。正是在这种情况下，把世界经济一体化称作全球化的提法就迅速普及开了。在这次一体化的高潮——全球化阶段，所有国家都会被更深地卷进去，不论是愿意不愿意。

二 全球化与区域化

冷战后，经济的全球化一体化和区域一体化同时和并行不悖地在迅猛发展，但更突出的还是区域化。国际形势的缓和与经济成为国际关系的重点，经济发展不平衡与跨越国界的激烈竞争，大大加强了区域经济走向一体化的趋势，使区域合作组织如雨后春笋，其中一大半是90年代后建立的。而且无论是原有还是新建，大多都在扩大其内涵（深化合作）和外延

（发展新的成员）。无怪乎1997年2月19日的《日本工业新闻》说，世界市场正进入地区经济圈时代。但这还不是区域化的全部。因为区域一体化大致有两种形态。一种是由国家间签订协定组成一定的集团，有人称之为有形的制度形态。一种是市场力量驱动的区域一体化，叫做无形的机能形态。区域化的发展总的看来都有利于本地区的经济发展。因此各国都更加重视区域一体化，努力使自己成为不同性质、不同形式、不同层次区域化的参加者。

至于全球化与区域化的关系，也是矛盾的统一。区域化，特别是有形制度形态的集团化，多少总有些排他性，在一定程度上妨碍全球化发展。但是所有区域组织又都一无例外地实行对外开放，都要走向世界，进入其他区域，而不愿作茧自缚。就是较早实行一体化的欧共体，也接受30年代教训，一开始就不设关税壁垒，不愿置身于世界市场之外。实际上，全球化与区域化是一种互相补充、互相制约又互相促进的关系。就全局看，区域化是全球化的组成部分。从长远看，区域化是通向全球化的阶梯或发展阶段。因此，现在出现的区域化高潮，同时也可看做走向全球化步伐的加快。很多区域组织在扩大范围，如欧盟东扩。有些组织在互相结盟，如欧盟和南方共同体计划组成洲际自由贸易区。还有在许多组织之上再建更大的区域组织，如拟议中的美洲自由贸易区。至于成员的相互渗透和组织的相互重叠，事例就更多了。这都反映了区域化向全球化融合的趋势。但是，由于国家、民族、地缘、文化等各种原因，区域化任何时候也不会完全消失，还会长期存在下去。

还有一个值得注意的问题，就是次区域化的发展，被称作地区主义抬头的一种表现。这是指几个国家联接地区形成的经济一体化社区，或者一个国家内部出现的较独特的经济区。它们的共同特点是，都有某种程度的独立性，或如美国《外交》双月刊1997年第一期一篇文章中说的，不走各国首都这条路（即不通过中央政府），直接同全球经济相结合。这在欧洲表现得较为明显。亚洲的各种"经济圈"和"成长三角"，也可归于这一类。这种次区域化，是全球化和区域化汇合的又一个渠道。随着全球化的发展，次区域化还将出现高潮。

三　全球化与民族化

　　这里说的民族化，只是指民族国家，特别是它的根本属性主权，也就是全球化和国家主权的关系。经济全球化确实对国家主权提出了严峻挑战，把市场和国家这两大社会组织形式在世界范围的矛盾推向一个新阶段。全球化的发展还没有改变主权的基本原则，但却使主权的行使受到越来越多的限制，如跨国公司对主权的侵蚀；国际协调和国家间的横向制约对主权的干预；参与一体化和与国际接轨，限制国家的经济决策权；对外开放影响国家对资源和领土的管辖权，等等。全球化还使主权的属性遭到相对削弱，如参加地区集团削弱主权的最高性；参与共同性问题的解决削弱主权的不可让与性；相互依存和科技发展削弱主权的排他性；遵守某些国际义务削弱主权的不可干预性等。总之，全球化是不可抗拒的时代潮流，因此主权行使越来越受限制和主权属性的削弱就成了世界发展的必然趋势。

　　但也不像一些西方人所说，全球化在导致主权过时和民族国家终结。实际上正相反，与全球化发展的同时是民族化的加强。冷战后，民族自强出现高潮，还产生了一批新的主权国家；经济独立的趋势进一步加强，不仅发展中国家更加重视维护经济主权，一些发达国家的经济民族主义和贸易保护主义也大为发展。例如爱讲全球化并且标榜自由贸易的美国，就对技术出口抓得特别紧，经常为所谓技术泄密大动干戈，而对振兴全球经济和援助穷国却表现得非常自私。虽然随着全球化的发展，国际社会和国际法主体也日趋多样化，但民族国家仍是主要的行为主体。而且全球化并不限于经济领域，也涉及政治、文化等。在所有这些方面，维护国家主权和民族特性的倾向都在加强，而且会长期持续下去。

　　全球化发展趋势和民族化增强倾向，使当今的主权问题变得格外复杂，在处理上对国家领导的要求也越来越高，预测和决策都要力求准确、灵活而不失误。在新形势下，各国特别是发展中国家，既要坚持主权原则，又要更新主权观念。要防止两种偏向，或者在主权问题上轻易让步，使国家利益受损；或者抱住过时观念，不能积极参与全球化。对于经济霸权主义的扩张和干涉，以及一些发达国家将自己的意志和规则强加于人，要保持警惕，并进行适当的斗争，以维护国家主权。但也要认识到主权的相对性。过去为了反帝反殖把主权性质绝对化是可以理解的，但随着国际化和全球化的发展，这一观念就应改变过来。国家在主权问题上的政策以服从国家利益为原则。国家的利害得失，决定主权的进退取舍。例如参加世贸组织会使主权受到一定影响，但因利大于弊，各国还是积极参加。又如加入欧盟要让渡更多主权，而东欧国家还争相要加入，就因为这对国家发展有利。现在一些发展中国家的主要偏向还是观念更新不够，跟不上形势，对参与全球化畏首畏尾，看似爱国，在维护主权，实则妨碍开放，有损国家利益。许多国家都是在这方面有过沉痛教训的。

四　全球化与市场化

市场化是全球化的基础。世界经济通行的规则就是市场经济规则。而只有市场化才能使世界经济取得共同规范与共同语言。抛开市场化就根本谈不上全球化。正是80年代以来，特别是冷战后，市场化在全世界的迅猛扩展，才掀起了这次全球化的高潮。占世界人口一大半的原有和现有社会主义国家以及60多个发展中国家，开展了以市场为导向的改革，为市场经济体制在全球范围的形成和发展奠定了基础。1995年12月7日的法国《世界报》就说，5年前市场经济还只涉及6亿人口，再过5年就将涉及60亿。同年11月1日美国财政部副部长萨默斯也在一次会上说："将来，当历史学家回顾我们这个时代的时候，他们视为最突出的事件也许不是两个集团之间斗争的结束。这么多的国家转向以市场为基础的经济这样一种前所未有的局面，也许是震动更大的变化。这是一场把亚洲、东欧、拉美和非洲几十亿人送上通往繁荣的快速电梯的运动。"不但社会主义国家和发展中国家在改行市场体制，发达国家也在设法进一步发挥市场机制的作用，进行改革，放松限制。而且谁下手早，改革调整搞得好，谁的经济就有活力，否则就问题成堆。这也是美国和日本之间出现差别的一个重要原因。市场化不仅是一个国家走向世界和参与全球化的起点，而且是整个人类社会进化的必由之路。要求经济迅速发展和赶上潮流，就必须尽快实现和完善市场化。中国在改革开放前之所以落后，就是因为没有实行市场经济和对外闭关自守，而这两者又是紧密相连的。由于没有实行市场化和对外推行封闭战略，所以就不是参与国际市场，而是脱离和排斥国际市场，置身于世界经济主流之外（因为对外开放主要是向发达国家的开放），不能参与国际分工和促进生产力的国际化，因而吃了大亏。所以中国现在给自己规定的主要任务仍然是深化改革（加速实行市场化）和扩大开放（积极参与全球化）。

五　全球化与信息化

推动全球化加速发展的另一个重要力量，是近年来蓬勃兴起的以信息技术为代表的新一轮科技革命。这场革命正在席卷全球各个角落，把世界经济用网络联结成一个日益紧密的整体。各国都极为重视发展信息技术及其产业，力争跟上全球信息化潮流，迎接信息经济（知识经济）时代的到来。信息技术也推动跨国公司实现经营管理、技术革新和研究开发的全球化，融进世界性网络的各种联合中。这就使全球化在国际一体化和公司一体化两个层次同时出现突破。所以有人说，全球化应归功于信息体系和技术，而不是各种国际组织机构。

全球化与信息化有如"风助火势，火趁风威"，互相促进，相得益彰。世界科技发展加快，使各国特别是发展中国家面临严峻挑战。因为正如中科院最近在《努力提高科技创新能力》一文中所说，在知识经济时代，从技术革命到产业革命的周期将缩短，发展中国家通过学习别国技术和经验而赶上发达国家的难度将增加，"后发优势"的作用将减弱。全球化与信息化是一场优胜劣汰的激烈竞争，必然会有一些国家和民族因落后而挨打，甚至被开除"球籍"。这就是我们为什么必须保持清醒，全国上下都应有忧患意识，有紧迫感、危机感。

但绝不能因此说，发展中国家和发达国家之间的技术差距只会扩大不会缩小。全球化和信息化不但没有改变"后来居上"的规律，而且由于信息革命拥有一开始就遍及全球这一传播快和普及快的特性，还为发展中国家与国际接轨提供了更多机会。例如非洲50个国家中目前已有47个建设了与互联网连接的入口,而 1995 年还只有南非和北非五国与互联网联接。事实上,近 20 年东亚发展中国家和发达国家技术上的差距就一直在缩小。全美科学基金会 1995 年在一项题为《亚洲新的高技术竞争对手》的研究报告中就说,"亚洲地区的技术进步已令世人瞩目",并得出有些国家和地区正在接近日本的结论。同年 10 月 24 日的《华尔街日报》还举例说,"韩国 60 年代初连一节电池也不会造,现在已成为尖端芯片的重要产地。"国务院科技部朱丽兰部长说,中国在世界上的科技排位,1994 年前还排在 28 名以后,1997 年就已进到第 20 位。其实,在全球化与信息化的条件下,追赶发达国家的难点主要不在技术而在经济。所以杨振宁在预言中国下世纪中叶很可能成为世界级科技强国时认为,一切条件具备,只是经济支援短期内还不足,需要以后跟上去。

六　全球化与均衡化

列宁关于"经济政治发展不平衡是资本主义的绝对规律"的原理,现在仍然适用于全世界,只是不平衡发展必然导致战争的结论,则由于第二次世界大战后传统资本主义已转化为现代资本主义而失效了。不平衡规律的意思不是指谁先谁后的顺序保持不变,相反,是指后进国家可以利用"后发优势"赶上以至超过先进国家,打破原有的均势,做到后来居上。虽然均衡是相对的,不平衡发展是绝对的,但由于均衡是事物存在的常态,所以正如斯大林所说,均衡化(均衡,重新均衡)是不平衡发展的基础和条件。全球化加剧了不平衡发展,也就加速了重新平衡的趋势,这就是世界经济格局走向多极化。

当今不平衡发展主要表现在两方面,即上面提到的发展中国家崛起和大国实力均衡化。不平衡发展促进一体化(首先是地区一体化),而一体化又有拉平发展的作用,因而有利于实现新的均衡。经济水平的拉平和经济潜力的接近,就是一个时期以来资本主义三大力量中心发展的总趋势。这种均衡化在地区一体化中表现得尤为明显,欧盟就是例证。原有"欧洲农村"之称的爱尔兰,借助欧盟取得快速发展,近 10 年的速度可与东亚相媲美,所以已被一些人称为"欧洲虎"。随着全球化的迅速发展,世界各国的国民收入水平都呈上升趋势,这在近代史上还是第一次。亚洲早已走到前头,几个国家的金融危机只是一时的插曲。拉美所有国家都实现增长,也是30年来所没有的。非洲最近赶了上来,已引起全世界的关注。冷战后,在全球化过程中,发展中国家作为整体,发展速度大大超过发达国家,使南北差距趋于缩小,这已是任何人无法否认的事实。

全球化引起的均衡化,将使国际力量对比和结构发生重大变化,影响是深远的。据经合组织1997年5月的一份报告,到2020年,世界国内生产总值中发展中国家所占比重将上升到2/3。当然,在经济质量和人均产值上,相互的差距还非常大,而且在一定时期,就绝对数而言,差距仍可能扩大。另一方面,由于全球化加剧了不平衡发展,发展中国家的分化也更为加速,一部分发展快的将接近发达国家,一部分则可能继续落后,从而拉大相互间总量和人均上的差距,最后可能导致第三世界的消失。发达国家当然也会分化,一部分也许会变成发展中国家。均衡化的结果是国家的重新排队。

七 全球化与贫穷化

全球化在促进世界经济发展和社会财富增加的同时,也有扩大贫富差距的作用,使一些国家和一部分人走向贫穷化。主要原因是全球化植根于市场化,而市场化原会自发地造成两极分化的,加之全球化引起更加激烈的竞争又加剧这种分化。但不能把贫富差距同南北差距相混淆。所谓南北差距,是专指发达国家和发展中国家各自作为整体在经济总量和人均产值上的悬殊。由于发展不平衡导致的均衡化,这一差距正在缩小。至于贫富差距,则主要指由人均收入决定的生活水平的过高和过低之别,且不但发生在南北之间,也表现在发展中国家之间,更重要的还是出现在各国内部。因此,笼统讲南北贫富差距扩大是不科学的。

国际间贫富差距拉大,也就是一部分发展中国家的贫穷化,主要指撒哈拉以南非洲国家和一些南亚国家。它们中的大多数,长期以来人均产值在下降,同发达国家相比贫富差距至今仍在扩大。同其他发展中国家,特别是同那些新兴工业化国家比,它们的贫穷化也是明显的。就是在非贫穷化国家间，也存在贫富差距问题。例如世界银行副行长斯蒂格利茨在1998年4月17日《国际先驱论坛报》的文章中就提到，50年前印度和韩国的人均收入大体相当，可现在韩国已是印度的8倍。造成这些国家贫穷化和落后的原因很多，如经济基础差，体制和政策不当，政治管理不善等，但主要的还是没有适应国际化和全球化。世贸组织总干事鲁杰罗1997年4月28日在《华尔街日报》撰文说，据哈佛大学两位教授对117个发展中国家1970—1989年经济发展的调查，较开放的国家平均年增4.5%，较封闭的只有0.7%。

特别值得重视的还是全球化引起国内贫富差距的扩大。法国雇主联合会副主席凯斯勃说，"全球化减少了国与国之间的不平等，但增加了各国内部收入的不平等。"最近15年，美国在经济调整中就使贫困人口从9%上升到16%。一方面是资本积累、积聚和集中的加快（包括从国外攫取超额利润和跨国兼并），另一方面是实际工资的冻结甚至下降。所以有人说，"欧洲选择了失业，美国选择了低收入"。（美经济学家莱斯特·瑟罗语）在许多发展中国家，全球化加剧了地区差别、收入悬殊、分配不公，以至等级制度、腐败之风，使贫富差距的扩大更为突出。拉美经委会1997年4月9日一次会议的最后文件认为，全球化使社会问题恶化，加重了不平等现象，使贫穷人口增加。我国贫困人口在逐年减少，不存在贫穷化问题，但贫富差距的扩大却极为惊人。据1998年5月26日《中国经济时报》文章，我国基尼系数从80年代初的0.28提高到了现在的0.4，贫富差距超过了发达国家、东亚和原苏联东欧国家。

在全球化的条件下，各国贫富差距的扩大有快有慢，有的还在缩小。这除经济因素，主要取决于政治体制和社会政策。还有个经济全球化与政治民主化问题，此处不再论列。

八　全球化与发展中国家

全球化对发展中国家利弊如何，争议很多。国内也流行一种说法，所谓"资本流遍全球，利润流向西方"，即经济全球化对发展中国家弊大于利。然而事实是，发展中国家正是在国际化和全球化过程中开始了经济上的崛起，在世界经济中的比重不断提高，同发达国家的差距逐步缩小。这一变化的历史意义也许不亚于战后民族民主革命高潮中取得政治上的独立。世界银行行长沃尔芬森在1994年底也说这是世界经济发生的划时代变化。"自1990年以来，世界经济增长有70%是发展中国家促成的。"全球化对发展中国家利大于弊还将继续为事实所证明。但这绝不是说它对发达国家就不利，像某些西方人士说的那样。1998年5月27日的英国《金融时报》报道，经合组织一项研究报告表明，一些成员国表现出强烈抵制全球化的迹象，把失业率居高不下、收入差别增大等都归因于全球化。1996年10月9日的《芝加哥论坛报》一篇文章竟直截了当地说，全球化"可能的结果是，较穷的国家富起来，富国将变得较穷"。其实，全球化并非零和游戏，它对所有国家都带来机遇。因此，发展中国家除少数例外，都已积极主动参与全球化，成为全球化的一支重要推动力量（特别是它们的市场化），许多国家还早就实行了外向型经济。说它们只是被动卷入，是不完全合乎实际的。

  全球化对发展中国家也有严峻挑战的一面，例如大大削弱民族国家借助经济政策进行调控的能力，使政策有效活动范围受到限制，特别是扩大了国际风险。这次东亚金融危机就是明证。危机对东亚的发展是一次严重挫折，但现在的一些悲观论调却显得过分，似乎东亚将一蹶不振，连整个发展中国家也不行了。过去把东亚和发展中国家说得天花乱坠，现在又来个180度的大转弯，这完全是一种形而上学思维。其实，东亚经过改革调整，经济还会以高出世界平均水平的速度发展，仍是世界经济一个重要增长中心。

  发展中国家并非铁板一块，而全球化又在加速着它的分化。一些国家抓住了机遇，实现了经济上的腾飞。一些国家没有抓住或抓得不好，就发展得比较慢，甚至长期倒退。发展中国家大体分为三部分：一是发展较快的新兴工业国家或地区和一些高收入国家，人口两亿多。二是被联合国列为低收入国家（不包括中国、印度、巴基斯坦），人口八九亿。三是其余部分再加上中、印、巴，人口30多亿，构成发展中国家的主体。讲南北关系或发展中国家地位时，如果不提"作为整体"，也只能以这部分为代表。撇开主体，以低收入部分代表整个发展中国家，谈南北差距扩大、

"边缘化"等，那是很不科学的。同时也不能笼统以国家数目计。例如参加洛美协定的 71 个非加太国家，人口不到中国的一半，国民生产总值加在一起和台湾省差不多，代表性不如印度。如果讨论问题时称它们为绝大多数发展中国家，那也容易造成错觉。

全球化也在改变着过去一些旧观念。发展中国家和发达国家间在贸易、投资、技术转让上的交流与合作，包括一起参加某些国际组织和地区集团，固然有不平等的因素，但整个看来还是互利的。因此不可再一概称这种关系为剥削与被剥削、统治与被统治的关系，也谈不上新殖民主义。例如直接投资，对引进国来说当然有受剥削的成分，然而不但发展中国家普遍欢迎，发达国家也同样欢迎，就是因为这对引进国有利。在发展中国家日益崛起和全球化加速发展的情况下，必须适应形势，更新观念，教育和引导全国人民面向世界。如果还继续坚持那些旧观念，就可能妨碍对外开放，跟不上时代步伐，甚至回到闭关自守的老路上去。

九　全球化与国际经济秩序

全球化的迅速发展，要求有配套的国际组织、国际协议、国际规则和国际惯例，这就是国际经济秩序。迄今为止的秩序，都是由发达国家主导的，对发展中国家不够公平，仍然属于旧秩序。因此，随着第三世界的兴起，就发动了一场反对旧秩序和争取建立新秩序的运动，20 世纪 70 年代达到高潮，推动了南北对话，也取得了一些成果。但整个说来收效甚微，进入 80 年代就逐渐衰落下来。这固然是由于西方特别是美国的反对，但深层次的原因还在于，国际经济秩序终归取决于经济实力对比，（传统和习惯也起一定作用）而不是一场政治运动所能解决的。这也和大股份公司一样，在章程制定和规则确立上，谁的股多谁的发言权就大。曾经是旧秩序三大支柱的关贸总协定、国际货币基金组织和世界银行，对此都是有明文规定的。例如基金组织的投票权就取决于成员国以特别提款权计算的份额大小，因而使美国实际上享有了否决权。后来代替关贸总协定的世贸组织还是由发达国家主导。全球化的发展也增进了南北间的合作，加上发展中国家的分化，反对旧秩序和建立新秩序的呼声已很微弱，只是少数发展中国家领导人出于政治需要有时讲一下，作为国际运动实际上已经烟消云散。

在当前的形势下，要对外开放、走向世界、积极参与全球化进程，就必须按现行的国际规则和惯例办事；而所谓与国际接轨也只能是与现行国际秩序接轨。参与全球化首先要做的是遵守规则，还不是要改变规则。即使要对旧的秩序和规则逐步作些改进，也必须参加到里面去，取得一定的发言权，否则只能站在门外空喊。因此，对于仍然没有加入世贸组织的国家来说，当务之急是要迅速作出政治决断，解决入会问题。因为随着全球化的加速，制定新规则的步伐也空前加快。例如去年不到一年时间就由世贸组织主持达成三项重要协议（信息技术协议、电信贸易协议、开放金融市场协议），这在过去可能需要好多年。而且根据世贸组织既定日程，2000年1月1日将开始新一轮服务贸易多边谈判，作为制定21世纪世界经济规则的开端。哪个国家到时还没参加世贸组织，就只能眼看着别人在制定自己也不得不遵守的规则却仍然没有发言权。

十　全球化与时代特征

当代的时代特征就是和平与发展。全球化同和平与发展的关系，可以说是一种互为因果和互相促进的关系。这里说的和平是指世界和平，即不打世界大战。而所谓发展，则主要指世界经济的发展。这样的和平与发展就成为全球化的根本前提。全球化只能是它们存在和发展的产物或结果，假使没有世界和平，没有经济和科技的迅速发展，也就谈不上全球化。另一方面，全球化又是和平与发展的重要支柱和推动力量。正是由于国际化和全球化加深了各国间的相互依存和相互制约，提高了经济在国际关系中的地位，用经济竞争代替了军事对抗，所以使大国间不大可能也没有必要再兵戎相见，从而减少了世界战争的危险。战后西欧经济一体化追求的目的首先就是和平。它的倡导者舒曼就说，这是为了"保证使战争变得不可想象，而且在物质上也成为不可能"。至于全球化作为促进世界经济发展的重要因素，更是显而易见，现在正和市场化、信息化合成三大潮流，把世界经济推向发展的新阶段。

根据列宁关于时代的学说，20世纪大致可分为两个不同的时代。上半期的基本特征是战争与革命，被称为战争与革命时代或帝国主义与无产阶级革命时代。下半叶的基本特征是和平与发展，应称为和平与发展时代。（关于时代问题，1986年以来我曾多次发表过自己的意见，如1989年世界知识出版社的《当代世界政治经济基本问题》，以及为国家社科基金资助课题《跨世纪我国现代化建设的国际环境》一书所写的序言等，这里不再多谈。）冷战时期，虽然存在美苏对抗和大战威胁，但终究没有爆发世界战争，而且世界经济得到空前大发展，所以可算和平与发展时代的第一阶段。冷战后，世界大战的威胁基本解除，世界经济正在迎来一个长周期发展的上升期，可称和平与发展时代的第二阶段。这个阶段，以及整个和平与发展时代能延续多久，还很难断定。不过从各种条件和发展趋势看来，三五十年内不打世界大战的可能是存在的，也许随着人类社会的进步以后再打不起来了；发展还会更加全面、更加深化，将把人类带进一个新的文明时期。这中间，全球化对维护和平与促进发展起着重大作用。反过来这种世界形势和国际环境又有利于全球化，使全球化发展得更快。像去年英国发表的贸易白皮书呼吁2020年实现世界贸易自由化，并不是没有可能的。

和平与发展的时代背景和在这种背景下的全球化，原则上对所有国家都是有利的。发展中国家只要抓住机遇，适应潮流，改革体制，调整政策，都有可能在一个不太长的时间实现经济上的翻身。不过全球化也是把双刃剑，负面影响更不能忽视。发展中国家就必须处理好这两者之间的关系，既要积极参与全球化，加速与国际接轨；又要坚持主权独立和互利原则，防止被同化或被吃掉。一个国家或一个民族，是翻身还是落马，就看如何对待全球化。

（原载《太平洋学报》1998年第3期）

苏联八月事变对世界格局和国际关系的影响

苏联八月事变引起的变化，是在长期渐变基础上的突变和经过量变积累的质变，具有历史阶段性的划时期的重大意义，对于世界格局和国际形势影响的广泛和深远，也远非以前的东欧剧变和海湾战争所可比拟。这里仅就苏联事变的影响谈十点看法（经济方面，暂付阙如）。

一 宣告了一个超级大国和两极世界格局的正式终结

经过八月事件，苏联的社会制度发生根本变化，从社会主义急速向资本主义过渡；国家构成——联盟也走向瓦解，原来意义的苏联已不复存在。从此，苏联的超级大国地位最终消失，俄罗斯要成为当年的强国也不是一二十年的事。这不但是苏联 70 年历史的转折，也是俄罗斯帝国 400 年历史的转折。联盟的解体，还在国际关系中造成一种新现象，即作为国际关系主要行为体的、权力不大的联盟中央和仍然加盟的主权共和国在国际舞台上同时并存，使其他国家和国际组织在同两者的关系上必须实行双轨制。而且苏联的社会转轨和联盟改组又不可能在短期内实现，而必然要经过一个长期的前景不明的痛苦阶段。在此期间，经济混乱、社会动荡和民族冲突将不可避免，且有加深和扩大之势。苏联不但对国际事务不能再发挥很大作用，而且还会成为国际上一个不稳定的重要根源和世界经济的极大负担。

二 东西方概念消失并走向一体化

为了缓解经济危机和社会矛盾、实行社会经济的根本改造，苏联和各主权共和国都把希望寄托在参与西方经济体系和求得西方各方面的援助上,因此在外交上就要完全向西方靠拢,内政上也要取得西方的参与。而西方也力求干预苏联的改造,将它纳入西方体系。早在1989年11月巴黎欧安会上,戈尔巴乔夫就提出建立"北半球合作带"的主张。1991年6月18日,贝克在柏林阿斯彭学会讲话中也说,美国的目标"不仅是建立一个完整的和自由的欧洲,而且是建立一个从温哥华往东一直延伸到符拉迪沃斯托克(海参崴)的欧洲—大西洋共同体"。苏联八月事件,由于暂时排除了内部的阻力,也减少了西方的疑虑,因而大大加速了东西方的融合过程。西方不再把苏联看成争霸对手,连军事力量也公认对它们"已不再构成威胁",只是担心核武器的分散。从此以后,国际关系中原来意义上的东西方概念将会消失,苏联将成为西方体系中的一个杂乱无章的组成部分,但已不是平等的伙伴,而是乞求援助和追随西方的小伙计。

三 力量对比向西方倾斜,美国一时"独领风骚"

苏联实力与地位的衰落和联盟的解体,使国际力量对比发生了有利于西方的变化。美国更是独领风骚,成了唯一的超级大国。美国不但企图主宰国际事务,而且还直接插手苏联东欧的内部演变,加强对别国特别是第三世界的干涉。苏联军事威胁的减弱,还可使美国较大幅度地调整战略,减少军费,着重发展经济和科技,增强综合国力。本来海湾战争就已证明,苏联不再是原来的一极;日本和德国"花钱受气",要成为一极还有一定差距;欧共体拿不出统一政策,不能作为一个整体发挥作用;发展中国家团结斗争的势头反而有所减弱;只有美国仍保持着重要一极的地位。当然,这不是说在两极格局崩溃后已经随之形成了美国独霸的一极格局。代替两极格局的将是一个多极世界,这已是国际上的普遍认识。只是由于这次新旧格局的交替是在和平条件下进行的,所以必然会有一个相当长的过渡时期。如果一开始就形成了一极或多极格局,那就谈不上过渡时期了。但也应当承认,现时美国确实拥有经济政治、军事、科技的全面优势,在世界上的影响力具有全局性,对重大国际事务起着主导作用。既然一切矛盾都有主要的一面,那么在国际上一些重大矛盾中美国就暂时是主要一方。这已是当前国际关系中无法否认的现实,也是过渡时期前一阶段国际形势的一大特点。但是,无论是海湾战争还是苏联变化,都没有也不可能扭转美国走向衰落的基本趋势。事实上,美国社会本身对这两大事件也几乎没有作出什么反应。一直困扰美国的双赤字和负债经济不曾缓解,科技优势继续减弱,成堆的国内问题很难解决,国际事务影响能力捉襟见肘。只有经过国际力量对比的不断消长变化和分化组合,包括美国的进一步相对衰落、西方其他大国特别是德日实力的上升、中国进一步强大、苏联或俄罗斯的适当恢复、第三世界地区大国和集团的崛起等,多极格局才会逐步形成。这是必然趋势,但却有一个从量变到质变的过程。

四 中间地带的内涵改变,第三世界整体作用下降

东西方走向一体化,改变了原来意义上的中间地带的内涵,使第三世界利用东西方矛盾的回旋余地大为缩小。苏联不仅从第三世界全面收缩,放弃原有阵地,而且为了靠拢和迎合对方,还在许多地区性问题上积极配合西方特别是美国,如在海湾和中东、南亚和非洲、中美洲和加勒比等等。在建立国际新秩序的内容如"政治多元化"、"经济市场化",以及"自由"、"人权"等问题上,也同美国和西方唱一个调子,鼓吹相同的价值观。这就使美国可以较前更放手地推行强权政治,加强对外干涉。这都加剧了发展中国家的困难,促进了第三世界的分化。原来依靠或借重苏联的国家顿感失落,被迫另谋出路;其他许多发展中国家也不得不调整内外政策,以适应形势的变化;有些国家就只好向美国和西方靠拢。美国虽然在一些地区得手,但也遇到了多数国家的抵抗和其他西方国家的竞争。发展中国家可以转而利用西方国家间的矛盾,更重要的当然还是加强南南合作,把本国的事情办好。处在衰落过程中的美国,虽然手伸得很长,却顾此失彼,力不从心,也不敢陷到各地所有矛盾中去。而且第三世界并未消失,经过长期的斗争和努力,许多国家将壮大,它仍会是国际上一支重要力量。其中一些地区大国(如印度、巴西)和集团(如东盟),还将成为多极化世界中的次等力量中心。

五　西方国家间的矛盾成为国际关系中的主要矛盾

根据辩证法，主要矛盾是会转化的。那么在以前国际关系中的主要矛盾——东西矛盾缓和并下降后，新的主要矛盾只能是当前国际上两个重大矛盾（南北矛盾和西方国家内部矛盾）之一。南北差距在继续拉大，南北矛盾也日益激化，但不会成为左右国际形势的主要矛盾。因为南方还在不断分化，整体作用还在下降，不可能组成与北方对抗的统一阵线；而且在经济科技成为国际竞争重点的时代，实力也悬殊太大，无法和北方抗衡。在第二次世界大战前的漫长岁月中，殖民地半殖民地的幅员和人口都占绝对优势，同帝国主义间矛盾的尖锐程度甚至超过今天，但却始终没有构成国际关系中的主要矛盾。两次世界大战就都是由于帝国主义间矛盾引起的。因此，今后国际上的主要矛盾只能是西方国家之间的矛盾。西方同盟本来就是以对抗和遏制苏联为目标的，当安全上的共同对手接近消失以后，它们间的矛盾必然突出起来。美国舆论早已把日本看成主要威胁，智囊机构的专家还在1991年出版了《对日作战正在到来》的书。而日本也确实在积极谋取大国地位，力争同美国建立平等的"全球伙伴关系"，要在国际政治上发挥大国作用，其措施之一就是突破派兵出国的限制。对美国来说，更大的问题还在欧洲。苏联军事威胁的消退，使西欧国家在安全问题上可以大为减轻以至摆脱对美国的依赖，美国在欧洲的影响力迅速下降。正如《美国新闻与世界报道》所说，"欧洲已不再按美国的鼓点前进"。特别是德国的坐大，曾几何时，就已改变了统一初期的外交低姿态，在不少问题上（如承认波罗的海三国独立等）竟然走在了美国的前面。欧美都视苏联东欧为"真空"，在竞相填补。西方国家间矛盾表现得最明显最激烈的当然还是在经济领域，因为经济已成为国际关系的重点。这也正是决定主要矛盾的一个根据。布什1991年《国家安全战略》报告中就承认，美与德日的贸易谈判已具有某种"与苏联传统军控谈判同等重要的战略意义"。有人说，西方国家间的相互依存和相互渗透已达空前程度，它们间主要是协调而不是矛盾。但是第一，它们的协调并不能控制矛盾的发展，更不用说解决矛盾了；第二，如果一切对立面只有斗争而无协调，那就没有统一的事物,在国际上就只能是打仗。正是由于相互依存的加深和科技的发展,大国间的战争才有可能避免,但却不能因此说国际上已无主要矛盾。事实上,东西方的主要矛盾也曾时有协调,更没有引起大战。还有人说,西方有相同的意识形态和价值观,因而它们之间的矛盾不会成为主要矛盾。但是决定国家对外行为的基本动因从来都是国家利益(列宁认为主要指统治阶级的利益),而不是意识形态和价值观。第二次世界大战就是证明。至于说东西矛盾转化后已无主要矛盾,那更是违反常识之谈了。

六 欧洲仍是国际斗争的中心并变成最不稳定的地区

在东西对抗的冷战时期,世界上的社会动乱和武装冲突大多发生在第三世界,欧洲却长期保持着相对稳定。现在情况发生了变化。由于苏联东欧剧变触发的经济混乱,社会动荡和民族冲突急剧发展,并有长期化和扩大化的趋势,而军事威胁和安全上共同对手的消失又突出了欧美间以及欧洲国家间的矛盾,就使欧洲(也包括其外围地区中东)不但仍然保持着国际关系重点和国际舞台斗争中心的地位,而且还可能变成世界上最不稳定的地区。当然,在和平与发展的时代和缓和的基本趋势下,欧洲的动荡还是有一定的限度,不可能导致大国间的武装冲突。动乱的南斯拉夫已不再是第一次世界大战前的火药桶。苏联八月事件也没人认为会引发大战。人们担心的,只是南斯拉夫黎巴嫩化和苏联南斯拉夫化,而不是欧战的爆发。既然欧洲是国际斗争的中心,美国就不能不把它对外的重点继续放在欧洲,对盟国进行协调和控制,对苏联东欧加紧演变,按自己的方案解决中东问题。欧洲关系到美国最大的国际利益,它只能抓紧而决不会放松。美国当前的外交活动,就说明了它的重点所在。因此不能说,美国对苏联东欧演变得手和海湾战争中取胜后,就会"挥师东向",把外交重点移向亚太和以中国为主要演变对象。诚然,美国会加强同日本争夺亚太地区的主导权,增加对中国的压力。但是它的力量有限,不可能同时抓两个重点。中东问题绝非短期能够解决,矛盾将层出不穷。苏联的演变只是开始,情况会越来越复杂。而且要演变苏联和东欧,稳定那里的局势,关键是必须投放大量资金,这正是美国所短。有强大经济实力的西德,消化东德尚且如此费劲；要改造庞大的苏联，更是谈何容易。退出欧洲，就会丧失大国地位；积极参与，又会背上沉重包袱。这就是美国面临的困难抉择。但无论如何，它只能把外交重点放在欧洲，把苏联作为主要演变对象。

七 亚太地区的主要矛盾从美苏对抗转化为日美争夺

苏联解体在亚太地区导致美苏军事对抗的显著减弱，无疑有助于本地区的和平与稳定。同欧洲相比，亚太局势反而显得平稳一些，并将继续保持缓和趋势。这也有利于亚洲国家的经济发展和在速度上的世界领先地位。苏联解体还促使亚太地区力量重新组合和格局发生变动。苏联对外扩张和军事威胁的削弱以至走向消失，就大大降低了日本（以及韩国和东盟）在安全问题上对美国的依赖程度。日俄关系改善的步伐将加快，也可能出现重要突破，如北方四岛换取经济援助成交。日俄关系的缓和与改善，将使美日矛盾趋于复杂和尖锐，经济摩擦和亚太地区主导地位的争夺日益激烈，双方的矛盾上升为本地区的主要矛盾。只是由于相互依赖极深，日本又羽翼未丰，日美关系还会以协调为主，安保条约也会在内涵逐渐变化的条件下得以保持下去。东盟性质从实际上的政治协调为主向经济合作转化，各国对外来威胁的看法和安全战略也在进行调整。美国同巴基斯坦关系的下降和同印度关系的改善，也使南亚格局发生微妙变化。当然，苏联的衰落甚至即使剩下俄罗斯，也还是大国，对亚太地区的影响仍不可忽视。因此，今后在亚太格局中发挥决定性作用的，将是中日美苏之间相互借重，制约、协调和斗争的四边关系。

八 本已处于低潮中的国际共运更遭到严重挫折

国际共产主义运动和社会主义实践（以下统称国际共运），从20世纪60年代以后即逐渐进入低潮。苏联东欧的变化更是一次空前严重的冲击。欧洲大批社会主义国家向资本主义过渡，丧失阵地，改变颜色。资本主义国家的共运受到沉重打击，大多思想混乱、队伍涣散以致改变性质或自行解体。西方资产阶级则乘机对社会主义国家增强压力、加紧演变,大肆攻击马列主义和共产主义。这就使国际共运陷入低潮中的谷底,而且不是短期内所能走出来的。但即使需要经过几代人的努力才能改变局势,在人类历史上也不过是短暂的一瞬。而且经过这次挫折,势必迫使各国共产党人总结教训、进行思考,找出适合于客观形势的正确道路,把马克思主义发展到一个新的阶段,迎来国际共运的新高潮。从马克思主义发展史看,也总是在革命低潮时期才能识别真假、清理队伍、提高理论水平、取得斗争胜利。所以苏联东欧的变化,绝不意味马列主义的过时和共产主义的失败,而只是证明了历史进程的曲折。在吸收正反两方面经验的基础上,马列主义必然会有一个大发展,社会主义事业会取得新的胜利。

九 对中国的影响有两方面,防止一种倾向掩盖另一种倾向

苏联实力衰落和联盟解体,使中国减弱以至消除了来自北方的军事威胁,有利于和平建设。更重要的是,可以从社会主义实践在苏联东欧所受严重挫折中,实事求是地分析原因,认真地吸取教训,使自己的事情办得更好。基于争取好的、准备坏的的列宁主义原理和为了正确对待,尤应重视对我国的消极影响。在国际方面,以美苏对抗为前提的战略大三角已从淡化走向消失,我国的国际地位和影响力有所减弱,受到美国和西方的压力明显增加。在双边关系上,增加了问题的复杂性和难度,而相邻各共和国特别是中亚地区的动乱和演变,还由于民族、宗教等原因,可能对我有关省区造成一定的冲击和干扰。严重的问题更在于意识形态方面的影响。虽然中苏两国情况有很大不同,又长期处于对立状态,苏联和中国并无必然联系,而且早已各行其是,不能相提并论;但在一般人心目中,总以为中苏都信奉马列主义、实行社会主义,意识形态和社会制度终究一样,正是在这点上把两国混为一谈,不加区分。国际反动势力掀起反共高潮,认定苏联东欧的变化就是马列主义和共产主义的失败,其他社会主义国家也在所难免。而国内有些人也一时认识不到,苏联东欧正是由于违背了马列主义基本原理和扭曲了社会主义,才招致失败,因而思想上发生某种混乱

和困惑，这就增加了政治思想工作的难度。为了变坏事为好事，就必须深入学习和思考，对苏联东欧变化引起的新情况和新问题，作出具有说服力的马列主义的正确回答。因此，对于苏联变化的影响，既不可夸大，以致惊慌失措；也不应低估，以致麻痹大意，两者都会对革命事业造成重大损害。

十　不会改变和平与发展的世界主题和缓和的基本趋势

根据以上所述可以看出，苏联的变化，一方面，势必在国际上造成更大的混乱和动荡，首先是已经使欧洲变得很不安宁。力量对比向西方的倾斜，使建立世界新秩序（取决于力量对比）的斗争增加了复杂性和难度。人类历史的发展出现了重大逆转。但是另一方面，它并不能改变和平与发展的世界主题和缓和的基本趋势。因为作为世界主题的和平，只是指不打世界大战；发展则主要指经济和科技，并不包括社会制度向高层次的变革。在一定意义上还可以说，苏联变化加强了世界两大主题和国际基本趋势。世界大战的威胁更加减弱。裁军进程将会继续。原有的热点或在降温，或走向解决。地区冲突还会此伏彼起，但像海湾那样规模的局部战争在今后一个时期却不会再有。经济科技方面的竞争将日益加剧。但这正说明经济已成为国际关系的重点，各国都把发展经济定为国家战略的核心。经过 20 世纪 90 年代这个关键时期的准备，世界将迎来一个经济发展的新高潮。优胜劣汰，不进则退。任何国家，只有抓紧发展经济技术，增强综合国力，才可能在将来多极的世界格局中争取到一个有利的国际地位。

（原载《理论动态》1991 年 11 月 5 日）

对俄国十月革命的回顾与思考

——写在"十月革命"九十周年之际

2007年是俄国十月革命90周年。我是在学习和讲授《联共党史》中长大的，所以从小对十月革命就有深厚的感情。1938年以来，参加的纪念活动也有几十次。但是实在没有想到，列宁亲自缔造的布尔什维克党和占地球1/6领土的苏维埃大国，进行了70多年社会主义建设、打败了希特勒、成为两个超级大国之一，竟在十多年前，平平安安地自行解散，不复存在了。最使我感到惊奇的还有，统一的苏联红军也都和平地一下子分成了15个新独立国家的国防军。那一阵我正在莫斯科、塔什干等地访问，由于思想上的老框框还很多，所以对苏联东欧的红旗落地感到十分惋惜，认为是社会主义运动的严重挫折，对当地群众表现出来的兴高采烈感到不可理解，也同接触过的人们辩论过。回到国内见到的，更是许多人的怅然和沮丧情绪。据说有些领导同志曾提出要写一篇高举社会主义红旗继续前进的社论，意思是领导世界革命的责任已历史地落在了我们的肩上。多亏邓小平发现后立即制止，并提出"冷静观察、沉着应付、韬光养晦……"的方针，才把局势稳定下来。

此后我改行学习中共党史，这就需要重温一些理论书籍和查阅一些史料。正好这时俄罗斯当局陆续为大批档案解密，我虽然只直接间接看到很少一点与我写《党史笔记》有关的材料，但却发现自己过去受造神造假的影响极为深重，不但戴了有色眼镜学理论因而没学懂，还对许多重大历史事件的造假也信以为真。按理说，中共党史有3/4以上是我亲自经历过的，有条件辨别真假和是非了吧？然而不是。这是由于：一则在严格保密的条件下，自己不可能了解事件真相和全貌；二则接受了照顾大局的革命功利主义学说；三则长期的纪律约束养成不论真假都要和主流舆论保持一致的习惯。只是"文化大革命"以来，特别是近十多年来改习党史后，才觉得头脑逐渐清醒了些。现在就根据新的认识对十月革命谈几点个人的看法。

（一）我们过去了解的十月革命是不够真实的。20世纪80年代，一次中央开会，有人提到现在有的文章要重新评价布哈林。一位老领导同志就说，怎么能为布哈林翻案，他不是刺杀过列宁吗？这就是上了电影的当。不久前崔永元写了一篇短文，题目是《中国还不具备为列宁、托洛茨基、斯大林"拨乱反正"的能力》，提到他做的《电影传奇》节目，包括苏联过去的影片。但俄罗斯驻华大使馆却正式告知："在电影《这里的黎明静悄悄》之前的，别做了。《列宁在十月》和《列宁在1918》，历史的真实不是电影里所讲的那样，不能再影响下一代！"崔永元就说："过去的电影是载体。我们从电影出发，把新的旧的好好讲讲。"可他们并不觉得我们现在具备"拨乱反正"的能力，因此毫不客气地问，"你现在能好好说说'托派'吗？"这一问，有道理。因为我们至今还没有给多年来挨整的托派正式平反呢。在十月革命及其后叱咤风云的托洛茨基早已被从历史上抹掉了，一个当时并不出名的斯大林却成了仅次于列宁的主要角色。我们中国过去以《联共党史》为主要教材培养出来好几代人，在事情已大白于天下时却并没有做应有的拨乱反正工作，致使许多人还保持着旧观念，总在为苏联和斯大林模式辩护，牢牢抓住列宁、斯大林两把刀子，给改革开放添乱，想使中国倒退到20世纪50年代去。可见，辩证地批判《联共党史》、恢复十月革命的本来面目，不只是少数学者的学术问题，而是关系到中国民主化、现代化和成为文明国家的一个大问题。因此必须恢复十月革命的本来面目，不能再继续重复苏联过去那种造神造假的做法了。

（二）从二月革命到十月革命。俄国的二月革命，是人民自发起来推翻沙皇专制统治的民主革命，从资产阶级到无产阶级的各政党都参加了。由于是自发的，所以胜利后有点群龙无首，并很快形成两个并存的政权。一方面是以立宪民主党为主组成的临时政府，一方面是同属于第二国际、被称为"社会主义党派"的布尔什维克、孟什维克、社会革命党参加的苏维埃。前者本来就缺乏群众基础，加上七月事件中开枪镇压游行示威群众和组织前线（第一次世界大战）进攻遭到溃败，已经完全丧失军心民心，处于风雨飘摇、不能自保的境地。苏维埃则有雄厚的群众基础，可以比较容易地夺得政权。所以列宁在《四月提纲》中也提出采取和平手段，通过在苏维埃中争取多数来完成社会主义革命的口号。这就使二月革命后的七八个月里，国内政治斗争的重点是在参加苏维埃的三大政党之间进行的，而且力量的消长变化也非常快。孟、社两党由于不同程度地支持和参加临时政府（最后一任总理克伦斯基就是社会革命党人）、主张继续战争，因此在斗争中力量遭到迅速削弱。布尔什维克既有深得人心的政策口号（和平、面包、土地），又有列宁的坚强领导和出色的组织工作，再加上灵活的策略手段（例如原先支持选举成立立宪会议，后因得票不到1/4，遂用武力加以取缔），就使它取得十月革命的领导权，然后回过头来镇压孟、社两党。列宁也从此和第二国际彻底决裂，另行建立了第三国际。苏联解体后，俄罗斯学界以至当局，对十月革命的看法已有很大变化，认为二月革命仍属革命，而十月革命则是不流血（或者很少流血）的政变了。

（三）列宁改变了十月革命的性质。根据马克思主义（例如恩格斯对德国社会民主党的教导），在那些专制落后的国家，革命的首要任务是：争取民主，实行宪政，为资本主义的发展开通道路。但是，列宁修改了马克思主义，要在专制落后的俄国先拿下政权后，在无产阶级专政的条件下建设社会主义和促进世界革命。马克思原先设想的无产阶级专政，也是多数人对少数人的专政，而且只适于较短时期。但列宁却把它变成少数对多数的专政，还公开主张一党专政以至领袖独裁。他说："有人指责我们是一党专政……我们就说'是的，我们是一党专政。'"还说："个人独裁成为革命阶级专政的表现者、代表者、执行者。"到内战结束后的1921年，列宁在《论粮食税》中更直截了当地说："孟什维克和社会革命党人，不论公开的还是装扮成非党分子的，他们的安身之处应该是监狱。"他又在1922年提出，俄共"是国内唯一合法的政党，不允许任何政治派别出版物毒害人的思想"。金雁教授在谈到这些情况时还介绍了曾是支持十月革命重要力量的喀琅施塔得水兵的"叛乱"，其实是一件冤案。两万六千名水兵中有1/10是布尔什维克党员，他们只是不赞成一党专政，要求实现原先承诺的民主自由。但列宁的答复却是坚决镇压，说"我要让你们几十年里不敢再打反对派的念头"。就这样，列宁硬是把本应将二月民主革命进行到底、实现民主宪政的十月革命，变成了苏联式的社会主义革命（所以后来斯大林规定，十月革命不能简单称为"十月革命"，必须称为"十月社会主义革命"），并靠一党专政来维持。这就造成苏联的先天不足和后天失调，导致最后崩溃。

（四）十月革命创造的社会主义模式不可能成功。十月革命是人类历史上一次大实验，不仅影响到俄国和以俄为师的国家，而且影响到了全世界，使社会主义运动成为20世纪一个主要社会潮流，对推进人类历史的发展起了一定作用（包括成为资本主义自我改革调整的压力和动力），留下了许多宝贵的经验教训。但是整个说来，这一伟大实验基本上失败了。搬用十月革命创造的苏联模式的国家，没有一个是成功的。有人说这是武断，可就是拿不出半点根据，举不出一个具体国家来。失败的原因，一是资本主义仍然代表着先进的生产力，转向社会主义的条件远未成熟；二是十月革命后实行对经济、政治、思想的垄断，是历史的倒退、是对二月民主革命的反动。在经济上，邓小平说，"马克思主义的基本原则就是要发展社会生产力"，但苏联模式的国家经济发展却都大大落后于西方资本主义。20世纪50年代我在驻苏使馆当研究室主任，亲身经历到苏联物资的严重短缺和群众生活特别是住和行的困难。1955年，欧亚各国经济已全面恢复到战前水平，但苏联东欧国家却大大落后于西欧。当时的说法是，苏联受战争破坏严重和西欧有美国的援助。其实这并不能说明问题。日本和德国破坏得更严重些，但恢复和发展很快就超过苏联。战后的历史也表明，没有一个国家（特别是中等以上的）是靠外援发展起来的。东西德在比赛中，东德落后的差距就越拉越大。一次宴会上，我曾当场看到时任东德总理的格罗提渥同李富春谈话，他要中国支援若干万吨大豆搞人造黄油，说东德是社会主义大家庭的民主橱窗，怎么也要赶上西德。李说，中国目前经济还很困难，人民生活艰苦，大豆也很紧张。格说，中国那么多的人，为了共同事业，每人少吃一点就可解决我们的问题。最后的结果不得而知，不过按照我国的政策，是必然会给予一定支援的。奇怪的是，那时的兄弟国家在一起常常互相诉苦，但对群众和对外宣传却总要大肆夸富，其水分之大简直惊人。例如苏联1976年最后一次宣布它的经济总量已达美国的 67%，可是后经世界银行等四大权威机构调查统计，苏联解体前的经济总量还不到美国的 1/10。可见，过去中国从苏联学来的各种统计再也不能引用了。再以芬兰为例。当年它是沙俄最落后的一个省份，十月革命后取得独立，到 1980 年国内生产总值人均已达 15000 美元。而比它条件好的苏联波罗的海三国人均产值还不到 4000 美元。在第一次世界大战前，俄国虽然落后，但由于资本主义的发展，经济地位已名列世界第五，现在恐怕掉到第十几位了，主要还是靠地大物博资源多。

政治上，十月革命造成的历史倒退更明显。米高扬在苏共二十大的发言中曾提到："二月革命的结果，俄国劳动人民获得了民主自由，而这样的民主自由甚至在当时被称为最民主的美国也是不曾有过的。"但十月革命却用一党专政和个人独裁取代了人民才得到的民主自由。所以普列汉诺夫在 1918 年说："布尔什维克不能给人民以民主和自由，他们在半年的时间里查封的报纸杂志，比沙皇当局在整个罗曼诺夫王朝时代查封的还要多。"列宁对这些也从不隐晦。他在 1920 年 12 月 10 日回答西班牙工人代表的话就是："我们从来都不讲自由，而只讲无产阶级专政！"正是在这种专政下，单是斯大林搞农业集体化期间就连镇压带饥饿整死了近千万人。至于平时对干部、知识分子的迫害，赫鲁晓夫在苏共二十大已有揭露。斯大林死后不久，苏联当局开始为一些受迫害的人平反。有些从监狱和流放地回来的人住进了莫斯科的精神病院和各种疗养院。我曾去看过其中的一个，有不少院士、教授等高级知识分子被整得东倒西歪，精神失常，给我留下的难忘印象只有两个字：真惨。

其他方面的情况就不用多说了。

（五）有没有一个"十月革命的道路"。在上世纪 60—70 年代的反修大论战中，我们一再强调"坚持十月革命的道路"，还把它说成是全人类的也就是所有国家必然和必须要走的共同道路。这条道路可以简单归纳为：武装夺取政权，实行长期的无产阶级专政，建设社会主义和推进世界革命。反对和批判的是赫鲁晓夫"三和"（和平过渡、和平共处、和平竞赛）"两全"（全民国家和全民党）的修正主义。现在看来，这个提法我个人以为可能是个伪命题。因为实际上并不存在我们所解释的那种普世的"十月革命的道路"。第一，十月革命并不是我们以前了解的那样，它并没有经过什么严重的流血冲突。所谓"炮轰冬宫"、"攻打冬宫"等，那都是电影编的。上引米高扬的讲话就说，"事实上，十月革命几乎是和平完成的"，是形势的变化"使得苏维埃不必经过严重的流血而取得了政权"。第二，第二次世界大战后产生大批社会主义国家是出于两种情况。一是苏联在红军解放的国家里直接建立起了社会主义制度，多少带有强加的成分。如波罗的海三国和波兰，至今仍认为是被占领，有的国家甚至提出索赔问题。二是在战后那场民族民主革命高潮中，一些国家共产党处于领导地位，在取得民族独立和民主革命（这是正确的）胜利后立即和平过渡到了社会主义。可以说，没有一个国家是无产阶级用暴力直接进行社会主义革命而得到胜利的。第三，恩格斯在百年前已经看到无产阶级很难用暴动和巷战夺取政权。今后的发达资本主义国家，在无产阶级已不复存在（起码是很难界定）、中产阶级占绝大多数的条件下，哪还会产生什么无产阶级的暴力革命？城乡差别已基本消灭，更谈不到农村包围城市。

（六）十月革命与中国。毛泽东说，"十月革命一声炮响给我们送来了马克思列宁主义。"这倒是确实的。只是那一声炮响并不是炮轰冬宫，送来的也是与马克思主义并不相同的列宁主义和斯大林模式。除此以外，十月革命后的苏联，还直接指导成立了中国共产党，也帮助改组了中国国民党。这就使国共两党虽然政治上完全对立，但一些组织原则却同出一辙，如坚持一个主义、一个党、一个领袖等。中共不但以完全布尔什维克化为建党目标，还受封建专制和游民传统的严重影响，使中国党在自己杀自己人的"肃反"（如打"AB"团）等问题上还走在了苏共的前头。中共领导的反帝反封建的新民主主义革命是伟大的成功的，但我们取得胜利后，又"走俄国人的路"，要立即和平过渡到社会主义。并且照搬斯大林模式，进行三大改造，要实现全盘苏化，对内搞以阶级斗争为纲，搞无产阶级专政，"一大二公"，对外实行闭关自守（叫做"另起炉灶"和"打扫干净房子再请客"）。这就使我们在很大程度上置身于世界和时代潮流之外，让新产生的官僚阶层关起门来瞎折腾。结果是中国白白断送了20年千载难逢的发展良机，到"文化大革命"末期沦为一个专制落后的欠发达国家。经济上，从1955年总量占世界比重4.7%降到1980年的2.5%。后来粉碎"四人帮"，中共开了十一届三中全会，才实行了完全正确的改革开放，才使我国扭转了这一下降趋势，使经济蓬蓬勃勃地发展起来。

这不是说十月革命对中国没起过积极作用。中国革命的胜利和胜利后建立起比较齐全的工业体系，没有苏联的帮助也是不可想象的。但总的看来，所起的消极作用还是主要的。连胡乔木都说，"发生'文化大革命'的悲剧，追根溯源还要追到斯大林。"胡乔木还公开批判列宁，说"按《"左派"幼稚病》的说法，领袖专政是完全合理的。"他又说，"列宁建立了一个集中制的共产国际，这是一个非常严重的原则错误。""这样做的结果，就是俄国要变成全世界的统治者。"（以上均见《胡乔木谈中共党史》）连胡乔木对列宁、斯大林和十月革命都能有这样一些反思，实在是难能可贵。作为后来者的我们，又过了二十几年，对十月革命进行辩证的重新认识，不但应该得到允许，而且还迫切需要。因为中国在经济上摆脱苏联模式的约束，实行改革开放，已经取得了举世瞩目的成就，但在坚持无产阶级专政和按照列宁学说建党等一些问题上，我们尚未完全摆脱布尔什维克化和斯大林那一套框架。我们如果也能适应世界和时代潮流，像走经济市场化道路那样，稳妥地在我党领导下实现政治民主化和政党现代化，那我们中国就一定会得到更好更快的发展，中共与中国肯定可以对人类作出更大的贡献。

认真吸取苏联走过道路的教训，避免重蹈覆辙，这才是对十月革命最好的纪念。

（原载《炎黄春秋》2007年第11期）

国际问题篇

关于朝鲜停战的和谈问题

最近时局中值得注意的一件事，就是关于朝鲜停战的和谈问题，特别从中朝人民军五次战役以后，这种议论更加增多。据各方报道，和谈已由舆论的酝酿，变成官方的活动，而且美国当局也表示出了它对和谈的兴趣。

先是马歇尔、布莱德雷、艾奇逊等人在参院作证时声明，美国的目的，已不是以武力统一朝鲜，而是所谓迫使中国进行和谈。5月底，赖伊前往渥太华会晤皮尔逊，并声称再度努力结束朝鲜战争的时间已经到来。在其回到纽约时，又再次提出在三八线停战。此后皮尔逊即决定赴伦敦并路经华盛顿，而且在本月14日的谈话中说他已与艾奇逊在华盛顿商谈了停战问题。6月2日，英外交部发言人声明称，英已主动与其他有关各国研究和中国协商以结束朝鲜战争的问题。3日美驻英大使曾与莫里逊讨论朝鲜形势。4日巴黎广播说，英外相已训令其驻美大使与有关各方研讨朝鲜和谈的盟国政策问题。据各方报道，5日在华盛顿召开的16个朝鲜参战国代表的集会上，曾协议了停战的条件。马歇尔6月8日朝鲜、东京之行，据传也与研究停战有关。这些活动，显然是在美国当局的赞同或授意之下进行的。

在舆论方面，各资本主义国家的主要报纸，近一月来不断在谈论着停战的必要与可能。5月9日，美记者李普曼在《纽约先驱论坛报》撰文，认为以三八线为界在朝鲜分裂为两个国家的基础上停战，就是美国的最大胜利。5月23日，美《基督教科学箴言报》记者指出，中国军队的撤退，造成了与中国谈判的绝好机会。同日《纽约时报》也报道说，联合国大会多数代表认为现在是在朝鲜停战的最好机会。5月26日，英《旁观者周刊》的评论说，现在与中国政府协商停战是合乎时宜的。它所举理由为：

第一，双方军队均在三八线附近，韩国驱逐了"侵略者"，朝鲜土地亦未被占领；第二，战争将近一年，中国人已不可能将联军赶下海去。同日美记者布莱斯福德在《雷诺新闻》上撰文，号召结束朝鲜战争。30日，英《新闻记事报》在社论中号召停火，说目前是停战的最好时机。同时，《泰晤士报》最近还登载了许多人签署的一封信（包括两名议员），要求在朝鲜停战。6月3日，"美退伍军人委员会"年会通过决议，要求联合国尽力获致朝鲜战争的和平解决。4日，巴黎大多数的晨报竟撇开法国竞选运动，转而评论停战问题。同日，英国许多报纸也都在谈论朝鲜问题和谈的前途。6月7日，英《每日先驱报》提醒当局要忍耐，不应有任何阻碍和谈的行为等等。总之，最近美、英、法、印度、加拿大及其他资本主义国家的舆论，关于朝鲜停战和谈问题的传说与评论，确是甚嚣尘上了。

美国参议员约翰逊关于在朝鲜停战的提案，曾引起各方重视。苏联《真理》、《消息》、《劳动》等各大报，在5月19日或20日均予以全文刊登。《真理报》并于20日的国际评论中提及此事，认为"华尔街在朝鲜的冒险之毫无希望，甚至连美国统治集团的某些代表人物也已确信不疑了，参议员约翰逊关于停战与和谈的提案就是明证"。在美国，约翰逊提案得到了舆论界的广泛支持，各报均大加登载。《指南针日报》称之为"结束朝鲜战争的既简单又聪明的办法"，该报记者在5月30日撰文，表示衷心支持约翰逊提案。根据同日塔斯社消息，美国各阶层人民也广泛支持约翰逊停战提议。进步党并动员群众签名支持。由和平委员会领导的支持约翰逊提案的运动，已在加利福尼亚州展开。5月23日美共《工人日报》也报道说，美各阶层人民积极支持这一提案，要求在朝鲜停战和撤退外国军队。同时，苏联各报对这一提案的全文登载，也引起了各方的注意。约翰逊在5月25日的广播演说中，表示欢迎苏联报纸刊登他的建议。他说："在这个世界上，如无苏联的同意，便不可能得到和平。"他称他的建议不仅合乎时宜，而且也是唯一的出路。5月23日《纽约时报》记者报道，联合国外交家非常重视苏联报纸对约翰逊提案的注意，认为这有很大意义。美国代表团也指出这件事情的特别意义。

所有这些活动和舆论，都表明美国近来对朝鲜战争的态度的某种改变，这就是企图在对它有利的一定条件下取得和谈与停战，因而才策动了许多这些有关的酝酿和试探。至于美国为什么在最近又希图停战呢？据各方评论，是由于以下的原因：

（一）首先是由于中朝人民军所给予美军的连续打击，使美国不得不抛弃以武力征服全朝鲜的野心，暂时求得以三八线停战为满足。美国侵略部署的重点是在欧洲，而欧洲又远未准备好。布莱德雷在参院作证时曾说过，美国的"军事能力还不足以进行摊牌"。艾奇逊也说，美国尚无足够力量以保卫西方盟国。而朝鲜战争拖得越久，美国在欧洲方面的重点准备就越差。中朝人民力量的强大，使美国统治集团不能不认识到用武力统一朝鲜的幻想已经无望。马歇尔在本月6日的讲演中也供认朝鲜战争看不到尽头。这种既不能迅速结束战争，而又得在战争中不断遭受重大损失的局势，对美国在欧洲的重点备战，自然是不利的。

（二）由于美国人民以及全世界各国人民对美国坚持侵朝战争的日益增长的不满，这种不满甚至影响了美英统治集团中的一部分当权人物，使之也不得不主张停战。马歇尔、艾奇逊等的表示，是最好的证明。

（三）英国及其他国家对在朝鲜继续战争也日渐不满与不安，这又加深了侵略阵营内部的矛盾。各附庸国对美国增兵朝鲜的要求表示消极，而对停战和谈却很为积极。印度《指南针日报》驻联合国记者5月18日报道："亚洲国家较以前更少同情美国在远东的政策，从埃及到印尼，除菲律宾外，没有一个国家支持美国的政策。""拥护在朝鲜停战的不仅是亚洲国家，而且还有许多西欧国家。"显然朝鲜战争持续越久，美国就越会孤立。

由于以上的原因，所以美国当局在目前有在三八线求得停战的趋向。虽然在美国统治阶级内部，不同的趋向，即扩大朝鲜战争的趋向，也还是有的。

关于停战条件，据各方消息，侵朝各国已取得了一致意见。路透社纽约访员6月7日报道，这些条件是：（1）在三八线停火；（2）在三八线划定20英里宽的非武装区（一说是在三八线北，一说是在三八线南北各10英里）；（3）联合国成立监督机构，使双方在停战时期不得集结军队，并监督非武装区；（4）召集有关各方会议以讨论恢复朝鲜和平与逐渐撤退外国军队问题；（5）在过渡时期联合国设立专门机构主持朝鲜选举等，使朝鲜最终成为独立统一的国家。劳伦斯在 6 月 13 日《纽约先驱论坛报》上评论朝鲜停战称,主张朝鲜和谈的人,认为和谈只能是军事的,在军事基础上进行,而不能牵涉其他政治问题。从这些以及其他消息看来,美国的条件只是求得在三八线上停火。至于台湾、中国在联合国代表权等问题,它是不会有让步的,虽然为了达到停战目的,也可能答应这些问题以后可经过联合国进行谈判(艾奇逊在参院作证时已有此表示)。同时,美国也不会从朝鲜撤退它的军队。这就是说,美国所要的停战,只是在不放弃对中国台湾和三八线以南的韩国的占领的条件之下的单纯停火。

美国现在酝酿的这种停战将以什么方式提出,有几种说法:一种是上述劳伦斯文章所提的意见,就是不经过联合国及其斡旋委员会,而是经过李奇微,由双方军事代表开会取得停战协议。原因是,这样可以避开对中国的承认以及台湾等问题而只谈军事上的停战。根据劳伦斯的推测,马歇尔到东京可能就是布置这件事的。另一种,是通过联合国进行谈判。据路透社 6 月 11 日引英《新闻记事报》纽约访员报道,赖伊已对和谈提出了新计划,这就是通过安理会进行谈判。还有一种,就是为各通讯社及报纸所普遍传说的,即先由联合国发表对朝鲜政策说明,呼吁中国停火,如中国同意,然后召集和谈会议。也许在朝战一周年(即 1951 年 6 月 25 日)可能有这种正式的文件发表。当然,和谈是经过联合国,还是由某些国家代表向北京试探,然后再开会,都无关紧要。

目前,在这种条件下停战,对美国统治阶级当然是有利的。因为这样,它就有可能避免在朝鲜的不断损失,争取时间,集中力量准备战争,特别是在欧洲,缓和侵略阵营内部的矛盾,缓和各国统治阶级内部的矛盾,把自己伪装成和平拥护者,以此争取其失去的民心,并准备美国来年大选的政治资本。同时在目前的战争形势下停战,对美国统治集团也是适宜的。在相持的形势下甚至在美军还能在三八线以北作战的形势下停战,美国侵略者既可以不丢面子,而且还可以继续占有南朝鲜战争基地。此外,据美国独占资本的喉舌《华尔街日报》和《商业杂志》载文称,朝鲜停战对美国军火生产计划,也不会发生什么影响。《华尔街日报》记者 5 月 29 日报道,许多实业家因朝鲜和谈谣言的传布而询问道,如果和平真的出现,是否会影响军火生产计划?高级官员回答说,"没有什么",因为美国现在扩大军火生产主要的是为了装备军队，囤积武器，准备世界大战，朝鲜停战丝毫不能影响其军备的扩张。6月14日杜鲁门在广播演讲中也指出这点，说"有人以为朝鲜战争如果停止，我们即可限制我们在国防方面的努力"，"这是不正确的"。他说，即使朝鲜战争明天停止，美国的那些备战措施，还是必需的，因为据说他的庞大的动员纲领，是为了"防止"第三次世界大战的。

美国现在之酝酿与策动停战，还有另一方面的企图，这就是如果按它所希望的那种停战的目的达不到，它就可以把战争的责任推到中朝两国的身上，把自己说成是和平的维护者，把中朝两国说成是好战分子，并以此动员兵力，欺骗人民。同时，还可以此动员它的附属国出更多的兵，积极进行其在朝鲜的侵略战争，甚至扩大战争。所以，美国在试探和谈的同时，还在积极从事长期战争的布置。马歇尔所说的侵略军队的"轮换制"就是如此。皮尔逊在与艾奇逊会谈后的声明里，也说明了这种道理。要言之，对美国说来，目前最好就在三八线上实行停战，以便争取休战时间，集中力量准备第三次世界大战；要不然，就准备继续打下去，把局部战争拖到三次世界大战。这便是美国近来对朝鲜战争所持的态度。

但中华人民共和国及朝鲜民主主义人民共和国方面的态度是怎样呢？中朝两国还是会不顾英美的停战和谈的提议而继续打下去呢？还是也会同意在三八线上停战为条件而进行和谈呢？他们很担心，中朝两国不会接受他们的停战建议。但他们估计中朝方面同意停战而进行谈判的可能，也是有的。他们说，虽然美军不能把中朝部队赶出朝鲜，但中朝部队，也同样不能把美军赶出朝鲜。消耗战对美国不利，对中国也不利。

（这是1951年6月在时任驻苏联大使张闻天的直接指导下起草的一份研究报告，得到中央和外交部的重视。）

评英国的所谓亚洲洛迦诺计划

一

还在1953年5月11日，丘吉尔在演说中就曾提到要在欧洲恢复洛迦诺公约的精神。1954年6月23日，艾登在英国下院关于外交政策的演说中，又提到在东南亚可以缔结由双方参加的、洛迦诺式的相互协定。因此，关于洛迦诺公约就引起了西方报界的广泛谈论。

所谓洛迦诺公约，就是指1925年10月在洛迦诺会议上所通过的一些决议，其中主要的是莱茵公约，或叫做德、比、法、英、意共同保证公约（保安公约）。莱茵公约规定，保持德法与德比疆界的领土现状，维护凡尔赛条约所划定的疆界的不可侵犯性，保证关于莱茵区非武装化的规定；德国与法、比相互约定互不攻击，互不侵略，并经过外交途径或借助于仲裁解决一切纷争；英国和意大利作为公断者，如一方违约，英、意即参与援助另一方。在第四、第五两条中规定了对违约国的制裁办法。公约中指明，国联行政院在受理缔约国间的争议时，争执双方的投票无效，但其决议，争执方面却必须执行。莱茵公约还规定了凡尔赛条约与道威斯计划的继续有效，并确定德国参加国联。

洛迦诺会议的决议，除了莱茵公约外，还有德与法、比、波、捷的仲裁条约，法国与波、捷的保安公约以及会议闭幕记录等。

洛迦诺公约的缔结，差不多酝酿了一年之久。当时正是资产阶级所谓和平主义的全盛时代。国际上出现了两种稳定，即苏联的稳定和资本主义的暂时稳定。一方面，苏联已粉碎外国的武装干涉，工农政权已获得巩固，经济恢复已取得很大成就，帝国主义消灭苏联的计划遭到了彻底破产，资本主义国家不得不纷纷承认苏联，和它建立外交关系，特别是商务关系。另一方面，资本主义已暂时抵挡住了第一次世界大战后的第一次革命周期的进攻。由于道威斯计划的制定和实施，华盛顿会议的召开和九国公约的签订，以及其他措施，帝国主义在欧洲与远东的矛盾也得到了某些临时调整。美国由于大战期间对欧洲各国有大量贷款，加之道威斯计划又给它开辟了向德国大量投资的道路，因此它希望欧洲局势能稍趋稳定，以维护它的经济利益，使它可能依恃雄厚的经济力量来干预欧洲事务。英国也希望肯定既成事实，维持当时的"现状"，并利用德法矛盾以取得在欧洲的领导地位。德国虽不满凡尔赛体系的束缚，但因力量还软弱，因此希望减轻债务和解除某些地区的军事占领，使它取得恢复力量的喘息时机。法国担心德国侵略的复起，特别是边境的安全，因而希望取得英国的保障与美国的支持。此外，各帝国主义国家还有一个共同企图，这就是互相勾结，组成反苏统一战线。因此就需要培植德国，使之参加反苏事业。

洛迦诺公约就是在这种国际形势下产生的。它的目的在于重新配置力量，稳定西欧局势，把德国卷入反苏阵线，使之东向而击，因而它不规定德国的东部疆界。洛迦诺公约证明了法国的衰弱，提高了英国在欧洲的地位，并对美国在欧洲的经济扩张造成了有利的环境。斯大林说："洛迦诺公约不过是凡尔赛条约的继续，目的在于维持现状。"

洛迦诺会议使英国在当时取得了一定的外交胜利。公约的议定大部分都为英国所操纵，凡与英国利益不符的建议，都没有获得通过。英国破坏了法、德间的直接谈判，并利用德国来对抗法国的力量。作为德法之间的主要仲裁人，英国取得在资本主义欧洲事务中的领导地位。英国用洛迦诺公约曾一时造成孤立苏联的威胁，并把德国引入国联，企图破坏拉巴洛协定后的苏德关系。洛迦诺公约曾使一些国家结成互相反对而变化不定的组合与集团，从而便于英国的驾驭和操纵。但是由于洛迦诺公约鼓励与帮助了德国军国主义的复起，成为引起第二次世界大战的一个重要因素，所以归根结底还是给英国带来了极大的损害。

当然，目前的国际形势已与1925年完全不同，因此英国现在再次提出洛迦诺公约也与那时有着极其不同的含义。

二

英国在目前重提洛迦诺公约并不是偶然的。这是由于近年来国际形势和国际上的力量对比发生了深刻的变化，英国再继续追随美国的战争政策、充当美国的附庸，对它已越来越不利了。保持国际局势的相对稳定，执行一种近乎中间立场的政策，对英国倒是更有利些。因此，英国现在提出的所谓洛迦诺精神，实际上就是利用目前的国际形势，特别是两大阵营之间的斗争，恢复它的力量均衡的老政策，在国际上保持现状，求得一定条件下的和平共存，借以巩固和扩大它的势力，提高和加强它的地位。这不能不说是英国在国际事务上的态度开始有了较大的变化。

据各方评论，促成英国态度的这种变化，是由于以下的一些因素：

首先，民主与社会主义阵营已更加巩固与壮大。苏联威力的增长，特别是它已拥有原子与氢武器，加上日益强人的中国，就使英国的统治集团在追随美国，准备反对苏联与中国的战争时，不能不有所顾虑。许多资产阶级报纸都强调苏联拥有原子与氢武器对英国政策的影响，指出英国极怕被美国卷进原子战争中去。苏联、中国及其他人民民主国家已成为国际上的基本稳定因素，无数事实证明，反对它们的任何企图都是注定要失败的。追随美国反对中苏已使英国受到很大的损失，从英国的利益出发，它需要缓和一下与中苏等国的关系，更需要开展与这些国家之间的贸易。而且，某种程度的中立，还可使英国利用苏中以对抗美国的压力。这些，就是为什么丘吉尔近来一再提到和平共存的原因。

其次，近年来全世界的和平力量有着巨大的增长。现在，要求和平及国际形势缓和的，已不仅是各国的劳动人民，而且越来越包括更多国家里的资产阶级以至当权人士。在大英联邦的范围内，就有这样的国家。因此对英国来说，执行一种较为缓和的政策，不仅可以稍为稳定国内的统治，而且可以在国际上不致遭到孤立，否则就会无法巩固它的大英联邦和应付国内要求和平的人民。在目前的情势下，忽视和平力量与国际形势缓和的趋势，已是不可能的了。

再次，美国的侵略政策与战争政策遭到一连串挫败，在国际上日趋孤立。虽然如此，美国还是坚持它的这种政策，加强国际紧张局势，并采取更露骨的蛮横态度与强制手段。这就使它遇到日益增多的反抗，使它的政策到处碰壁，经常失败。现在，美国的国际威信已大为降低；资本主义世界的反美情绪普遍高涨；许多资本主义国家对美国产生了离心倾向；中立主义有很大发展。所有这些，都说明美国的国际地位较前有很大削弱，美国的实力政策是行不通的。这不但给英国一个教训，而且还使它能够利用这种机会以提高自己的国际地位。特别是美国经济危机的到来，更使美国的地位削弱。同时，英国为了防止美国经济危机的影响，也不能不更离开美国一些，并采取其他更为独立的措施。

最后，也是很重要的一点，就是近年来英国的地位，特别是在经济上，有了一定的加强。英国的经济状况一般的均有些好转，对外贸易上的支付差额有所改善，黄金与美元的储备在逐渐增加，英镑得到进一步稳定，特别是美国已经遭遇到的经济危机至今尚未袭击到英国，由于这一切，就使英国对美国的经济依赖有了某些减弱。在政治上，保守党政府所执行的政策，得到了工党的很大支持。虽然人民的不满还在增长，但统治集团内部的斗争，如在议会里，却较前有些缓和。英国经济地位的改善，使它有可能执行更较为独立的政策，而这种政策的执行，反过来又会加强它在各方面的地位。

由于这些以及其他原因，就使英国对外的态度开始发生某些变化，先后在欧洲与亚洲提出所谓洛迦诺公约的思想。

英国这一倾向于维持现状与和平共存的所谓新洛迦诺思想，在一年前就曾对欧洲提出过。丘吉尔在他1953年5月21日有名的演说中曾宣称，"当时促成洛迦诺公约的主导思想，也可以在德国和俄国之间的问题上起它的作用"。他认为有可能使苏联的安全与西欧的安全协调一致，说"俄国有权在人类力所能及的范围内感到放心"。此后，许多西方报纸还纷纷传说英国主张北大西洋联盟国家与苏联缔结互不侵犯条约，以及由东西双方保证德波边境的安全等。

苏联舆论当时在肯定英国所提东西双方的安全可以协调一致这一积极方面后，也曾严厉批评了它主张武装西德、妨碍德国统一的有害方面，认为在欧洲恢复洛迦诺精神会造成一些国家反对另一些国家的组合和集团，其最终结果必然会加重国际紧张局势（见1953年5月24日《真理报》社论）。

虽然丘吉尔提出的恢复洛迦诺公约的思想存在着这种两面性，但它已与1925年的洛迦诺公约有很大不同。它主张稳定欧洲的局势，缓和东西方之间的关系，这就与美国所叫喊的"解放"政策和不承认和平共存的态度发生了明显的抵触，因而不利于美国破坏和平与加强国际紧张局势的企图。因此它遭到了美国的极大反对，使英美矛盾顿形紧张，丘吉尔演说的十天后，就宣布了召集美英法的百慕大会议，以调整三国在东西关系上的态度分歧。

英国对欧洲的洛迦诺计划虽然在形式上后来并未见到实现，但倾向中立、主张维持现状的这种思想却不仅没有改变，而且还继续有所发展。1954年4月30日，丘吉尔在演说中进一步号召改进英苏关系，苏联对此曾予以极大重视。6月23日艾登关于亚洲洛迦诺计划的提出，也是英国对整个国际问题的这种态度和政策的又一表现。这都说明英国在逐渐摆脱美国的影响，执行更为独立的政策。而且，这种趋势已经是越来越明显了。

近来，英国对美国的态度已强硬了一些，对美国向英国势力范围内的渗入和扩张进行着更积极的抵抗。杜勒斯在日内瓦会议前所号召的在东南亚采取"联合行动"，也因遭到英国的反对而告失败。英国还极力在国际上拉拢那些对美国不满的、有中立倾向的势力，并企图结成对抗美国的一定集团。同时，不顾美国的反对，英国和苏联、中国，特别是和中国的关系已经有了某些改善，希望并进行着扩大对苏联与中国的贸易。在有些问题上，英国几乎要充当东西方之间的调停者或中间人，这在日内瓦会议期间就有明显的表现。

当然，英国对外政策的这种变化还是很不肯定，而且有一定限度的。它还不可能完全脱离对美国的依赖，也不能指望英国现今的统治集团执行完全独立的政策。在许多基本原则上，英国还是和美国一致的。在反对和平民主阵营、反对各国人民革命上，英国也并不太落后。由于美国的势力和它对英国所保有的影响，在某些问题上，英国的不同态度还是经不起美国的压力，有时一到重要关头，英国又可能不得不向美国让步。

然而，英美矛盾仍然是基本的一面，而且这种矛盾今后还一定会继续发展。因此英国态度倾向于中立，就是一个值得注意的新趋势。英国这种倾向于脱离对美国的依赖而执行更为独立的政策，说明英美矛盾的进一步尖锐化，美国的更加孤立及其战争政策的日益破产。应该说，这是第二次世界大战后国际上的重大事件。

三

艾登1954年6月23日所提出的，关于东南亚的洛迦诺计划，究竟有些什么内容呢？根据各方的报道和评论看来，这一计划的主要思想是：第一，以科伦坡会议五国为基础组成一个东南亚集团；第二，确立两种制度的并存和互不侵犯。这一计划的目的在于，既对抗美国势力的渗入，也防止我们影响的扩大，因为不论美国的侵入或当地民族解放运动的兴起，都会威胁到大英帝国的利益。因此，英国希望在东南亚保存现状，维持一个相对稳定的、不同制度国家和平共存的局面，并利用这些条件设法巩固与加强它的地位。

这一所谓洛迦诺计划虽然还未肯定，还没有形成完整的一套，但它却包含着英国对东南亚政策的一些重要方面，其中有些已在推行，有些则正在酝酿。

英国对印度支那的主张，照艾登的说法，就是在达成和解后，东西双方均承担一定义务，不以武力破坏已达成的协议，并监察与保证协议的履行。这样就可以使双方的力量受到约束，以求达到和平共存。这就是说，英国希望那里的战争有条件地停止下来，在越南实行分治，并划定一条分界线，使双方的军事力量撤退到分界线以后；在柬埔寨与老挝实行中立化，既不使那里有革命军队与政权，也不使那里有美国的军事基地和美国的控制。对越南的停战和柬老的中立，英国主张由它提出的科伦坡会议五国或其中某几国进行监督，而由大国加以保证。关于监督停战的中立国机构，英国认为应握有极大权力，但它反对有人民民主国家加入。英国主张印度支那双方的分界线是不可逾越和不可侵犯的，中立国监督与大国保证应以这点为主要内容。英国的打算是，在中立国委员会中它将保持极大的影响。在大国保证上，英国的想法是中苏与法美在许多问题上将是彼此对立的，其作用会相互抵消，因此英国可以起更大的作用。这样，英国在印度支那问题上将保持两级仲裁，如同保证德法与德比疆界的1925年洛迦诺公约一样，英国将成为主要的仲裁人。这不但可提高英国在印度支那以至东南亚的发言权，而且可使它利用法国的削弱，把它的势力扩张到印度支那去。

其次，英国企图利用东南亚一些国家的中立倾向，以便由某些英联邦国家为核心组成一个中立集团，并与中国取得和平相处的相互保证，以稳定与加强英国的地位。科伦坡会议的召开即使不是英国策动的，也是受到英国的大力支持。此后，英国即授意某些国家，如印、缅、印尼等，与中国达成互不侵犯的约定，确立在亚洲的不同制度的国家和平共存的局面，并逐渐扩大这一范围，使之包括更多的国家，不但要把英国包括进去，而且按照丘吉尔在华盛顿的记者招待会上所说，最后还希望美国也参加这种互不侵犯条约。对印、缅等国的统治阶级来说，在和中国的关系上确立互不侵犯等原则，不但可以在很大程度上解除它们对中国强大的疑惧，而且可以此稳定它们在国内的统治，提高它们的国际地位，此外还可对抗美国势力的侵入。因此在这一点上，它们较英国还要积极，因而不完全是英国的授意，英国倒是利用了这点。

最后，英国估计到，单是它的一套还不能在东南亚形成力量均衡，而且美国也不会同意它的这一套。因此英国也打算和美国一起再建立一个东南亚的"防御组织"，一则应付美国的要求和压力，二则利用美国的力量以对抗中苏和镇压当地的民族解放运动。因此在这次英美会谈中，英国已答应立即着手与美国研究在东南亚建立"防御组织"的问题，并决定随即开始进行英美就这一问题的谈判。英国的打算是，尽可能把美国拉到以英联邦国家为基础的集团中去，而不参加完全由美国领导和操纵的集团。如果这一计划办不到，那么英国还是先搞它的一套，对美国急于建立侵略集团的计划则采取应付与拖延的态度，等它的计划实现了一部分或更有把握时，也不妨参加美国的集团。但这时东南亚已形成一种纵横捭阖、存在着各种协定、条约和集团、而各种势力又互相制约的局面，英国就可利用它已加强了的地位与影响，驾驭各种矛盾，使美国组织起来的集团无法排除英国的势力。这就是艾登所说的，使东南亚的洛迦诺体系与东南亚的北大西洋公约式的组织并存的意思。

这就是各方所报道的，英国的所谓亚洲洛迦诺计划的大概轮廓和它的几个主要步骤。这一计划虽未定型，但却基本上代表了英国现在对亚洲特别是东南亚的态度和政策。

英国现在的这一亚洲洛迦诺计划，与1925年的洛迦诺公约有极大的不同。1925年的洛迦诺公约的目的是反苏，是要使德国军国主义复活，把德国的侵略引向苏联。现在英国的亚洲洛迦诺计划，虽然也提出所谓限制中国在东南亚的行动自由，所谓使中国的势力不越过一定的界线等等，其中也包含着明显的反对我们，尤其反对我们影响扩大和东南亚民族解放运动的阴谋，但它同样也反对美国势力的侵入，并基于力量均衡与维持现状的思想，使不同制度的国家可以和平共处。由于中国不是当年的帝国主义德国，防止所谓中国侵略只是一个虚构，但防止美国侵入却有着实际意义。因此，不管英国的出发点如何，主张一定条件下的和平共存，并保持东南亚局势的稳定，却是不利于美国的侵略政策与战争政策，在客观上有利于国际关系缓和的。在这一点上，我们与英国就有着一定程度上的共同性。因此，正确地利用英国这种态度，就有助于进一步地孤立美国，打击美国在东南亚的战争政策与拼凑侵略集团的阴谋计划，并有可能求得某些问题的暂时解决。

四

正是由于英国这一亚洲洛迦诺计划不利于美国的战争与侵略政策，所以当它刚一提出来的时候，就已遭到了美国的激烈反对。

近几个月来，特别是从杜勒斯所提"联合行动"失败以后，英美在东南亚政策上的分歧就极其尖锐了。许多报纸都在不断地谈论到英美关系的恶化，"西方同盟"的危机。情况已严重到必须举行新的英美会谈，以设法缓和双方的矛盾。

在丘吉尔与艾登赴美前后，美国从各方面加紧了对英国的压力。美国报界曾扬言美国要放弃维护大英帝国的政策，准备"摆脱"殖民主义的干系，"支持"埃及、伊朗等国的民族独立，并与澳、新等国单独搞东南亚

"防御组织",进一步拆散英联邦。在谈判期间,6月29日,美国议会通过了对共同安全法的具有反英性质的修正案,许多议员并激烈谴责艾登所提的洛迦诺计划,认为这会迫使美国承认中国和允许中国参加联合国,因而美国决不能参与英国的这种计划。6月30日,召开了抛开英国的美澳新公约理事会。美国的这些压力不能说没有起作用,它曾迫使英国在英美会谈中作了让步。英美会谈的公报及宣言中,丝毫没有提到英国的计划,英国反倒同意立即与美国研究东南亚"防御组织"的问题,就是证明。

但是,据各方报道,英国对美国的让步只限于公报与宣言的一般原则上,至于对东南亚的具体政策,双方的分歧并未消除,而且预计会后可能还是各干各的。英国同意与美国开始关于建立东南亚"防御组织"的谈判,也只是限于研究而已,并没有承担什么规定的义务,所以许多美国报纸说,英美会谈对东南亚问题未曾取得协议,今后英美的关系也不容乐观,唯一达成协议的只是在欧洲问题上。

英美在"欧洲防务集团"问题上取得一致,其实也并不奇怪。英国老早就已参加对法国施加压力,使之迅速批准"欧洲军"条约。1954年4月13日,英国与"欧洲防务集团"之间就已缔结了合作协定。如同1925年洛迦诺公约时代一样,英国企图又以德法间仲裁人或保证者的资格出现,从而加强它在欧洲大陆的地位,而不让美国独占对"防御集团"的领导。这种用意,不但法国报纸屡有指出,而且保守党的负责人也曾一再承认。

由此可见,华盛顿会谈中在"欧洲防务集团"问题上达成了唯一的协议,这是因为在这一问题上双方原来就有着一致的地方。至于分歧最大的东南亚问题,则依然悬而未决。正如1954年第27期苏联《新时代》载文所说,正式的宣言只是用以掩盖分歧和矛盾而已。

英美华盛顿会谈的结果表明,虽然美国加强了压力,但英国实际上并没有放弃它在东南亚的计划,没有改变它的态度。由于英国的这种态度是由目前的国际条件决定的,所以根据现在的情况看来,英美在东南亚政策上的分歧不但不能消除,而且还会日益加深。

当然,英国在东南亚的政策的执行,还取决于许多条件的变化。随着国际形势的进一步变化,英国的所谓洛迦诺计划还会有所修改,至于对美国作某些让步也不是不可能的。但是英美矛盾的尖锐化却是一个主要的趋势，其发展必然会使美国遭到进一步的孤立。英国开始倾向于摆脱对美国的依赖而执行更为独立的政策，这不能不对当前的国际形势发生一定的影响。

［这是1954年7月初日内瓦会议休会期间（即和平解决朝鲜问题的会议陷于僵局、讨论恢复印度支那和平问题会议中断后），所写供代表团和国内决策参考的一篇文章。旨在说明，英法等西方国家（美国不完全同意，但也无法阻止）在印支以至远东（主要是对中国）问题上的底牌，就是划界而治、维持现状。既要制止共产主义的"扩张"，以防其在东南亚引起多米诺骨牌效应；也不赞成美国国务卿杜勒斯要把共产主义"推回去"的主张，以免引起更大冲突。后来印支问题也正是在这种基础上达成协议的。］

有关当前民族独立运动的几个问题

第二次世界大战以后，随着帝国主义力量的大大削弱和社会主义世界体系的形成及其日益壮大，民族独立运动就进入了一个新的历史时期。为社会主义力量所支持的民族独立运动的蓬勃发展，成为我们时代的一个重要特征。殖民主义体系迅速走向土崩瓦解。帝国主义的破坏和民族主义国家某些政治力量的动摇以至妥协，都不可能改变民族独立运动不断高涨这一基本趋势。

现在，民族独立运动正在继续发展，并且具有日益广泛和深入的特点。1958年7月的伊拉克革命、1959年初比属刚果的反殖民主义暴动和古巴争取独立、民主斗争的胜利，就是重要的标志。伊拉克的革命说明，人民并不满足于那种形式上的独立，他们要求彻底结束帝国主义在各方面的控制，使自己成为国家的真正主人。其他许多仍然受帝国主义控制或威胁的国家和人民，也滋长着对帝国主义及其代理人的不满，开展着争取和维护民族独立的斗争。与此同时，反殖民主义的浪潮已经席卷了整个非洲大陆。那里目前的形势是，广大殖民地的人民日益觉醒，新的政治力量正在迅速形成，运动具有广泛的群众性，斗争的组织性也大为加强。如果说，以前非洲大陆有些殖民地人民还只限于要求有参政的权利，要求实行自治，那么现在已经发展到要求完全的独立了。可以预料，非洲各殖民地人民争取自由、独立的斗争还会进一步高涨，新的民族独立国家将会不断出现。如同帝国主义者不得不从许多亚洲国家撤走一样，它们也将不得不一个接着一个地从整个非洲大陆滚开。在拉丁美洲，民族民主运动现在发展到了一个新的阶段，反对美帝国主义的掠夺和控制，争取和维护民族独立，反对独裁、争取民主的斗争，已经普遍展开。人民的力量日益壮大，群众运动风起云涌，有些国家还进行了长期的革命武装斗争。三年多来，由美国扶持的卖国独裁政权，就有九个被先后推翻，现在所剩下的几个，也是摇摇欲坠，朝不保夕。美帝国主义者及其走狗，在拉丁美洲已处于"老鼠过街，人人喊打"的境地。它们的日子是越来越不好过了。

这一切都说明，当代的民族独立运动一直是而且现在仍然在不断向前发展。虽然帝国主义者拼命进行挣扎和反扑，但是它们已经是今非昔比了。英、法、荷、比等老牌殖民主义国家，不得不依靠美国来维持它们的殖民统治，就足以证明殖民主义的没落。至于美国，表面看来似乎还是强大的。它不但支持这些老牌殖民主义国家，并且还想取而代之，建立一个规模空前的新殖民帝国，不过只是在控制的方式上稍有不同而已。因此，美帝国主义已成为现代殖民主义的支柱，成为最大的新殖民主义国家，也是民族独立运动的主要敌人。美国已经用军事条约、军事基地、经济"援助"等手段控制了一系列国家，同时还用策动政变、组织颠覆、武装干涉等方式威胁着许多国家。正因为这样，美国已经遭到一切争取和维护民族独立的国家和全世界人民日益增长的反对。貌似强大的美帝国主义正坐在爆发着的火山上。大厦将倾，独木难撑。美国这一殖民主义支柱，越来越挽救不了殖民主义大厦的倾倒了。它不但过去对伟大的中国革命无能为力，就是现在对于近在咫尺的古巴的民族民主革命也无可奈何。近来为了改变一些做法，美国一方面强调对外投资，以便操纵一些国家的经济，并培养大批买办作为自己的代理人；另一方面着重用威胁利诱、挑拨离间的办法，对一些民族主义国家进行拉拢，以便各个击破，分而治之。如同以往历史所证明了的，这些阴谋也可能在一时一地起作用，但终究是要彻底失败的。

近来，随着民族独立运动的进一步高涨，帝国主义者的镇压和破坏也更加紧了。它们对许多殖民地人民争取自由的斗争进行疯狂镇压，在一些取得独立的国家一则组织颠覆破坏和策动军事政变，同时还拉拢一些国家反苏反共，执行有利于帝国主义的政策。与此同时，一些民族主义国家的上层领导集团也表现出不愿把争取和维护独立的斗争进行到底，认为反帝任务已经完成，并加紧镇压国内人民的进步力量，对社会主义国家采取不友好的态度。这就使一些地区的民族解放运动和一些民族主义国家的政治生活中出现了某种复杂的情况。例如，非洲有些地方争取独立的斗争被暂时镇压下去了；一些参加帝国主义军事集团的国家像泰国、伊朗、巴基斯坦以及拉丁美洲几个国家，更加亲美和反动了；老挝当局在美国指使下破坏日内瓦协议，挑起内战；有的民族主义国家如阿拉伯联合共和国，掀起了一时的反对伊拉克、反对共产党、反对苏联的浪潮；印度的扩张主义者也造成了一度的反华反共逆流，等等。于是，帝国主义者兴高采烈，以为它们的阴谋可以得逞了。有些好心的人也怀疑民族独立运动的高潮已经过去了。但是，帝国主义者的高兴将证明是一场空，一些人的疑虑也是没有根据的。

事实上，某些地区争取独立的斗争遭受挫折和一些民族主义国家的右摆，只是一时的或者局部的现象，是一股逆流，而民族独立运动的发展却是时代的主流。就是在发生上述现象的同时，我们也可看到，民族独立运动在许多地区还是更加深入和发展了。伊拉克和古巴的革命在继续深入；阿尔及利亚和阿曼等地人民的解放战争正在前进；非洲许多殖民地人民争取自由的斗争有了进一步的发展，而且很快就会再出现几个独立国家；拉丁美洲有的亲美独裁国家如尼加拉瓜、多米尼加等也爆发了武装起义；其他一些争取和维护民族独立的国家同帝国主义的矛盾更尖锐了，人民中滋长着日益强烈的反美情绪；许多民族主义国家同社会主义国家间的友好关系还在不断发展；而且上述那种一时的逆流大多已经被很快制止和击退了。所有这些都表明，民族独立运动仍然处于高涨的形势，而且今后还会有进一步的高涨。

当然，民族独立运动的发展并不是一帆风顺的，由于条件的不同，在各地的发展也是不平衡的。不但过去和现在的情况如此，就是将来，发生一些起伏曲折也是不可避免的。因此，可以常常看到这种现象，即民族独立运动在一些国家发展得比较迅速，在一些国家发展得比较缓慢；在一些国家取得巨大胜利，在一些国家却遭到严重挫折；而且即使在一个国家内，也会有发展有时顺利、有时失败的情况。正像一切革命运动都经过曲折复杂的道路一样，民族独立运动也是要经过长期反复的斗争才能取得胜利的。因此，争取和维护民族独立的斗争在某些国家遭到镇压和失败，或者某些国家的一些政治力量发生动摇、中途妥协以至背叛民族事业，都是不足为奇的。这只是一时的逆流，并不能改变民族独立运动继续高涨的基本趋势。民族独立运动是新生的、不可战胜的力量，它必将克服前进道路上的一切逆流和障碍，奔向最后的胜利。

近来一些民族主义国家之所以发生摇摆或者右倾，除了帝国主义的活动以外，还由于这些国家领导集团的特性和内部政治力量的变化。这些国家的情况大多是，人民力量有很大发展，对独立、民主和改善生活的要求日益强烈，统治阶级在不同程度上感到畏惧，因而采取了一些右的措施。这也从侧面说明目前民族独立运动并不是后退了，而是深入和发展了。但是，国家的内外政策却是反映统治阶级意志的。民族主义国家的对内对外政策及其变化，也是由这些国家领导集团所代表的阶级利益决定的。

目前亚洲、非洲、拉丁美洲的独立国家中，除了中国、越南民主共和国、朝鲜民主主义人民共和国、蒙古人民共和国等社会主义国家和属于西方类型的日本以外，其余的一般都被称为民族主义国家，都有着争取和维护民族独立的重要任务。但是它们之间的情况却极为不同，按其政权性质，大体上可分为以下三类：第一类是由民族资产阶级起领导作用的国家；第二类是由买办资产阶级和投靠帝国主义的封建势力统治的国家；第三类是由皇室和贵族当权的国家。第一类国家对外大多执行着和平中立或者倾向于和平中立的政策。第二类国家一般在不同程度上执行亲帝国主义的政策，其中多数还参加了帝国主义的军事集团。第三类国家则因情况不同，有维护民族独立和执行和平中立政策的，如阿富汗、尼泊尔、柬埔寨等；也有依附于帝国主义的，如约旦等（这类国家为数较少，本文不拟详加论列）。这三类国家的区分是并不稳定的，它们的政策也是经常变化的。由于国内外条件特别是执政力量的改变，追随帝国主义的国家可以转变为和平中立国家，如革命后的伊拉克；而原来执行倾向于和平中立政策的国家也可以转变为亲帝国主义的国家，如萨纳尼空上台后的老挝。而且就是基本上属于同一类型的国家，它们的情况和所执行的政策也有很大的不同。

以亲帝国主义（主要是亲美）的和参加侵略性军事集团的国家来说，在政权中起主导作用的，有的是买办资产阶级，有的是亲帝国主义的封建势力，也有的是两者的结合。这些国家的统治阶级虽然和帝国主义有共同的利害关系，在各方面需要得到帝国主义的支持，但它们和帝国主义也存在有不同程度的矛盾。由于它们对外执行违反民族利益的亲帝国主义政策，对内执行反人民、反民主的政策；因此在国际上大多比较孤立，在国内则遭到各阶层人民日益增长的不满和反对。这就使它们的政权总是处于不稳定的状态，统治阶级中不同派别间的斗争也是很激烈的，因而经常有发生变化以至政变的可能。同时，不同的派别当了权，它们执行的政策也会有些差异。如果反映民族资产阶级利益的集团上了台，那么它的政策就有可能倾向和平中立。但是即使居于统治地位的仍然是买办资产阶级或亲帝国主义的封建势力，当人民的压力加强了，而它们自己同帝国主义的矛盾又有所发展的时候，这些国家也会对帝国主义闹独立性，设法缓和一下人民的不满情绪。但是由于买办资产阶级和亲帝国主义封建势力的阶级本性，除非它们本身发生变化（即变得具有民族性），否则要它们完全参加反对帝国主义和争取民族独立的斗争是不大可能的。而且当人民力量迅速发展，不满情绪日益增长，使它们的地位发生不稳，因而需要帝国主义支持来维持自己统治的时候，它们还会更进一步地投靠帝国主义，执行更反动的内外政策。它们这样做的结果并不能解决问题，反而会更引起人民不满，加深内部矛盾，因而是不可能持久的。这就是为什么一些参加帝国主义军事集团的国家，如泰国、巴基斯坦、土耳其、伊朗等以及拉丁美洲的一些国家，近来更加右倾和有时也发生摇摆的一个重要原因。

由代表民族资产阶级的政党或人物领导的国家，当然同上述参加军事集团的国家有很大不同。买办资产阶级和投靠帝国主义的封建势力是没有什么革命性可言的，它们总是同帝国主义结合在一起，阻碍民族独立运动的开展，因之政权极不巩固，有随时被推翻的可能。而民族资产阶级则有可能参加民族独立和民主自由的斗争，它们的政权也是比较稳定的。因此，绝对不能把两者混为一谈。

但是，民族资产阶级领导的国家也经常发生摇摆（和参加军事集团国家的摇摆不同），最近一些国家还出现了一股反苏、反华、反共的逆流。如前所述，这是不足为奇的。因为民族资产阶级在民族民主革命阶段有着极大的两面性。一般来说，民族资产阶级都同帝国主义和封建势力存在着根本矛盾，有反帝反封建的要求，在一定条件下能够同工农群众一起进行反帝反封建的斗争。但另一方面，它们地位软弱，同帝国主义和封建势力有千丝万缕的联系，特别是害怕人民力量的增长，因此经常表现动摇，具有很大的妥协性（对帝国主义和封建势力）以至反动性（反共反人民）。这种特点也反映到它们所执行的内外政策上。它们一方面要求民族独立和发展本国经济，反对帝国主义的侵略和控制，在国内进行某些民主改革，限制和削弱封建势力，因此也需要得到工农群众的支持；但另一方面，它们反帝反封建又极不彻底，容易动摇妥协，并且要百般限制人民力量的发展，有时还会极力加以镇压。在对外关系上，它们反对帝国主义的战争政策，不参加军事集团，要求和平，主张和平中立；但它们对帝国主义又有依赖和幻想，不敢以积极行动反对战争，有时还企图继承帝国主义的衣钵，表现出对外扩张的倾向。它们也愿意同社会主义国家建立和发展友好关系，需要在维护独立和发展民族经济上得到社会主义国家的支持和帮助；但另一方面，它们对社会主义国家总有保留，一旦受到帝国主义的威胁利诱或者形势发生一些什么变化的时候，它们又会疏远同社会主义国家的关系，有的甚至还会反对起社会主义国家来。民族主义国家中资产阶级的这种两面性，是经常可以遇到的，看不到这点是不对的。

不过，民族资产阶级领导的国家并不都是一样的。有些国家民族资产阶级的势力较大，领导地位较巩固，有些则力量小、地位软弱。这反映到它们的国内局势和内外政策上，就表现为有的比较稳定，有的比较动荡。而且民族资产阶级的情况也颇为复杂，有大资产阶级，也有中小资产阶级。前者在政治上妥协性和反动性更大，后者对反帝反封建则比较坚决和彻底些。同时，资产阶级在政治态度上也有左、中、右三派的区别，而不同派别的当权，表现在政策上也有很大不同。但是就整个说来，在现阶段那些由民族资产阶级领导的国家中，居于领导地位的大部分是民族资产阶级的中派，所执行的也基本上是中间路线。当然，大中小资产阶级和左中右三派在一定条件下是可以转化的，例如中等资产阶级因当权后发财变成大资产阶级，中派也可以变成右派等。但是在一个相当时期内，中派和中间路线在这些国家中还会保持优势，右派上台或者完全投靠帝国主义的可能是不大的。这是因为，在国际上目前是民族独立运动高涨的形势，在这些国家内部人民的民族觉悟和力量发展很快，谁投靠帝国主义谁就会被人民唾弃，而且帝国主义也决不会放弃对这些国家的奴役和侵略政策，它们同这些国家之间的矛盾仍然是基本的。同时，现阶段这些国家民族资产阶级的反帝、独立、和平的要求也是主要的，还是国际上一支重要的反对帝国主义和争取世界和平的力量。忽视这一点，也是完全错误的。虽然民族资产阶级的特性，决定了它们在形势发生变化时会向左或向右摇摆，但是在目前的条件下，它们仍会继续参加反帝斗争，在外交上坚持和平中立政策。一时的逆流并不能改变这一基本趋势。

民族主义国家的资产阶级是不可能同时进行两面作战的。当它们向右摆，企图反共反人民和反对社会主义国家的时候，它们自然就会对反对帝国主义和维护民族独立消极怠工。因此，近来掀起一股反苏、反华、反共逆流的那几个国家的政治势力，对反殖民主义就表现消沉。而且为了替自己的这种行径辩护，它们中还有人制造了一种反帝任务已经完成的理论。例如阿拉伯联合共和国有一些人就曾大谈所谓阿拉伯民族反帝任务已经完成，以后的任务只是统一和反共了。这当然是不符合实际情况的。

阿拉伯人民还有1000多万处于帝国主义的直接殖民统治下。一些阿拉伯国家正在遭受着帝国主义的武装侵略。许多已经独立的阿拉伯国家仍然受到帝国主义在各方面的不同程度的控制，国家的经济命脉操纵在外人之手。而且帝国主义和它们的仆从国家如以色列、土耳其、伊朗等，还在虎视眈眈，时刻威胁着阿拉伯国家的独立和安全。能不能保证以后不再发生苏伊士运河事件、美英武装侵略黎巴嫩和约旦以及干涉叙利亚和伊拉克的阴谋呢？很显然，这种保证是没有的。至于期待美国及其他帝国主义国家不再打算在近东填补"真空"，自动放弃它们在那里的军事、政治、经济特权，废除巴格达条约，真正尊重阿拉伯国家的独立和利益，等等，那更是纯粹的幻想了。在这种情况下，能不能说阿拉伯国家已经取得完全独立和独立已经巩固了？能不能说阿拉伯人民的反帝任务已经完成了？当然是不能的。

不只是阿拉伯国家，就是亚洲、非洲、拉丁美洲所有的民族主义国家，它们的反帝任务都还远没有完成。且不说至今仍然有包括一亿以上人口的几十个国家完全处于殖民地地位，就是已经摆脱了殖民地地位的国家，也还遭受着帝国主义不同程度的控制、侵略和威胁，绝大多数仍然处于半殖民地地位。

让我们看看这些已经取得独立的国家的情况吧。这些国家一般地都还存在着帝国主义的政治和经济势力，特别是那些参加侵略性军事集团的国家。帝国主义在那里驻有军队，建立了军事基地，享受各种特权，还用军事条约把它们绑在自己的战车上，使它们追随帝国主义扩军备战，随人俯仰，根本无法执行独立自主的政策。在经济上，帝国主义操纵着更多国家的经济命脉，使它们的经济生活诸如生产、贸易、财政、金融等，受到严格控制，而不得不处于依附地位。这种情况在拉丁美洲一些国家中表现得尤其明显。有些国家的领土还没有完全解放，它们的一部分领土，如印度的果阿、印度尼西亚的西伊里安，还被殖民主义者占领着。帝国主义经常用施加经济、政治压力和利诱等办法，迫使许多国家作出让步。几乎所有的民族独立国家都时刻面临帝国主义武装侵略、颠覆破坏的威胁，至于经济、文化的侵略就更不用说了。即使那些政治上已经独立、比较能够执行独立自主政策的国家，只要还没有建立起独立的民族经济，在经济上还没有摆脱对帝国主义的依赖，这种政治上的独立就仍然是不稳固的。由此可见，从争取独立到巩固独立，从不完全的独立到完全的独立，从政治上的独立到经济上的独立，对于亚洲、非洲、拉丁美洲一切民族主义国家说来，都还是一个头等重要的问题，还需要进行长期的、反复的斗争。在这种情况下，怎么能说这些国家的反帝任务已经完成了呢？说它们还面临着严重的反帝任务，不是更切合实际些吗？

但是，不管人们怎样说，只要民族独立还没有完全巩固，反帝任务还没有完成，斗争就一定会继续下去。某些政治力量中途妥协，退出斗争，人民仍然会把反对帝国主义和争取民族独立的斗争进行到底。中途妥协和变节的人只能遭到人民的唾弃，并不能阻碍反帝斗争的深入和发展。这也就是民族独立运动虽然会遇到一些逆流和挫折，但必将继续高涨的原因。

帝国主义者当然欢迎这种反帝任务完成的"理论"。它们希望民族主义国家不要再反帝，而转移目标，进行反苏反共。它们捏造了一大堆"共产主义威胁"的神话，把事情说成似乎妨碍和威胁各国人民独立的不是帝国主义、殖民主义，反而是社会主义国家。它们诬蔑社会主义国家不遵守和平共处的五项原则，诱劝一些民族主义国家放弃和平中立政策。不久以前，它们更利用阿联一些人反苏、反共、反伊拉克的言行和印度扩张主义者干涉我国平定西藏叛乱的事件，煽风点火，大肆活动，极力挑拨民族主义国家同社会主义国家的关系。帝国主义及其工具的阴谋活动虽然可能对某个国家或某些人一时发生点作用，但是民族主义国家同社会主义国家间的友好合作关系终究是破坏不了的，因为这种关系并非一个暂时现象，而是有着深刻的历史根源的。

民族独立运动的蓬勃发展和不断胜利，是同社会主义阵营的存在和它的支持、援助分不开的。不难设想，如果没有一个强大的社会主义阵营，那么压在争取和维护民族独立国家头上的帝国主义侵略势力不知要大多少倍。在这种情况下，一个被压迫民族不但不容易取得独立，就是独立了，要保持住独立也是很困难的。因此，单是社会主义阵营存在的事实本身，就是民族独立运动得以顺利发展的重要因素。同时，一切被压迫民族争取自由解放的斗争，还都得到了社会主义国家的深切同情和坚决支持。远的不说，只是近两年的事实就已充分说明了这一点。在埃及反对英、法、以色列侵略的战争和叙利亚反对帝国主义武装干涉的斗争中，在制止帝国主义扑灭伊拉克革命的企图和迫使美、英侵略军队撤出黎巴嫩和约旦的问题上，社会主义国家，特别是苏联，对阿拉伯人民的有力支持，曾经起了决定性的作用。印度尼西亚人民和柬埔寨人民平定帝国主义组织的颠覆叛乱，阿尔及利亚的民族解放战争，也门和阿曼的反对侵略，古巴等拉丁美洲国家人民的民族民主革命，非洲许多国家的要求独立，等等，无一不得到社会主义国家的充分同情和坚决支持。此外，对于一些民族主义国家为了克服帝国主义侵略所造成的经济困难，或者为了发展自己的民族经济，社会主义国家也尽可能地向它们提供了经济和技术援助。社会主义国家对争取和维护民族独立国家的这些支持和援助，从不附带任何政治条件，没有丝毫的自私打算，唯一的目的就是帮助这些国家从帝国主义的侵略和奴役下解放出来，成为独立自主和不断发展的富强国家。对于民族主义国家说来，不论是反对帝国主义的侵略和干涉，还是巩固国家的独立或者发展本国的经济、文化事业，取得社会主义国家的支持，都有十分重大的意义。同样，民族主义国家在国际上也给了社会主义国家以很多支持，而且民族独立运动发展的本身，就是对社会主义国家的重大帮助。由于民族主义国家同社会主义国家需要相互支持，在反对帝国主义和争取世界和平等问题上有着共同点，所以在它们之间建立和发展友好合作的关系，是有着坚实的客观基础的。因此我们说，帝国主义的挑拨破坏和民族主义国家中某些人士的倒行逆施，只能造成发展中的一些曲折和波澜，并不能改变民族主义国家同社会主义国家间友好合作这一发展的主要趋势。

事实上，许多民族主义国家已经同社会主义国家建立起了友好合作的关系。这些民族主义国家在国际事务中所执行的和平中立政策，也得到了社会主义国家的真诚支持。同帝国主义者及其工具现代修正主义者的诬蔑相反，社会主义国家并不要求同自己友好的民族主义国家加入社会主义阵营，也不要求它们在对外政策上采取同自己完全一致的政策，更不想把自己的社会制度和政治信仰强加于人。社会主义国家完全忠实于和平共处的五项原则，坚持不干涉别国内政，在支持民族主义国家的和平中立政策的同时，对于它们同帝国主义所作的某些妥协，以及它们在同社会主义国家的关系中所表现的某些保留，也采取谅解的态度。对于社会主义国家来说，坚持和平共处的五项原则，绝不是一时的权宜之计，而是长期在对外关系上的基本方针。尽管社会主义国家同民族主义国家在意识形态和社会制度上存在着差别，但这并不妨碍它们根据和平共处的五项原则建立和发展友好合作关系。这种关系是对双方都有利的，也是同世界和平和人类进步事业的利益相一致的，根本不发生谁利用谁的问题。因此这种关系将是长期的，还会得到不断的发展。

社会主义国家支持民族主义国家所执行的和平中立政策，是因为这种政策符合和平共处的五项原则，有利于这些国家的独立发展，也有利于世界和平事业。有那么一种势力，为了鱼目混珠，钻进和平中立国家的行列，诱使这些国家离开反帝和独立发展的道路，总是把它们所标榜的"共存共荣"同民族主义国家的和平中立政策相提并论。其实，这是根本不同的两回事。而且它们的所谓"共存共荣"，只是一个幌子，实际上是坚决反对社会主义国家，死心塌地为美帝国主义服务，既不利于和平，也无中立可言，因此很快就会被揭穿，遭到彻底的破产。而民族主义国家的和平中立政策，是真正积极的，具有进步的意义，因此不是一个短暂的现象，它还有着广阔的发展前途。虽然帝国主义者及其工具在不断进行破坏，但是在亚洲、非洲、拉丁美洲，和平中立的趋势仍然是主流。它不是削弱了，而是越来越加强了。可以预料，随着民族独立运动的继续发展和不断胜利，随着社会主义阵营的更加壮大和帝国主义势力的日趋没落，执行和平中立政策的国家还会大大地增加起来。

帝国主义者在挑拨社会主义国家同民族主义国家间的关系、拉拢一些民族主义国家放弃和平中立政策的同时，也加紧破坏民族主义国家内部的团结，促使这些国家执行反共政策。某些民族主义国家的一些政治势力由于自己狭隘的阶级利益，有时也会自觉或不自觉地上帝国主义及其工具的当，其结果就只能大大损害民族独立的事业。

国内一切爱国反帝力量的大团结，是争取和维护民族独立的斗争取得胜利的基本条件。团结一致为共同事业而奋斗的民族，从来就是不可战胜的。1958年伊拉克革命的成功，1959年古巴人民反独裁、反干涉斗争的胜利，并不是因为这两个国家人多、地大、如何强盛，而正是由于人民的觉悟和团结。反之，凡是民族团结遭到破坏，就必然为帝国主义所乘，不管国家多大、人口多广，都免不了受帝国主义的宰割和控制。帝国主义希望民族主义国家执行反共政策，就是为了要达到这一目的。因为共产党人是为民族解放而斗争的最坚决的战士，在争取和维护民族独立的斗争中起着越来越大的作用。他们代表着广大工农群众的利益，在人民中享有崇高的威信。反对共产党，这就意味着不要工农群众，削弱以至瓦解民族团结。说共产党是"外国的代理人"，那么这个"外国"就只能是占本民族人口最多的工农群众的代名词。人们倒是应该问一下，那些反共的先生们究竟是谁的代理人呢？他们坚决反对自己人民的优秀儿女，不管主观愿望如何，客观上都只能有利于帝国主义，不利于自己民族的独立。

民族主义国家中的所有政治力量几乎都说要民族团结。但是在什么基础上的团结呢？这就有些分歧了。有的主张根据维护少数人利益而损害大多数人利益的原则达到全民团结。这显然是主观幻想，实际上是行不通的。只有照顾到国内大多数人民的利益，才能达到全民的团结。现阶段，摆在一切争取和维护民族独立国家面前的任务仍然是反帝反封建，那里进行的革命还不是无产阶级的社会主义革命，而是属于资产阶级性质的民主革命。反帝反封建，这就是这些国家大多数人的共同要求和共同利益。具体说来，在这些国家中，除了为数极少同帝国主义勾结在一起的买办资产阶级和某些封建势力以外，包括工人、农民、小资产阶级、民族资产阶级及其他爱国人士的最广大的阶层，都有一些共同的要求，这就是：要求民族独立，反对帝国主义侵略；要求发展民族经济和改善人民生活，反对阻碍生产力发展的国内外反动势力；要求和平和执行和平中立政策，反对战争和参加军事集团；要求实行民主，反对独裁专制等。在这些共同要求的基础上，上述阶级以及代表它们的各个政党，都是可以团结在一起的。当然，工人阶级和共产党是最致力于这种团结的力量，也是最坚决最彻底的反帝反封建的力量。这种民族团结对于各阶级各政党都是有利的，并不是只有利于工人阶级和共产党。许多民族主义国家的情况表明了，凡是在政策上大体反映了这些要求的国家，就有可能团结民族的大多数，国内政治经济情况就比较稳定，国际地位也得到不断提高；凡是在政策上没有反映出这些要求的国家，国力就很孱弱，经济特别困难，人民日益不满，政局经常动荡，国际地位极其孤立，以至成为帝国主义的附庸。

帝国主义希望民族主义国家中居于领导地位的政党和人士执行反苏反共政策，就是要使他们在国际上失掉社会主义国家和世界上一切反帝力量的同情和支持，在国内失掉人民群众的支持和拥护，完全处于孤立无援的地位，而不得不接受帝国主义的控制。

或者依靠和团结国内人民，联合社会主义国家和其他反帝力量，同帝国主义进行坚决的斗争，争取民族独立事业的彻底胜利；或者反共反人民，敌视社会主义国家和其他反帝力量，向帝国主义妥协屈服，断送民族独立的事业。这是摆在一切争取和维护民族独立国家中所有政治力量面前的两条道路。或者走前一条团结、进步、独立的道路，为民族独立事业建立功勋；或者走后一条分裂、倒退、妥协的道路，弄得身败名裂，成为民族的千秋罪人。虽然，走哪一条道路，是每个政治力量的自由，但是历史的巨人却为选定这条或那条道路的人事先作好了结论。

民族独立运动是一个时代潮流，顺者昌，逆者亡，任何人也阻挡不了。各国人民在争取和维护民族独立的斗争中，一定会找到一条走向胜利的道路。

目前的国际形势，对民族独立运动是空前有利的。只要争取和维护民族独立的国家能够团结国内外一切反帝力量，克服前进道路上的各种困难和障碍，胜利是必然属于它们的。让帝国主义殖民主义者去狂呼乱叫、垂死挣扎吧！他们用什么办法也挽救不了自己的灭亡。彻底结束殖民主义统治的日子已经屈指可数了。

（原载《国际问题研究》1959年第3期）

伟大的胜利　巨大的变化

——纪念欧洲反法西斯战争胜利 40 周年

40 年前的 1945 年 5 月 7 日和 8 日，纳粹德国的代表分别向东西两线盟军签署了无条件投降书。进行了五年零八个月的欧洲反法西斯战争胜利结束了。希特勒发动的这场侵略战争，给欧洲人民造成了空前的浩劫。有 3800 万人死于战祸，其中苏联 2000 万，占苏联全国人口的 12%；波兰 600 万，占波全国人口的 22%；德国自己也死了 800 万。物质财富的损失更是无法计算，估计约合当时币值 3 万亿美元。又过了三个月，给亚洲特别是中国人民造成巨大灾难的日本军国主义也被迫宣告无条件投降。至此，第二次世界大战以德日意法西斯侵略者的彻底失败和以中苏美英为首的同盟国的完全胜利而结束了。

战后国际关系的重大变化

尽管战后有些大国为了争夺世界霸权，一直在积极加强军备，进行扩张，使国际形势经常处于紧张动荡状态，局部战争连绵不断，但是新的世界大战终于得到避免，人类已享受了 40 年的和平。而前两次世界大战却只间隔了 21 年。这说明，时代完全不同了，战后世界已经发生了根本变化。

战后的第一个重大变化，是民族解放和人民革命取得了伟大胜利，主要标志就是第三世界的崛起。殖民主义体系完全瓦解了。近百个国家相继取得独立。这些新独立的国家和其他原有的发展中国家组成了强大的第三世界。第三世界国家的发展壮大和加强团结，就是世界和平的最大保证。

战后出现的强大的社会主义中国，也属于第三世界，是维护和平的一个重要堡垒。中国人民在四化建设中的每一项成就，都是和平力量的增强和对世界和平事业的一份贡献。

第二个重大变化，是超级大国的出现。这是国际关系和人类历史上一个新的现象和新的特点。两个超级大国的对立和争夺，代替了多年来那种五霸七雄、列强互斗的局面。单就这点来说，国际关系反而变得简单了。因为只有它们两家有资格打世界大战。它们日益加剧的军备竞赛和激烈争夺霸权，固然是世界和平的主要威胁和造成国际紧张局势的根本原因，但牵制它们的力量和因素也在迅速加强。不但第三世界和东欧许多社会主义国家坚持反霸，维护和平，而且西欧日本等多数发达资本主义国家也反对再打世界大战。单从军事观点讲，两极的战略格局还会长期持续下去，但是超级大国在世界上的地位和它们干预国际事务能力的下降，世界政治经济走向多极化，却是不可逆转并加速发展的总趋势。既然只有两个超级大国有资格打世界大战，那么只要加强对它们的牵制，捆住它们打仗的手脚，大战就打不起来。因此维护世界和平，就必须反对超级大国的霸权主义。

第三个重大变化，是科学技术和世界经济的飞速发展。战争期间特别是战后的科技发展，导致了一场新的技术革命的兴起，对社会经济产生着无可估量的影响，使人类文明进入了一个新时期。而战后世界经济的发展速度，则无论是从资本主义确立以来还是在整个人类历史上，都是空前的和无与伦比的。科技和经济的高速发展一方面可以使超级大国加强军备竞赛，研制各种新式武器，从而增加战争的危险；但是另一方面，科技和经济高速发展导致的上述各种事态发展，又成了抑制战争的重要因素，使大战更难打起来。

80年代世界格局的新特点

从战时的雅尔塔会议起，经过战后发生的一系列重大变化，形成了现在这样的世界格局。看来，这种格局还会持续下去，起码在20世纪内不致出现大的突破。但这并不是说世界形势和国际关系已经成为一个固定不变的框子，相反，战后的世界从来没有安定过，国际力量对比经常发生此起彼落的变化，造成形势的时紧时缓，有时甚至出现激烈的动乱和冲突，严重威胁到世界和平和稳定。进入20世纪80年代以后，围绕着当前国际上的主要问题东西南北关系，又发生了许多影响巨大因而特别值得注意的新变化，有些可能还没有引起人们的足够重视。

就东西关系来说，70年代苏联曾经利用美国地位的急剧衰落和越战失败造成的后果，在缓和的名义下发动了一个全面攻势，直到出兵阿富汗，支持越南侵柬，以及加紧部署中程核导弹等。但是进入80年代，形势发生逆转，美国在世界经济中的地位和它的经济政策所起的作用显著加强。正是由于经济地位的加强，美国政府在国际事务中采取了全面强硬的立场。现在双方已开始在日内瓦会谈，并酝酿两国首脑的会见。这对改善一下气氛会有好处。但由于双方立场相距太远，要在控制武器上达成某种协议，看来并不容易。

美国不但对苏联如此，而且还加强了对中美洲等地的干涉，在南北关系上态度更加僵硬，就是对它的西方盟国，也坚持损人利己的经济政策，经常施加压力，公开进行指责。美国的这种全面强硬政策，只能加剧它同各方面的矛盾，而且也是不可能持久的。因为美国经济地位的加强只是总的衰落过程的暂时中断。现在美国的公私债务已达7.2万亿美元。外国在美投资正在超过美国对外投资。1985年内美国就会变成纯债务国。依靠政府借款于民和国家借款于外国来维持经济发展，显然不是长久之计。一旦某个环节发生问题，整个经济就会发生动摇。因此从长远看，美国走向衰落的总趋势是无法扭转的。而且根据经济周期运动的规律，一两年后一场新的经济危机将不可避免。

就西方阵营内部来说，美日欧之间的矛盾已日益尖锐。美日欧之间的矛盾，更主要的还是表现在经济关系上。而当前的新技术革命的蓬勃发展，既加速了经济生活的国际化进程，也使国际经济矛盾更趋尖锐。因此研究和开发尖端技术已成为美日欧加紧竞争的一项重要内容。一些美国人说，他们的军事威胁来自苏联，而经济威胁则来自日本。所以如果不说社会制度和意识形态，单就国家关系和具体问题来说，美日欧之间的矛盾有时比东西方矛盾还要现实一些。当然，西方国家还要共同对付苏，像两次大战那样在帝国主义间爆发战争大概已经不可能了。它们内部矛盾的加剧，则在客观上对东西之间的战争起了抑制作用。

南北关系日益复杂和尖锐，是当前世界面临的又一重大问题。发展中国家取得独立后经济发展是比较快的，可是进入 80 年代，经济形势普遍恶化。一个重要原因，就是发达国家利用旧国际经济秩序转嫁危机和进行剥削。发达国家特别是美国，又在南北关系上采取越来越僵硬的态度。这都只能引起发展中国家的不满和反对，使南北矛盾更为加剧。人们必须重视当代这个尖锐问题，即发展问题，而这又是同维护和平紧密联系在一起的。

当然，第三世界的发展也是很不平衡的，其中极少数如东亚和东南亚国家和地区的发展相当快，已引起了全世界的注意。亚太地区在世界经济中的地位日益重要，区域性的合作也是大势所趋。

战后的历史表明，国际形势的紧张动荡都是由于美苏的争夺，而和平的力量也能够阻止大战的爆发。当然，它们都决不会放弃争夺霸权的立场，不会停止军备竞赛，所以即使大战打不起来，紧张动荡的局势还将时轻时重长期持续下去。

前事不忘　后事之师

当纪念欧战胜利 40 周年的时候，回顾往事，人们是可以从中得一些重大教益的。

希特勒在上台后短短的几年里，竟然能够明火执仗地不断寻衅侵略，最后发动世界大战，就是由于一些愚蠢的人姑息迁就，一味退让，善良的人们则警惕不够，准备太晚。现在世界人民和爱和平的国家领导人多已认识到，为了防止战争，就必须经常保持警惕，反对扩军备战，把和平的命运掌握在自己手里。

希特勒发动战争也是钻了战前盟国不和的空子，而反法西斯战争的胜利又是在同盟国团结合作并肩战斗下取得的。历史证明，不同社会制度和意识形态的国家，不仅平时可以和平共处友好合作，必要时还能联合起来共同对敌。因此我们主张，一切反对战争的国家在相互关系中既要遵守和平共处五项原则，也要团结一致保卫和平，使战争和侵略势力无隙可乘。

反法西斯战争的胜利，除了由于事属正义、人心所向外，还因为盟国拥有雄厚的物质力量。正如恩格斯在《反杜林论》中所说，暴力的胜利，是以暴力拥有的物质资料为基础的。所以现在强调发展问题，第三世界和所有爱好和平国家积极发展经济，也就是在反对战争，维护和平。在我国，和衷共济，一心一意搞四化，已成为全国人民的统一意志，一切工作都必须服从的中心和大局。集中力量进行经济建设，这本身就是巩固国防，保卫和平。

(原载《经济日报》1985年5月9日)

共和国成立前后的国际形势

讨论中华人民共和国成立前后的国际形势，是为了对这一时期的外交做些回顾与反思。因为所谓外交，顾名思义，也就是对外关系和国际往来。国际形势对外交的影响并不亚于内政对外交的影响。所以要谈一个时期的外交，就必须了解当时的国际背景。然而共和国成立以来的国际形势千头万绪，这里不可能作系统阐述，更不会面面俱到。我只想就几个有不同看法的问题谈点个人意见，并不是说这一段时间的国际形势只有这几个问题，也不表明哪个重要或哪个次要。观察国际形势，要根据如何判断我们所处的时代，由于这个问题已有专篇论述，这里不再重复。下面就集中讨论以下四个问题：全球化与中国，20世纪的国际形势和社会潮流，各种社会的趋同，处在美苏冷战中的中国。

一 全球化与中国
——共和国经历了国际化与全球化两个时期

共和国成立后至今的60年，应分为前后不同的两个30年。头30年是国际化发展的鼎盛时期，由于我们采取了消极和抵制态度，执行了闭关锁国政策，因而丧失了一段良好的战略机遇期。结果不但没能搭上国际化的便车，反而倒退了近30年：社会经济一度陷于崩溃的边缘，劳动生产率对经济增长的贡献为负值，此外还有资源的浪费和生态的破坏等等。经过60年，原来处在同一起跑线上的日本、韩国等早已成为发达国家，中国却还是一个发展中国家。后30年，国际关系中的国际化已转变为全球化，我们适时采取了积极参与态度，实行对外开放，这才搭上了全球化的便车。现在，全球化正在迅速发展，世界上所有的人，不管你是否意识到和是否愿意，都已被越来越深地卷入其中。

（一）从国际化到全球化

全球化这个名词，是 1985 年提出，后来就很快流行起来的。在这之前，人们把各国之间的相互交往、合作与融合的过程称为国际化。它是同资本主义共生共长的，所以马克思、恩格斯在《共产党宣言》中说："资产阶级，由于开拓了世界市场，使一切国家的生产和消费都成为世界性的了。"既然叫国际化，自然是在民族国家开始形成之后，否则也产生不了"国际"这个名词。而民族国家的形成，又正好是同资本主义的发生与发展同步。因此，人们就把国际化的源头定在哥伦布发现新大陆之后。由于资本主义初期发展比较缓慢，国际化在很长时间也发展得很慢。直到十九世纪末，随着资本主义向帝国主义的过渡，国际化才发展得快了起来。这首先表现在国际贸易的大幅增长和对外投资的开拓。但是这一趋势，不久又被第一次世界大战所打断。战后，资本主义发展长期处于停滞状态，国际化也出现萎缩。直到第二次世界大战结束，情况才发生根本变化，国际化得到快速发展，迎来了它的鼎盛时期。这正是共和国的头 30 年。

经过第二次世界大战，资本主义发生了深刻变化，从自由竞争的传统资本主义转变为国家干预和调节的现代资本主义。这一转变，使资本主义摆脱了经济上的长期停滞，促成一轮经济和科技的空前大发展，把人类社会提高到了一个全新的阶段。这也说明资本主义仍然具有极强的自我调节能力，既没有垂死，也不完全腐朽，还没有为其他生产方式和社会形态取代的迹象。2008 年从美国开始的金融危机，引起一些人关于资本主义行将崩塌的议论。其实，这种议论在 20 世纪 70—80 年代西方国家陷入"滞胀"时也曾出现过，后来被 90 年代的高速发展把它从人们的记忆中给冲淡了。

20 世纪 70 年代前后，除发生"滞胀"外，一个更重要的历史现象就是：跨国公司的大规模崛起和飞速扩展，很快改变了世界经济格局的内容和国际经济关系。随着跨国公司的兴起，也掀起了对外直接投资的高潮，其增长速度大大超过世界贸易，是列宁在《帝国主义论》中所谈资本输出（还多为间接投资）完全不能相比的。据一项研究报告，到 90 年代中期，全世界100个最大的经济实体中，已有51个是跨国公司，只有49个是国家。

人们看到，跨国公司越来越代替国家在世界经济活动中发挥主要作用，再加上各种国际组织的作用大为提高，人类相互间的交流和融合，已非国际化所能涵盖的了。正是在这个时候，美国经济学家T.莱维在1985年提出全球化这个名词并很快得到普遍使用。从此，全球化风靡世界，已经很少人再使用国际化的老概念了。

全球化和国际化有些相似的含义，但它们的内涵是大不相同的，各有它时代的特定性，不应加以混淆。但是直到现在，许多人还是不加区别，把两个不同的概念混为一谈，特别是在国际问题研究界。例如自称是中国最早提出讨论全球化问题的我的一位朋友李慎之却认为："全球化时代应该从1492年哥伦布发现美洲算起。"[1] 也是我的朋友的前社科院欧洲研究所所长陈乐民，就讲得更玄了。他说："如果用历史哲学的眼光去观察我们所在的星球所发生的时空变化，我们说，自从有了人类，从古到今，都是走在'全球化'的轨道上的。"[2] 这样一来，按照他们的说法，就起码从人类发展史中勾掉了500年的国际化时代，而这500年正是不同凡响的500年，如同有的作者所说，"过去50年的进步，超过了过去500年。过去的500年超过了过去的5000年。"[3] 所以我主张，必须弄清楚国际化和全球化的各自含义和相互区别。

我们可以为国际化和全球化简单归纳出以下几点区别。第一，国际化的行为主体，主要是主权高于一切的民族国家。全球化的行为主体，则除了国家外，还有国际组织、跨国公司和各种非政府组织，以至个人。而且随着全球化的加深与扩大，国家的作用还在不断减弱，非国家行为体的影响却越来越大。第二，国际化实际上缺少对各国都有严格约束力的规章制度和必须遵守的国际法规。全球化则有越来越多和越来越严格的国际制度、法规和组织，约束着各国和各种非国家行为体，促进传统的国际关系

---

[1] 《开展全球化研究》，《世界知识》1994年第1期。
[2] 《冷眼向洋》《后记》，2000年4月。
[3] 陈淳：《考古学与现代工业文明的忧虑》，《解放日报》2009年6月7日。

不断地和迅速地向全球化转变。第三，国际化不要求各国对本国经济进行干预和调节，也不一定要求各国和一些非国家行为体，对世界经济和其他公共事务进行协调、规划和监管执行。而全球化除需要各国对本国经济进行干预和调节外，还一定要求它们对越来越多的世界问题，包括经济、政治、环保、气候、卫生等，进行越来越深入的协调和越来越严格的履行。第四，随着全球化的发展，世界正在形成全球性的意识、观念、伦理、价值等构成的全球文化。人们在保留民族文化和国家意识的同时，也要从全球利益考虑问题。"保护地球"成了所有人的共同责任。

上述这些趋势都明显地发生在20世纪80年代左右。因此80年代可以大体看作一个分界线：二战后头30年算作国际化，后30年就是全球化了。正好"全球化"的名词也产生在这个时期。所以，国际货币基金组织在1997年的《世界经济发展》报告中说："1914年以前的世界经济进程很难被称为全球化。"就是说不能从哥伦布发现新大陆算起。

分清国际化和全球化两个概念，绝非名词之争。实则对我们了解二战后的国际关系，特别是中国地位的变化，都极为重要。全球化有两大要点：一是世界无所不包的统一市场的形成，一是世界各国经济实现了市场化。这两点，在20世纪80年代以前都还不存在。因为那时先有两个平行的国际市场体系，等中苏关系闹翻后，中国又成了两面都不参与的独行者；同时不少国家，包括苏联、中国、印度这些大国，都还执行着严格的计划经济。但到1980年代后，这些情况已发生根本变化，平行的两个市场合二为一；世界各国都实现了经济市场化（只有极少数几个小国还保留着计划经济或落后的自然经济）。

（二）全球化的基础与动力

全球化首先是源于科技（交通、信息）的发展。它的主要标志是市场经济和信息传播的全球化。如果说殖民主义体系的崩溃，大批民族国家的诞生，还局限在国际化阶段，那么苏联集团的瓦解就已经是全球统一市场的最后形成。它表明：市场经济的力量冲垮了一个僵化的体制，信息传播冲垮了一个封闭的系统。陈乐民说："从天文革命到工业革命是人类历史的一次飞跃，从工业革命到信息革命是人类历史的又一次飞跃。"这就是全球化时代的到来。

其实,全球化和国际化的主要区别还在于世界各国是否都要实行市场化。在国际化时期,世界上大多数国家还没有进行市场化改革,没有实行真正的市场经济。当时的苏联、中国等所有社会主义国家和印度等一些发展中国家,实行的是严格的计划经济,还有许多发展中国家处于自然经济状态。20世纪80年代,特别是冷战结束后,由于市场化在全世界得到迅猛扩展,不但推进全球化出现高潮,完成了从国际化向全球化的过渡,而且也为市场经济在全球范围的形成和发展做了夯实和扫尾的工作。所以时任美国财政部副部长萨默斯就在1995年11月1日的一次会上说:"将来,当历史学家回顾我们这个时代到时候,他们视为突出的事件也许不是两个集团之间斗争的结束。这么多的国家转向以市场为基础的经济,也许是震动更大的变化。这是一场把亚洲、东欧、拉美和非洲几十亿人送上通往繁荣的快速电梯的运动。"中国和世界的历史都验证了萨默斯的预言。中国的改革只比印度早十年多,就从经济上人均国内生产总值落后于印度而很快赶上和超过了它。欧美发达国家这一时期也为进一步发挥市场机制的作用进行了一定的调整和改革。这场波澜壮阔席卷全球的市场化运动,是我们许多人都经历过的。只是有些人淡忘了,不是想继续努力,进一步深化改革,不断完善市场化,而是要停止前进,甚至实行倒退了。

市场化不只是一个国家走向世界和参与全球化的起点,而且是整个人类社会进步的必由之路。每个国家,要求得到经济迅速发展和赶上世界潮流,就必须对内和对外都尽快实现和不断完善市场化。中国曾经耽误了一段国际化的黄金机遇,成为全世界的最大落伍者。后来多亏实行了改革与开发,才没有再次掉队。但由于市场化过程中没有同时启动政治体制改革,就不但妨害了市场化本身的完善和成熟,而且造成严重的两极分化和腐败问题。

如果说市场化是全球化的基础,那么,信息化就是全球化的主要推动力量。由于信息化具有传播快和普及快的特点,就迅速以电脑、互联网、传感器等手段织成了一个把世界所有经济和社会生活都囊括在内的大网,几乎没有什么人群和事物可以漏网在外。1995年,非洲只有五个国家与因特网连接,三四年后就已经是47个国家了。信息传播的全球化,加上交通工具的日益便捷，就使人们发现，世界原来是"平"的，整个人类都住在一个"地球村"里，无论远近，大家都成了"邻居"。这既便利了世界一切国家和地区的人们的交流与来往，同时也对所有国家和非国家行为体的活动作出一定约束。原来意义上的"国际社会"，已经远不够用了，而应以全球社会或世界社会的命名所取代。原来所说的参与国际社会，现在也就是参与全球化了。在当今世界，过分强调民族特点，自外于全球社会，那就是在开历史的倒车了。

（三）全球化并不限于经济

大概是为了在政治上和意识形态上不受外来影响，我国的舆论导向一直把全球化限制在经济范围内，每谈全球化，前面必得冠以经济二字。意思是政治、文化、社会等不能化，甚至认为政治、文化等的全球化就是西化，就是西方对中国特色社会主义的和平演变，因此必须加以抗拒和反对。坚持这种观点并付诸实施，有没有用呢？当然有。这就是为什么改革开放以来，中国经济得到飞速发展，而政治、文化却停滞不前的一个原因。但是事物总是在发展，所以这种停滞和倒退只能是暂时的，不但最终会被打破，而且一开始就没能完全挡得住，民主思想和先进文化总会渗透进来。而且在谈全球化时，把经济同政治及上层建筑硬性分开，既违背事实，也违背马克思主义。《共产党宣言》早就指出，"过去那种地方的和民族的自给自足和闭关锁国状态，被各民族各方面互相往来和各方面的互相依赖所代替了。物质的生产是如此，精神的生产也是如此。"这里谈的还是国际化时代，等到进入全球化，经济同政治、文化就更不能分开。实际上，文化还全球化得更快一些。这是人们早已亲身体会到的。

二战后，资本主义在它的发展史上进入了一个新阶段，从传统资本主义过渡到了现代资本主义，最大的特点就是国家干预和市场机制的结合。到了全球化阶段，全世界都被纳入资本主义体系。一个国家要发展，就必须参与资本主义的全球统一市场，同体现资本主义秩序的国际接轨；就必须开展对外贸易，对操纵直接投资和技术转让的跨国公司持积极态度，进行合作。这种经济基础和发展趋势，一定会决定和影响政治以及其他上层建筑。所以全球化是立足于经济市场化和政治民主化两大潮流的结合上的。全球经济市场化，包括世界统一市场的形成和各国市场化的改革和完善（其中，中国开始于20世纪80年代，俄国、印度则开始于90年代）。与经济市场化相结合的政治民主化，既含有国际关系的民主化（特别表现在百余民族独立国家参与国际社会活动，不再由宗主国"代表"了）；但主要的还是各国政治制度的民主化。如同市场化一样，民主化也是人类文明进步的必由之路，再艰难也得走，只能是早走或晚走的问题，任何民族都不能例外。

二战后，世界多数国家都掀起了政治民主化浪潮和参与了福利化的普及。如同前面所说，第一次世界大战后，全球还没有几个现代意义上的民主国家，已有的那几个国家，民主制度也极不健全。例如美国南方11个州的黑人选民登记，1940年只有3.1%，到1970年已上升到66.9%。[①] 美国已故学者亨廷顿在《第三波——20世纪后期民主化浪潮》中也说，二战后，民主已成为世界潮流，它作为普遍的价值观已为世界上绝大多数人所接受。到21世纪初，世界上绝大多数国家民主化了，保持集权或专制制度的国家已为数不多。

至于西方发达国家，也并未置身于这"第三波"之外，民主化在深度和广度上都有极大的发展和提高。以资本主义的领头羊、一直被称为帝国主义头子的美国来说，二战后无论是在政治体制还是价值观念上，民主化都取得了显著进展和巨大成就。例如种族歧视曾是美国建国后一直背着的大包袱，二战后仍严重存在。1957年9月，艾森豪威尔总统曾命令第107空降师327战斗大队进驻小石城中心中学，就是为了保护9个黑人孩子同2000名白人学生一起上学。美国黑人领袖马丁·路德·金1963年8月作过一个题为《我有一个梦想》的著名讲演，他本人在五年后竟被白人种族主义分子杀死。过了三四十年，到21世纪初，他的梦想已基本实现。黑人奥巴马当选美国总统，在全世界引起巨大反响。说美国民主是假的、为垄断资本家所操纵的那些人大概只好闭口了。其他受社会民主主义直接影响的欧洲和加拿大、澳大利亚诸发达国家，其民主化的进展更是有目共睹。特别值得注意的是，苏联和东欧各国，在20世纪90年代初实行了和

[①] 资中筠：《冷眼向洋》，三联书店2000年版，第112页。

平转型，也参与了民主化的世界潮流。

民主化同时也表现在国际关系中，而且国内和国际两者还相互影响，相互促进。国家政治生活的民主化，使人民群众更多地关心国家在世界上的地位和活动，更积极地参与外交决策和对外活动。世界多极化的发展，新兴国家的崛起，也打破了美欧几个大国控制和主导国际事务的格局，国际关系越来越走向民主化了。而国际关系和全球事务的民主化，反过来又会推动各国的民主事业。全球化的迅速发展不断提高各国人民的政治觉醒，使许多国际活动成了大众性的共同活动。不但在国家之间建立起各种越来越具有约束力的国际制度、法规和组织，而且成千上万的非政府组织和其他民间活动，也都早已超越国界，实现全球化了。越来越多的国际交往和活动超出了国家管理范围，成为人民之间的事了。外交的性质和内涵也随之发生重大变化。

文化的全球化也许发展得最快最明显。知识的全球传播和普及，使后进国家在经济社会发展上可以走很多捷径，缩短追赶发达国家的时间。而且文化的全球化，还表现为文化多元化的发展，不但后进国家吸收先进国家的文化，而且后进国家也可保护和发扬本民族的文化，并将其中的优秀成分融合到全球文化中去。所以文化的全球化，就是融合与多元两种趋势的并存。经济、政治的全球化无法阻挡，文化的全球化就更无法阻挡了。

（四）全球化对谁有利

提出这个问题，是因为我们的舆论导向，长期以来总是强调：全球化只对发达国家有利。典型的提法是 20 世纪 90 年代一次外事会议上的说法："西方发达国家是经济全球化的最大受益者。广大发展中国家总体上处于不利地位。"紧跟的说法就更多了，如全球化就是西化，全球化就是美国化，我们应该支持反全球化的群众运动，等等。直到不久前，还有人说："现在，全球化进程是由西方大国主导的，这些国家从全球化中得益最多，而许多发展中国家受惠很少甚至其利益不同程度地受损。"[1]《中华读书报》上登了一篇《经济全球化：谁是赢家?》的书评说："总体而言，

---

[1] 梁守德、李义虎主编：《全球化与和谐世界》，2007 年版，第 70 页。

发达国家是这一过程中明显的'赢家',而发展中国家大多数都是'输家'。"[1] 在宣传教育上讲了多年的全球化对我国在内的发展中国家不利的说法,还真值得重提一下。

与我国的上述舆论相反,西方一些学者早就指出,全球化对发展中国家最有利,而对发达国家不利。例如经合组织一项研究报告表明,一些成员国表现出强烈抵制全球化的迹象,把失业率居高不下、收入差距扩大等都归因于全球化。[2] 这当然也有点偏。全球化开始时是发达国家主导的,完全吃亏,它们不会干。但问题还有另一面,即全球化是人类历史和世界形势发展的潮流和趋势,是无论什么国家都阻止不了的。实际上,全球化对多数发达国家还是有利的。20世纪末和2007年前这段时间世界经济的高速发展就是证明。即使对一些国家不利,它们也不得不积极参与,以适应潮流和从中谋利。反其道而行,只能给自己带来失败和损失。历史表明,全球化相对来说,对发展中国家更有利些。全球化在整体上促进了发展中国家的加速发展,增加了它们在世界经济中的比重,特别是对世界经济增长的贡献。据世界银行资料,从20世纪90年代起,推动世界经济增长的主要力量已经是发展中国家,它们贡献的比重那时就达到70%,也扭转了整体上南北人均差距拉大的趋势。

全球化不但促进了发展中国家整体高于发达国家增长速度的发展,还在发展中国家里缔造了中国、印度、巴西、墨西哥等一批新兴大国。为什么发展中国家特别是几个新兴大国,能够抓到这么好一个的机遇呢?以中国为例,除了本身推行改革开放政策,积极引进外资、生产技术和管理经验,特别是我们的低人权、低劳动成本和高投入、高资源消耗等国内条件以外,还由于遇到了好的国际经济环境。这主要指:二战后第三次技术革命提供了大量成熟技术可供我们采用,又碰上发达国家在进行产业升级转型,我们填补了它们转移出来的劳动力密集型和技术含量较低的产业和产品。

而且说实在话,就是二战后国际经济秩序的安排,对发展中国家也是

---

[1] 《中华读书报》2008年7月17日。
[2] 英国《金融时报》1998年5月27日。

有照顾和优惠待遇的，并不像以前极左宣传所说，完全是为了剥削发展中国家。这也是为什么改革开放以后，我国积极要求参加关贸总协定（后改为世贸组织）、世界银行等机构，并坚持发展中国家身份的原因。

中国实行经济市场化只比印度早十多年，人均产值就从原来低于印度到很快超过了它。由此也可看到市场化的威力。不过由于中国的市场化是在强人政治主导下实行的，并且以国有经济为主体，所以这种市场化就显得后劲不足，还要经过一个艰难的转型期，社会秩序和政治稳定都会直接受到影响。邓小平当年主持的经济改革，只是在经济面临崩溃边缘而不能不采取放松计划控制的应急措施。他本人就一再说没有什么事先设计，只是"摸着石头过河"。因此，在十一届三中全会上，一方面肯定了以发展生产为中心，摒弃了"以阶级斗争为纲"的方针路线；但另一方面却并没有乘"文化大革命"后的机会引导中国走上民主宪政的道路。

直接相关的一个问题是，南北差距究竟是缩小还是扩大的问题。如同说全球化只对发达国家有利一样，我国舆论导向长时期以来还强调南北差距的扩大。所谓南北差距，是指亚非拉广大发展中国家（过去多称为第三世界）和以经合组织为代表的西方发达国家在经济上的差距。上世纪80—90年代，直到本世纪头几年，中国的一些主要领导人谈到国际问题时，往往要强调一下南北差距在继续扩大。这就使这一提法在一个较长时间成为中国国际问题研究中的定论。其实这是不合乎实际的，是把一个短时期和局部（只看"失去十年"的拉美90年代以前和经济呈负增长的撒哈拉以南非洲）现象说成了整个第三世界的长期发展趋势。

事实上，二战后，发展中国家作为整体，经济发展速度除少数年份外，一直高于发达国家。只是20世纪80年代上半期南北发展差距出现过一时的明显扩大。但到90年代，也就是全球化快速发展以后，南北经济增长速度已完全倒转过来。头四年，南方的年均增速为5%，北方只有1%。连长期处于负增长的非洲，其增速也已超过世界平均水平。1995—2004年，全球增长率为2.48%，非洲则为3.96%。随着技术的全球化发展和扩散，南北之间的技术差距也在不断缩小。所以从90年代起，对世界经济增长的贡献，发展中国家已超过了发达国家，成为世界经济发展的主要推动力量。进入21世纪，国际经济力量对比正在发生历史性的转折，南北在世界经济中所占比重也正在倒转过来。现在主导世界经济的已不再是以西方发达国家组成的七国集团,而是有半数发展中国家参加的二十国集团或类似的国际组织。西方少数几个国家垄断世界经济的历史开始走向结束。

导致人类发展史中这一重大变化,正是全球化发展的结果。由此可见,说广大发展中国家在经济全球化中总体上处于不利地位,显然不是全面地、历史地看问题。这种看法无论如何也不能解释现在的世界经济和国际形势,更无法观察和判断今后的发展变化了。

直到最近,一些书刊还在作这样的重复。其实,就在20世纪后半期,南北差距(总体增速而不是人均)也是一直呈缩小的趋势,只有一个很短的时间除外。现在一些发展中国家,特别是其中的新兴大国,更是在带领世界经济增长,用事实回答了差距扩大的论断。

(五)全球化的趋势和前景

在这个题目下打算谈下面几个问题。

1. 全球化将进一步加速发展

说全球化的趋势和前景,就是全球化的进一步发展,似乎是不成问题的问题。其实不然。因为不论中外,悲观论和唱反调的还不少。例如英国的戴维·赫尔德和安东尼·麦克格鲁主编的一本《全球化理论》,就在《引言:危险中的全球化》中提出了许多"全球化消亡"的观点,如"全球化时代结束了"、"全球化的尽头"、"正在沉没的全球化"等。国内反对全球化和认为全球化因引起的矛盾太多而不能持续的看法也不少。所以谈这个问题并非多余。

经济全球化仍在迅速发展,不要只看各经济实体间的竞争和争夺,也要看到它们之间的协调、合作和融合。2008年美国次贷危机引起的世界金融危机,没有也不会发展成1929年的大萧条,一个重要原因就是主要国家没有完全采取上次那种以邻为壑和单纯贸易保护主义政策,而是实行了国际协调与合作。而且经济上的相互依存、相互渗透还往往在"润物细无声"中进行着,人们在不知不觉中已分不清国货和洋货了。例如在日常生活用品上的中国名牌,已多为外国资本经过控股或收购所拥有。中华牙膏早已为荷兰人所有,金龙鱼食用油属新加坡公司,娃哈哈为法国人收购,汇源果汁为可口可乐收购,南孚电池为美国吉利集团收购,等等。可见,在日用品上要想支持国货,表现点"爱国主义",已经很难了。其他机电产品更是如此。其实,这也是参与全球化的必然现象,对我们并不完全是坏事。如果我们不引进外资、技术和管理经验,我们经济也不可能得到快速发展。而且这种渗透是相互的。我们在经济发展起来后已重视对外投资,特别是在能源和原材料方面。

经济的全球化一定会反映和影响到政治上来。政治全球化也是人类历史发展的必然趋势。政治全球化主要表现在国内政治和国际政治的相互交融,超国家权力的不断加强,全球社会的逐渐形成。传统上属于国内政治的一些事务,会受到国际社会的干预和介入。同样,参与国际事务的除国家外,还有团体(特别是各种非政府组织)、企业以至公民个人,而且参与的程度越来越深,范围也越来越广。全球化进程中产生的超国家权力,不同于主权和政府间国际组织的权威,而属于全球公民社会。它虽然没有主权的刚性,但约束力已越来越大,国家、团体、企业以及个人都要受其制约,国界、国籍的重要性则在减弱。

文化的全球化也不仅表现在文化交流与传播的日益广泛和深入,更表现在各种不同文化的相互渗透和融合,逐步合成包括一切文化精华的全球文化。原来的一些民族与地区文化则渐次消失。例如世界上的语种就在逐步减少,世人的风俗习惯和生活方式也在日渐趋同。

总之,全球化是人类历史的一个新阶段,是长时间持续的宏伟世界潮流。事实证明,对一个民族国家或地区而言,积极参与全球化,各方面都得利。

2. 全球化与和平发展时代

全球化跟和平与发展时代是相辅相成的。世界不进入和平与发展时代,自然就不可能有全球化。道理很简单,没有世界处于和平状态(局部冲突不算,它们也确实没大碍),就谈不上全球化,而没有经济和技术的发展,也全球化不了。反过来,全球化又更有利于维护和平和促进发展。

全球化有可能使人类争取到持久和平,避免世界大战。除了前面已经谈到的人类理性和道德水平的进步和提高外,还因为全球化就是全球走向一体化，各国和各地的利益已越来越交叉重叠在一起，这就限制了大国和地区之间的战争。例如在欧盟内部发生战争已经不可想象。此外，科技的迅速发展也是避免世界大战的重要因素。更新更具威慑力的武器还会不断出现，实际上的军备竞赛也还会继续下去。因为这既是防卫问题，也是国际和国内的政治问题，还是个重要的经济问题。但研制和使用终究是两回事，到一定时候就又会协议裁减。随着全球化的进一步深入和扩展，各种裁军问题终会提上议事日程，并会逐步缔结出一些裁军协定来。

至于全球化促进发展，那就更明显了。例如：全球化极大地开拓了市场，以信息和交通的革新压缩了时空的限制，加速了新技术、新产品的传播和普及。全球化把人类带进了一个新的快速发展的历史阶段，使各种发展周期，科学—技术—生产，产业的转型和升级等，都大大缩短了。人类历史上，从天文革命到工业革命，用了几百年时间。但从量子科技走向信息革命，只用了几十年时间。现在互联网、手机等传递方法和手段，更是日新月异，发展变化得十分神速。全球化不只改变了人们的生产和交换方式，也改变了人们的生活和行为方式，以至思想观念。全球化日益突破国家和地区的界限。人们不但要放眼世界，而且可以越来越多地走向世界。例如在1949—1979年国际化时期的30年里，中国出国人数总共只有28万，每年不足1万。可是2008年一年就有4000多万人出国。全球化促进人类社会发展是全方位的，其速度之快，是人们都能看到和体会到的。

3. 世界社会与全球治理

随着全球化的迅速发展，国与国、人与人的相处越来越接近，交往越来越频繁，接触越来越密切。世界经济、政治、文化都在发生着重大变化。国际化时期以国家为主体的国际社会，已经不适应和不能涵盖新的形势和新的内容了。全球化以后，世界上的国际、人际关系已发生巨大变化，虽然人们还在使用国际社会这个概念，但内涵已经是全球社会和世界社会了。

人们看到，全球化的生产力已经在许多方面突破了国家界限，世界经济日益走向一体化，各国经济都从整体上在逐步融入世界经济。例如中国出现两亿多农民工这个新的群体，就是中国参与全球化的重要结果和表现。他们为中国30年来的快速发展立下了最大功劳，但也因给世界提供廉价产品而为全球化作出了最大牺牲。因为在全球化进程中仍存在着激烈的竞争（没有竞争就没有进步），中国正是靠廉价劳动力取胜。与过去不同的是，国际协调与合作已经越来越占上风。各国的参与全球化，也就是在合作中竞争，在竞争中合作。

在政治上，全球化就是国际政治国内化和国内政治国际化。以前，国家间的利益冲突和争夺是国际政治的常态和国际关系的基本内容。现在，人类的共同利益日益增多，因此需要寻求尽可能多的互助合作，求得共同发展。在大国之间，使用武力和武力威胁的手段，不但极不得人心，而且各国都已经不再定为基本国策了。现在，以至今后相当时期，许多国家还在增加军费、加强战备。这既有国际政治上争强好胜的惯性，也有国内政治经济上的原因。对这种多少带有军备竞赛性的事态发展，人们必须提高警惕，正确应对。但也要看到，在全球化迅速发展的情况下，世界大战和大国之间的战争已很难打起来，各国都在把争取和平发展定为基本国策。

在文化上，由各民族文化中先进和优秀部分形成全球性文化的过程仍在继续，这就是文化在更大范围和更多领域的交流与传播，既是本民族本地区文化向全球文化的扩展，也是全球文化和其他外来文化为本民族本地区的采纳。人们在保留自己民族和地区文化的同时，也都承认人类文化的共性，从而正在逐渐形成与全球文化相适应的新的文化观念和思维方式。而生活方式和日常消费上的相互学习和模仿也许来得更快。

全球经济的一体化，国际政治协调的加强和各民族文化的趋同，使以全球化为基础的世界社会逐渐显露出雏形。国家与社会不同，国家关系与国际（或世界）社会也应分开。在全球化的条件下，人们就有了两重身份，既是本国公民，要为自己的国家服务，又是世界公民，要为保护地球尽责。所以，还在全球化初期，邓小平就说："我荣幸地以中华民族一员的资格，而成为世界公民。"[①] 他也一再强调，在珍视国家独立主权、树立民族自信心的同时，要为世界尽可能作出更大的贡献，首先是维护世界和平和促进人类的发展与进步。这也是世界公民最多的中华民族在人类历史上所应承担的光荣任务。

[①] 见邓小平为英国培格曼公司出版的《邓小平文集》所写序言，《北京日报》2009年2月1日。

全球化的发展和世界社会的形成，说明国际化时期的国际机制，即为稳定国际秩序和规范国际行为建立有约束力的制度安排和交往规则，已越来越不适应新形势的要求，而必须经过不断改良和革新，逐渐建立起新的全球化机制。这就是人们说的全球治理。新旧机制的替代是渐变的，所以人们容易不大在意，其实差别并不小。例如，参与旧机制的成员主要是国家；新机制就扩大到全球的和地区的各种国际组织、跨国公司、非政府组织以至个人。旧机制建立在大国操纵和传统均势的基础上，第三世界没有多少发言权；新机制则以多极化和多元化为基础，并在逐渐走向民主化。旧机制管辖范围有限，涉及的方面也较窄；新机制涵盖全球，管辖范围也越来越宽。旧机制遵守主权不可侵犯原则，新机制则要求让渡一定主权，并日益介入各国政治。旧机制的强制性较弱；新机制的超国家权力却在不断加强。

如何面对全球化的迅速发展，有两点注意事项。第一，必须更新观念。也就是周有光老人所说："过去从国家看世界，现在从世界看国家。过去的世界观没有看到整个世界，现在的世界观看到了整个世界。在全球化时代，由于看到了整个世界，一切事物都要重新认识。"[①] 例如过去只替国家民族着想，现在就必须同时为整个世界着想。如果说，过去在民族还没有完全独立时，提倡民族主义有进步意义；那么，在全球化和国家已成为负责任的大国时，还强调民族主义，颂扬排外，到处说"不"，那就只能是反动的了。

第二，要积极参与全球化、融入世界社会，既享受全球化带来的好处和世界社会赋予的权利，也必须为全球化负责任和尽世界社会成员的义务。国家、个人都应该如此。不但观念必须更新，而且实际行动和具体做法也必须改变。例如，过去基于家丑不可外扬的认识，对一些灾害、事故、疫情等尽可能秘而不宣，现在就应主动、透明、及时向外通报。实际上，随着人类共同利益的增多和技术的发展，过去许多保密的事情也应当公之于世，不能再采取鸵鸟政策了。既然已经融入世界社会，那么政府行为就不仅要接受本国人民的监督，而且也应该接受世界人民的监督。所谓

---

① 《炎黄春秋》2009 年第 12 期。

负责任的大国，就是要自觉遵守国际法和国际关系准则，主动为世界作贡献。

（六）全球化冲突

全球化是一种社会进程，不是一种社会状态。全球化进程没有也不可能一帆风顺，而是充满着矛盾、冲突以至二律背反。所以我们这里借用美国学者霍夫曼的话作为本节标题。而且全球化即使在不出现大反复的情况下，也顶多是进两步退一步的局面。整个说来，它的总趋势可归纳为：长期的发展和短期的倒退。

伴随全球化进程的矛盾和冲突极多，我们这里只能谈其中的几个。

1. 全球化与反全球化

全球化发轫之初，就出现声势浩大的反全球化运动。参加的主要是各国的弱势群体。因为全球化进程确曾给许多国家和地区带来了失业率上升和两极分化加剧的现象。身受其害的人们及其代表反对全球化是很自然的。当然，参加反全球化运动的成分也很复杂，除上述受害的弱势群体外，还有不同人群中的加入者，如社会极端保守势力、反对外来文化和的狭隘民族主义、宗教中的原教旨主义、无政府主义、某些不满现实的非政府组织和有些发展中国家政府，等等。他们的动机和目标不同，但在反对全球化上却走到了一起。前面提到的世界各国中最大的弱势群体中国农民工，却并没有参加反全球化运动。这是因为，一则中国的社会环境不允许，他们或许并不了解全球化是怎么回事；二则他们还从全球化中得到好处，算是全球化的受益者。试想如果没有全球化背景下的对外开放、引进外资、来料加工、扩大出口等措施，他们也就没有机会外出打工。正是由于可以利用低人权和低成本的劳动力优势参加国际竞争，就使中国成了所谓的"世界工厂"，影响到外国的劳动密集型和低技术水平产业的工人就业和收入，促使他们参与反全球化运动。所以，全球化和反全球化是一对非常复杂的矛盾，两者无法以正义与否来分。

但是正如前面一再论证的，全球化是人类历史发展的趋势和进程，既不由人的意志决定，更不是人力所能改变。因此，不管反全球化的一些弱势群体多么值得同情，他们的呼声多么响亮，但是就整体而言，这个运动是违背历史潮流、没有前途的。正像产业革命初期手工业工场工人起来砸机器一样,最后只能从历史上逐渐消逝。近几年,反全球化潮流有所减弱,也许就是兆头。

其实,认为上面提到的失业率攀升和两极分化加剧等问题由全球化带来,那也只是表面原因,根子还在各国的制度和政策。如果政府能够适应全球化潮流,及时改变不合时宜的制度和政策,就有可能妥善对付全球化带来的问题。例如中国改计划经济制度为市场经济制度,就搭上了全球化的便车,促进了经济快速增长,还避免了大失业浪潮。但由于缺乏政治改革的配套,又使两极分化之快超过了所有发达国家。据联合国开发署2007年8月的《人类发展报告》,表示贫富差距的基尼系数,中国是0.469,资本主义的日本只有0.249,反倒是亚洲基尼系数最低的国家。

又如巴西,长期以来都是以贫富差距之大、失业率之高和贪污腐败之严重,在拉美以至世界上出名的国家。前些年的几次世界反全球化大会,也是在那里举行的。可是自从七年前卢拉当选总统以后,适当地调整了经济社会政策,就使巴西的经济得到较快增长,基尼系数有所下降,贪污腐败问题有所好转。结果,巴西的国际地位和声望得到显著提高,国内形势稳定,增强了团结,竟出现几乎举国一致要求修改宪法、使卢拉总统在二届任满后可以继续当选执政的呼声。只是这遭到了卢拉本人的拒绝。

2. 全球化与民族化

这里说的民族化主要指民族国家,同时也指民族主义。整个说来,全球化对国家和民族都是严峻的挑战,既限制国家主权,也削弱民族特性。全球化虽然没有改变主权的基本原则,但却使它的行使受到越来越多的限制。如跨国公司对主权的侵蚀;国际协调和超国家机制对主权的干预;参与一体化和与国际接轨,限制国家某些决策权;对外开放,影响国家资源与领土的管辖权等。而且全球化还使主权的属性遭到削弱,如参加世界组织、国际合作和地区一体化,都会在相当程度上削弱主权的最高性、排他性、不可干预性和不可让与性。总之,全球化既然是不可抗拒的时代潮流,那么,国家主权受限制和民族特性遭削弱就成了世界发展的必然趋势,因此会不可避免地同国家主权和民族主义发生矛盾以至对抗。这也是为什么全球化发展以来,引起了新一轮民族情绪高涨的原因。

新一轮民族化的加强，不仅表现在冷战后又有一批新的民族独立国家的出现，特别是发展中国家为争取经济独立开展的斗争上，还表现在各国为维护本国本民族私利而采取或加强的各种措施上。例如，全球化形成了统一的世界市场，但劳动力资源的流动却受到各国，首先是发达国家越来越严格的限制。原来对外来移民采取较为开放的国家，现在也在不断收紧。还在许多国家的人民群众中产生和增长了一种严重的排外情绪，以致出现专门排外和欺凌非本族居民的极端主义组织，如俄罗斯的光头党、德国的新法西斯团体等。

很明显，全球化进程中遇到的最大障碍就是民族主义。但在今后长时期参与全球化的主要行为体又只能是民族国家。著名学者汤因比说的"必须剥夺地方国家的主权，一切都要服从于全球世界政府的主权"，只能是一种梦想。民族主义和国家还有旺盛的生命力，爱祖国是人的天性，每个人也都应当为自己国家的繁荣昌盛尽力。但同时必须看到，全球化是人类历史发展的方向，是进步的，而民族主义和国家崇拜则是落后的，它们的逐渐削弱和减退也是必然趋势。在这种时代背景下，反对全球化，提倡民族主义，夜郎自大，盲目排外，那就是在开历史的倒车，名曰爱国，实则害国。至于呼吁"军事崛起"，鼓吹加强军备，要走富国强兵之路，争当第一军事大国，取代美国领导世界的思潮，那已经是超越民族主义界限，走向军国主义化了。这是东邻日本100多年前开始走过的道路，并没落得好下场。"殷鉴不远，在夏侯之世。"无论是别国还是本国的经验教训，都应谨记，因为忘记过去就是背叛。

3. 全球化与地区化

与全球化发展的同时，地区一体化发展得反而更快。这是在全球发展不平衡和跨国界激烈竞争的情况下，一些地区相邻和发展水平相近的国家联合起来，便于发挥地区优势，加快区内各国的发展。不过地区一体化发展也不是一帆风顺，20世纪90年代曾经如雨后春笋，但后来有些不是名存实亡，就是发展很慢，甚至连名也不存了。这种现象在拉美、非洲居多。

地区一体化的典范当然是欧盟。它在全面合作上已经走得很远，在国际关系的许多方面成了一个单一的行为主体。但它的发展进程仍经过不少波折，也经常是进两步退一步。近些年由于贪大求多，东扩过猛和欧元运转准备不足，在这次世界金融危机中就遇到特大困难，导致人们对欧盟发展信心动摇。其实这也是多虑。欧洲的一体化是历史发展的必由之路，总会在克服困难中继续前进。而且欧盟在很多问题上都在为全球一体化探路，并进行了有益的尝试。例如欧盟在处理发展均衡化上，就为全球化起了示范作用。它使原来后进的国家可以得到集体帮助，加快发展步伐，赶上先进国家。爱尔兰从后进变先进就是很好的例子。这也是为什么大批东欧国家急于要求加入欧盟的原因。

但是怎样使一体化和均衡化更有利于推动竞争和发展，却似乎是一个并未完全解决好的问题。这或许是限制整个欧盟竞争力的一个因素。中国历史上也有过类似情况。春秋战国时期，一方面是礼崩乐坏、战乱频仍，另一方面却是百家争鸣、文化昌盛。等到秦始皇实现了统一，中国社会文化反而发展缓慢，还常遭破坏，元朝后更陷于长期停滞，更不能和西方相提并论。

当然，在全球化和地区化的进程中，还会出现很多矛盾与冲突。但从发展的观点看，都是会得到解决的。例如，由于信息技术和交通运输的发展，地区化就克服了地域的限制，使原来的自由贸易区演变成自由贸易协定，可以延伸到全球各地。

地区化和全球化看似一对矛盾和悖论，但终究会统一到全球化上来。因为地区化实际上只是全球化的发展阶段或组成部分，它们的进一步交叉、重叠和扩展，就已经是全球化了。毫不奇怪，在这之后还会有新的分化，出现新的矛盾和冲突。人类历史和世界万象本来就是在这种矛盾的循环往复中不断进步的。

全球化既是在和平与发展的架构下实现的，反过来它又在加固与深化和平与发展两大时代特征，把人类社会在文明的道路上不断推向前进，让全人类走向世界大同。

二　20世纪的国际形势和社会潮流

（一）20世纪的十件大事

20世纪是人类历史上发生最大规模的调整和最重大事件的世纪，是既天翻地覆又绚丽多彩的世纪。人类在这个世纪中所取得的进步和成就，超过了自有人类以来的成千上万年。中华人民共和国就诞生在这个世纪的中叶。它的孕育和成长，贯穿着整个20世纪。所以要谈它的国际环境，就有必要对20世纪整个国际形势的演变和社会潮流的兴衰稍作回顾。概括起来，20世纪发生了人类历史上规模特别宏大和影响极为深远的十件大事。这些事件，我们前面多已提到过，有些下面还要作进一步的阐述。为了避免重复，这里只简单指出，甚至只提一个标题。所谓十件大事，是指：

（1）在20世纪上半叶的短短三四十年间，爆发了两次世界大战。两次世界大战都造成了严重的破坏，给人类带来了巨大灾难。但两次大战的性质不同，在历史上的地位和作用也不同。第一次世界大战加剧了帝国主义之间的矛盾，阻碍了世界经济和科学技术的发展，使新的更加惨烈的大战成为不可避免。第二次世界大战则除了严重破坏的一面外，还是人类历史上最伟大的事件之一，是20世纪世界从战争与革命时代转变为和平与发展时代的转折点，促进了世界经济与科学技术的大发展，推动了社会潮流的不断演变。

（2）资本主义经过自我调节和改良，从自由放任的传统资本主义转变为国家进行干预和调节的现代资本主义。这不仅使世界大战得以避免，还缓解了经济危机与萧条等资本主义的固有矛盾，促成了世界市场的形成。

（3）面积和人口占世界一大半的百余个殖民地和半殖民地国家获得民族独立，帝国主义宗主国经营和盘剥了几百年的殖民主义体系完全崩溃。民族独立国家摆脱了对资本帝国主义的依赖，在世界经济和国际事务中起着越来越重要的作用，正在改变着五六百年以来的世界历史。

（4）苏联模式的社会主义在20世纪呈抛物线形地从兴起到衰落。实践证明了这个模式的不合理及其必然失败，但它的影响还很大。要完全消除它在世界上的地位和影响，大约还得经过几代人的努力。

（5）摒弃暴力革命，在资本主义基础上实行渐进改良的民主社会主义，在20世纪取得了巨大成功。它兴起于第一次世界大战后，盛行于第二次世界大战后。及至20世纪末，欧洲各国都在不同程度上先后实行了民主社会主义政策，成为欧盟的社会主流。今后的趋势，也将是在这条道路上继续走下去，逐步改变欧盟各国的社会结构，走向完全的统合。

（6）20世纪80年代兴起的经济市场化浪潮，很快就席卷了全球，使进入市场化国家的人口在几年内扩大了十倍，没有实行市场化和徘徊于世界市场体系外的国家已所余无几。这就把世界经济推上了快速发展的轨道，迅速改变着世界经济的面貌。

（7）与经济市场化前后相辉映的是20世纪下半叶兴起的政治民主化潮流。在这个潮流推动下，绝大多数民族独立国家走上了民主化的道路，实行了以代议制和三权分立等为标志的民主制度；原来的民主国家也对民主制度和人民权利作了进一步的发展与完善；反对民主、坚持集权或专制的国家已经剩下很少，而且统治多不稳定。

（8）第二次世界大战后，两大军事集团的对峙和它们之间的冷战绵延了40年。

（9）科学技术得到迅猛发展，不仅改变了世界面貌，改变了社会生产方式，而且也改变着人们的生活方式与精神状态，把人类的物质文明与精神文明提高到一个崭新的阶段。

（10）世界各种不同的社会制度在不断的碰撞和竞赛中实现优胜劣汰，并逐渐趋同。这种趋势已融合为全球化的统一体系，正在向全球一体化迈进。

（二）20世纪的社会主义和资本主义潮流

19世纪末到20世纪初，资本主义进入帝国主义阶段，内外矛盾空前尖锐。从内部来说，经济危机越来越严重，一直发展到两次大萧条，而经济危机和萧条又促成社会矛盾的激化，引起社会动荡和不稳定。从外部说，一方面是帝国主义国家间的发展不平衡加剧，另一方面是殖民地和势力范围瓜分完毕。这就必然导致以战争手段进行争夺，使世界大战成为不可避免。而严重的经济危机和世界大战，又必然会引起帝国主义国家内部和殖民地半殖民地国家的革命运动。这就是20世纪上半叶的国际形势，所以被称为战争与革命的时代。在这种形势下，为了走出危机，20世纪除资本主义的演变外，还出现了两大社会主义思潮和社会实践。就全世界来说，前中共中央宣传部部长朱厚泽列举了四种，即法西斯主义、北欧的民主社会主义、资本主义的自身完善和以苏联为代表的社会主义。此外，他也提到民族独立运动，但没有展开。这里可以对法西斯主义略而不论，因为正如他所说，法西斯虽然给人类带来重大灾难，但已经为人们唾弃。这里只谈两种社会主义的实践和资本主义的演变。① 然后着重讨论一下殖民主义的崩溃和各种社会制度的趋同。

1. 两种不同的社会主义

第一，苏联模式的社会主义

进入20世纪，随着资本主义矛盾的加剧，社会主义成了人类历史发展中的主要社会思潮。在第一次世界大战期间，主要交战国之一俄罗斯爆发了工农兵自发的二月革命，推翻了沙皇专制制度，人民获得民主自由。但是后来的政局演变，由列宁领导的布尔什维克党通过"十月政变"（过去被命名为十月社会主义革命）夺取了政权，使民主革命中途夭折，建立了一党专政和领袖独裁的更严酷的专制制度。所谓苏联模式（也称为斯大林模式）的主要特点是：经济上消灭私有制，由国家垄断、以计划经济代替市场化；政治上实行一党专政和一元化领导体制的人治；意识形态由国家控制，实行严格的舆论一律。由于物质特别是生活资料的缺乏、政治上的残酷镇压和思想上的严格管制，使苏联社会一直陷入不稳定状态。特别是1938年前后的大规模镇压，曾使国家政权一度处于近乎风雨飘摇的境地。但由于苏联在第二次世界大战中起了打败法西斯的主力作用，所以苏联国家和它的社会主义制度在世界人民中的威望反而大为提高。第二次世界大战后又有十多个国家走上了苏式社会主义道路，形成了与西方发达国家阵营相抗衡的社会主义阵营。

第二次世界大战后新增加的社会主义国家也并不是由于都向往苏联的社会制度，大部分还带有强加的性质，这就是苏联红军打到哪儿也就把它的社会模式推进到哪儿，如东欧各国和亚洲的朝鲜。另外一些国家是共产党领导人民取得政权后照搬苏联的模式，如中国、越南、古巴。经过了战

---

① 参见朱厚泽《当今文化焦虑问题》，《炎黄春秋》第2010年第6期。另参见何方《我看社会主义》、《对俄国十月革命的回顾与反思》，《炎黄春秋》第2007年第7、11期。

后几十年的实践,证明苏联模式社会主义是经不起时间考验的,是违背人类历史发展规律的特例。因此,在20世纪90年代,欧洲十来个国家的社会主义,就在几乎一夜之间完全崩溃,和平过渡到了资本主义体制。曾经照搬的中国和越南,由于及时进行了经济改革,而避免了政治体制的崩溃。只有朝鲜和一定程度上的古巴,主要靠严格的控制和镇压,强忍着贫困与孤立,将原有的模式硬撑了下来。这都说明,建设苏式社会主义是20世纪人类一场伟大的实践,经过了几乎一个世纪的考验,终于证明此路不通,最后宣告完全失败了。

改革后的中国社会属于什么性质,人们有不尽相同的看法。正统的也是主流的社会舆论,认为仍然是社会主义,只是因为中国实行改革开放以后,仍然保留着苏联模式社会主义的一些重要特点,如经济上国家和国有经济仍处于垄断地位等。强调具有中国特色,是因为对苏联模式已有很多改造,如用混合所有制代替完全公有制,用市场经济代替计划经济,以及取消终身制、实行退休制等。其实这里只是修正了社会主义的概念。原来按苏联模式,识别社会主义的标准是公有制、计划经济和按劳分配等,现在只剩下一条主要标准,就是看是否有共产党的领导。所以"有中国特色的社会主义",重要的是共产党的领导。

第二,社会民主主义

差不多与苏式社会主义潮流同时兴起的另一社会主义潮流,就是社会民主主义。如果说苏式社会主义是自上而下使用暴力强制推行的一党专政和领袖独裁的专制社会主义,那么,社会民主主义推行的却是自下而上通过议会和宪政道路渐进改良的民主社会主义。也是在第一次世界大战前后,北欧几个小国如瑞典的社会民主工人党、挪威的工党,先后通过议会选举取得政权,推行社会民主主义政策,收到明显成效。第二次世界大战后,这一社会潮流迅速波及西欧大国,如英国工党、法国社会党、德国社会民主党等,都先后当选为执政党,推行民主社会主义纲领。虽然比北欧五国的社会主义因素要淡薄一些,但方向是一致的,如经济上实行混合所有制和有国家适当调节的社会市场经济,建立体现平等原则和博爱精神的社会福利制度,意识形态实行多元化,允许百家争鸣等。及至战后社会党国际恢复活动后,社会民主主义和民主社会主义双方协议通称民主社会主义，一直到现在。

第一次世界大战后诞生、第二次世界大战后兴旺起来的两种社会主义潮流，经过几乎一个世纪的实践和竞争，结果是民主社会主义更加兴旺，已扩充为欧洲联盟，而实行国有制、计划经济、一党专政和思想控制的苏联模式社会主义却走向失败。这就是对20世纪两股社会主义潮流得出的最后结论。

2. 现代资本主义

这里要讲的现代资本主义，也就是上面所说的由国家进行干预和调控的资本主义（虽然新保守主义抛弃了政府干预的凯恩斯主义，但实际上国家并未放弃调节经济的作用）。从资本主义诞生起直到20世纪上半期即第二次世界大战之前，国家对国民经济除了征税和经营私人难于承担的公共事业以外，基本上是不怎么过问的，任其处于无政府状态。但这不仅使资本主义的周期危机加剧，而且导致经济发展停滞和爆发全面危机，如20世纪30年代的大萧条。这说明资本主义经济体制不能再照旧维持下去了，必须进行重大的改革和调整，这就是罗斯福的新政和凯恩斯的学说。特别是第二次世界大战期间和战后的深刻调整，完成了从传统资本主义向现代资本主义的转变。这一转变带有一定质变的性质，不但拯救了资本主义，还使它焕发青春，取得了战后五六十年的全面快速发展；而且实现了国际间的协调，激发了全球化的进程，缓解以至解决了因资本主义发展不平衡导致战争的问题。

现代资本主义深刻地改变了世界面貌。它改变了主要资本主义国家的社会发展和阶级构成，使马克思当年所设想的，以产业工人为主的无产阶级将成为社会的大多数，并通过无产阶级革命和无产阶级专政而过渡到共产主义的学说沦为乌托邦的空想。实际情况是，原来意义上的无产阶级占人口比重越来越少，不可能掀起暴力革命和专政。而且还使苏联模式社会主义实验终归失败，又重新回到世界资本主义体系中去。事实证明，现代资本主义还有强大的生命力，还有很强的自我调节能力，既不完全腐朽，更没面临垂死，也看不出有什么新的社会形态将取代它的迹象。即使将来有高一级的生产方式和社会制度出现，也可以肯定绝不会再是遭到历史淘汰的苏联模式社会主义。

(三) 殖民主义体系的崩溃

1. 人类历史上的一件大事

帝国主义列强经营了五六百年的殖民主义体系，在第二次世界大战后的民族独立运动高潮中，迅速被推倒，有近百余个国家获得独立。这不但完全改变了世界政治地图，也改变了国际关系的发展方向。少数帝国主义列强操纵世界事务的时代永远结束了。

两次世界大战都引起了民族民主革命的高潮，但第一次世界大战后获得独立的国家却没有几个，争取独立和民主的革命斗争基本上都失败了。第二次世界大战后的情况就大不相同。这首先是由于战争的民主性质和世界人民的觉醒。战争期间，许多殖民地半殖民地人民就参加了反法西斯的共同斗争，战后又随即发起了争取独立的运动，亚非两大洲进行的独立战争就有50场。其次，老牌殖民主义也遭到严重削弱，战争中出力最大的苏联美国又趁机挖它们的墙脚，提倡以至支持一些殖民地的民族自决。同时也应适当估计到宗主国统治集团的不同主张。例如英国的工党政府就稍为开明一些。如果仍然是丘吉尔保守党当权，情况就可能大不一样，在印度、缅甸等地也会发生像法国在越南和阿尔及利亚那样的蛮干。对于战后英国工党政府的作用是不应完全抹杀的。

第二次世界大战后世界范围的民族民主革命运动历时40多年。但应当明确，它的高潮只出现在战后头十年以内。当中国解放战争取得胜利，印度、巴基斯坦、印尼等殖民地大国获得独立时，就可看做民族民主革命高潮的到来。20世纪60—70年代，是黑非洲国家独立的高潮，但已是世界范围民族民主革命的尾声。

2. 殖民主义的双重历史使命

马克思曾以英国侵略和征服印度为例，论证了殖民主义的双重使命。他说，"英国在印度要完成双重使命：一个是破坏性的使命，即消灭亚洲式的社会；另一个是建设性的使命，即在亚洲为西方式的社会奠定物质基础。""野蛮的征服者总是被那些他们所征服民族的较高文明所征服，这是一条永恒的历史规律。不列颠人是第一批发展程度高于印度的征服者，因此印度的文明就影响不了他们。"① "英国不管是干出了多大的罪行，它在造成这个革命（引者注，指摆脱亚洲原有的社会状况而进入资本主义）的时候毕竟充当了历史的不自觉的工具。"②

从马克思关于英国统治印度的论述中可以得出以下几点看法：①资本主义是人类历史上一个必经的高级社会，从其他社会制度进入资本主义是一场伟大的历史革命；②由于历史、地理、人文等条件，欧洲先进入了资本主义，在这之前和之后，都要对其他大陆进行殖民侵略和掠夺，从事资本的原始积累和开拓商品市场；③其他大陆的国家和民族，由于不具备欧洲的条件，长期处于闭塞状态，因此不可能自发地转变为资本主义，它们的资本主义只能从欧洲引进，这也为历史所证实；④殖民主义只是资本主义初级阶段（第二次世界大战前）从事资本原始积累和开拓商品市场的一种手段，它的瓦解和崩溃不会影响资本主义的生存和发展，反而会减弱其寄生性和腐朽性；⑤资本主义的一些基本特征如经济市场化、政治民主化等，是一切国家和民族都必须具备的，如有不足，还必须补课。

殖民主义越到后期，它的积极使命就越来越小，完全成了妨碍宗主国和殖民地半殖民地社会发展的阻力，因此必然要走向瓦解。而它的彻底瓦解，也表明它的历史使命已彻底结束。

3. 殖民主义的历史责任

列宁在《帝国主义论》中把"殖民地分割完毕"列为帝国主义五大特征之一。还说，要再重新分割，就要争夺，就要打仗。③ 所以在19世纪末和20世纪初，世界就只剩下了殖民主义侵略者和殖民地半殖民地两类国家民族。后者占世界领土的3/4和人口的4/5，而且绝大多数连形式上的独立都没有。第二次世界大战前，后来称为第三世界和发展中国家中的独立国家只有38个。到80年代已有92个国家获得独立，共130个。而当年的殖民主义侵略国则只有欧洲的英、法、德、荷、比、西、葡和欧洲以外的美、日等少数国家。它们对于几百年的殖民主义侵略、征服、奴役和

---

① 马克思：《不列颠在印度统治的未来结果》，《马克思恩格斯选集》第二卷，第70页。
② 马克思：《不列颠在印度的统治》，《马克思恩格斯选集》第二卷，第68页。
③ 《列宁选集》第二卷，第797页。

屠杀负有不可推卸的历史责任。过去我们的某些领导人，在会见日本友人时，说侵略中国的只是日本一小撮军国主义的罪过，广大的日本人民也是受害者。这不但违背二战中关于惩罚法西斯侵略国的精神，而且不合乎历史事实，对侵略之害的中国人民更是不公正的。

这是一种民族的犯罪，整个民族都有责任。正是在这个意义上，恩格斯批评英国的工人贵族化了（当然这不是说人人有责，反对侵略的政党和个人总得除外）。但是过去我们用所谓阶级分析法，把侵略以至屠杀的责任只归罪于侵略国的统治者却是不正确的。

4. 民族独立国家的发展道路问题

毛泽东在他的《新民主主义论》中说，从俄国十月革命以后，任何殖民地半殖民地国家发生的革命，都是世界无产阶级革命的一部分，都只能由无产阶级领导，胜利后也只能建立新民主主义的国家政权，即无产阶级领导的、以工农联盟为基础的各革命阶级联合专政，不可能再建立资产阶级专政的资本主义社会。作为特殊例外，第一次世界大战和十月革命后"还有过一个基马尔式的小小的资产阶级专政的土耳其，那么，第二次世界大战和苏联已经完成社会主义建设之后，就绝不会再有一个土耳其。"① 第二次世界大战后殖民主义体系的瓦解和100多个国家获得独立，除中国等个别国家外，其余都是资产阶级（少数为王公贵族）领导的，独立后建立的也是资产阶级（或王公贵族）专政的走资本主义道路的国家。历史事实证明了毛泽东上述论断的错误。也许有人说，中国不是建立了新民主主义共和国吗？其实不然。中华人民共和国从成立之日起就已在向苏联模式的社会主义过渡，并没有建立什么新民主主义社会。这是毛泽东亲自讲明了的。他说："从中华人民共和国成立，到社会主义改造基本完成，这是一个过渡时期。"② 这里面哪里有什么新民主主义的影子？列宁在《两个策略》中也说革命要分两步走，后来从1917年的二月革命到十月革命只有几个月就从民主革命"过渡"到了社会主义革命。中国比它来得更快，民主革命一取得胜利就立即向社会主义"过渡"了。

---

① 毛泽东：《新民主主义论》，《毛泽东选集》第二卷。
② 《建国以来毛泽东文稿》第四册，第301页。

由此可见，新民主主义是个伪命题，只能在口头上讲讲，是不可能付诸实际、建成一个新民主主义社会的。因为民主主义就是民主主义，本无新旧之分。毛泽东所提新民主主义和旧民主主义的根本区别只有一条，就是看是否有共产党的领导，而一旦由共产党掌握了领导，那就只能立即向社会主义"过渡"了。有人认为，过去实行过的"三三制政权"（共产党员、进步人士、中间派各占1/3）和由民主党派参加的"联合政府"就是政治上的新民主主义了。殊不知那只是共产党一时的统战政策，等领袖的想法一变，"三三制"和"联合政府"也就一下子不存在了。比较起来，经济上的三大改造反而稍慢一点，但那只是社会主义改造，而不是改造（或建设）成新民主主义。

共和国成立后，我国实行的革命外交路线，重点就是帮助亚非拉的发展中国家武装夺取政权，搞新民主主义革命和向社会主义过渡。这种外交，我们实行了将近30年，耗费人力物力不少，但全都失败了，没有一个成功的，反而得罪了许多国家的当权派（即我们要打倒的帝修反中的"反"）。所以，实行改革开放后，这一错误的外交路线就被抛弃了。

在国际上，约有五六十个取得民族独立的发展中国家，由于各阶层人民对社会主义的向往和对侵略、奴役它们的资本帝国主义的痛恨，也先后宣布实行社会主义，其中包括印度、缅甸、埃及、阿尔及利亚、坦桑尼亚等这样一些大国，并确实采取了一些它们认为的社会主义路线和政策，如国有化、计划经济、政治平等以及某些社会福利制度，等等。这就是被苏联称为"走非资本主义道路"的国家。实际上这些国家走的还是资本主义道路，采取的某些所谓社会主义措施如国有化、计划经济等，反而妨碍了社会经济的发展。印度就是由于长期坚持计划经济，独立后经济增长一直很慢，到1992年实行了经济市场化的改革，这才得到快速增长。因此，比较而言，发展中国家和地区采取对外开放的资本主义市场经济，反而发展得更快些，亚洲"四小龙"就是证明。而坚持非资本主义道路的国家全都失败了，没有一个成功的。它们不但经济发展缓慢甚至停滞倒退，而且还产生和加剧了群众的贫困化和腐败成风、社会混乱等不良倾向。所以，许多国家就先后放弃了社会主义口号，特别是苏联解体、东欧剧变后，走非资本主义道路的国家，除个别的如朝鲜、古巴等以外，都已改变了路线，调整了政策，走上了正常发展轨道。从 20 世纪 90 年代起，发展中国家作为整体，无论是经济总量还是人均国内生产总值增长速度都超过了发达国家，连撒哈拉以南的非洲也已赶了上来。发展中国家成了世界经济发展的主要推动力量。这可是世界经济和国际关系史上一件了不起的大事。原因当然很多，但包括中国、印度等大国在内的多数发展中国家实行经济市场化和融入全球资本主义经济体系，不能不说是一个重要元素。

5. 第三世界的兴起和式微

殖民主义体系的瓦解，自然是殖民地半殖民地国家人民团结奋斗的结果。进入 20 世纪，殖民地（包括半殖民地和附属国）已被瓜分完毕，占地球 70% 的 8940 万平方公里土地，为十来个帝国主义殖民国家所占有。经过殖民地人民的长期斗争，第二次世界大战后它们先后获得了独立。由于有共同经历、共同处境和共同要求，它们在战后西方的资本帝国主义阵营和东方的社会主义阵营之间，客观上形成了一个中间集团，为了有别于东西两大阵营，所以叫第三世界。由于它们的发展水平一般较低，也被称为发展中国家。在地理位置上，它们又多处在南半球，又被称为南方。总之，第三世界、发展中国家、南方，都是一回事。

但这与毛泽东的所谓三个世界的理论毫无关系。毛泽东提三个世界，既无理论分析，也无事实根据，只是为了实行联美反苏的所谓"一条线"战略而随便提的口号，没有什么道理可讲。例如，经济高度发达、军事上参加北大西洋公约组织的德国、英国、法国等国，怎么能和东欧的苏联附庸国波兰、匈牙利、保加利亚等组成一个"第二世界"呢？当时的苏联和美国也谈不上组成第一世界。所以，这一理论提出来后，除了实行舆论一律的中国传媒和学校大讲了一个时期外，并没得到世界舆论的认同和理睬。在中国实行改革开放，放弃"一条线"战略以后，也不再提了。只是一些不明就里的学者，在谈到中国外交史时还讲。

第三世界是 20 世纪 50 年代初形成的，1955 年在印尼召开的亚非会议是一个最初的标志。后来就逐渐走上了组织起来、联合行动的轨道，特别是 60 年代初发起的不结盟运动和 70 年代初七十七国集团的成立。在同西方发达国家斗争中，如石油禁运、促成南北对话和联合国关于建立经济新秩序的讨论等,曾经一时造成很大声势,也迫使西方国家作了些让步。但是进入80年代,第三世界国家经济发展遇到了一些困难(拉美称作失去的十年),各国之间发展不平衡加剧,一些国家内部和相互之间也都出了些问题。90年代可以说发展中国家迎来了大翻身,虽然发展很不平衡,有些国家还极为贫困,有些国家出现了倒退,但是就整体而言,或者说绝大多数,已经完全今非昔比。有些国家和地区已经进入发达国家的行列,还出现了新兴工业国家、新兴市场国家甚至新兴大国等多种称谓。不但第三世界的笼统称呼对它们不适用,连泛称发展中国家都不行了。所以从20世纪90年代起,国际上已不再用第三世界作国家分类中的一个类别,国际问题研究中也不大用第三世界这个概念了。而进入21世纪后,发展中国家的类别也逐渐被取缔,又采取了一些新的划分法。

应该说,"第三世界"和"发展中国家",是作为20世纪下半期世界经济和国际关系的一个发展阶段而存在的。它们兴起于殖民主义体系崩溃之后,作为范围相对固定的群体,进入21世纪就已经基本上消失了。因此,对世界经济和国际问题的观察,必须与时俱进,切忌把话说死。否则,不但像中国领导人过去一再信誓旦旦地宣布:"中国永远属于第三世界"、"中国永远站在发展中国家一边",都成了笑话,连后来说的"中国永远不做超级大国"也违背世界发展规律,不会有人相信了。因为我们过去是给超级大国加上政治含义,把它和霸权主义连在一起的。其实,按国家规模、实力地位和国际影响等标准看,大国中出现超级这个类别,是不应否认的事实。

三 各种社会制度的趋同

(一) 趋同的必然性

人类自诞生以来,只要有接触、发生关系,就必然会趋同,包括器物工具、生活方式和社会秩序等。例如,一个部落看到另一个部落在用石器,他们自然也会学习和模仿。因为优胜劣汰和取长补短,是推动人类在各方面趋同的动力。不过,我们这里要谈的趋同,是指社会制度的趋同,而不涉及其他方面。社会制度的趋同,有两个根源:一个是事物本身发展规律使然,一个是互相借鉴、彼此学习的结果。随着新大陆的发现和工业革命的发生,人类选择了走资本主义道路的社会制度。由于前述殖民主义的双重使命,资本主义被推向全球,到 19 世纪已在世界占据统治地位。但是初期阶段的资本主义,不但带来许多尖锐矛盾,而且还极为野蛮和残酷,因此人们就更为向往社会主义,使 20 世纪竟出现了两种社会主义实践。不过从社会制度看,完全同资本主义对立的只有苏联模式的社会主义。社会民主主义不但客观上仍然属于资本主义社会制度,而且主观上他们也承认并不用暴力推翻这个制度,只是执行各种社会主义导向的政策,在原有的社会基础上加以逐步改良。所以 20 世纪只存在两种完全对立的社会制度,它们之间的激烈竞赛和生死斗争几乎进行了一个世纪。就是这样两个完全对立的社会制度,也并没有停止相互间的趋同。列宁从一开始就提出向资本主义学习,而资本主义对经济的政府调节和某些社会福利制度的建立,也不能说没有借鉴社会主义的地方。

(二) 从趋同到同化

两种对立的社会制度趋同的结果,就是"合二而一"。或如毛泽东讲哲学时说的"综合——一个吃掉一个"。20 世纪苏联式社会主义和资本主义竞赛和趋同的结果,就是前者被后者所同化。但这时的资本主义也已不是原来的资本主义,而是吸取了社会主义的许多长处、自身进行了重大调整和改革的资本主义。正是由于资本主义对社会主义优越性的趋同,才使它从原来传统的资本主义转变为第二次世界大战后的现代资本主义。如果双方都一直处于 20 世纪 30 年代的状态,即一方面是资本主义的长期萧条,即使打了第二次世界大战,但假定也和打了第一次世界大战一样,战后仍一切维持原貌;一方面是社会主义国家的高速发展,并且能够适时进行应有的调整和改革,那么,人们可以想象,最后的结果将会如何?最大的可能是社会主义国家的兴旺和发达资本主义国家的垮台。中国的情况也不例外。如果建立共和国后不实行"一边倒"、"走俄国人的路"的政策、不生搬硬套苏联模式,而是走经济市场化和政治民主化的世界通行之路,那也不会白白浪费头 30 年的宝贵机遇,早已列身于发达国家之林。

第二次世界大战后，世界进入和平与发展时代，资本主义进入现代资本主义阶段，除了本身适时的调整与改革外，作为世界潮流还有两大特点：一是市场化的普及，一是国际化（80年代后进而成为全球化）的迅速发展。凡是能适应这两大潮流并进行相应的调整与改革，就一定会兴旺发达。否则只能或者赶快补课，或者国家垮台。所以从本质上说，苏联东欧的变化和中国越南的改革，都属于向资本主义的趋同，只是趋同的方式有别，实际上都是在补走资本主义道路的课。这种说法会使许多人大吃一惊，视之为背叛。但只要对问题进行深入分析，就可看出这种说法也有一定道理。

中国特色社会主义的特色表现在什么地方呢？我看主要就在于政治上。至于经济基础，中国社会主义则同资本主义并无重大区别，甚至要比发达资本主义落后好多。假定社会主义的本质属性和要素是指：经济发达，产品丰富；消灭剥削，共同富裕；自由平等，民主法治，等等，那么，发达资本主义国家做到的要比中国强得多。例如它们多已消灭或接近消灭城乡、工农、脑体劳动的差别。我们还保留着世界上最落户的户口制和二元结构。产品丰富、自由平等、民主法治这些要素不能比，是很明显的。就以邓小平特别强调的消灭剥削、共同富裕来讲，我们也比人家差得多。这只要看一下我们的劳动收入在国家总收入中所占比重（就是说人家的剥削轻，我们的剥削重）和表现贫富差距的基尼系数（中国比日本高近一倍，比其他多数发达国家都高），就会一目了然。无怪乎20世纪70年代末，时任副总理的王震发表访英观感时说，"我看英国搞得不错，物质极大丰富，三大差别基本消灭，社会公正，社会福利也受重视。如果加上共产党执政，英国就是我们理想中的共产主义社会。"[1]

现在我们不大强调社会主义本质属性的优越性了，但却大讲起经济发展速度的"中国模式"。其实，我们对发达资本主义国家还处于追赶阶段。搞得好，再赶40年才能在经济上达到中等发达国家水平，然后还得赶高等发达国家。一个在后面追赶的国家要走在前面的国家学习自己的榜样（"模式"），好意思吗？因此，无论以重要的单项对比（如人均产值、共

---

[1] 何方：《从延安一路走来的反思——何方自述》下册，第772页。

同富裕、自由平等、消灭三大差别等），还是全面比较，中国离社会主义的差距都要比发达国家大得多。所以中国表现为追赶的向发达国家的趋同，不仅是补资本主义因素的课，也是实现一点社会主义目标。在这种情况下，反对向西方学习或叫做反对"西化"，就是历史发展上的反动。难道他们消灭了三大差别，我们为了不被他们同化，就偏不消灭，让城乡等差别永远保留下去？解决这个问题其实也很容易，就是让反对"西化"的人注销城市户口，搬到乡下去务农。

（三）社会制度的趋同与全球化

基于世界经济的全面市场化和技术革命推进日新月异的信息化，20世纪80年代人类交往和联系从国际化进入了全球化。市场化是资本主义的本质属性，因此全球化市场的性质也就只能是资本主义，各国融入全球化（现在也还继续称国际社会，虽然已不够准确），也就是加入（趋同）到资本主义世界体系中去。当年的苏联和中国也是以不同方式（突变和渐变的形式）放弃了原来的社会主义体系加入到这个世界资本主义体系中来的。不过我们却认为，俄国是资本主义复辟，中国则是在坚持社会主义。但国际社会并不认同。例如世界银行2007年提供的两份有关报告中谈的就大不相同。世界银行专家2007年4月17日公布的关于俄罗斯的经济报告中指出，俄罗斯经济增长是"符合穷人利益的经济增长"。从1999年到2006年，俄经济年均增长6%，经济总量增加70%。其间工资和人均收入却增加了500%；扣除通胀后，人均实际收入增加超过200%。12月1日，在北京发布完成的《贫困评估报告》初步研究结果则指出，从1999年到2006年，中国经济翻了一番还要多，但全社会工资总额占国内生产总值的比例却不断下降；而2001年到2003年，10%的贫困人口实际收入还下降了2.4%。中俄两国谁的社会主义因素稍多些，从这里也可以得到一点答案。

既然各国都已融入世界资本主义体系，性质上都已是资本主义制度，那社会制度的趋同是否就结束了？其实不然。因为同一社会形态，由于发展不平衡，仍有趋同的必要和动力。例如上述俄罗斯和中国，在社会制度上就存在很大的趋同空间，既有客观的自然融合，也有主观的取长补短。

因为发展不平衡是绝对的，差别会永远存在。所以即使在国家消亡后，地区间仍然存在着不平衡和差别，仍然会不断地趋同。由此看来，趋同是人类社会不断提高的过程。例如欧盟各国之间的趋同，就有很多是人为的、自觉的，也许更多的还是不自觉的自然融合。

各国和各地区的不断趋同，推动着全球化的迅速发展；反过来，全球化的迅速发展又推动各地各国的进一步趋同。因为所谓全球化就是全球一体化，而目前盛行的地区化也就是地区一体化。无论是全球化还是地区化，本质上都是趋同。正像矛盾是绝对的，统一是相对的一样，趋同永远也不会消灭差别。即使旧的差别消失了，也必然会产生新的差别。人类社会就是在这种趋同存（包括新增）异中生生息息，向更高的阶段发展。

随着制度趋同的不断更新和技术革命的突飞猛进，全球一体化正在加速度地推进，发展下去就是世界大同的实现。

四 美苏冷战与中国

（一）对冷战的几点看法

1. 先谈两个题外的话

（1）从学习冷战史说起。谈共和国成立后的国际环境，不谈冷战当然是说不清的。因为连毛泽东 1960 年同蒙高马利谈话时，也说现在的局势是"冷战共处"。正好几年前一位朋友送给我一本《冷战与中国》，先后看了两遍，引起我对冷战史的兴趣。接着又陆续阅读了李丹慧主编的《国际冷战史研究》和沈志华等专家主编或撰写的有关冷战的一些著作。结果除学习到不少知识外，特别是发现从我改行学党史以来，冷战史在国内外的国际问题研究中正在成为显学，自己却落后成外行了。但是回头一想，我还是从头到尾亲历了冷战的全过程的。因为即使以前不算，那么 1950 年进外交部后专事国际问题和对外关系的研究工作和参加一些外交实践，那就多与冷战有关了。在外交部待了 30 年，离开后又到专门从事国际问题和对外关系研究的机构工作了 20 多年，更没脱离同冷战的关系。另一方面，不管叫冷战史还是冷战学，在一定意义上，对我又是新的学问，现在从头作系统研究，也确实来不及了。因此我只能结合自身经历，对冷战中一些问题谈点个人看法,称不上什么学术研究。

（2）再谈一个对苏联的称谓问题。苏联是冷战的两大主角之一,谈冷战当然要经常提到它。但这里先发生了个"正名"问题。苏联解体后,中国传媒大都称其为"前苏联",而且至今尤甚。我却认为,加个"前"字,不但多此一举,而且违背史学原则。因为第一,苏联是个存在了70多年的历史实体,又只此一家,并无前后之分。不像中国历史上东晋时有前燕后燕,五代时有前蜀、后蜀。又如人们称呼中华民国,好像至今还没看到有加"前"的,李新主编的书就叫《中华民国史》。谈到纳粹德国、法西斯日本时同样不用加"前"字。第二,加"前"字违背历史真实。最近读了几本研究苏联问题的书,满篇"前苏联",感到实在别扭。特别是有些地方竟削足适履,为了加"前"字不惜篡改历史文献。例如引证毛泽东1955年的谈话中,在引号内就有这样的话:"我们是弱国,不是强国。美国怕前苏联,但是不怕我们。它知道我们的底子。"[1] 有人在文中引证毛泽东1974年2月22日提出著名的"三个世界"理论时,也说成:"我看美国、前苏联是第一世界。中间派,日本、欧洲、澳大利亚、加拿大,是第二世界。咱们是第三世界。"因为"美国、前苏联原子弹多,也比较富……"[2] 大概谁也不会相信毛泽东生前会说出"前苏联"三个字来。第三,"前苏联"可能只是我们中国舆论和传媒一些人的独特用法,而且按舆论一律的规矩,也许有宣传机关的规定。对于外国人如何称呼苏联,我见闻不广,西方国家的有关资料看得不多,但作为先是中苏友协副会长、后为中俄友协副会长,我在俄罗斯和加盟过苏联的国家,无论是官方还是民间,都没有听到和看到过"前苏联"的说法。著名学者格·阿·阿尔巴托夫有一本著作,就叫《苏联政治内幕:知情者的见证》[3]。最近又买到一本新出版的书,也直接叫《苏联政权史》[4],全书883页,"前苏联"的提法没有出现过一次。我还请教了好几位著名苏联问题专家如徐

---

[1] 陈兼:《革命与危机的年代》,载杨奎松主编:《冷战时期的中国对外关系》,北京大学出版社2006年版,第91页。
[2] 翟强:《建立反对前苏联霸权的国际统一战线》,载《冷战时期的中国对外关系》,第182页。
[3] 格·阿·阿尔巴托夫:《苏联政治内幕:知情者的见证》,徐葵等译,新华出版社1998年版。
[4] 鲁·格·皮霍亚:《苏联政权史》,徐锦栋等译,东方出版社2006年版。

葵、陆南泉、李静杰等，他们也认为不应称"前苏联"，并说有人还专为此写过文章，可惜我没看到。基于以上理由，建议取消这一具有中国特色的"前苏联"提法。

2. 冷战的起源

（1）冷战的标志。研究和讨论冷战的书籍早已汗牛充栋，我没有作过专门研究，当然没有什么好说的。但有些与冷战有关的问题，还是有点个人看法，想提出来讨论。这第一个问题就是冷战什么时候形成。

冷战的终结有点戛然而止，人们没有什么明显的不同说法。但冷战的形成却有个过程，从哪个关节算起，就有很多不同说法了。把起点推得最早的可能是当年国际共运的某些领导人。例如美共总书记福斯特就认为，冷战在第二次世界大战中就已经开始形成。他说："还在第二次世界大战中，当美国和英国处心积虑地企图削弱苏联时，美帝国主义为追求最大限度的利润和世界的霸权而发动的冷战就已经开始了。"[①] 这一说法，当然现在不会再有多少人提起，记在这里也只是聊备一格。但也说明，以往谈冷战的起点，是带有浓厚意识形态色彩的，所以美苏两个集团之间的不同提法就都含有互相推卸责任的意思。中国舆论在很长时期是跟着苏联走的，后来虽然在责任叙述上从美帝称霸改为美苏争霸，对起点有些不同说法，但框架基本未变。我所看到的不同说法有：始于1946年2月9日斯大林在选民大会上的演说；始于1946年2月22日的凯南八千字电报；始于丘吉尔1946年3月5日的富尔敦演说；始于1947年3月的杜鲁门主义、6月的马歇尔计划；始于1947年9月的欧洲共产党情报局成立；始于1948年的第一次柏林危机；始于1949年两大军事集团的形成，即北大西洋公约组织的成立和苏联同社会主义各国分别签订同盟互助性质的条约；以及其他等等。虽然有这些不同说法，但是长期以来，中国的主流舆论和官方意见，多把冷战的起点定格在1947年杜鲁门主义的出台，发动者自然也就是美国了。例如作为"高等学校法学教材"的《国际关系史（1945—1980年）》，就一再指出"1947年美国正式发动冷战"；"1947年国际上两

[①] 《三个国际的历史》中译本，1961年版，第566页。

大阵营的对立加剧"。① 又如为"部分高等院校和其他有关单位作为教材和参考书用"而由复旦大学国际政治系一些学者编写的《战后国际关系史大纲（1945—1987）》，一小节的标题就叫"杜鲁门主义与冷战爆发"。② 另一部由北京师范大学出版社出版、张宏毅编著的《现代国际关系发展史（1917—1993年）》一书（也是作为大学教材和参考书用的），里面也写道，"丘吉尔的富尔敦演说不过是美国统治当局借别人之口发出的第一个明白无误地'冷战'信号。"接下来的小标题就是"杜鲁门主义和'冷战'的全面展开"。

上述各种看法，都有一定道理，但是我总觉得不完全准确。就以至今多数学者和主流舆论一致认定的冷战格局形成于1947年，我看也还值得推敲。1947年固然发生了几桩历史性的重大事件，但正如沈志华教授在其主编的《冷战时期苏联与东欧的关系》中所说，冷战格局的形成表明矛盾的本质已经改变，也就是过去所学哲学上说的，矛盾已从量变达到了质变。他还提出这一变化应具有的标志。我认为这一界定非常重要，否则不但冷战的起讫，连什么是冷战都说不清了。根据我的理解和看法，冷战形成主要应具备以下几个标志。第一，对立双方的主要成员都已制定出和支持一套比较完整的以另一方为对手的对抗战略；第二，以同一战略为基础，双方各自组成了相互对抗的国际性军事集团；第三，这一战略和结盟已正式付诸实施，并有重大对抗表现，表明它们的长期性，而绝不是一时一事。只是作为对抗双方的主角美国和苏联竭力避免直接的军事冲突，这就使对抗始终停留在冷战的范围内，虽有起伏，到底没有发展成为美苏间的大战。第四，这一对抗的阴影笼罩全球，影响整个国际关系，制约着其他一切国家对抗。所以苏联解体就标志着冷战已成过去和后冷战时代的开始，而不能像邓小平说的，"一个冷战结束了，两个冷战开始了。"也不是有的学者所说，在冷战期间，中国进行了先对美国后对苏联的两场冷战。

上述四条还不能说1947年已经完全具备。虽然1947年发生过一些重大事件，但还不能说已经出现了东、西两大集团对抗的格局。因为第一，

---

① 《国际关系史（1945—1980）》，法律出版社1983年版，第76、78页。
② 《战后国际关系史大纲（1945—1993年）》，世界知识出版社1989年版，第17页。

双方还没有把冷战定为基本战略，也没有发生表现双方全面对抗的重大事件。当时出现的顶多只能算成双方的冷战宣言，而从宣言到完全定下来并付诸实施，总还有个过程。例如杜鲁门主义只涉及希腊、土耳其这个小局部，一点也不影响雅尔塔体系对双方势力范围的划定。马歇尔计划只是在经济上帮助欧洲资本主义稳定局势、预防革命和巩固美国的领导地位。至于情报局的成立，看来也还是首先对内，而不是反对帝国主义。连日丹诺夫报告中提出的"世界分裂成两个阵营"，也是斯大林修改时才临时加上的。美苏当时对外关系的重点还不是相互对抗，而是在对抗的名义下团结内部、统一认识。例如美国面临的主要问题，就不是对抗苏联，而是解决同欧洲的矛盾和远东的日本问题。由于战争引起的民族民主革命高潮，使欧洲国家普遍左倾化（这也是第二次世界大战英雄丘吉尔惨遭败选被工党取代的原因），对美离心增长。在对待中国革命的态度上，英美政策就很不一致。作为冷战另一方的社会主义阵营也并未形成，控制东欧国家和恢复苏联在国际共运中的领导地位（情报局不只管欧洲，还曾严厉批评过日共），还是苏联当时的首要任务。第二，1947年，不但客观实际上还没有形成互相对抗的两个阵营，而且主观上也没有出现沈志华教授所提冷战的一个重要标志，即"矛盾的双方（而不是任何一方）已经制定出比较完整的冷战政策"。当杜鲁门发表所谓杜鲁门主义的演讲时，苏、美、英、法四国外长正在莫斯科举行会议讨论德国问题。虽然会议遭受挫折，但关系并未破裂，还就取消德国的普鲁士邦达成了协议，并商定外长会议这一机制继续保持（下次伦敦会议才宣告破裂）。即使要把杜鲁门主义算作冷战的开始，那也只是冷战中一方的美国作出了战略决策，英、法、德等国还不能算，更不用说另一方的苏联和它控制下的东欧国家了。所以直到1951年11月斯大林在《苏联社会主义经济问题》一书中，还否认资本主义和社会主义国家之间的矛盾比资本主义国家之间的矛盾更加剧烈的观点，并断定帝国主义之间的战争不可避免。从这里实在看不到多少冷战的影子。情报局宣言中说的"反帝民主阵营的基本目的是摧毁帝国主义"，不过是共产党人讲了上百年的老话，如同后来赫鲁晓夫说的"我们要埋葬你们"一样，是不能看作国家政策的。

（2）冷战形成的时间。既然冷战起源以1947年划界不够准确，那么应该以什么时候为起点呢？从总体上看，以1949年划界比较合适。因为从这时起，美苏和东西关系才发生了质的变化。第一，双方原来曾经设想过的合作与协商已为分裂与对抗所代替，各自制定了以对方为敌的总体战略。苏联在1947年成立情报局时已发出冷战宣言，经过两年内部调整，到中华人民共和国和民主德国成立后正式形成对抗美国和北约的战略。另一方的美国，1950年4月正式通过国安会第68号文件，决定了此后美国对社会主义阵营的基本政策和遏制对方的冷战大方向，成为杜鲁门开始的历届政府推行的总战略，包括把中国置于对立面。第二，经济上形成两个体系、两个市场。1949年组建经互会，自成一统。西方也对社会主义国家实行封锁，正式成立了巴黎统筹委员会。斯大林随即提出两个平行市场的理论。毛泽东更进一步推行"一边倒"和闭关锁国政策，欢迎西方的禁运。第三，两大军事集团对抗是冷战的一个重要标志。正是这年，北大西洋公约组织成立，欧洲出现两个德国；在亚洲，中华人民共和国成立并迅即同苏联结盟，足以同西方抗衡的社会主义阵营最后形成。第四，东西两端都先后发生过重大的对抗事件，如欧洲的第一次柏林危机，亚洲爆发了朝鲜战争，使双方对抗格局成为不可逆转。第五，苏联有了原子弹，打破了美国的垄断。核武器的出现和增加，固然对人类造成威胁，但对制约战争也起了很大作用。所以美国学者莱夫勒把"原子能革命和核武器的出现"，列为冷战的五大要素之一。①

3. 冷战的性质和特征

上列几条不一定妥当和完整，但离开它们中任何一条，也就很难算得上冷战。现在就根据这些标志并结合实际情况，把冷战的性质和特点归纳为以下几点。

（1）冷战是社会制度与意识形态间的非暴力对抗和竞争。两种不同的价值观，导致对立双方相互仇视，不共戴天，都以消灭对方为己任，这是产生冷战的根本原因。以苏联及其盟国这方面来说，它们都是共产党执政的国家，而共产党的终极目的从来都是消灭资本主义。不过在俄国十月革命前，这还只是作为一种学说和理想。后来列宁夺得政权，强调实践的国

---

① 李丹慧主编：《国际冷战史研究》第一辑，华东师范大学出版社2004年版，第105页。

际主义，其中就有重要的一条：已经取得胜利的无产阶级专政国家，要为推翻国际资本主义承担最大的民族牺牲。搞世界革命、赤化五大洲，被共产党执政的国家当作神圣的历史使命。第二次世界大战前，由于势孤力单，苏联只能养精蓄锐，等待时机。所以当希特勒横扫欧洲的时候，斯大林和共产国际都认定那是帝国主义之间的战争，应该反对。毛泽东在《第二次世界大战报告提纲》中也说，在资本主义国家的交战双方，"都要用革命战争打倒反革命战争"，也就是列宁说的变帝国主义战争为国内战争。后来纳粹德国侵略到苏联头上，这时斯大林和追随他的各国党才把第二次世界大战定性为民主战争，要求在民主阵营的资本主义国家的党只能同资产阶级结成统一战线，集中力量反法西斯，不应急于搞社会主义革命。及至战争进入反攻阶段后，斯大林又提出，苏军打到哪里也就要把社会主义制度带到哪里。所以波兰、捷克、罗马尼亚等东欧国家战后的社会制度，在很大程度上是苏联强加的。苏联一解体，它们又都要变回去也很自然。

由于第二次世界大战的性质是反法西斯民主战争，因此交战双方的资本主义国家，战后并没有也不可能出现那种进行社会主义革命和建立无产阶级专政的革命形势，各阶层人民的共同迫切要求是迅速恢复经济和安定生活、重建和推进民主制度、对资本主义政治经济作较大的改良和调整。而且在战争中苏联的牺牲和损失也最大，恢复任务更为艰巨。何况斯大林长期执行忽视改善人民生活的经济政策。所以直到他去世前的1952年，苏联人民的生活水平还赶不上战败的德国，不但依然贫困，受到食物、日用品和住房短缺的严重困扰，而且人均消费食品仍然没有达到十月革命前1913年的水平。[①] 在这种情况下，如果再用武力去输出革命，引起同美英的战争，那就会比十月革命后列宁打波兰失败得更惨。对此斯大林认识得很清楚，因而极力避免。所以在战争期间和战后头几年，斯大林更多的是希望同西方和平共处和进行合作，甚至还想得到美国的某些经济援助。这也是斯大林和苏联政府对丘吉尔富尔敦演说和杜鲁门主义反应并不十分强

---

① 沈志华：《苏共二十大、非斯大林化及其对中苏关系的影响》，《国际冷战史研究》第一辑，第38—39页。

烈的原因。① 所以不能说斯大林还在第二次世界大战期间就预期到冷战的不可避免，并制定了实施冷战的大战略，像美国著名的冷战研究专家加迪斯教授说的那样。②

从美国和其他主要资本主义国家方面来说，反苏反共的立场也是一贯的。例如丘吉尔，一辈子都是反苏反共的积极分子，只是为了共同对付希特勒的侵略，才不得不同苏联结成反法西斯同盟。即使在战争期间，他也多次讲过反苏反共的话，所以战后发表富尔敦演说毫不足怪。如果不是选举失败，他会比工党艾德礼更早地积极和美国联手反苏。至于杜鲁门，也从来没有停止过反苏反共，第二次世界大战期间就多次发表反苏言论。参加波茨坦会议和继续坚持反法西斯同盟，乃是形势所迫。战后不久，他就很快成为反苏阵营的发起者和领军人物，对内也掀起了一阵反共狂潮，纵容麦卡锡主义，迫害进步人士，连帮助日本搞民主化的文职官员都被大批撤换，有的甚至被判刑。罗斯福生前的大国合作蓝图也顺理成章地被他推翻了。

在美英等这些以前被称为帝国主义的国家，反苏反共当然不是个别领导人，而是整个统治集团，并且具有深厚的群众基础，英美的大工会如美国的劳联、产联，从来都是积极反苏反共的。因为正如马克思在《德意志意识形态》和《共产党宣言》中所说："任何一个时代的统治思想都不过是统治阶级的思想。"所以帝国主义国家的统治阶级既以反对共产主义的独裁暴政为己任，多数群众也就跟着他们的舆论走了。反过来，社会主义国家又何尝不是这样，不但党政领导，而且当年每个党员的崇高理想和宏伟抱负，都是解放全人类，赤化五大洲（这也是从前对党旗上五角红星的解释）。你看，肖洛霍夫在《被开垦的处女地》一书中写的那个农村支部书记拉古尔洛夫拼命自学英文，就是为了搞世界革命。我们当年上延安抗大，校歌上唱的就是"人类解放，救国的责任，全靠我们自己来担承"。从毛泽东到革命队伍每个成员，都决心为在全世界实现共产主义奋斗到底。毛泽东虽然在新中国成立后的路线以至策略上都搞错了，但却都与这

---

① 沈志华：《共产党情报局的建立及其目标》，《冷战与中国》，第24—25页。
② 宋伟在《"缔造美国大战略"：冷战的终结及其遗产国际学术研讨会综述》中对加迪斯提交论文的简介。《国际政治研究》2008年第3期，第184页。

个决心有关。以我个人的思想和对形势与任务的认识来说，无论是在延安也好还是抗战胜利后到东北也好，有两个问题是坚信无疑的。一是反蒋，一定要和他打内战，争天下；二是反帝，和美国打仗大概迟早免不了。到东北后在和苏军官兵的接触中，日常谈话有个共同语言，就是我们以后还要一起打美帝。可见双方的使命感是从上面贯彻到底层的。而且美苏对抗和争夺，主要的就是要推行自己的制度和价值观念，既不是为了多占殖民地，看来维护本国安全也在其次。因为美国从英国手里接过援助希腊原流亡政府和镇压共产党，我看与美国国家安全的关系就不大。而苏联要求托管北非的利比亚，也谈不上是它安全的需要。

（2）冷战是国际力量两极化发展的结果。单有意识形态的对抗，这在第二次世界大战前就已是客观事实。当时苏联势孤力单，不能成为冷战的一方，前面已经说过。可第二次世界大战后的情况就大不相同了。苏联成了打败希特勒的主力，陆军位居世界第一，国际威信空前提高，不但拥有了一大批盟国，而且得到多数发展中国家和争取独立国家的拥护。苏联当时经济困难的情况，外界了解不多，连我1951年到莫斯科工作后都不完全知情。虽然它的经济实力不能和美国相提并论，但在1949年掌握核武器后，军事工业却突飞猛进，核武器很快就超过了美国。这样，就在世界上出现了一个足以和美国抗衡的超级大国。因为在20世纪，美国本来就已利用它地理和资源等优势，取得了第一经济大国的地位，又在两次世界大战中发了大财。第二次世界大战后它驻军几乎遍及全球，在130个国家和地区设有752个军事基地；1948年它的工业生产竟占资本主义世界的53.4%、粮食产量的1/3、黄金储备的74.5%。如同一些西方历史学家所说，当时的美国，比世界其他地方加在一起还要富裕。[①] 其他资本主义列强，不是彻底战败，就是精疲力竭。这就使美国尾巴翘到天上，不但成为全球第一超级大国，而且还要以救世主和世界警察自居。罗斯福在世时，就已设计好美国起领导作用的世界政治经济蓝图和新的国际秩序，并设想将苏联及其盟国包括在内，实际上就是要用美国民主制度和价值理念和平演变它们。他看清了美苏意识形态和社会制度的对抗是根本的，是你死我

[①] 张宏毅：《现代国际关系发展史》，第179页。

活、一个要吃掉一个的矛盾。所以即使他能活到战后,而不是立即由杜鲁门、杜勒斯一派上台执政,那也顶多是合作的时间稍微长些,对抗的方式稍微缓和些,但是美苏之间的冷战仍将必然爆发,主要是因为意识形态和社会制度间的矛盾是不可调和的。其次还因为世界上同时出现了两个相互对立的超级大国,此前的国际关系,不是一国称霸,就是列强竞争,争夺殖民地和势力范围,那只能造成大小热战,而不会有双雄对峙的冷战。因为现在这两个意识形态不同的超级大国,不仅要坚守自己的制度和价值观,而且要争夺一个尽可能大的势力范围推广自己的制度,还要进一步同化对方。这就是苏联方面的输出革命,尽国际主义义务;美国方面的和平演变与杜勒斯的"推回去"政策。

国际力量的两极化和双方军事力量对比的相对均衡化及其造成的地缘政治的变化,使40年的冷战成为必然。由于这对矛盾是对抗性的,表现为双方是谁战胜谁的关系,因此冷战可以时紧时松,出现紧张与缓和交替,但要最后解决,只能以博弈的零和宣告结束,不是甲方的胜利就是乙方的胜利,结局不可能双赢,不可能以妥协告终。历史事实也是,冷战的结果是苏联集团的解体和社会制度的失败。美国的力量虽然遭到很大消耗,但终于赢得了冷战的胜利。

(3) 冷战是集团性和国际化的行为。冷战是北约和华约两大军事集团的对抗,而不只是美苏之间的争夺。而且一开始双方就把组建集团和团结整顿集团内部当做头等大事。只有把集团内部大体搞好,才能适当集中力量同另一方对抗,否则内部争吵不休,互相掣肘,那就形不成一个阵营,更无法结成一个军事集团了,那也就形不成冷战格局。这就是为什么美国首先要和英联邦各国搞好关系,也要拉拢法国,特别是变削弱和压制为扶植与武装德国和日本。如果不先做好这方面的工作,杜鲁门是不会单枪匹马去和苏联对抗的。这就是美国从1947年起着重于保持军事同盟和巩固其内部的原因,如宣布杜鲁门主义,实施马歇尔计划,同18个拉美国家缔结联防公约,组成北约,分裂德国和武装西德,单独对日缔和并结盟,以及组织其他包围苏联和中国的军事同盟等。苏联这方面也在积极应对,如在东欧一些国家整肃资产阶级反对派,巩固亲苏派共产党的领导地位,用互助条约把各国联在一起,特别是成立九国情报局。虽然情报局决议被人们看做苏联集团的冷战宣言，但实际上它们还没有制定出完整的冷战战略。苏联仓促成立情报局的主要作用和目的，还是把欧洲各国党重新统一在苏联的领导和控制之下，解决当时存在的看法不一和各自为政现象。当时中东欧国家，多数都是愿意接受马歇尔计划的，只是被苏联硬给制止了。还有一个重要的证明就是，要成立情报局，却谁也不愿充当情报局的发起人和把机构设在本国。积极倡导的南斯拉夫，其实是想在巴尔干称雄，并不愿接受俄国人的管教，所以很快被革出了教门。其他国家内部问题也不少。在这种情况下，斯大林还来不及也没力量向圈外输出革命，像有些人说的支援希腊共产党等。能把圈内这八九个社会主义国家牢牢掌握在手，教他们按照苏联模式搞建设和一致对外，那就很不错了。

两个超级大国的冷战，不但拉来许多国家组成军事集团，而且它的阴影席卷了世界，没有哪个国家不受其影响，因而被一些外国学者称为冷战的全球化。在冷战期间，整个国际形势基本上操纵在美苏双方之手。它们之间关系的缓和，也就是国际形势的缓和；他们搞紧张，整个国际关系也就紧张了。既然冷战已国际化，影响席卷全球，所以其他国家搞得再特殊，也动摇不了这个大局，更不可能掀起另一场冷战。因此如上所述，不能说在冷战期间中国还另外进行了两场冷战。实际上那只是中国自己政策上的变化，客观上并没跳出美苏冷战的格局。只是一度造成冷战中一个战略大三角。因为头一阵的积极反美，客观上必须向苏联"一边倒"；后来反苏，连主观上也是联美。否则，如果这种两场冷战的提法可以成立，那么每个国家，起码较大一点的国家，就都可以发动冷战，那冷战也很难算清有多少场，更没有时间的限制了。

（4）冷战中的个人作用。冷战的出现，当然是国际形势发展变化的结果，并不以人的意志为转移。但是个人在历史中有时可起到决定性的作用，这也为冷战所证实。冷战是两个超级大国互动的结果，它们的领导人就在其中起了极为重要的作用。从苏联方面来说，正如张盛发在其所著《斯大林与冷战》[①]一书中指出的，斯大林体制是苏联进行冷战的最深厚的国内基础，而外交本质上又是内政的反映和延续。这就是说，苏联的内

---

① 张盛发：《斯大林与冷战》，中国社会科学出版社2000年版。

政和外交都是和斯大林联系在一起，或者说主要是由他决定的。如果是一个比较开明的领导人，面对战后的国困民穷，主张以民为本，致力于和平发展，那就可能完全是另一回事了。由于历史不能假设，所以这只是非分之想。但是事实上，斯大林后的赫鲁晓夫倡导和推行"三和"（和平共处、和平竞赛、和平过渡）路线，美苏关系以至整个国际形势随之趋向缓和，曾被毛泽东认作是美苏合作要对付中国和世界革命。及至勃列日涅夫上台，实行强硬政策并出兵捷克斯洛伐克和阿富汗，形势又紧张起来。苏联内外矛盾积累到难以为继时，最终以戈尔巴乔夫的改革为契机，导致了冷战结束。从美国方面来说，杜鲁门改变了罗斯福生前提倡的大国合作和推进民主的方针，执行反苏反共政策，使美国成为冷战的另一个策源地和世界宪兵。中国舆论过去多把冷战的责任推给美国，这方面的情况人们比较了解，这里就不用说了。除了美苏领导人外，第三个对冷战起重大作用的，应该说是毛泽东。我同意杨奎松的看法，毛泽东很少提"冷战"二字，是因为冷战不过瘾，他"事实上更希望看到热战"。[①]

（5）冷战的历史地位和制约因素。冷战所以叫冷战，就是双方没有真正打起来，否则就成了热战。但是这里说的没有打热战，是指美苏两国没有直接打、两个阵营没有整体打。双方的局部热战和被称作代理人战争的，还是发生过不少。例如朝鲜战争，毛泽东就说，这个战争实际上是三国打的，朝鲜、中国、苏联，苏联出武器。但是敌人方面呢，是16个国家。美苏执行的都是战争边缘政策，竭力避免直接打。否则要是真打起来，那就是核战争，就是第三次世界大战。40年的冷战，双方之间矛盾那么尖锐、对抗那么严峻、争夺那么激烈，可就是打不起来，擦枪也没有走火。每到战争边缘，双方总是可以取得妥协。这是什么原因呢？就是因为冷战发生在和平与发展时代，只是这个时代大历史背景中一个时期国际力量对比相对均衡化所表现出来的战略格局。一旦力量对比的均衡状态被打破，冷战也就结束了，但代之而起的并不是战争，仍然是和平与发展这两大时代特征制约着的历史进程和形势变化。这就是小道理服从大道理，局部服从全局的规则。因为比起大的历史时代，冷战既在时间上比较短暂，

[①] 杨奎松：《毛泽东的冷战观》，《二十一世纪杂志》（香港）网络版2007年8月号。

影响范围也很有限。就是在对抗最激烈的时候，也不能说冷战就是一切，其实它连整个国际关系都涵盖不了。所以国际冷战史不能代替国际关系史。当然有很多人和在很多地方，也把冷战和时代连在一起，使用"冷战时代"这个概念。不过这和我们前面谈论的大的历史时代并不是一回事。而且时代这个词是有多种用途的，如青少年时代、全球化时代、知识经济时代，等等，含义各不相同。但是我们说的和平与发展时代却确实制约着这个冷战时代。冷战变不成热战，就是受着和平与发展时代的制约。而和平这个时代特征，又是由历史发展的一些因素促成的。

不但冷战期间，而且在历经时间更长（包括今后可以预见到的时期）、涉及范围更广的和平与发展时代，能够维护和平，避免大战，还使人类社会、经济、政治、文化得到飞速发展，主要原因是，第二次世界大战造成了国际社会发展的两大基本变化。一是现实社会主义势力的加强和改进，并得到空前广泛的世界民族民主运动这一直接同盟军的支持，使它成为足可同西方资本主义世界相抗衡的力量。更重要的也许是前面一再说过的，资本主义发生了重大变化，在一定意义上可以称为质变，即从传统资本主义变成了现代资本主义。这两方面的变化就造成一些遏制和制止世界大战的根本因素。第一，现代资本主义已彻底否定了列宁、斯大林关于帝国主义之间战争不可避免的论断，反而使它们之间的战争成为不可能。因为现代资本主义还有强大生命力，能够进行自我调节，缓和以至解决自身的一些矛盾，无须诉诸大战。第二，全球化的迅速发展和殖民主义体系的完全崩溃，使各列强不可能也没必要为争夺殖民地而互相厮打，实行对外扩张用经济、文化等手段反倒更合算。第三，大规模毁灭性武器的出现和不断更新，以及科学技术的全面迅猛发展，都成了制止世界大战的重要手段。第四，由第二次世界大战性质决定的战后民主运动（而不是无产阶级革命），有力地推进了发达资本主义国家的民主化，不但彻底改造了德日意战败国的专制制度，也使原来的民主国家进行了重大的改革，进一步增强了人民的民主权利，成为防止战争的重要力量。以上列举的这些变化，正是时代特征在冷战期间所起作用的表现。冷战结束后，时代并没变，这些基本因素仍在继续发挥作用，即使有个别国家对另一些国家采取战争政策，那也只能是局部事件，因为构成冷战的两大对立军事集团已不存在。

（6）冷战与第三世界，兼论冷战中的热战。第三世界指亚非拉的原殖民地半殖民地国家。它们本来就在一直为争取民族独立而斗争。基于战争引起革命的规律，第二次世界大战导致了一次空前范围的民族独立运动，战争期间即已开始，战后随即迎来高潮。首先是一些大国如中国、印度、印尼等很快获得独立和解放，然后就是整个殖民主义体系走向彻底崩溃。其实，成为战后冷战双方的美苏，也老早就已插手殖民地半殖民地国家，培植自己的势力，不过战争期间主要还是推动它们参加反法西斯战线，所以美英首脑在《大西洋宪章》中就对民族自决作出了承诺。可见，第三世界的兴起，是民族独立运动造成的结果，并不是冷战的产物。两者在形成过程中有所交叉而且互有影响，但并不是因果关系。那第三世界在冷战中处于什么地位和受到什么影响呢？

据张小明教授介绍英国冷战研究专家文安力的最新论述认为，"冷战最重要方面既不是军事的，也不是战略的，还不是以欧洲为中心的，而是与第三世界的政治和社会发展密切相关"[①]。我觉得这是把第三世界在冷战中的地位提得过高了，使人难以理解。因为不但冷战的主角不在第三世界，就是参加主要对立军事集团的北约和华约国家，也都不在第三世界。由于它们的对抗性质是既要整垮对方、又要避免同归于尽、所以采取了以军备竞赛为重要形式的战略对抗。这在开始相当时期都是以欧洲为中心，然后才进一步全球化。第三世界的地位，只是冷战双方为推行社会制度和意识形态而进行争夺的战场。双方在第三世界的争夺和干涉，既推动又阻挠殖民地半殖民地国家的独立和发展，还在它们内部制造矛盾。在一些国家或地区，冷战期间遗留下来的问题如内乱和冲突，至今仍在发酵。而第三世界国家也在双方之间摇摆，并结合本国的意向和利益进行选择，不是亲苏就是亲美，或者左右逢源，捞点实惠。不过，就绝大多数国家来说，它们还是愿意走和平中立的道路，并且组成了不结盟集团。但要做到完全中立，实际上也不容易，总得有点偏向。例如南斯拉夫和印度都是不结盟运动发起国，南斯拉夫就偏向美国，印度则偏向苏联。再则，由于美苏两大阵营特别是以美国为首的西方，垄断着世界大部资源和实际掌控着国际秩序，所以发展中国家再坚持中立也

[①] 《国际冷战史研究》（五），第267页。

不得不对这方或那方有所依赖，这就是为什么不结盟运动曾一度发展到 115 个国家，成为一支重要的国际力量，虽然冷战双方对它们的意见不能不加以重视，但它们终究动摇不了冷战格局，也改变不了国际秩序。如它们几次首脑会议通过的合理决议，甚至为联合国大会所采纳，如关于建立国际经济新秩序，但最后也还是不了了之。

冷战期间的热战，几乎全都发生在第三世界。而战争数量的大增，既有争取民族独立解放的因素，也与美苏双方的争夺有关。据 20 世纪末期美国一研究中心报告，从第二次世界大战结束到 1992 年的 47 年间，全世界发生的战争（指一个以上政府发动，每年死亡千人以上的纷争）共 149 起，每年平均战争频率是 19 世纪的二倍，18 世纪的七倍多。① 许多国家的内战，都可看出双方支持不同派别的背景。后来它们即使不再插手，但是由于派性斗争的惯性，如不同的信仰，不同的族群，不同的领袖和领导集团，以及长期斗争中结下的仇怨等，一些国家的内战和纷争，多少年都得不到解决。可见，冷战对于第三世界说来是利小害大。所谓利，就是指冷战保证了一个长期的和平国际环境和发展机遇，双方的矛盾还可供其利用。所谓害，就是指双方的争夺影响了第三世界各国的社会成熟和经济发展，使它们中的大多数耽误了人类发展史上一段黄金时期，在经济、政治、社会、文化等的发展中大大落后于发达国家。所以有人喟叹：第三世界的经济发展失败了，"在大多数国家，政治也退化了"。当然，内因还是主要的，就是它们没有走或没有走好人类文明的必由之路——政治民主化和经济市场化。著名经济学家阿瑟·刘易斯说，它们犯了两个根本错误，一是低估了国际贸易推动经济增长的力量；二是对"市场价格的激励比部长的讲话更重要"认识得太晚了。②

第三世界和冷战格局，可说是同时形成，共同存在，又一起结束。第三世界是具有受殖民主义欺压的相似历史和进行不同程度反帝独立斗争的100 多个国家的泛称。它们的社会形态、发展道路等本来就千差万别，后来又由于自身的条件和冷战影响而不断分化。在东欧剧变后，冷战以苏联

---

① 李京文主编：《走向 21 世纪的中国经济》，第 27 页。
② 《制高点》中文版，外文出版社 2000 年版，第 124—125 页。

失败和美国付出沉重代价而取得胜利宣告结束。差不多同时，由于在实际上早已走向分化瓦解，进入21世纪，第三世界就基本上变成历史名词了。

（二）冷战与中国

我们要谈的共和国前期（头30年）外交，是完全处在冷战的国际环境中的。因此，无论是外交还是内政，冷战的影响都是无所不在，可以写的问题实在太多，何况学界有关的研究论著已经不少。这里只想就，中国在冷战中的地位从以下几个方面谈点个人意见。

1. 冷战前中共的国际定位

如前面所说，斯大林还不大像在第二次世界大战期间就已预计到冷战不可避免并制定出进行冷战的大战略，那么在抗日战争结束前，毛泽东却确实预计到抗战胜利后的国共内战和在国际上的反帝斗争。这也是当年在延安的干部经过皖南事变后的共识。那时谈论对蒋介石的态度只有两种，"洗脸"政策（经过斗争使蒋介石和国民党认同和接受新民主主义）和"杀头"政策（主要以武力消灭蒋介石反动集团）。正如毛泽东所说，了解蒋介石的过去，就会知道他的现在；了解了他的过去和现在，就可看清他的将来。因此结论是：蒋介石不会接受"洗脸"政策，那就只有准备打。这也是毛泽东共和国成立前十年一路讲下来的精神。在抗战胜利前夕，毛泽东已在对干部的报告中断言："蒋介石要发动全国规模的内战，他的方针已经定了。我们对此要有准备。""美国帝国主义要帮助蒋介石打内战，要把中国变成美国的附庸，它的这个方针也是老早定了的⋯⋯我们要有清醒的头脑。""这就是说，对于帝国主义和反动派不抱幻想，不怕威胁，坚决保卫人民的斗争果实，努力建立无产阶级领导的、人民大众的、新民主主义的新中国。"[①] 所以在日本宣布投降后半个月，我参加的一个干部团从延安出发去东北，就叫"上前线"。大家的共识是打完日本打老蒋，求得全国解放。可见，还在第二次世界大战结束前，中共已经对战后将要发生的冷战，无论在国内还是国际上都预先为自己定了位，并且一直保持未变。到了共和国宣告成立的前夕，毛泽东把向苏联"一边倒"、"走俄

[①] 《抗日战争胜利后的时局和我们的方针》。

国人的路"和坚决反对帝国主义定为基本国策,对中国在冷战中的地位,从理论到实践都完全明确了下来。

2. 中国在冷战中地位的演变

中华人民共和国是共产党一党执政的国家,因此,党对国际事务中"一边倒"的定位,自然就是开国后的国策。它也使共和国一下就成为站在苏联方面推动和参加冷战的重要因素。中国坚决反帝的立场和战略,特别是参加朝鲜战争,不仅把冷战推向高峰,使冷战格局不可逆转地固定下来;而且把美国的战略注意力引向东方,来防堵所谓"共产党中国的扩张"和"多米诺骨牌效应",因而打完朝战又打越战,还要应对台海危机。这样一来,反倒使被称为冷战中心的欧洲显得相对安定一些。在苏联方面,斯大林后的新领导赫鲁晓夫等人,一开始就感到苏联的发展必须对僵化的斯大林模式进行改革,在国内是从平反冤假错案和设法改变农业一直落后的局面(这时的粮食产量仍未达到1913年沙俄时的水平),对外则主张缓和国际紧张局势,并促成朝鲜停战和1954年日内瓦会议的召开。苏联政策的改变,使冷战骤然从高峰下滑到以对话代替对抗、缓和代替紧张的新阶段。由于我本人当时出任中国驻苏联大使馆研究室主任(1951—1955年),任务就是密切注视国际形势的发展变化,其间又参加了日内瓦会议,所以对这一变化感触特深。

虽然毛泽东认为,对社会主义阵营和世界革命来说,国际形势紧张比缓和更有利些,所以还想让朝鲜战争再打一个时期,并在斯大林生前得到同意。但是服从苏共中央领导的"一边倒"基本方针总还有它的强大惯性,而赫鲁晓夫和苏共新领导为了取得中国的支持,又进一步增进了对中国的友好和尊重,提供了更多的经济援助,这就提高了毛泽东依靠苏联加速建设的思想。他在1954年10月3日同赫鲁晓夫会谈时说,"我们现在有一个和平建设时期,应充分利用它,进行经济建设,大力发展生产力……如果我们能有二十年的和平建设时期,那么战争的危险性就会减少很多,甚至可能打不起来了。"[①]在内部谈到外交政策时,他也说,"缓和局势与和平共处,本是我们的口号,现在艾登、尼赫鲁说了,形势大变

---

① 彭学涛、郑瑞峰:《中俄解密档案——毛泽东四会赫鲁晓夫》,《文史精华》2009年第3期。

了。我应与一切愿与我建立外交关系的国家建立关系。"① 中国态度的改变和对苏联和赫鲁晓夫缓和政策的支持，确曾使国际形势一时走向缓和，也使中国在经济上得到迅速恢复和发展，政治上保持安定和宽松，在共和国史上出现过一个时期欣欣向荣的局面。这也是许多人常常怀念的20世纪50年代上半期的短暂盛世。

另一方面，随着同赫鲁晓夫的接触日多，毛泽东也更加骄傲起来，认为他同斯大林打交道还可打个平手，赫鲁晓夫就不在话下了（筹备中共十二大时期胡乔木同李慎之等人的谈话），因此逐渐产生一个志向，要取代苏联在社会主义阵营和国际共运中的领导地位，做第二个斯大林。1955年底他已提出"以苏为鉴"，及至苏共二十大后，又进一步表示，中国应该走出一条比苏联更好的道路，实际上就是要在对外关系和国内建设上都走到苏联的前面。对外，要在世界范围带头反对美帝，用他的话说叫做"顶住美帝国主义的大肚子"，推进世界革命；对内，发动反右派、"大跃进"等运动，在政治经济上赶超苏联。这一"左"倾冒险主义路线执行的结果是，国内的瞎折腾，最后把中国引向崩溃的边缘。对外，同美国的对抗不断升级，和苏联从同盟关系完全破裂到发展成军事对峙，直至发生边境武装冲突。这就使中国退出了美苏间的冷战，但却受到两面夹击，在国际上完全孤立，不得不另寻出路，摆脱困境。

如同列宁、斯大林把社会民主党当作头号敌人一样，毛泽东很快就把反对苏修摆在了反对美帝之上，认定苏修是对中国的最大威胁，是主要的战争策源地和世界人民最凶恶的敌人。这本身就表示了中国在冷战中从苏联一方向美国一方的倾斜。只是由于美国对华政策的僵化和中国对世界革命的立场不能转弯太快，才使这一过程拖了十年之久。直到20世纪70年代上半期，美国才改变了以中国为敌的政策，中国也采取了联美反苏的"一条线"战略，中美之间建立起了基辛格说的"心照不宣的同盟"关系，国际上出现了所谓"战略大三角"格局，苏联在冷战中的地位急剧恶化，不得不改弦更张，导致了戈尔巴乔夫的上台和内外政策的根本转变。

当苏联谋求缓和以至改善同中、美关系的时候，美国采取了一定的迎

---

① 1954年7月7日在政治局扩大会议上的讲话，转引自《周恩来传》，第1147页。

合态度，并趁机调整了政策，进一步加强和改善了在冷战中的地位。唯有中国在"文革"后仍继续坚持"一条线"战略，还要求美日等西方国家加强战备，批评它们的缓和倾向，称为对苏联的"绥靖政策"，邓小平还以提倡缓和的学者之名给戴了一顶"索南费尔特主义"的帽子。直到80年代上半期，才正式宣布放弃"一条线"战略，执行完全独立自主的外交政策。

3. 中国在冷战中的作用和得失

以上情况表明，中国从头到尾都是冷战的有力推动者和积极参加者。由于中国的实力不强，所以只能在冷战中充当次要角色，而不能像美苏那样决定冷战的兴衰存废。但是中国毕竟是个疆域和人口大国，又先后和美苏进行过军事对抗，有能力起到著名国际问题专家宦乡所说"四两拨千斤"的作用，成为除美苏外影响冷战的最大的一个因素。只是中国在不同时期所起作用也不同就是了。

第一，共和国成立后头十年，中国执行"一边倒"政策，这既推动冷战的迅速定型和不断升温，又阻碍了紧张局势的缓和。中国革命的胜利和随即同苏联结盟以及参加朝鲜战争，使冷战格局得到迅速巩固。此后，由于苏联的影响及其国内改革需要改善国际环境，我们曾一度希图缓和对美关系，同意并进行了中美大使级会谈，但很快还是变卦了。到了1958年，中国为支援中近东阿拉伯人民反对美国对黎巴嫩的侵略，曾以炮打金门制造台海危机对美国进行牵制。对此，苏联先是吃惊，等弄清情况后也不能不发表声明，对美以核武器相威胁。后来连这种表面作秀它也不愿意干了，并用对中印边界争端发表声明公开了同中国的分歧。这自然引起中国的强烈反击，中苏关系遂宣告破裂。回头看这十年，可以得出的结论为：中国是站在苏联一边比苏联更积极的冷战推动力量。

第二，中苏关系破裂后，中国采取了同时对抗美帝和苏修的政策，使自己处于美苏冷战之外。所以有人认为："对于中国来说，在冷战期间还存在另外两场'冷战'。"其实，在我看来，中国实力和影响还不足以使自己成为冷战中的一方，只能附在苏美冷战中的一方才能发挥作用。所以从附苏的"一边倒"到联美的"一条线"带有必然性，中间那十年只可算作过渡阶段。在这个阶段，中国对冷战发挥的作用不是增大而是减小。

许多人把这种两面作战自夸为取得独立自主，实际上是走向更加孤立。因为冷战是全球性的问题，是这段时期国际关系的主轴，使世界走向了两极化，而不单单是美苏之间的对抗。所以美苏以外的国家，不是分别和它们结盟，就是或多或少地倾向于它们中的一个。就以第三世界来说，当时有130多个国家，据时任瑞典首相的帕尔梅说，宣称走社会主义道路的就有六七十个，它们基本上都倾向于苏联。其余的大多倾向于美国，当然也有一些摇摆于两者之间。在这种情况下，中国不但要打倒美帝、苏修，还要打倒第三世界中的"反"（即各国反动派、实为各国的当权派，如印度的尼赫鲁政府），向全世界开战，哪有不孤立的道理？所以直到"文革"前夕，同中国建交的国家还只有49个，"文革"中大多对华关系疏远，还有印尼、缅甸、突尼斯等几个国家一度中断了对华关系。一个如此孤立又国力有限的中国，当然对冷战起不了太大作用，而美苏两家一时又先后间接地对中国起了核保护伞的作用。苏联在中苏关系友好期间曾两次遏制了美国对华使用核武器的威胁。中苏关系恶化后，美国也打消了苏联对中国核武器实施"外科手术"企图。

第三，20世纪70年代上半期，形势逐渐发生根本变化。美国调整对外战略，开始并着重利用中苏矛盾，把朝鲜战争后被认做美国"在远东的最大的敌人"和"更疯狂的威胁"的"共产党中国"，变成了它的"心照不宣的战略同盟"伙伴。在中国方面，不知毛泽东出于什么遐想，在使中苏矛盾迅速升级的时候，又突然冒出一个"苏修亡我之心不死"的想法，认为战争迫在眉睫，因此恐慌万状，要全国迅速进入临战状态，"准备早打、大打、打核战争"。全国上下自然照例紧跟。于是立即建设大小三线，内迁沿海一些工厂，到处挖战壕、修防空洞。毛泽东深知，要和苏联人打仗，不管怎样备战，中国的力量都是顶不住的，他也未必真的愿意和能够上山打游击。至于"文革"前夕通过陈毅外长讲的，让美国帝国主义、苏联修正主义、印度扩张主义、日本军国主义，通通一起来，索性打完了再建设，等等，是自己和别人都不曾认真看待的。因此他就必须就对外战略进行根本性的调整，彻底完成从"一边倒"到"一条线"（联美反苏）的过渡，从反帝变为联帝、从世界革命变为着重反修，对其他国家也就以"苏修"划线了。所以毛泽东一再对人说，他喜欢世界上的右派，不喜欢左派。中国这一战略转变，不仅给本身带来极大好处，开辟了外交的新局面，为日后的对外开放奠定了基础，而且大大提高了中国在冷战中的地位，从一度无所作为变成战略大三角中的一角，使冷战双方的优势易位，甚至注定了美胜苏败的冷战结局，确实起到了"四两拨千斤"的作用。

中国经历冷战中的这么三个阶段，固然有国际形势发展变化的一定影响，但是很明显，决定性因素还是基于中国本身对外战略的变化。因此中国在冷战中的得与失，主要取决于乾纲独断的毛泽东对国际形势的判断和他制定的内外政策。如前面所说，中国在冷战的头30年里执行的是他的极"左"外交路线，因此只能给自己带来极大损害，使自己在世界发展中失去很好机遇甚至倒退了30年。现在就分为得失两方面，举其大要作点说明。

先说冷战中的得。首先，中华人民共和国就是在两极化格局中成立和生存下来的。试想，如果没有力量均衡的苏美对抗，中国民主革命有可能迅速取得胜利吗？美国也许会设法帮助蒋介石或者换个什么人把"剿共"进行下去，而中共没有苏联这个靠山，顶多也是继续打游击战。反过来，如果没有美国及整个西方势力这些间接同盟军，作为超级大国的苏联也不会容许中国那样"猖狂反修"，毛泽东真的会被迫再离开北京去小城市甚至上山打游击。其次，自然的逻辑结果是，中国能够保持主权独立和领土完整，如果没有苏联的存在，无论朝战还是越战，美国都会打进中国本土，起码是毫无顾忌地轰炸，还会帮助蒋介石"反攻大陆"，甚至和蒋一起打来。台湾至今未能统一，关键就在于美国的阻挠，也说明中国的领土完整是有限的。第三，美苏对抗客观上大大突显了中国的国际地位，不但使中国有可能在两者之间利用矛盾钻空子，而且能够以一个经济上的落后穷国在国际关系中成为两极之外的一支重要力量，成为战略大三角的一员，在这个意义上可说是对结束冷战起到了决定性的作用。第四，由于头十年的"一边倒"得到苏联援助和全国人民致力于经济建设的结果，到1966年"文化大革命"前，中国已建成有相当规模和一定技术水平的工业体系，国民经济中工业比重大大超过农业，教育有所普及，文盲从国民中占多数变为少数以及国内建设上取得的其他一些成就。

再说冷战中的失。第一，一个最明显的标志是中国失去了四大强国

（开始时大国中没有法国，后来加上法国成为五强）之一的地位。这虽然主要是由主观上制定和执行的政策所造成，但是客观上冷战使国际社会走上了两极化，使得中国不是站在社会主义阵营小圈子里，就只能在国际关系中进入资本主义体系。这也说明事物总是有两面的。一个错误的政策总有它的时代背景和客观原因。第二，既然在冷战中失去了大国地位，所以也就丧失了参与重要国际事务的机会。两极中，这边支持，那边就反对，或者两边都反对，使共和国成立20多年没能参与一些重要国际问题的处理（1954年的日内瓦会议，只因中国是当事者）和参加重要的国际组织联合国及其相关的专门机构，如关税及贸易总协定、世界银行、国际货币基金组织，等等，长期徘徊于国际社会边缘，没能成为其中的一员。因此只能服从和履行别人制定和沿用下来的国际制度规则和惯例，自己既不能参与制定和修改，对许多问题竟连发言的机会和权利也没有。第三，世界两极化的根源是出于力量对比一时趋于均衡的两种社会制度和意识形态的对抗，中国的"一边倒"方针，就不仅是外交上站在苏联一边，而要害还是内政上照搬斯大林模式。所以后来放弃"一边倒"，外交上和苏联划清了界限，但照搬的模式不仅没有变化，反而结合中国长期的专制传统，得到进一步的加强和发展。第四，就是两极对抗的国际环境能够让毛泽东在中国关起门来瞎折腾，使中国丧失了一个工业化和走向文明的好机会。用作为世界潮流的经济市场化（特别是国民生活水平）、政治民主化和文明现代化的标准衡量，中国社会没有进步。如同前面所说，丧失的时间虽然只有30年，但补偿起来却要百年以上。按邓小平的说法，20世纪50年代，我们同一些周边国家如日本、韩国等，大体上处在同一起跑线上。可是人家花了二三十年就已实现了工业化和现代化，我们花100年也赶不上，到21世纪中叶才能达到中等国际的水平，"逐步接近发达国家的水平"。

从以上情况可以看出，中国在冷战期间损失之大，是和所得不能相比的。

（部分内容曾发表于《炎黄春秋》2010年第5期，题目是《全球化的几个问题》）

对当前国际形势的几点看法

目前的国际形势中有一些新的情况和新的问题，应当引起我们的密切注视并进行认真的研究。下面提到的几点极不成熟的看法，仅供参考，并请批评指正。

一 对当前国际形势的不同估计

最近有些外国学者，例如日本的坂本义和教授，在同我们进行学术交流以后谈到一点感想，说发现中国对当前国际形势的估计跟西方和苏联有很大不同。西方和苏联普遍认为现在国际形势异常严重，孕育着极大危险；而中国却认为没有那么严重，更无大难临头的危险，甚至对苏联声言要将一部分SS－20导弹从欧洲移到亚洲，也似乎不大在乎。他们认为中国对形势缺乏紧迫感，因而觉得奇怪，说这和十年前中国同西方和苏联对当时形势的估计正好相反。也有人说，这可能反映了中国对于自己的事业、前途和力量充满信心，不受国际上风吹草动的影响。

确实，由于美苏争夺和核军备竞赛的加剧，形势是越来越紧张了。苏联和西方也确实对形势估计得很严重。但美苏的大肆宣传却包含有虚张声势和互相恫吓的成分。实际上，双方不但没有准备好，而且还都在竭力避免直接相撞。它们各有各的难处。经济困难的加深和军备竞赛的加剧，固然在增加着战争的危险，但制约的因素也在增长，无论哪方都不敢贸然挑起军事冲突。综观全局，在20世纪80年代，国际形势将会更加紧张动荡，但是爆发世界大战的可能还是不大的。那种把形势估计得过分严重，近乎惊慌的所谓紧迫感，是不完全合乎实际情况的。

二　美苏争夺态势的新变化

（一）20世纪70年代的态势。随着美国实力的急剧衰退，进入70年代，国际形势发生了战后的重大转折。美国逐渐丧失了对苏联的军事优势，在西方世界的霸主地位也发生了动摇。以经济力量对比来说，50年代苏联只相当于美国的1/3，70年代已接近2/3；同期西欧从占美国的2/3到超过了美国。日本从不到1/10上升为近1/2。对国际形势发生重大影响的因素还有，中国的强大和中苏关系的恶化，第三世界的崛起并且把反抗的主要矛头指向美国。在这种情况下，美国的战略思想发生了很大变化，承认苏联在军事上平起平坐的地位和世界正从两极走向多极（尼克松称为五极），感到单靠美国已不足以同苏联对抗，必须借重盟国和中国的力量，甚至认为南北关系越来越重于东西关系。据此，美国采取了同苏联搞缓和的方针，希图促使苏联东欧发生和平演变，同时也放松了争取军事优势的努力（从1970年起，美国实际军费连年下降，1977年较1969年减少30%），并决定在世界一些地区收缩力量（如在远东太平洋地区实行包括撤走地面部队的尼克松主义）。总之，美国已处于全面的守势地位。另一方面，苏联却利用这种形势，大力扩充军备、增强实力，特别是70年代后半期，更采取了全面攻势，加紧了对外扩张的步伐。还积极发展同西方国家的经济关系，既捞取实惠，又离间美国同其盟国的关系。这样一来，在美苏争霸中就形成了一种苏攻美守的态势。

（二）新的变化。进入80年代以后，世界战略格局虽然没有立即发生根本改变，但美苏争霸的态势却有了很大变化。苏联经济发展速度放慢，内部困难和矛盾加深，捉襟见肘之势日益显露。它的攻势也接连受挫，特别是在阿富汗和波兰事件之后，更是处境孤立，包袱沉重，因而对外扩张的势头不得不有所收敛。在这种情况下，它本想维持和恢复缓和的局面，以便稳住阵脚，调整内部，振兴经济，保住并争取同美争夺中的一定程度的优势地位。但是美国的政策却要坚决破坏它的这种企图。70年代后半期到80年代初，美国虽然也经历了严重的经济危机和各种困难，但它的地位毕竟稳定了下来而没有再下降，日子比苏联可能还好过些。由于西欧日本等同样陷入滞胀，美国经济反而恢复了相对强大的地位。随着处境的改善，美国信心有所增强，新保守派上台，对世界战略和对外政策作了较大调整。从里根上台到黑格去职，美国一套新的战略方针逐渐明确。这就是：1. 在形势估计上从多极向两极回摆，认为同苏联争霸还是主要靠美国的力量，对其他力量（西欧、中国等）不再如以前重视；2. 不甘与苏联平起平坐，决心重新夺回优势，因而大力扩充军备（1979年后实际军费即连年大增，如1982年度增7.7%，1983年度10.5%，今后四年还计划每年增7.5%以上）；3. 在具体做法上，对苏联采取更加强硬的态度，咄咄紧逼，寸步不让。同时，它还在第三世界许多地区排挤苏联的势力和影响，加紧推行霸权主义，对南北关系的态度更加僵硬；也力图恢复在西方的霸主地位，而不再强调伙伴关系，等等。

（三）发展趋势。随着美国经济的缓慢复苏和国际地位的相对加强，美国新保守派的一套强硬政策还会继续下去，里根也可能竞选连任。苏联虽然困难重重，也由于内部的原因和美国的紧逼，而不能不采取以强硬对强硬的方针。在严峻的国内和国际形势下，苏联的政策不像人们在安德罗波夫初上台时估计的那样会有所松动，而是坚持霸权主义，加紧扩张军备，对内加强控制，放慢改革的步伐。由于美苏争夺的加剧，国际形势会更加紧张。但是，世界终究在从两极走向多极，美苏控制国际事态的能力在继续减弱，它们各自的困难都很大，也在尽量避免迎头相撞。美国的军事优势和霸主地位实际上绝不可能恢复。它大力扩充军备和采取强硬政策，主要的还是企图逼苏联后退或将其拖垮（美国过高估计了苏联的经济困难和内部不稳），同时也是出于国内经济政策和对盟国关系的需要。因此，在经济困难（问题还很大，特别是财政赤字和失业）和内外压力增大的情况下，以及为了某一政治目的如竞选等，美国也会时而表现出一定的和解姿态，在某些问题上实行小的妥协。苏联本是缓和的最大受益者，不断升级的军备竞赛和对外扩张的沉重包袱已经把它压得有点儿喘不过气来，所以只要美国态度有所松动，更是乐于达成一定妥协的。总之，今后的国际形势不会再出现70年代那种缓和局面，但也不会是弦越绷越紧，过一段时间还会有所松动，成为一种波浪起伏的发展。虽然总的趋势是更加紧张，但这种紧张大体上将限制在所谓"恐怖的平衡"的范围内，而不会导致美苏之间大战。

三 三种矛盾，三个热点

（一）国际上有三种重大矛盾都在加剧。这就是：

1. 东西矛盾（中心自然是美苏争夺，但也包括双方许多国家）。不但美苏争夺在升级，而且其他西方国家同苏联的关系也普遍趋于紧张。这是近来一个显著变化。英国、西德、日本等保守派当权的几个西方大国，对苏联采取了强硬的方针。连法国、瑞典等也一改常态，同苏联的关系恶化了。面对苏联的威胁，加之看到苏联的困难想乘机压苏联让步，西欧、日本在战略上对美国的支持有所加强，苏联的分化政策没有得逞。随着美国新式导弹在西欧的部署，北约和华约间的矛盾还会进一步加剧。

2. 超级大国和盟国间的矛盾。美国的盟国在对付苏联的军事战略上，近来向美国有所靠拢。但是它们实际上怕紧张，主要还是想保持力量的均衡，对美国的对苏政策起着牵制作用，一有机会就会压美国对苏妥协。它们同美国的根本矛盾（特别是经济上）也越来越尖锐，更不会再接受美国的霸主地位。在南北关系、东西贸易以及许多国际问题上，双方的态度都难以调和。苏联"大家庭"中的控制和反控制斗争也愈演愈烈，致使经互会首脑会议没能按期举行。安德罗波夫上台后对苏联和盟国的关系曾有松动的表示，但很快就又缩回。苏联报刊对波兰和罗马尼亚的公开指责，说明它决不放松对东欧的控制。苏联面临着困难的抉择：加强控制，会激起更大的不满和反抗，也增加本身的经济负担；放松控制，又担心后果不堪设想。美苏和它们盟国之间互相又依赖又矛盾的关系，对美苏争夺有很大影响。

3. 南北矛盾。发展中国家为了改善经济状况。争取经济独立和反对转嫁经济危机，同发达国家特别是美国间的斗争越来越激烈。估计南北矛盾今后还会进一步加剧。值得注意的是，随着美苏争夺态势的变化，第三世界反霸的动向也发生了一些变化。苏联在柬埔寨和阿富汗事件后空前孤立，对外扩张不得不稍为收敛，因而遭反对的程度也有所下降。而美国却加强了在第三世界的干涉，特别是对民族民主运动的镇压，因此也就遭到更强烈的反对。第三世界内部的矛盾错综复杂，不少国家和地区本来就存在动乱不安的因素（有的则是革命形势成熟的表现），再加上美苏争夺的影响和它们的直接插手，因而使40个左右的国家正在进行着不同形式和不同规模的战争，估计第三世界今后还会出现更多更大的动乱。

（二）目前国际上存在着以下三个热点，又都是美苏争夺的重要战场。

1. 中东，这个多年来的热点，目前的形势更加紧张。在美国支持下，以色列的军事优势将长期保持下去。阿拉伯国家的分裂局面也一时无法扭转。苏联绝不甘于已遭到的挫折，正想尽办法挽回和加强它的影响。美国更不会改变它排挤苏联、独霸中东的野心。黎巴嫩的和平统一很难实现。两伊战争将继续拖下去。但是美苏又都在避免直接相撞。因此，中东形势会一直成为热点，但却不致引起大战。

2. 中美洲近来成了世界上新的热点。墨西哥以南的中美各国，普遍存在革命形势，争取民族独立和民主改革的运动日益高涨。苏联利用这一形势，煽风点火，挖美国的墙脚。美国接受丢掉尼加拉瓜的教训，决心卷土重来，不但一定要保住萨尔瓦多，而且要颠覆尼加拉瓜的桑阵政权。美国的加紧干涉，不但引起拉美国家的反对，而且也得不到它西方盟国的支持。美国既无法阻挡和扭转拉美许多国家的发展趋势，苏联也不敢在美国的后院为所欲为，因此中美洲的紧张局势将会继续下去，但不会造成如同1962年的古巴导弹危机。而南美洲还会出现新的动乱。

3. 远东太平洋地区。进入80年代后，远东太平洋地区的形势逐渐起了重大变化。阿富汗和柬埔寨的战局呈胶着状态，美苏在远东的军备竞赛却不断升级，使热点东移。苏联一方面包袱沉重，南下扩张有所收敛，另一方面却大力增强远东军力，特别是海空力量和核武器。美国放弃了尼克松主义，改"调拨战略"为"水平升级战略"，并大力加强远东的军事力量，恢复和强调同一些国家的军事合作关系。现在的情况是，苏越在阿柬深陷泥潭，事实证明武力征服很难办到，但它们又不愿放弃；而两国的抵抗力量也只能长期抗战，三五年内无法取胜；巴基斯坦和东盟国家已经疲于应付，企图取得较为有利的妥协；美国仍想拖住苏联，但现在重点也已转向在远东加强军力。因此，有关阿柬政治解决的和谈之风日盛，特别是阿富汗问题确在降温，而远东的军事形势却正引起广泛注意。

四 关于中美苏三角关系

随着美苏争夺态势的变化，中美苏的所谓三角关系也有了很大变化。关于我国对外政策的调整且置不论，美苏间的激烈争夺也自不待言，下面只谈美苏对华关系的新动向。

（一）美国基于其新的战略方针，在对我国的看法和做法上都有了一定改变。这表现在：

1. 在看法上把中国的战略地位从"全球性"降为"区域性"。虽然美国官方对此闪烁其词，甚至公开否认，但是西方舆论仍然坚持美国政策思想的这一变化。发生这种变化的原因是：美国的战略观念在从"多极"向"两极"回摆；认为中国的军事力量不够强大，在亚太地区以外的影响有限；看到中国外交政策调整后强调反两霸，在中东、非洲、拉美等地还着重反美，因而无法实现全球性的并行不悖政策，只有在柬阿等地区性问题上存在有共同利益；怀疑中苏磋商和两国关系有可能正常化，从而动摇和破坏中美实际上的战略合作的基础。

2. 在舒尔茨代替黑格后，美国即不再提同中国的战略关系，也不再提同中国的防务合作和向中国出售武器以加强中国对抗苏联的军事力量等问题。一些美国学者说，美国现在处理同中国的关系问题时，已经不再从尼克松、基辛格、卡特、黑格强调的"战略三角关系"出发，而只是根据双边关系考虑了。

3. 改变在亚洲防务战略中的重点。以前认为中国是亚洲对抗苏联的主要力量，把中国战略地位置于日本之上。现在则翻了过来，确定日本为重点，并大力支持日本扩充军备，加强同日本的军事合作。又在重整远东太平洋地区的所谓"防卫圈"，除以日本为重点外，还包括充实韩国的军备，增强售台武器，重申对马尼拉条约国的义务和设法同东盟国家建立军事联系，强调美澳新条约的作用等。美国这样做，在目前，是想建立新的亚太反苏联合战线；从长远看，还有遏制和反对中国的一面。这既是出于帝国主义反共的本性，也是为了防备万一中苏又重新和好，以及担心中国将来会成为威胁。

4. 对我态度趋向僵硬，同时却加强同台湾的关系。推行"一中一台"的政策原是美国的根本方针，但以前由于重视我国战略地位，还可不断作出让步。现在看法上既有所改变，又坚信我有求于它，因此态度就变得不大客气，有些问题本可求得体面的解决（如胡娜事件、泛美航班飞台等），也竟然一意孤行。反之，却不断加强对台关系。这不只是出于对亲台势力的让步，主要的还是由于美国力图阻挠台湾回归祖国。并为恢复"不沉的航空母舰"政策作准备，为此才不惜使中美关系发展受挫。

但是，美国终究不能无视强大中国的战略地位和国际影响，为了对抗苏联也不能不借助中国的力量。它认为中苏不会重新和好，中美却起码在阿柬问题和反对苏联在亚洲扩张上还有共同的战略利益。而且即使为了防止中苏和好，也得设法拉住中国。另外，发展双边关系在经济上对美国也极为重要。因此，美国不仅不敢过分恶化对华关系，在台湾问题上走得太远，而且为了维护和发展对华关系还会采取一定的措施，如增进双方的接触和来往，在经济关系和技术转让上做些松动，不时做点和好的姿态和表示。这就使今后的中美关系虽然不会出现显著的改善或突破，但还是有很大发展余地的。

（二）苏联的对华政策也出现了一定的反复和变化。苏联原以为，中国已着重经济建设，对外政策又作了调整，对美关系也不顺利，因此只要它缓和一下对中国的敌视政策和态度，中苏关系就可以在发表一项空洞的声明，开展一些经济和文化交流的基础上，逐步实现事实上的正常化。还可进而搞点含混的战略关系，以加强它同美争夺中的地位，改善它的困难处境。但由于我坚持反霸立场，要求解除对我军事威胁（即排除障碍），不肯被它牵着鼻子走，去搞事实上的正常化，因而就使它的打算落了空。现在苏联的做法是：

1. 认识到双方立场距离太大，因此不急于解决问题，但又要保持对话，并继续作出姿态，增加接触，缓和气氛。它认为这样既可以增加同美争夺中的筹码，打"中国牌"；又可以坐以待变，幻想中国有朝一日会按它设想的路子走。在舆论上，反华有所收敛，但必要时还会又来一阵，甚至掀起新的反华浪潮。

2. 在重大问题上决不让步。它可以在边境驻军后撤上讨价还价，因为一则在现代化技术条件下，军队后撤若干里于大局无碍；二则这会影响中国与西方国家的关系（西方寄希望于中国牵制苏联，生怕亚洲的苏军西调），反而对它有利。但在柬埔寨问题上绝不松口。因为压越南撤军，就可能丧失经营了20年的南下桥头堡和两洋通道枢纽的印支阵地。苏联《消息报》评论员鲍文曾直截了当地对中国同志讲，逼越撤军，不只是关系到柬埔寨，越南也势必和苏联分手。

3. 对中国仍以防为主，还会进一步增强在远东的力量。苏联在远东的军力，固然有针对美国、日本的一面，但也是直接以我为敌的，特别是陆空军、中短程导弹和在蒙古的驻军。阿尔巴托夫、鲍文等人也不得不公开承认，远东军力有一部分是针对中国的。

直言之，由于苏联的霸权主义没有也不会改变，中苏关系无法实现真正的正常化。但是中苏关系毕竟有所松动，而中美关系却拉开了一些距离，这就使原有的战略格局、"三角关系"发生了一定的变化。综观全局，美国虽然抓住台湾不放，但已不可能在军事上威胁我国大陆；日本虽在扩充军备，但在可预见的将来也不会形成对我国的威胁；所以中国认为，对自己的最大威胁仍然来自苏联。这一战略上的基本形势并没有改变。

五　日本的新动向

日本在成为经济大国后，就一直在争当政治大国。为此，光靠经济力量和外交活动当然是不行的，还必须具备相应的军事实力。所以日本一面积极参与国际事务，一面大力扩充军备，以提高其战略地位。这一方针，大平、铃木时期即已先后着手推行，现在由于中曾根上台后步伐大大加快，就出现了值得注意的新动向。

（一）在参与"西方集体安全保障体制"的道路上迈出了重要的一步。以前日本对限制核武器会谈和欧洲事务一般采取不介入态度，现在却来了个大转变，极力争取参与。例如在最近威廉斯堡会议上列名于有关欧洲限制中程核武器谈判的七国声明，就是在这个问题上立场发生急剧变化的表现；积极活动同北约组织建立"非正式的协商关系"，以便就"安全以及同安全有关的经济问题"交换意见；也包括参加北约的东西方贸易委员会,讨论对苏经济制裁问题;实际上承担西方广泛防务安排上的一些责任,如增加对土耳其、巴基斯坦等国的援助,等等。

(二)进一步扩大同美国的军事合作,逐渐突破战后和平政策的格局。例如,同意向美国出口军事技术,在武器出口问题上打开了缺口;保卫一千海里的海上航道,允许美国参加封锁三个海峡,自卫队可以保护美国舰船,两国武装力量在"紧急情况"下采取联合行动,都超出了"专守防卫"和"不行使集体自卫权"的范围;让美国在三泽建立前哨基地,允许美国核动力航母访问佐世保,说明"无核三原则"中的"不引进"可能在实际上突破;限制军费的限额不久也将被取消;此外像增加同美国的联合军事演习,中曾根访问美国时的言论和承诺等等,都说明日本已逐渐成为美国全球战略的重要组成部分,美日的军事合作已进入一个新的阶段。

(三)大力扩充军备。日本现在强调执行的1983—1987年扩充军备的五年计划,其规模在战后是空前的。实现这个计划,将使日本的常规军备进入世界前十名,接近英、法、西德的实力。现在日本的军费已经居资本主义世界第六位,估计明年就会突破不超过国民生产总值1%的规定。而且扩充军备也是经济上的需要,垄断资本多想在军火生产上找出路。不但原有的大军工承包公司如三菱重工业等希望扩大军工生产,其他一些垄断企业也都急于染指。如日产汽车公司就公开表示,期待发展的"下一个领域在防务和航空航天方面"。它们还力图实现武器出口(先从隐蔽的军民两用产品开始),参加国际上军火贸易竞争。

(四)为扩充军备制造舆论。中曾根上台后这方面的言论极多,并得到财界的支持。1983年年初自民党大会决议中第一次公开呼吁修改宪法。值得注意的是,为了掩盖,日本政府不但对内经常散布一些"鸽派"言论,还特别着重主动向亚洲邻国进行解释,一再表示日本不做军事大国。这就使人想起战前日本外交那种"此地无银"的惯技。

日本扩充军备是在防止苏联扩张的口号下进行的。随着扩军步伐的加快,近来特别强调苏联的威胁。这固然有很大的真实性,但也有找借口的成分。现在日本战备的矛头是指向苏联的,但今后的变化就很难说了。其次,日本扩军是在日美军事合作的范围内进行的。这既适应了美国的需要，又可为日本所利用。在实力大为增强之后，日本就不会那么听美国的了，日美矛盾就会加剧。历史的经验值得注意。

但是，时代终究不同了。国内的经济情势特别是政治格局，对日本的重新武装有很大的制约作用。现在的国际形势也不容许它重走军国主义的老路。它的扩军只能走一步看一步，采取隐蔽的和缓进的方式。它的邻国中，不但中国日益强大，东盟等国也在迅速发展。因此，日本在相当时期内还不可能构成对这些国家的武力威胁。但是上述日本新的动向还是应当警惕的。

(原载《世界经济调研》1983年8月27日，获1984年中国社会科学院第一届优秀科研成果奖)

对国际形势的看法和调整对外政策的建议

随着美苏关系走向缓和，整个国际形势发生了具有转折性的重大变化。许多国家都在据此调整各自的政策，特别是对外政策。为了适应新的形势，我国对外政策也应不失时机地进行一些调整。现将几点看法和意见简报如后。

一 形势的变化和调整的依据

（一）当前国际形势的重大变化主要表现在相互联系的两个方面。一是随着美苏关系的较大松动，国际形势已趋向缓和。而且由于是出自美苏的共同需要和国际形势发展的结果，这次缓和与过去不同，将是长期的，可能延续10—20年甚至更久。二是国际竞争的重点转向经济技术，军备竞赛、军事安全、军事同盟和核战略的地位相对减弱和下降。各国更加重视国家民族利益，特别是综合国力的加强，因而普遍内向化，认为解决国内问题，主要是经济技术的发展，更重要。

（二）美苏关系从激烈的对抗为主变为全面竞争和以对话为主，而且对话在形成一种格局，制度化，经常化。四年间首脑会谈四次，外长会谈27次，现又增加了军方的定期互访。两国间的气氛明显缓和，也开始解决了一些问题。美苏对抗的两个主要方面——军备竞赛和地区争夺都在降温，出现了进一步裁军和政治解决一些地区冲突的趋势。当然也要看到美苏缓和的脆弱性。这除了制度不同外，还由于双方互为对手进行争夺的总战略尚无根本变化，加上利益冲突、历史积怨、互不信任，以及可能的偶发事件（如东欧发生问题）等，因此仍会出现反复和曲折。但是美苏对抗的减弱和国际形势走向缓和，将是今后的主要趋势或主流。

（三）造成缓和的根本原因是美苏衰落和世界多极化近年发生了质的变化。美国一位前高级官员说，1981年美国在金融、工业、技术、军事上还处于世界领先地位，现在除军事外其他都已丧失，"成了没有资本的资本主义国家"，世界最大的债务国。军备竞赛和海外义务已超过美国的承受能力，拉了经济的后腿，使美国不能不实行收缩。苏联更认识到自己处于危机前状态，技术上同西方的差距还在继续拉大，面临沦为二三流国家的危险，因此提出新思维，大幅度调整内外政策，军备竞赛和对外扩张有显著收敛。双方都意识到，军事手段压倒不了对方，也解决不了国际问题，都面临经济技术方面的最大挑战，因此缓和成了它们的共同利益。

（四）作为重要一极的日本，近年又发生重大转折，成为世界第二经济大国、第一金融大国和投资大国。日本现在的战略目标是，要做政治、军事与经济实力相称的国际大国，以"为世界作贡献的日本"为名充当世界上的重要领导力量。因此除加强经济扩张外，还积极参与国际活动，增强军力，以提高国际地位。但在21世纪内，日本还不可能在经济上超过美国和取代美国的领导地位，军事上也还构不成对亚太地区的重大威胁。在新的形势下，日本主要还是继续发展它的经济实力，以经济手段进行对外竞争和扩张。

（五）许多国家特别是大国的安全概念已发生变化，认为大仗打不起来，因而经济安全重于军事安全。最近《华盛顿邮报》的民意测验表明，3/5的美国人认为对美国前景的最大威胁是经济竞争，对手不是苏联，而是日本、西德以及亚洲"四小龙"。加之意识形态的作用已大为减弱，西方不再担心共产主义的渗透，反而支持苏联东欧的改革。苏联提出新思维，也表示不再到处支持世界革命。因此，随着国际形势的缓和与激烈的经济竞争，两大军事集团日趋松散，内部矛盾不断上升。东西欧早已不顾外来压力而紧缩了军费，并加强了经济上的联系与合作。与此同时，南北关系也发生逆转，矛盾加剧，出现了北攻南守的局面。除少数新兴工业化国家和地区外，发展中国家在经济上处于更加不利的境地。

（六）近年来国际资金流动发展迅速，对世界经济影响越来越大，使经济国际化达到了一个新阶段。各国经济的成败在相当程度上取决于是否适应这种变化，因此都在竞相加强对外开放（或自由化）的步骤和范围。但与此同时，由于竞争的激烈和保护主义的抬头，地区化（集团化）的趋势也大为加强，如美加贸易协定、西欧共同体的统一市场、日本的环太平洋设想等。

（七）在集团化过程中，亚太地区经济合作趋势的发展引人注目。日本在积极调整对外经济战略，主要是：实现内需主导，增加进口，缓和摩擦，扩大资本输出和转产，排挤美国，实现以它为主导的环太平洋设想。亚太地区，特别是"四小龙"和东盟，经济发展迅速，又遇到美欧的保护主义，正需要开拓日本市场，利用日本的资金和技术，原来对日本的警惕也已淡化。因此，发展亚太地区的不同层次、形式多样的经济合作，已成为各方的共同要求，大势所趋，步调也会加快。

（八）为了适应世界形势的变化，促进本国社会经济的发展，几乎所有国家都在加紧进行改革和调整，以提高国际竞争力，并为下一步的发展作准备。根据世界经济发展的长波理论，90年代中将是各约20—30年的下降期和上升期的分界点。而世界范围的调整改革和正在酝酿的新技术的重大突破，也预示着下一个经济发展高潮的到来。在各国都以发展经济技术为主要任务的情况下，不大会出现社会革命的高潮。但是随着改革的深入，世界各国和国际关系的民主化定会有较大发展，维护和平的因素也将得到进一步加强。

（九）国际形势变化对我国的影响，总的说来是有益的，也完全符合中央关于和平与发展是当代世界两大主题的估计。长期缓和的国际环境和以经济为重点的国际竞争，对我国集中发展经济和实行改革开放，无疑是个大好机会，可以减少因国际局势动荡而带来的干扰。超级大国特别是苏联对我国的军事威胁会有很大减弱。我国和一些周边国家的纠纷有可能趋于缓和甚至求得解决。由于意识形态作用的淡化，一些国家对我的疑虑也会有所缓解。经济成为重点，势必加强各国同我发展经济关系的意愿，使我在开展外贸、引进资金和技术上可以有更多回旋余地。

（十）但从局部和战术上看，国际形势的缓和与竞争重点转向经济，对我国也有不利的一面。例如：美苏关系的松动，会降低它们对我国倚重的程度；美苏的对话格局，可能在一些问题上对我国搞越顶外交，忽视甚至损害我国利益；日本地位的提高和新国家主义的抬头，增加了对我国的潜在威胁；以经济技术竞争为重点，是我国的弱项，同发达国家的差距有继续拉大的危险，可能影响到我国的国际地位；在经济竞争中，我国同亚太其他国家和地区的矛盾可能增加；各国同台湾的关系可能有不利于我国的发展，等等。

二 关于调整对外政策的建议

（十一）根据国际形势的上述变化，我国对外政策和对外关系应在原有总路线的基础上，及时又稳妥地进行一些必要的调整，争取主动，发挥有利条件，克服不利因素，推动形势继续向有利于我的方向发展。牢牢掌握和平与发展两大主题，在外交和宣传上大力支持国际形势的缓和与世界经济的发展。对缓和不必顾虑太多，显得信心不足，违背潮流。一切从国家民族的利益出发，在坚持原则的条件下进一步发挥外交上的主动性与灵活性。外交工作的重点真正转移到经济技术方面来。外交姿态不妨低一点，免得树大招风，也尽量不背包袱。充分利用这段缓和的机会，集中力量把国内的事情办好，为下一个世纪经济上升期的大发展做好准备。

（十二）关于大三角。由于美苏缓和，大三角战略关系有所淡化和减弱。今后我不宜过分强调大三角，宣传上更应适当降低调子。但由于美苏互为对手的基本格局未变，它们都还要争取我，所以大三角还会继续存在下去，发挥一定的作用。我们仍可继续利用美苏矛盾，以保持和提高我国地位。同时推动多极化发展，来制约美苏。特别要密切注视它们的活动，防止对我搞越顶外交，在解决军控和地区等重大问题上撇开我，甚至达成有损我利益的协议或默契，如可能的防止导弹扩散，以及政治解决柬埔寨问题等。万一事先未能制止住而遇到这种情况，就要采取积极又灵活的态度，及时采取对策或改变做法，避免陷于被动或被置于既成事实之前。

（十三）积极对待裁军和解决地区冲突问题。我国应更高举起和平、裁军的旗帜，加强这方面的研究，密切注意有关情况和世界舆论的变化。对裁军问题，要有一整套对策，并加强正面宣传。对核裁军应持灵活态度，不能一成不变，如始终坚持参加谈判的先决条件（即三停一减），就容易被误解为我国无诚意，但也不能被美苏套住而陷于被动。对武器出口，应持慎重态度，做出通盘考虑，明确政策界限，切不可因小失大。特别是对敏感地区（如大国视为禁脔之地），不宜出口中短程导弹之类进攻性武器，否则会被误解为我国有扩张野心，造成外交被动，甚至引起对我国制裁。对于地区冲突，我们总的态度应当是尽量求得政治解决，减少热点，缓和形势。对于发展中国家之间或内部的纠纷，我国只可采超脱与劝和态度。对大国支持的侵略则坚决反对。但鞭长莫及的，应主要限于表态，避免卷进去。只是对与我国直接有关的地区冲突，应当积极参与，促成公平合理的解决。无论哪种情况，都要尽量少背包袱。

（十四）发展对美关系。对美关系影响大局（涉及西方发达国家和许多发展中国家），因此应把继续发展对美关系放到重要地位，这对我国坚持独立自主、推行全方位外交特别是开展对外经济技术关系，作用极大。在美苏关系趋向缓和，大三角关系的地位下降，以及阿富汗、柬埔寨问题相继得到解决的情况下，美中的共同点和美对我国的借重都会减少，这就需要寻求新的共同点，特别是进一步发展经济和技术合作。涉及美国利益的国际或地区性问题，宣传上可以放开，但采取行动要谨慎。当然，对美干涉我国内政、损害我国利益的行径，必须坚持原则，进行斗争，但要注意策略，照顾全局。

（十五）逐步改善对苏关系。苏联在戈尔巴乔夫海参崴讲话后，为改善对华关系曾做出了一些努力，显得甚为迫切。在我国坚持原则立场和苏美关系缓和后，苏联即采取了较为现实的态度，显得并不着急，尽量听其自然。实际上，苏联从其国内外政策需要出发，仍然希望同我国改善关系，实现正常化，但也不抱过多幻想。鉴于苏联对我国军事威胁已减弱，边境军事对峙趋于缓和，阿富汗问题初步解决，柬埔寨问题政治解决的趋势加强，因此我国除继续逼苏压越外，对苏关系也应作适当调整，态度较前积极一些。除进一步发展贸易外，还可争取更多引进一些对我国适用的技术，增加文化交流和人员来往，推动边界谈判。在柬埔寨问题解决后，即可实现关系正常化，先求得东部边界问题的解决。改善对苏关系，还可影响东欧及其他亲苏国家，总的说来对我国是有利的。但步调要稳，不可影响我国同发达国家和大部分发展中国家的关系。否则对我国的四化建设与对外开放不利。

（十六）继续发展中日友好合作关系。日本对华战略具有两面性。一方面，出于睦邻和外交的需要，一直把保持"长期稳定的中日友好"作为仅次于日美同盟的另一"外交支柱"，因此愿给我以经济支持（如优惠贷款），对有争议的问题也尽量表现低姿态。迄今这方面仍然是主流。另一方面，它又视中国为潜在对手和敌性国家，不愿中国强大，总想使中国落后于和依赖于它，且又不忘情于台湾。由于国际形势及其内部因素的制约，日本在十多年内还不致形成对我国的重大军事威胁（但某种程度的威胁现已存在，今后还会增强，如扩大海上巡逻、入侵我钓鱼岛和部分专属经济区等），而经济上我国还需要利用日本的资金和技术，特别是外向型经济战略的实施，更需要开拓日本市场。因此，对日关系仍应以友好合作为主，不宜受情绪影响造成太多波动。对日本的威胁，必须高度警惕，但应麻痹它，尽量避免增加它的戒心。在历史、台湾、军备等问题上，可多利用舆论进行揭发批判，只是它有重大出格时才进行外交交涉和由领导人出面表态。尽量保持两国关系的稳定和发展，以利于我国四化建设和进一步开放。

（十七）对第三世界国家，除下面所将提到的几个国家外，继续坚持原有政策和做法，无须做过多调整。只是第一，应当研究一些切实可行的措施，积极推动南南合作；第二，鉴于我国人均产值在多数发展中国家之后，因此对于经援应作适当压缩，特别是减少援建楼堂馆所。

（十八）对东西欧国家，继续发展经济关系，加强政治磋商。应立即准备应付欧洲共同体统一市场形成后同我国的经济关系，以防在出口上遭受损失。同东欧发展互利合作的经济关系还有很大潜力，在进行改革上可加强经验交流。但也要看到，在从西方引进资金和技术、在它们发展对台经济关系等问题上，会增加竞争和矛盾。

（十九）亚太地区经济合作的迅速发展已成必然趋势，对此我国应持积极态度。举凡设立新的论坛、举行首脑会议、进行经贸技合作（如能源、人才培训等项目），我国在坚持一个中国的原则和平等互利的条件下，均可积极参加。这样做有利于我国对外开放、改善同周边国家的关系，还可利用美日矛盾，联合东盟等国家牵制日本，如同参加国际货币基金组织和关贸总协定一样，不能由于担心日本充当霸主而持消极态度。否则就可能实际上被排挤，遭到孤立。当然也不宜表现过分积极，以免引起东盟各国的疑虑。现在当务之急是加强研究，积极准备。

（二十）积极参与柬埔寨问题的政治解决。现在围绕柬问题的国际活动已空前活跃，政治解决的可能大为增加。有关国家和联合国除积极推动外，已在作善后准备。美苏可能已有默契。日本正制订打进印支的方案。在柬问题上，美、苏、日、印尼、新、马，更不用说越南，都有排挤我国之意，欲置我国于既成事实之前。西哈努克的态度也有较大变化。现在的主要问题是联合反对红色高棉（国际上反对红色高棉甚至比反对越南还要广泛）。在此情况下，我国应适当调整在柬问题上的政策和做法，在坚持7月1日我国外交部声明的原则下，准备好应付事态的进一步发展。对红色高棉的态度可以再灵活一些，减少我国是红色高棉后台、欲扶植其重新执政和保留我国影响的疑虑，但也反对消灭红色高棉。只要越南完全撤军，柬真正变成和平中立国家，我国即可卸掉包袱。除参加国际保证外，对柬战后恢复只稍作表示，不承担过多经援义务。

（二十一）准备对越南的关系作适当松动。越南内部情况正在发生变化，苏越关系也有疏远迹象。为了缓解经济困难和摆脱政治孤立，越南希望同我国改善关系的愿望和力量在增长，并已正式决定修改宪法中的反华条文。因此，在柬埔寨问题达成政治解决的决议后，我国即可在坚持领土主权（边界问题特别是南海诸岛）的原则下，对越关系作适当松动，逐步实现正常化。这有利于我国在减少军事对抗后稳定边境局势，改善中老关系，加强我国在印支问题上的地位。同时还可分化越苏关系，增加日本向印支扩张的障碍，破坏印尼、新、马（背后还有美、日）离间中越关系、用越南作抵抗中国屏障的阴谋。现在东盟已酝酿吸收印支三国入盟，美日等国都在准备改善对越关系，让越参加亚太经济合作。我国如不及时调整对越关系，就可能处于不利地位。

（二十二）加强和改善同东盟国家的关系。在柬问题解决后，我国同东盟即会失去反对越南侵柬这一共同点，相互关系就可能发生一定变化。对此必须预做准备。印尼实际上是东盟的盟主，我国可研究在同印尼关系上有所突破，从而影响对新、马的关系。除发展经济关系外，应争取关系正常化。例如可做出承诺，正式声明绝不干涉印尼内政（五项原则之一），给印尼一个台阶下。对东南亚的华侨、华人，严格执行已有政策，宣传和做法上也要十分慎重。在对各国共产党的关系上，应尽量减少它们的疑虑。同东盟国家经济上的矛盾可能增加，应及时研究，采取适当对策。

（二十三）改善对印度的关系。印度对华态度近来有软化迹象，我国可抓紧机会加以推动。除发展经济、文化关系外，争取在政治关系上有较大进展，如尽早实现政府首脑的互访，增加一些有关国际问题的磋商，但以不损害中巴友好为原则。不断改善气氛，为解决边界问题创造条件。中印关系的改善，有利于我国稳定西南边境和西藏局势。

（二十四）发展同韩国的经济关系。在多做少说和只做不说的原则下，可以增加直接贸易往来，引进资金和技术。在这方面，只要同东欧国家相比不太冒尖就行。为了稳定朝鲜半岛局势，可增加同苏、朝、美、日间的磋商。保持和发展同朝鲜的兄弟友好关系，但不宜受过多限制。

（二十五）在国际形势趋向缓和以及重点转移到经济的情况下，各国包括东欧及其他友好国家同台湾的经贸关系会有较大发展。台湾的对外活动也会更加积极。我国在政治上反对"两个中国"的阴谋的同时，也要反对台湾当局的"一国两席"的阴谋。在各国同台湾的经济关系上，可以讲点灵活，但在国际上同台湾的政治斗争和经济竞争不能放松，不可让它的尾巴翘得太高。至于如何推动两岸接触，促进祖国统一，系国内问题，自当别论。

（二十六）采取切实措施，真正把外交工作的重点转移到经济上来。对此，各国都极重视，苏联也决心转变。日本外务省就设有两个经济局，地区司也有 1/4 到 1/3 的人员是搞经济的。为了适应对外经济关系的开展，我国也应采取一些相应措施，从组织机构到工作方式（如发挥主动性），都做些改变。

以上所提看法和建议，仅供参考，如有不妥，还请批评指正。国际形势和对外政策中的其他许多问题，因无特别意见，故未提起，也在此说明一下。

(1988 年 7 月 25 日)

过渡时期国际形势的若干问题

1991年的海湾战争，特别是苏联的解体，标志着战后延续了40多年的两极格局彻底崩溃。多极化趋势迅速发展，但新格局尚未形成。世界正处在一个动荡不定的过渡时期。随着国际力量对比的消长变化和重新组合，多极格局将逐渐形成。在过渡时期，国际上存在着各种错综复杂的斗争并将发生剧烈变化。对每个国家来说这都是一个关键时期。研究过渡时期国际形势发展的趋势和特点具有重大意义。

一 1991年世界格局和国际形势发生了历史性转折

1991年世界发生了海湾战争和苏联解体这样两件大事，对世界格局的转换和国际形势的发展具有极为广泛和深远的意义。苏联的解体，更是划时代和历史阶段性的重大转折。从此，作为超级大国和两极之一的苏联已不复存在，旧的世界格局终于正式宣告结束，世界进入了一个新的时期。

海湾战争虽然带有局部性，但它牵动了全球，其影响也超过战后其他某些局部战争。这场短暂的战争，不但打破了整个中东的经济、政治和战略格局，而且影响到国际力量的配置及其相互关系。海湾危机的整个过程表明，原先对抗的两极已走向合作，苏联影响国际事务的能力已无足轻重。日本和德国"花钱受气"，证明要成为"一极"还有相当差距。欧共体各国意见分歧，在政治和安全问题上还不能作为一个整体发挥作用。只有中国坚持了独立自主的和平外交政策。在海湾战争中得益最大的当数美国。它不但获得了驻军海湾、控制那里石油、独揽中东问题主导权的千载难逢之机，而且也显示了它已成为唯一的超级大国，在经济、政治、军事、科技上都拥有优势，对重大国际事务起着主导作用。它也因此得意忘形，企图充当世界的领导者。其实，海湾战争还从侧面暴露了美国实力的下降和地位的虚弱。以前一直准备打一个半战争的美国，现在连不到半个战争也独力难支，不但要求得到许多国家的支持，更重要的还是必须别国支付战费。而且这也是特定历史条件下的一次特殊的战争，为美国迅速获得全胜提供了方便。如果不是萨达姆多行不义完全孤立，没有联合国的旗号和大多数国家的支持，伊拉克又不是完全被动挨打，情况就可能有所不同。美国处于全盛时期，在朝鲜和越南战争中还遭到失败，何况现在已今非昔比。所以像海湾这样的战争，历史上没有过，今后也不大可能再有。因海湾战争而过高估计美国的实力及其军事技术的作用，是没有根据的。

苏联八月事件后的变化，对世界格局和国际形势影响之大远非海湾战争所可比拟，其他地区动乱和内战更不能与之相提并论。八月事件的结局，不仅加速了苏联从社会主义向资本主义全面过渡，而且联盟的国家结构也随之分崩离析。12月签订的"独立国家联合体"协议，正式宣布了苏联作为一个主权国家已经从世界政治地图上消失，也意味着当年俄罗斯版图的完全改观。这不但是苏联70年历史的转折，也是俄罗斯帝国300多年历史的转折。促使苏联发生剧变的内在深层原因，一是由于体制僵化、对外不开放和追求霸权而没有把经济搞上去，二是国家政权严重脱离群众和民族问题处理不当。因此，一旦领导变质，改革失误，瓦解之势就不可收拾。苏联现在这种经济混乱、社会动荡和民族冲突，在联盟解体后也还会持续下去，并有可能进一步扩大和加深。这不但是苏联各族人民的灾难，也是国际上一个最大的不确定和不稳定因素。

作为超级大国和两极之一，苏联的变化影响到全世界。事实上，七年来国际上的重大事件无不与苏联有关。从国际形势缓和、裁减军备，到东欧剧变、德国统一，以至非洲的多党化浪潮，等等，都是苏联引发的。苏联的变化改变了世界原有面貌，改变了战后国际关系40多年的历史进程。现在苏联的解体，又给国际上带来了一系列新的问题。苏联会不会进一步"南斯拉夫化"，近3万件核武器能否得到有效控制，苏联承担的各种国际义务，包括同外国签订的15000个经济协定，谁来继承和分担，联盟所欠巨额外债谁来偿还，等等，都引起国际社会特别是西方国家的严重关注和担心。苏联的变化前景固然不可捉摸，但有一点是可以肯定的，即苏联的解体已成定局，恢复以前的苏联是根本不可能了。

二 世界正处在一个新旧格局交替的过渡时期

我们所说的世界格局，是指在一定力量对比及其相互关系基础上形成的一种相对稳定的国际结构和战略态势。

战后长期存在的是美苏两个超级大国组成东西两大军事集团进行激烈对抗、左右整个国际形势的两极格局。在此期间，世界上也发生了不少重大事件，特别是殖民主义体系的瓦解和第三世界的兴起，中国革命的胜利以及后来"战略大三角"的形成，但都没能从根本上改变这一格局。只是由于苏联的急剧衰落以致最后解体，才结束了两极格局的存在。新的格局虽然并没有随之确立起来，但人们却早已预计到新格局将是一个多极化的世界。这是因为，在两极格局时期，由于世界政治经济发展不平衡规律的作用，国际上的力量对比，特别是大国实力，就在不断发生变化，多极化的趋势越来越明显。不但苏联早已暴露出外强中干的真相，美国的负债经济和双赤字也使它的日子很不好过。两个超级大国都已程度不同地感到军备竞赛难以为继。另一方面，日本和西欧（特别是德国）却在迅速崛起；中国在国际事务中的作用和影响在上升；此外还出现了一些地区性大国和国家集团。还在60年代末和70年代初，尼克松就已承认美苏控制国际事务能力的下降，指出世界正在形成五个力量中心。经过20年的发展变化，苏联已经退出国际舞台，美国的国际影响能力也进一步下降。多极格局的出现成了历史的必然。

这次新旧格局的交替有一个显著的特点，就是没有经过世界大战，而是在和平条件下进行的。这与以往新旧格局的交替截然不同。以往都是经过一场大战把旧的格局打破，然后由几个战胜的大国，在有关的国际会议上，进行讨价还价，划分势力范围，重绘政治地图，确定新的格局和新的秩序。反拿破仑战争后的维也纳会议，就在欧洲塑造了一个新格局。第一次世界大战打破了旧的格局，由几个大国通过巴黎和会和后来的华盛顿会议，制定和形成了通常称作凡尔赛—华盛顿体系的格局。第二次世界大战后的两极格局，则以雅尔塔体制为基础。这几次新格局都是通过大国会议定出基本框架，随即付诸实施，虽然也有激烈的斗争，但形成所用的时间都比较短。现在这次新旧格局的交替却不像那样简单。由于是在和平条件下进行的，新格局的形成需要经过国际上力量对比的持续消长和分化组合，因而会有一个相当长的过渡时期，大概会贯穿整个90年代，一直延续到21世纪。至于新格局是个什么样子，人们还很难预测，只能到时再看。

旧格局的瓦解和新格局的形成，都有一个从量变到质变的过程。但两者的变化并不同步，旧格局的解体不就是新格局的出现。在旧格局解体后，新格局的形成仍然有一个过程，这就是新旧交替的过渡时期。问题不是有没有过渡时期，而只是时间的长短。第一次世界大战结束了原有格局，但新格局的确立还是从巴黎和会到华盛顿会议经过了四年多的过渡时期。第二次世界大战后也不是马上就形成了两极格局。只是到了1947年，杜鲁门主义才导致了冷战的全面展开。而两极格局的正式形成，还应从1949年算起，在这之前仍属过渡时期。因为只有到1949年才有德国正式分裂，东西欧壁垒分明，西方组成北约组织，苏联东欧也以一系列双边条约形成事实上的同盟体系，使以美苏为核心的东西两大集团的对抗关系开始固定下来。可见，否认新旧格局交替之间有一个过渡时期，是违背历史事实和当前现实的。

同时也不能把过渡时期称作一种格局。因为格局既然是一种相对稳定的国际结构，而在过渡时期力量对比和组合却在发生着激烈的变化，不确定的因素极多，形势很不稳定。例如第二次世界大战后的初期，大国间还基本上保持着战时合作的体制，虽然进行着激烈争夺，但欧洲的分裂还没固定下来，其他一些势力范围的划分也不明确，国际结构显然谈不上相对稳定。90年代开始的这一过渡时期，国际形势也是在瞬息万变，所不同的只是时间可能持续得更长一些。

三 国际力量对比向西方倾斜和东西方社会走向一体化

苏联解体和东方集团的消失，使国际力量对比明显向西方倾斜，美国一时占了上风。这也是过渡时期初期阶段的一个重要特点。

在两极格局时期，国际上存在着三大力量，这就是以美国为首的西方发达资本主义国家集团（简称西方），苏联控制下的苏联东欧集团（简称东方），包括中国在内的 100 多个发展中国家组成的第三世界。这三大力量配置的基本态势是，东西方完全对抗，第三世界处于中间。但它们的组成既不是铁板一块，相互关系也有交错和变化。从战争与和平的角度看，美苏以外的东西方国家就属第二中间地带。当世界范围的民族民主革命运动处于高潮时期，在许多国家争取独立的斗争中，苏联东欧曾给予支持。那时中国也同它们站在一起，组成了社会主义阵营。苏联的霸权主义终于导致社会主义阵营瓦解。从此中国即完全属于第三世界，独立于东西对抗和争夺之外。国际社会在看待东西冷战时也逐渐不再把中国归入东方。第三世界国家，虽然有一些倾向西方，另一些倾向东方，但就总体而言，一直是国际上一支独立力量，对维护世界和平和制约美苏争霸起着重要作用。现在，随着两极格局的结束，国际上的力量配置已发生根本变化，不能再以三种力量的观点观察世界了。

这次两极格局解体的方式，不是一方用战争手段打败了另一方，而是表现为东方向西方的全面靠拢。东西方的对抗和争夺，在以西方特别是美国大吹胜利和东方集团的自行崩溃而告终。原来在世界经济中就处于垄断地位的西方，现在在国际政治中又一时取得了完全的优势。这不但使美国和其他几个西方国家有可能较大幅度地调整战略，减少军费，着重发展经济和科技，增强综合国力；而且还可以较前更放手地推行强权政治和经济霸权，加强对社会主义国家和发展中国家的干涉。当然，东方的消失，并不是简单地把这股力量加到西方中去，而是意味着矛盾的转化；不是原有的三种力量一下变成了两种，而是出现了力量更加多元的趋势；西方这一力量不是因此得到凝聚和加强，而是整体的分化。这在下面还要谈到。但是无论如何，东西方社会制度走向一体化却会日益成为现实，原来意义上的东西方概念也将成为国际关系史中的名词。

还在苏联解体前，当时的苏联及其大部分加盟共和国和几乎所有东欧国家，就已希望在经济上加入西方体系和得到西方援助，政治上实行西方民主，军事上同西方建立合作关系。许多国家还要求参加欧共体和北约组织。早在 1980 年 11 月巴黎欧安会上，戈尔巴乔夫就提出建立"北半球合作带"的主张。美国等西方国家当然也力求变苏联东欧为西方世界的成员。1991年6月18日，美国国务卿贝克在柏林阿斯彭学会的讲话中也说，美国的目标"不仅是建立一个完整的自由的欧洲，而且是建立一个从温哥华往东一直延伸到符拉迪沃斯托克的欧洲—大西洋共同体"。欧共体已决定分期分批接受一些东欧国家和苏联加盟共和国为联系国，俟其合格后再分别吸收为正式成员。北约首脑会议也对军事上同苏联东欧的联系与合作，作出了成立北大西洋合作理事会等制度化的规定。苏联的解体，更加速了东西方一体化的进程。1991年12月12日，贝克又就苏联局势和美国的对策发表演说，认为苏联的解体为西方提供了"极好的机会"，"我们有可能把俄罗斯、乌克兰和其他共和国牢牢地拴在欧洲—大西洋共同体以及民主国家联合体内"。贝克强调西方要用集体力量组织对苏联各共和国的援助以期达到消除和控制遗留下来的军事装备（特别是核武器）、建立法治与民主政治、实现自由市场经济的目标。在苏联各共和国以及东欧国家经济极端困难和体制加紧转轨的情况下，也正需要西方的援助与合作。因此可以预料，虽然还会有反复和曲折，但东西方走向一体化已是大势所趋，不可逆转的了。当然，这并不意味着东西方矛盾的完全消失。而是使这种矛盾发生了质的变化，已不再含有社会主义和资本主义矛盾的性质，将逐渐转化为西方内部矛盾的一种，例如表现为发达国家和欠发达国家、富国和穷国之间的矛盾。

四 西方大国之间的矛盾成为国际关系中的主要矛盾

根据辩证法，事物的发展过程中，如果同时有许多矛盾存在，其中必有一种是主要矛盾，其存在和发展规定或影响着其他的矛盾。而主要矛盾又是可以转化的。及时用全力抓住国际关系中的主要矛盾，不但是研究国际问题的重要方法，也是制定政策的重要依据。

在两极格局时期，国际关系中的主要矛盾是东西矛盾，集中表现为美苏矛盾。当时美苏关系影响和左右着全局，国际上发生的各种重大问题都直接或间接同它们有关，许多地区冲突都有它们争夺的背景。美苏关系的紧张或缓和，往往就是整个国际形势的紧张或缓和。打不打世界大战，也决定于它们。美苏的对抗和争夺,一直是国际形势紧张和核战争威胁的主要根源。而遏制苏联则是西方同盟的基础。80年代中,随着苏联实力的急剧衰落和"新思维"路线的贯彻执行,美苏关系日益趋向缓和,也就开始了主要矛盾转化的渐变过程。及至东方集团崩溃和苏联完全解体,美苏矛盾已不再是国际关系中的主要矛盾,主要矛盾从量变发展到质变,实现了转化。西方国家内部的矛盾,集中表现为美、欧、日之间的矛盾,已成为国际关系中的主要矛盾。这就是说,西方国家之间的关系在整个国际关系中起着决定性的作用。其他国际关系中的基本矛盾,例如南北矛盾、社会主义同资本主义的矛盾,有时或在有的问题上可能表现得很尖锐,但不会决定整个国际关系的基本方向。它们之间即使发生战争,也还只是局部战争,而不是世界大战。说西方国家间的矛盾成为国际关系中的主要矛盾,不只是逻辑的推论,更重要的还是现实的概括。

由于发展不平衡规律导致的大国实力均衡化,具体说来就是美国的相对衰落和欧、日的日益崛起,西方国家间的矛盾就在逐渐发展,经济摩擦和各种争吵不断加剧。80年代中期起,国际形势迅速趋向缓和,苏联军事威胁明显减退,它们之间的矛盾也随之上升,美国的领导地位遇到了严重挑战,西方同盟结构不得不进行一些调整,减少对美国军事保护的依赖,强调盟国间的平等伙伴关系。美国内部甚至认为,国家面临的主要威胁已从苏联的军事扩张变为来自盟国的经济竞争。苏联的解体,使西方失去共同对手,同盟的基础为之动摇,它们的矛盾自然更加突出起来。

西方国家间的矛盾主要表现在经济方面。这是因为,经济已成为国际关系的重点,是它们进行竞争的主要领域。谁也不能否认它们在世界经济中的决定性地位。争夺市场和科技优势的竞争日益加剧,贸易保护主义的抬头和经济区域化集团化的发展都是这一矛盾的表现。美、欧、日间的经济矛盾成了乌拉圭回合长期达不成协议的主要障碍。由于这方面的直接感受,当学者还在争论主要矛盾的转化问题时,一些西方国家政府却早已看出来了。布什总统在1991年的《美国国家安全战略报告》中就第一次明白无误地提出,日本和德国的崛起和在经济、政治上逐步处于领导地位,是90年代具有深远战略意义的一个最重要的事态发展,美国同它们的贸易谈判已具有过去同苏联举行军备谈判同样的战略意义。布什在这里既提到经济上也提到政治上的领导地位问题。这也是西方国家内部矛盾的另一种表现，即对不同领域和不同地区主导权的争夺。在欧洲安全问题上的斗争，一方面反映了西欧各国之间的矛盾，但更重要的是以德法为首的欧共体为主导还是以美国为主导的问题。1991年11月北约首脑会议上，布什和密特朗在发言中的公开质疑，反唇相讥，说明美欧矛盾已发展到多么严重的程度。正如《美国新闻与世界报道》所说，"欧洲已不再按美国的鼓点前进。"对于继续演变苏联和东欧，也存在个以谁为主导的问题。为了稳定苏联和东欧的局势，按西方的标准进行改造，首先必须提供大量的援助，而这正是美国所短。但它并不想轻易削弱和放弃领导，于是就提出由它设计指挥、主要由别国出钱的计划，但这却遭到欧日各国的冷遇，法德领导人还公开加以嘲讽。实际上，在一些问题上西欧已经自行发挥主导作用，多少有点把美国撇在了一边。南斯拉夫内战在某种意义上也是西方国家争夺势力范围的反映。如果没有大国背景，斯洛文尼亚和克罗地亚怎么可能迅速组成军队同南原来的国防军相对抗，资金和武器又从哪里来？在承认南斯拉夫已宣布独立的各共和国的问题上，德国的主张显然占了上风，西欧有些国家即使不十分赞成也无可奈何。《纽约时报》认为这是德国向美国权威的挑战。美国在欧洲影响力的下降，已越来越看得清楚了。在亚太地区同样如此，只是没有欧洲表现得那么明显。宫泽喜一出任日本首相后，一反过去惯例，没有首先出访美国，而是布什总统先行访日。这种安排无论出于什么考虑，也在一定程度上反映了日美关系的微妙变化。

　　大量事实证明并将继续证明，西方国家间的矛盾已经成了国际关系中的主要矛盾。国际上存在的其他基本矛盾，无论是南北矛盾还是社会主义同资本主义的矛盾，都起不到影响全局、左右世界经济和国际形势发展变化的决定性作用。情况有点类似第二次世界大战前：南北矛盾正是过去殖民地半殖民地同帝国主义间矛盾的继续，中国相当于那时的苏联，那时影响全局并引起大战的就是西方列强之间的矛盾。但有根本的不同，就是时代变了，和平与发展成了世界的主题。而且主要矛盾并不是任何时候（特别是开始时）都一定要发展到严重对抗的程度。正像一切对立面既有斗争又有统一一样，西方国家间的矛盾也有协调的一面，在一定时期和一定问题上还会以协调为主。例如在帮助苏联和东欧实行社会制度的转轨、防止动乱扩大和核武器失控上，在以经济市场化和政治多元化对社会主义国家和一些发展中国家进行干涉和施加压力上，在维护不平等的旧国际经济秩序上，在保持世界经济稳定和防止发生大的危机上，它们都有共同利益，也会以协调为主。但是协调并不意味主要矛盾的消失或改变性质，而只是一定条件下对立面的妥协和斗争形式的变化。

还有几个相关问题须作点说明。新旧格局的交替和主要矛盾的转化并不一定同步，根据一般规律，总是主要矛盾在旧格局解体时随之转化，并促进新格局的形成。格局交替必有一个过渡时期，在过渡时期同时存在诸多矛盾，所以也必有一个是主要矛盾。既然事物的发展过程不会中断、出现空白或断层，那么就不可能有一段时间没有主要矛盾。当然，在主要矛盾转化初期，确实一时看不太清，何况还有协调一面的掩盖。但是正因为如此，所以才要加强研究，"用全力"去抓主要矛盾。矛盾法则是辩证法的核心，是马克思主义的主要方法和基本原则。问题越是错综复杂，越是应当强调运用矛盾法则去分析和研究。这是研究工作的要求，而不是生搬硬套。

五　经历着巨大变化的第三世界仍是国际上不容忽视的重要力量

两极格局的瓦解，给第三世界带来十分重大和深刻的影响，促进了它的分化，加重了许多国家的困难。在两极格局下，美苏都有争取发展中国家的一面，发展中国家也是西方不亮东方亮，可以有较大的回旋余地。苏联解体后，这种在两极之间的回旋余地也就消失了。许多倾向或依靠苏联的国家，不但顿时失去苏联的援助和支持，而且受到美国及其他西方国家的强大压力，增加了困难，甚至导致动荡。席卷非洲的多党制浪潮，根本原因固然大多在于国内经济没搞好和政治的腐败，但直接导火线还是东欧剧变的冲击和西方的干涉。许多国家不能不调整政策，向美国和西方倾斜，增加经济上的依附和政治上的迎合。这就加剧了第三世界的分化，使凝聚力和整体作用下降。由于力量对比的悬殊（在世界经济中发达国家占70%左右，不包括中国的发展中国家只占15%）和经济上对西方的较大依赖，第三世界难以结成堪与西方相抗衡的联合阵线，也没有带头的国家或集团。所以南北矛盾虽然在加剧，但不可能成为左右国际关系的主要矛盾。

由于两极之间的中间地位的丧失和内部的进一步分化，一些西方人士已经怀疑和否认第三世界的存在了。这如果不是幸灾乐祸，至少也是只看现象不看本质。第三世界原本就是个历史范畴，包括所有发展中国家，其中大多是战后才获得独立。它们不但有共同的历史遭遇，而且在重大的国际问题上，如团结斗争反对强权政治和经济霸权、联合自强促进经济发展、争取建立公正合理的国际新秩序等上面，都有共同利益和共同要求。命运使它们客观上成为一个整体，而不是简单地取决于是否存在第一第二世界。单是1991年就可以顺便举出一系列重要事件：不结盟国家阿克拉会议和77国集团德黑兰会议的顺利举行；发展中国家在本届联大和安理会中协调行动包括秘书长的选举；各种地区组织的空前活跃，如里约集团实际上已取代美洲国家组织并在国际上发挥着代表拉美利益发言的作用，东盟同欧共体对话会上打掉了后者将"民主"、"人权"同经济关系挂钩的企图，等等。事实证明，第三世界不但没有消失，而且仍然是国际上维护和平与促进发展的重要力量。只要南北矛盾存在，作为对立面一方的第三世界必将继续存在。

南北矛盾是当代国际关系中的基本矛盾之一。两极格局崩溃后，西方国家不仅继续坚持不平等的旧经济秩序，而且加强了强权政治和经济霸权，使第三世界的处境更为严峻，贫富差距呈进一步拉大的趋势。但是一切事物都有两个方面，形势的变化对第三世界也并不是只有不利的一面。在两极时期，第三世界曾是美苏争夺的重要战场，直接间接以它们为背景的局部战争发生了230次，死亡人数达1700万。现在大战的威胁减小，缓和成为主要趋势，第三世界可以利用和平环境集中力量发展经济。事实上许多国家也都在抓紧进行调整和改革，加强区域合作，为下一步发展作准备。其次，随着国际关系中主要矛盾的转化，美苏在第三世界的对抗已为西方国家间的争夺所代替。西方国家虽然在推行"民主"、"人权"和维护旧经济秩序等方面会保持一致，但争夺势力范围和主导权的斗争却是绝对的。因此，第三世界国家虽然失去了在美苏之间的回旋余地，但却增强了在西方大国间的回旋余地。

加速分化和整体作用下降同团结斗争和联合自强两种趋势同时发展，不能只看到一面。如果从全局和长远观点看，以所占经济比重、人口和幅员计算，第三世界的主要部分，在经济发展速度上还可能保持超过西方的平均水平。在今后国际力量的消长变化和分化组合中，许多国家和地区集团将进一步发展壮大，因而第三世界的国际作用还会不断加强，在多极化格局中还有重要的地位。

六　欧洲仍然是国际斗争的中心并成为世界上最不稳定的地区

在东西对抗的冷战时期，世界上的社会动乱和武装冲突基本上都发生在第三世界，欧洲长期保持着相对稳定的局面。现在情况发生了变化，原有的均势遭到破坏，长期被掩盖的矛盾一下子暴露出来，在第三世界冲突减少和热点降温的情况下，欧洲反而成了世界上最不稳定的地区。东欧剧变造成的经济混乱、社会动荡和民族冲突，存在着长期化和扩大化的趋势。南斯拉夫的解体已成定局，但内战绝不是西方国家承认几个共和国的独立所能解决的，相反还会使局势更加复杂，使西欧一些国家陷得更深。苏联"独立国家联合体"成立后也还存在着许多未知数，不但民族矛盾和冲突呈加剧之势，一定程度和一定地区的"南斯拉夫化"已成事实，而且由于经济危机日益严重，还会引起更激烈的社会动荡，经济和政局的稳定绝非三五年所能办到的。其他一些东欧国家也程度不同地存在着类似问题。这种社会动荡和民族主义浪潮也影响到西欧国家，刺激那里原有的民族矛盾，还产生防止大量难民流入和法西斯主义的抬头等问题。

另一方面，欧洲的一体化也在加紧进行。随着经济货币联盟和政治联盟的逐步落实以及势力范围的进一步扩大，以欧共体为主的一体化欧洲将会得到较快发展。争夺在这个一体化中的有利地位，已经成为西方大国之间矛盾和斗争的一个重点。同时它们还要竞相填补东欧剧变后形成的"真空"，争夺在那里的主导地位和影响能力。这都使欧洲在今后长时期内一直是国际斗争的中心。虽然有苏联东欧的动荡、西方国家间矛盾的上升、德国统一后的咄咄逼人,但是在欧洲的斗争还会限定在经济和政治领域,由于各种因素的制约,还不可能导致大国间的军备竞赛和武装冲突。

欧洲关系到美国最大的国家利益和大国地位,因此它必须把对外政策的重点继续放在那里,以便保持它在西方的领导地位,影响原苏联东欧的变化,以及控制欧洲的侧翼中东。但是由于国内经济社会问题日益严重,它的对外活动不得不作某些调整和适度收缩,对欧洲事务的影响力呈下降趋势,在欧美矛盾中,处于相对不利地位。日本在欧洲还只能着重经济上的竞争,为做政治大国、在欧洲发挥政治作用而企图参加欧安会和列席北约组织,并不现实。至于西欧大国之间围绕"欧洲的德国"还是"德国的欧洲"这一制约和反制约的斗争,还会长期持续下去,但是德国地位的加强将是难以避免的。

七 亚太地区形势相对平稳,力量配置进行重新组合

同欧洲相比,亚太地区形势显得平稳一些。美苏军事对抗走向消失。原有热点,或者基本解决,或者趋于缓和。中国同周边国家关系处于多年来最好状态。亚洲其他国家的相互关系也大多有所改善。东亚国家和地区继续保持经济发展上的世界领先地位。因此,一些日本和韩国学者关于冷战在欧洲已结束但在亚太地区仍然存在的说法,是并不确切的。

苏联的衰落和日本的兴起,改变了亚太地区的力量配置。日本在安全问题上对美国依赖程度的减弱,动摇了日美同盟的基础。日本急于做政治大国,要在亚太地区起主导作用,向美国的地位提出了挑战。但由于相互依赖很深和日本羽翼未丰,双方关系还将以协调为主,安保条约也会维持下去,日本继续以日美同盟为外交基轴。日俄关系缓和与改善的步伐可能加快,甚至出现重大突破。随着情况的变化,日本会不失时机地积极参与俄罗斯联邦的经济社会改造,特别是加强在远东地区的经济合作。东盟和韩国,处理对大国关系的重点已从美苏关系转向日美关系。在经济上要求加强同日本的联系以减轻对美国的依赖(马来西亚总理马哈蒂尔甚至提出排斥美国的"东亚经济集团"倡议)但却希望保持美国的军事存在,以制约日本的军事强国倾向和防范中国。为了联合自强,东盟拟进一步加强

政治和经济合作，并打算把印支三国和缅甸吸收进来，在亚太格局中起更大的作用。苏联衰落对南亚形势也有极大影响。印度在失去苏联支持后，政策已作了重大调整，经济上进一步实行改革开放，外交上着重增进同美日欧的关系，同周边国家关系也有所缓和与改善，还希望进入亚太，参加亚太经济合作部长会议。巴基斯坦在美国全球战略中地位的下降，使美国得以改善对印关系和增加对巴压力，巴美关系发生了重大的变化。总之，随着两极格局的解体，亚太力量配置也经历着重新组合。

70年代以来，对国际形势起过重大作用的中美苏战略大三角，80年代后半期由于美苏关系的全面缓和而日趋淡化，并随两极格局的解体而宣告消失。单就亚太地区而言，代替大三角的将是中日美俄四边关系。俄罗斯虽然一定时期还是一个不确定和不稳定的因素，但从长远看，以其幅员、人口、资源、军事力量和潜在市场，仍不失为世界大国，在亚太地区也有着重要地位。如同美苏矛盾作为国际关系中的主要矛盾时的战略大三角一样，在新的情况下，中日美三边关系则会对亚太形势的发展起重大作用。而中国的稳定和发展又是亚太地区稳定和发展的一个极为重要的因素。中国坚持独立自主的和平外交政策，主张在和平共处五项原则的基础上发展同一切国家的关系。因此在四边关系中，中国无意联合一方反对一方，而是希望同各方都发展关系。中国一直把发展中日关系放在重要地位，把两国人民世代友好定为国策。在新的形势下，通过对复交20周年的庆祝，中日友好合作关系必将得到进一步的发展。中苏关系实现正常化以来已经得到稳步发展，保持和发展睦邻友好关系符合双方人民的根本利益和传统友谊。中国历来主张尊重各国人民的选择，因此不管俄罗斯和其他共和国如何变化，中国同它们的关系都会得到发展。中国同样十分重视保持和发展同美国的关系，认为社会制度和价值观的不同不应成为相互关系的障碍。20年的历史证明，发展中美关系也符合美国的国家利益。中国坚持原则，不容许别人干涉自己的内政。只要遵守双方三个联合公报的原则，中美关系能够得到恢复和发展，关键取决于美国的态度。美国大约也不能完全无视一个强大中国的存在。很明显，四边关系对维护亚太地区的和平与稳定有着决定性的影响，四国都对此负有重大责任。

当然，亚太地区也还存在着一些不确定和不稳定的因素，会出现不同程度的局部紧张和动荡，甚至发生某种突然事变。例如美国推行强权政治和对别国的干涉，日本将发挥怎样的作用，苏联变化的影响，某些民族矛盾、领土争端、宗教冲突等，都值得重视。但是在亚太形势中占主导地位的仍然是和平与发展，基本趋势也是缓和。大国在亚太地区发生武装冲突的可能比以前更小了。

八　争取建立国际新秩序是一个长期的斗争过程

随着两极格局的瓦解，许多国家都提出建立国际新秩序的问题。其实，世界格局和国际秩序虽有以力量对比为基础的共同点（所以人们往往通用这两个概念），但又终究不完全是一回事，新旧交替也并不同步，新格局形成后旧秩序仍可能保持。因为所谓国际秩序，是指在世界格局的基础上国际关系运行（如处理国际事务、进行国际交往）的机制和规则。国际秩序既有政治秩序和经济秩序之分，又有结构（各国的地位和作用以及一定的组织形式）和内容（遵守什么原则）之别。围绕建立国际新秩序的斗争，就涉及所有这些方面。

1988年邓小平提出建立国际政治经济新秩序的号召，随后即成为中国一直坚持的主张。这就是在结构上要求大小国家一律平等，共同参与国际事务，反对一国独霸和几个大国主宰；在内容上要求以联合国宪章及和平共处五项原则为基础，反对大欺小、强凌弱、富压贫的强权政治和经济霸权。对此，一般简称为公正合理的国际新秩序。这也是绝大多数发展中国家的共同主张和愿望。但是美国和少数西方大国要建立的，却是结构上由它们控制（又分为一国独霸和三极主导），内容以西方的社会制度和价值观为准则的所谓世界新秩序。这是截然不同的两种主张，在一定时期和特定问题上也可能求得妥协，但完全合流是根本不可能的。

表面看来，西方国家在力量对比上占有巨大优势，在国际事务中起着主导作用，某些主张可以横行于一时。但由于多极化趋势的发展和国际关系中主要矛盾的转化，它们要建立的世界秩序，归根结底却是行不通的。美国独霸世界，第一，会遭到发展中国家的反对和抵制；第二，其他西方大国如日、德、法、意也公开表示"不能由美国单独领导冷战后的世界"，而要求平起平坐；第三，美国不但无力组织世界经济和解决全球性问题，而且对重大地区性问题的影响和干预能力也大为下降。因此，1991年下半年以来，美国对建立世界新秩序的调子已降，显得力不从心，多少有些趋于内向，更多地注意国内问题。建立美欧日为主导的世界秩序也不现实。这不但同样遭到绝大多数国家的反对，而且它们之间的协调也越来越困难，共同点在减少，矛盾在迅速发展。固然在相当时期，它们的协调在国际事务中还具有重大作用，但要为世界秩序确立新的机制和规则却很难做到了。乌拉圭回合尚且长年争斗拖延，遑论新的机制和规则。

建立公正合理的国际新秩序，虽然得到绝大多数国家的支持，但由于力量对比不利，还不能当作近期的现实目标。对此必须有清醒的认识。例如，在世界经济中发达国家占绝对优势和发展中国家团结斗争势头减弱的情况下，就一时谈不上建立公正合理的经济新秩序。虽然如此，社会主义和发展中国家争取建立国际新秩序的斗争，仍然有十分重大的意义。它有助于揭露强权政治和经济霸权，争取和团结第三世界及其他中小国家，利用西方大国间的矛盾，使一国独霸或几国主宰世界的图谋不能得逞。但这也不是说争取建立新秩序的斗争只是手段，它也是国际范围内长期斗争的战略目标。历史证明，这一斗争不会徒劳，必有成果。第二次世界大战后，帝国主义仍力图维持殖民统治和旧政治秩序，但由于民族民主革命运动的高潮，它们的企图遭到失败，殖民主义彻底瓦解，百余国家获得独立，旧政治秩序被打开了一个很大缺口。一个时期美国曾把持联合国，当成它的表决机器，可是后来却陷于孤立，以致一度大骂联合国实行"多数专政"。即使在经济领域，发展中国家的团结斗争在70年代也曾掀起高潮，迫使西方国家作出了一些让步。因此，只要全世界人民、社会主义国家和第三世界坚持努力，经过长期斗争，总可能逐渐削弱国际关系中的强权政治和经济霸权，最后建立起公正合理的国际新秩序。

谈到建立国际新秩序，所有国家和国际舆论都强调联合国的作用。但是，是坚持联合国的普遍原则、以利于和平与发展呢，还是利用联合国作为推行自己政策的工具、干涉别国内政、采取双重标准，却存在着实质上的分歧和复杂的斗争。例如为对付伊拉克，就力求打着联合国的旗号，但是执行联合国242号和338号决议解决阿以冲突（更不用说以色列成为国家就是联合国的产物），却又不让联合国插手，这总不能认为是正常的。不过形势终究变了，一两个大国操纵联合国的时代已经一去不复返。在绝大多数国家积极参与和坚持斗争的条件下，联合国对于维护和平与发展、建立国际新秩序，是能够发挥更大作用的。

九　过渡时期国际形势的发展一直存在两大趋势

　　过渡时期，国际形势的发展同时存在两种趋势。一方面，两极格局的解体打破了旧的力量平衡，带来许多不确定和不稳定的因素，势必造成一些国家间的关系紧张、各种局部动乱以至武装冲突。苏联以及有些东欧国家的局势，就是最大的不确定和不稳定因素，对国际形势特别是欧洲将产生长期的难以预计的影响。美国和其他一些西方国家进一步推行强权政治和经济霸权，将会助长南北差距和贫富悬殊，从而加剧南北矛盾和导致一些发展中国家的不稳。西方国家之间矛盾的发展，不但会造成国际关系的某种紧张，而且它们的争夺还会在第三世界引起新的动荡和冲突。即使在发达国家中，经济困难和两极分化也会促使阶级斗争上升和影响社会安定。世界其他各种争端，特别是民族主义和社会问题恶化，更会引发一些国家的内部动乱以至地区冲突和局部战争。所有这些因素和矛盾相互交错，就使世界变得很不安宁。由于以前的东西南北关系呈现东西合流、北攻南守的态势，所以越是往后，强权政治和经济霸权就越会成为形势发生反复和曲折的主要根源。

　　但是另一方面，缓和仍然是国际形势发展的主要趋势，作为我们时代基本特征的和平与发展更会长期发挥世界主题的作用。经济成为国际关系的重点，各国都致力于综合国力特别是经济和科技的竞争。大国间无必要也不可能恢复以前的军事对抗和军备竞赛，裁减军备和减少军费的势头还可能加强。原有的热点已普遍降温，一些局部战争和地区冲突已经或走向政治解决。世界大战的危险在过渡时期可以排除。因此，上述已经存在和可能出现的紧张动荡和新的冲突热点，只是发展过程中的逆流，不可能从根本上改变和平与发展的主题和缓和的基本趋势。就整体而言，过渡时期将是一个和平的国际环境。

这里所说的作为世界主题之一的和平从来都是指不打世界大战，而不包括局部战争和地区冲突，所以人们说战后世界赢得了40多年的和平（这里附带说一句，作为世界主题之一的发展，也主要是指经济和科技的发展，而不包括社会形态的更新，所以苏联东欧的剧变虽然是历史的重大逆转，却并没有改变发展的主题）。邓小平说："因为我们讲的战争不是小打小闹，是世界战争。打世界大战别人没有资格，只有两个超级大国有资格。"现在一个超级大国已经崩溃，失去了打大战的资格；另一个超级大国的实力已今非昔比，打海湾战争尚且独力难支，更遑论世界大战，而且也没有了打大战的对手。从历史上看，帝国主义出现大国实力均衡化时，就要为争夺殖民地和势力范围而相互厮杀，如两次世界大战。但是现在情况已发生了根本变化。第一，现代资本主义对经济的国家干预和国际调节，在相当程度上抑制了垄断资本以战争手段实行对外扩张的倾向。第二，经济的空前国际化、相互依赖与相互渗透的加深和科技的高度发展，使它们只能长期处于又合作又竞争的关系中。第三，世界经济的发展和殖民体系的瓦解，使它们已无必要为重新瓜分殖民地而战。第四，西方国家人民的觉悟、社会主义力量和第三世界的存在，是对战争的有力制约。因此，西方国家间的矛盾虽然升为国际关系中的主要矛盾，它们在经济上的竞争和政治上的争夺会日趋激烈，但却不会彼此打仗。即使有些国家适度扩充军备和发展军事技术，那也多半是为了保持和提高大国地位或对付地区冲突，性质上还不是互为对手的扩军备战。

在这种形势下，核武器的威慑作用已下降，使用的可能性则变得更小。苏联的解体为大幅度的核裁军开辟了道路。今后国际军控问题的重点将从核武器的裁减转向销毁、防止失控和扩散，以及主要针对第三世界的军售上。核扩散的危机不能排除，掌握核技术的国家会越来越多。但掌握技术并不一定制造，即使有些国家制造了，也主要是为了威慑。因此，今后的地区冲突和局部战争还会此伏彼起，但使用核武器的可能却不大。而且由于各种条件的制约，第三世界范围局部战争也不像一些人所说的，发生的频率和规模都呈上升趋势，实际上反而可能逐渐减少，相当时期也不会再有海湾那样规模的战争。

十　世界经济通过重大调整和科技革新可望逐渐走出低潮

随着国际形势趋于缓和及世界大战威胁的减退，经济已经成为各国国家战略和国际关系的重点。新时期的历史表明，一个国家的强弱盛衰，起决定性作用的是综合国力，其核心就是经济技术，而不是单纯依靠军事力量。美苏的军备竞赛，结果造成了一伤一亡。苏联东欧的剧变和许多发展中国家局势的动荡，最根本的原因就是没有把经济搞上去和忽视人民生活水平的提高。即使在发达国家，经济状况也已成为影响政局稳定、政府更迭和领导人地位的主要因素。美国的经济衰退，使海湾战争后出现的民族狂热顿时为之一扫，布什总统的支持率急剧下降。一些发展中国家的开国元勋也因经济问题而被迫下台。人们可以看到，虽然并非出于自觉，但是马克思主义关于经济是基础的基本原理，已得到包括西方舆论和国家领导在内的事实上的承认与遵守。因此，各国都更加重视经济和科技的发展，把经济安全置于国家安全的首位。美国已有越来越多的人认识到，对美国的威胁主要来自国内。斯卡拉皮诺在《外交》季刊1991年冬季号的文章中就有这种表示。经济成为国际关系的重点也日益突出。各国把经济和科技方面的竞争看得重于军备竞赛。传统的目标和手段逐渐为经济的目标和手段所代替。地缘经济的作用超过了地缘政治，区域集团化首先着重经济合作。经济和政治更加密不可分，经济关系政治化和政治关系经济化成为难以遏止的趋势。美国和其他西方列强对社会主义和发展中国家更多地使用经济手段施加压力、进行干涉。它们的扩张，也主要是求得经济上的控制，而不是军事上的占领。经济上的竞争和主导权争夺、控制和反控制、制裁和反制裁、保护和反保护，成为国际斗争的主要形式。南北矛盾和西方内部矛盾，也主要表现在经济领域。一个国家要生存发展，关键就是要把经济搞上去。

为了适应国际经济形势的变化和增强竞争能力、缓解经济失衡和加速经济发展、提高经济的质量和效益，各国都在进一步调整经济政策和经济结构，进行不同性质和不同程度的经济体制改革。在调整中，特别注意科学技术的发展和推广应用，为此还在改革教育制度，加强人才培养。这就更有利于正在发展的这场新技术革命进一步扩展实际影响，并出现新的突破，最后把世界经济推上一个新阶段。调整的另一个重点是扩大对外开放，适应经济国际化的加速发展，在做法上是既要保护本国市场，又要在世界经济体系中占据有利地位。很明显，对调整改革只有抓得紧、路子对，才能收到应有成效；不抓，则必然落后；路线错误，还会导致经济混乱和社会动荡。各国的调整改革，也促使整个国际经济关系发生重大变化，加速调整和重新组合，其结果将是新世界格局中经济格局的首先形成。90年代是世界经济的调整阶段和过渡时期。

世界经济在80年代，虽然有苏联东欧的停滞、拉美和非洲的倒退，但就总体而言，还是得到了一个长时期的发展，只是到了90年代，才进一步进入低潮。这既有一定的周期原因，也有重要的结构原因，还有各种政治社会原因，如苏联东欧的剧变和一些发展中国家的动乱以及海湾战争的影响等。现在的情况是：占世界经济比重2/3的发达国家，或者回升乏力，或者减速发展；大多数发展中国家暂时还没走出困境；只有亚洲国家继续保持领先地位，但发展速度也已下降；苏联和多数东欧国家的经济则一直处于大幅下滑和混乱状况；国际上的经济失衡、债务问题、资金短缺、保护主义抬头等，使形势更加严峻。因此，估计90年代，世界经济只能继续在低潮中徘徊。

90年代过后，情况可能逐渐好转。欧洲将会逐渐摆脱80年代发展速度落后于美国的状态，并带动欧洲自由贸易联盟和一些联系国一同前进。其中德国东部经过西部大量投资改造，一两年内即可走出谷底，整个德国的经济发展仍会居于欧洲前列，起到火车头作用。日本经过几年减速，有可能再恢复到80年代的平均发展速度。坚持深化改革和扩大开放的中国，将逐渐实现良性循环，继续保持高于世界水平的发展。"四小龙"、东盟也还会处于世界前列。因此，正像一些日本报刊所说，东亚将成为世界经济的重要推动力量。对世界经济有较大影响的美国，虽然赶不上亚洲，但也会取得低速增长，不致再拖世界经济的后腿。拉美情况在逐渐好转，不会再失去90年代。南亚中东也会恢复发展。只有撒哈拉以南非洲形势不容乐观，但是一则所占份额较小，二则一些国家也在发生变化。至于苏联和东欧国家，情况则不尽相同。其中一部分，经过三五年的混乱动荡后，将逐渐稳定下来，取得程度不同的发展。另一部分，如苏联和南斯拉夫的一些共和国，大约要经历长期的混乱和动荡，但到20世纪末大部分也会稳定下来。总的看来，世界经济经过90年代的重大调整和新技术革命的推动，到下世纪初将迎来一个发展的新高潮，也就是长波理论所说的上升期。所以90年代，对每个国家来说，都是一个关键时期。

十一　世界经济相互依存和全面国际化在加速发展

世界经济的国际化在以惊人的速度发展。由于经济已成为国际关系的重点和信息产业的推动，国际化趋势还将进一步加速和加深，把经济活动推上一个新阶段。国际化是在垄断的条件下进行的，它的加速和深化，也就意味着国际垄断的进一步加强。一方面是跨国公司的迅猛发展。从20世纪60年代出现跨国公司这一概念以来的短短30年，已有约11000多家跨国公司，控制了世界国民生产总值的1/3和世界贸易出口总额的2/3。90年代将是跨国公司发展更加兴盛的时期，会在很大程度上主宰世界，贸易、海外投资和技术转让等经济活动。另一方面是国家干预的不断加强。现在的国际贸易，已由国家干预下的指导贸易代替自由贸易，大约有75%是在非自由贸易原则下进行的。国家不但掌握着政府援助和贷款，也管理着私人投资，对汇率和技术转让更实行严格控制。国际经济中政府间的协调起着越来越大的作用。随着国际化的发展，国家在对外经济关系中的职能还会进一步加强。但正如列宁所说，垄断不但不会消除竞争，反而使竞争更为加剧。国际化的过程，就是国家之间和企业之间激烈竞争的过程，是经济和科技领域优胜劣汰的大战。面对这种形势，许多国家都在强调危机感和紧迫感。

垄断的加强和竞争的激化，促使世界经济的集团化和地区合作迅速发展，成为经济国际化的一个重要趋势。在世界经济的重新组合中，欧洲、美洲和亚太三大不同形式的经济集团正在形成。为了联合自强，发展中国家近年来也纷纷建立各种经济共同体和一体化组织。此外，由几个国家的相邻部分组成不同层次的地区合作进行所谓超越国界的经营，也促进国际化向纵深发展。集团化有助于区域内经济贸易的发展，但对外却实行不同程度的保护，而且主要集团又都在少数西方大国分别控制之下，因此对某些发展中国家也可能挑战大于机会。但是集团化既已成为世界经济发展中不可阻挡的潮流，各国都只能采取积极态度争取在其中的有利地位，避免受制于人，更不能被排斥在有关区域集团之外。

从历史的角度看，国际化的基本趋势还是全球一体化。这里所说的一体化，只是指世界经济越来越成为一个整体、一个体系，并无社会制度趋同的含义，和上面说的苏联东欧剧变后东西方走向一体化是不完全相同的两回事。不能因为这个名词有不同含义就不敢使用，甚至否认经济全球一体化的趋势。其实区域集团化还只是全球经济一体化发展过程中的一个阶段。所有集团，虽有一定保护倾向，但都不是缩小而是不断扩大同其他集团间的经济联系，增进贸易来往和资金流动，加深相互渗透。参加集团的国家绝不把经济活动限制在本集团内，而是竭力打进其他集团，巩固和占领有利阵地。控制国际直接投资 90% 和世界生产 40% 的跨国公司的活动，就不只跨国而且跨集团，力求在全球范围开展业务。因此绝不能只看到区域集团化而忽略全球一体化的总趋势。

90 年代是世界经济重新组合和国际化急速发展的时期。一个国家经济要发展，就必须更深地进入世界经济体系，闭关自守只有落后挨打，因此对外开放只能进不能退。公司企业也必须面向世界，实行跨国经营。世界经济的全球一体化和区域集团化在交织发展，无论国家或公司，都只有适应形势，既积极参与地区合作，又实行全方位开放和多元化经营，才能取得在竞争中的有利地位。

十二　世界政治经济发展不平衡进一步加剧并导致多极格局逐渐形成

在过渡时期，由于条件的不同、科技的发展和激烈的竞争，使世界经济发展的不平衡更为加剧。不平衡主要表现在四个方面。一是南北发展失衡和贫富差距继续拉大。许多发展中国家仍将为基础薄弱、技术落后、债务负担、资金短缺、出口产品价格疲软和人口问题所困扰。团结斗争势头的减弱，使在争取南北对话与合作、改变不平等的旧经济秩序方面，一时难以取得重大进展。一些国家还由于社会动荡而妨碍经济发展。不过作为整体，发展中国家的经济发展速度将超过发达国家。一般估计，90年代发达国家平均增长率可能为3%，发展中国家则为4%。而且经过艰难的调整，情况还有可能发生有利于多数发展中国家的变化。二是西方和原东方国家经济力量对比的失衡，继续向有利于西方倾斜。原东方各国短期内经济还将有不同程度的下滑。虽然东西方在走向一体化，但由于贫富悬殊的扩大，使双方的矛盾在性质改变后不仅存在，甚至可能经过一段大幅度下降后又转为上升。三是南方内部失衡，加速分化。一部分国家和地区将逐渐赶上发达国家的水平，成为它们重要的竞争者。其中的韩国、中国香港、新加坡就已被欧共体宣布为工业化国家和地区，取消其发展中国家的优惠。亚洲、拉美和中东大部分国家处于中间状态，发展速度可望逐渐加快。其余部分，特别是非洲和南亚、加勒比一些国家，经济情况可能继续恶化，最贫穷国家的数量还会增加。四是西方国家间的失衡，美欧日经济实力趋于均衡化。这就是美国的相对衰落和日欧（特别是德国）力量的上升。欧共体的经济实力现在就已与美国相当，还不算扩大了的欧洲经济区。美国的衰落由来已久。以日本国民生产总值占美国比重为例，1950年为1/26，1960年为1/8，1980年为1/2，现在已达60%以上，且人均产值超过了美国。但有些人总是不愿承认美国的相对衰落，理由是美国在世界经济中所占比重，现在的份额同第二次世界大战前相当，并未下降，战后一个时期属特殊情况，不能以现在同那时相比。但是战前美国只是列强之一，所以这正好说明美国从超级大国降为一般大国的趋势是不可避免的。

经济是重点，是基础，经济实力的消长必然会影响到国际地位的升降。到下世纪，国际力量要重新配置，座次要另行排定。美国在西方的领导地位将逐渐有所动摇，虽然还保持着强大的军事力量，但军事的作用却在下降。1991年的形势变化就很能说明问题。海湾战争甫告结束，美国是多么趾高气扬，一再声言要建立美国领导下的世界新秩序。可是事过不久就有点泄气。经济的不景气和成堆的国内问题，束缚住了美国的手脚，一时"冷战胜利，现在该是美国回家的时候了"的呼声顿起，展开了一场关于致力于世界新秩序还是着重解决国内问题的大论战，甚至连总统的出国访问都成了问题。布什在本届联大的讲演，调子就已降低，表示不谋求

"美国统治下的和平"，而主张"普遍统治"和"共同承担责任"。恰成对照的是日本和欧洲（特别是德国）。海湾危机的冲击，使它们的外交发生重大变化。日本1991年的《外交蓝皮书》就承认，"日本外交进入了转折期"，"主要目标是要开展政治外交"，亟谋突破不能向海外派兵的禁区，还第一次公开提出在亚太地区"日本必须发挥中心作用"。由于时代不同和国内外条件的制约，日本要成为军事大国在相当时期内办不到，但是日本改变战败国处境、取得与经济实力相称的国际地位、成为未来格局中重要一极的趋势却势属必然。一年来欧共体在冷战后的欧洲安排上也进行着积极活动，同美国以及它们内部的斗争日益激烈。特别是具有历史意义的马斯特里赫特会议，表明欧共体不但作为经济集团将进一步加强和扩大，还要在外交和安全上发挥更大作用，使欧盟逐渐成为拥有最大实力的经济集团和一定的政治实体。其中德法轴心仍起决定作用。而德国则正趁苏联解体、东欧动荡、南内战、美国内外交困的机会，采取一系列重大步骤，实现其经济政治大国和取得欧洲主导地位的战略。继承苏联国际地位的俄罗斯联邦，不但拥有巨大潜力，而且仍是第二核大国，经过长期动荡总会逐渐稳定下来，还可能在不断分化组合中最后同一些独立共和国结成新的国家集团，其力量和作用绝不能忽视。在国际上特别是亚太地区占有重要地位的中国，到本世纪末肯定会实现国民生产总值翻两番的第二步战略目标，国际影响也必将进一步加强。虽然同美欧日实力相比还有很大差距，但它有各国人民和第三世界的直接同盟军，有成为主要矛盾的大国关系的间接同盟军。此外，一些地区大国（如印度、巴西等）和国家集团（如东盟，其他许多经济集团也都在加强政治上的联合），也可能发展成为国际上的次等力量中心。而且不平衡规律不只意味着大国实力的均衡化，还意味着后来居上，包括出现新的经济强国和力量中心。

国际上较为普遍的看法是，代替两极格局的将是一个多极世界。但新的格局究竟是个什么样子，还无法具体描述。但有一点可以肯定，就是各极之间不可能在经济、政治、军事、科技等方面实现全面均衡，而必定是参差不齐，各有优势。现在多极化趋势在迅速发展，各国都在为争取新格局中的有利地位而努力，矛盾错综复杂，斗争激烈紧张，推动着国际力量对比的消长变化和重新组合。当美国的实力和国际影响进一步下降，其他各极的地位进一步上升，在重大国际事务中的作用不相上下的时候，到那时也许就可以说，过渡时期已经结束，多极格局正式形成。世界大战后新格局的确立都需要三五年时间，和平条件下实现新旧格局的交替有几十年的过渡时期应当是不足为奇的。多极格局的形成是个长期过程，但却是可以预期的必然趋势。

（原载《1992年国际形势年鉴》，中国大百科全书出版社）

亚洲的崛起

1993年国际形势发展的一个突出特点,就是亚洲的崛起。这里说的亚洲,是按照当前国际舆论的通用提法,实际上主要指东亚,有时谈到近期经济增长甚至连日本也不包括在内。

世界的共识

亚洲的崛起并不是一夜之间的事,而是在过去长期保持局势相对稳定和经济高速发展的基础上实现的。事实上,日本在20世纪60年代后就已成为经济大国,70年代出现亚洲"四小龙",80年代中国走上高速发展道路。30年前,亚洲的国内生产总值只占世界的8%,为国际市场提供的产品和劳务只占4%,现在都已分别超过25%,成了世界上最大的贸易区。美国同亚洲的贸易额十年前就超过了同欧洲的贸易。1992年,欧共体同东亚的贸易额也历史上第一次超过了同北美的贸易;日本在亚洲的出口占到其出口总额的32%,对美国的出口却降到29%;亚洲在地区内的出口已占总额的43%,大大超过了对美国的出口,而进口如包括地区内的贸易额就成为世界上最大的进口者了。这表明,在贸易上亚洲明显减弱了对美国的依赖,美国却增加了对亚洲的依赖。国际上公认,亚洲是世界经济的重要推动力量。

事物的发展都有一个从量变到质变的过程。正是在1993年,亚洲的国际地位得到空前提高,亚洲的崛起成为世界的共识。当世界经济处于低潮,西方国家为衰退所苦,亚洲却一枝独秀,高速增长势头更猛。欧洲冷战后的严重动荡和局部战乱,同亚洲的持续相对稳定形成鲜明对照。在世界一些地区徘徊不前、一时看不到出路的情况下,亚洲却前景看好,正进入一个经济发展和地区合作的新阶段。在这种背景下,1993年世界上出现了"亚洲热",各国纷纷调整政策向亚洲倾斜。美国提出"新太平洋共同体"设想,宣布亚洲是它经济的希望所在。德国制定了"新亚洲政策",并积极讨论实施。日本要进一步以亚洲为依托,出现"脱美入亚"舆论。岁末的亚太经合组织(APEC)西雅图会议,更把这种"亚洲热"推向高潮。

鲜明的发展特点

亚洲经济今后仍能保持高速增长,除形势稳定和国际环境的某些有利条件外,也由于本身增添了不少新的因素,如经济规模迅速扩大,消费水平不断提高,外来资金滚滚流入,固定资本投资显著增加等。据估计,单是中国、"四小龙"和东盟,今后五年的基础设施投资就有五六千亿美元。其规模之大、金额之巨和时间之集中均为历史罕见。这些因素必将产生巨大的刺激和推动作用,使亚洲经济再上一个新台阶,进入一个新阶段。

地区合作对亚太经济的发展起着重要作用。1993年,不同形式不同层次的合作得到迅速发展。连在亚太地区一直坚守双边主义的美国,也转向多边主义。亚太地区的经济合作不同于欧美式的集团化,具有自己的鲜明特点。一是合作模式的多样性。既有整个地区的组织,也有次区域组织,还有更小的各种经济圈和成长三角;既有双边的,也有多边的;既有政府间的,也有民间的。二是运行机制的松散性。一些经济圈多系自然形成,并无固定组织。就是APEC也基本上属于论坛性质。美国本想把它变成谈判机构,因遭到亚洲国家的反对而未果。三是开放性。亚太地区的合作无论是哪种形式和层次的合作,都没有欧美集团具有的排他性。四是组织建立的渐进性,不急于求成。这也是美国想尽快建立共同体却遭到冷遇的原因之一。这些特点既有助于保持亚洲经济的出色活力和应变能力,也促进了地区合作的迅速和顺利发展。

稳定与发展相辅相成

亚洲不但是世界上一支重要的经济力量,而且也正在成为相对独立的政治力量，在亚太事务中发挥着日益重要的作用。亚太地区安全问题不再由一两个大国操纵，美国在这方面也不能不更加重视亚洲国家的意见。在建立亚太地区多形式、多层次、多渠道的安全对话机制方面，亚洲国家举足轻重。这也是亚洲国家在地区安全问题上开展合作能够取得进展的一个原因。

东盟倡导的有18个国家参加的东南亚安全论坛的成立就是证明。而亚洲国家积极参加安全合作又是维护地区和平与稳定的重要保证。

稳定和发展是互为条件的。没有地区和各国的稳定就不会有亚洲经济的快速发展，而经济不发展也很难保持稳定。冷战后亚洲也还存在一些不稳定的因素，如民族矛盾和领土争端，原有一些热点没有完全解决，特别是大国间的关系还没调整好。但在和平与发展的时代背景下，加上经济持续增长，缓和与稳定仍是亚洲以及整个亚太地区的基本趋势。一些地区冲突不致影响全局，更不会发生有大国直接参加的局部战争。90年代，亚太地区将继续保持相对稳定，国家间的关系还会有所改善，安全上的合作也会得到发展。

争夺主导权的斗争

亚洲的崛起也加剧了这一地区的竞争。许多国家都把亚洲看成黄金地带，争相在这里捕捉机会，挤占市场。但更重要的还是亚太地区内部与合作同时发展的经济竞争和对主导权的争夺。美国的"新太平洋共同体"设想，就是要建立它在经济和安全领域的主导权，控制地区事务。这当然会遭到亚洲国家的抵制。西雅图会议前夕，日本就表示不赞成建立美国主导的共同体，东盟也决定加快启动"东亚经济论坛"，马来西亚总理还拒绝与会。这些都是证明。由于经济是重点，美日又是两个最大的经济大国，因此今后亚太地区的经济竞争和对主导权的争夺将主要发生在它们之间，并会日趋激烈。但是基于时代背景和相互依存的加深，这种争夺仍以协调为主。虽然美国实力仍居世界之首，掌握着较多的主导权，但在多极化发展的形势下，它控制地区事务的能力将不断下降，力量也会进一步收缩。亚洲的崛起，就意味着美国在亚洲影响的减弱。

"太平洋时代"?

随着亚洲的崛起，人们越来越多地谈到美国外交重点的东移和太平洋时代的到来。

其实，这些都还言之过早。现阶段和今后一个时期，欧洲仍是国际斗争的中心，因而也是美国外交重点所在。西欧关系到美国重大的经济利益。美国海外利润60%来自西欧，西欧占美对外投资的一半和外国对美国投资的65%。这三项都远远超过亚洲。发达国家多数在西欧，美国要充当西方以至世界领袖，首先就得保住在欧洲的领导地位。在国际安全上，美国也主要依靠北约。保证苏联和东欧的转变，被美国列为外交中的头等大事。欧洲侧翼的中东，更是美国一定要控制的地方。这些都决定了美国短期内还只能把外交重点放在欧洲。至于一些美国当权人物的重亚轻欧言论，虽反映了美国政策向亚洲的倾斜，也含有向欧共体施压的成分。当然，由于欧洲经济一时难有明显改善，美欧矛盾日趋激烈，亚洲的地位越来越重要，因此从长远看，美国的战略重点势必逐渐东移。一旦美国在亚太的综合利益超过欧洲时，它的重点也就历史地移到亚太。

至于太平洋时代，也看怎么理解。如果指经济、政治、科技、文化都要站在世界前列，那绝不是短期内的事。要按人均国民生产总值算，就更遥远了。不过一般都以世界经济重点和国际竞争中心为标志。单就此而论，确实是逐渐东移的趋势。因此，说21世纪将迎来太平洋时代也并不虚妄。

历史的辩证法

要使亚洲的崛起长盛不衰，使太平洋时代变成现实，亚洲国家还面临着严峻的挑战。亚洲经济的高速发展，重要因素之一是利用了西方陷于结构性危机和需要进行长期调整的机会。实际上，亚洲的经济基础和国际竞争力还比较弱，科技和教育水平同西方比还有很大差距，弄得不好，不仅很难赶上发达国家，甚至还会再次落后。所以对亚洲的崛起不可估计过高和盲目乐观。但也不能因此就否认亚洲的崛起。那样既不符合当前现实，也违背唯物史观原理。为什么以前可以有美国的崛起、德国的崛起、日本的崛起，现在就不能有亚洲的崛起、中国的崛起？总不能说经济和技术基础好的就永远保持先进，基础差的就注定落后。历史的辩证法是，发展不平衡是绝对的，后来者居上是正常现象。只要亚洲国家抓紧机遇、保持稳定、政策对头、加强合作，亚洲崛起的势头就一定会持续下去，太平洋时代的到来就不会落空。

把自己的事情办好

人们说，太平洋时代的到来看亚洲，亚洲的崛起看中国。在这方面，中国确实起着极为重要的作用，并已受到全世界的重视。这在 1993 年表现得尤为明显。有些西方舆论把中国称作亚洲发展的龙头。不少国家在调整政策向亚洲倾斜时，也把对华关系当做重要一环。但与此同时，国际上出现了一股过高估计中国实力之风，如说中国已经或即将成为超级经济大国，甚至说中国的国民生产总值已名列世界第二位，等等。对此必须有清醒的认识。实际上，中国仍属水平较低的发展中国家，科技和教育都还比较落后，人均产值还赶不上中等发展中国家，到 20 世纪末才能实现小康，再过半个世纪也才能达到中等发达国家的水平。当前，我们在抓紧机遇的同时必须重视面临的挑战，增强忧患意识，埋头苦干，集中力量把自己的事情办好。只有这样，才能在日益全面展开的综合国力的竞争中取得有利的地位，在亚洲的崛起中发挥更大的作用，迎接 21 世纪太平洋时代的到来。

（原载《世界知识》1994 年第 1 期）

南北差距的新变化

冷战后国际形势出现的一个值得注意的动向，就是发展中国家在世界经济中正显露出日益重要的作用。20 世纪 80 年代引起国际上重视的南北差距拉大的问题开始发生变化，就总体而言已不再是继续拉大的趋势了。

发展中国家经济地位的历史变化

通常所讲的发展中国家，主要是指第二次世界大战后获得独立的前殖民地、半殖民地和附属国。虽然国际货币基金组织和联合国其他机构，也按人均产值将少数东欧和南欧国家列入其中，但发展中国家的主体仍然是组成第三世界的 100 多个亚非拉国家，故也称作南方。所谓北方，则指以经合组织为代表的二十几个工业发达国家。由于分类不同造成统计上的少许出入，并不影响总的评估。谈到经济上差距，主要指国内生产总值和人均国民生产总值的对比。其他方面，特别是科学技术和文化教育等，固然也很重要，但归根结底还是由经济决定的。

发展中国家政治上获得独立后，经济上也得到了迅速发展，特别是 80 年代前的 30 年。南方委员会 1990 年发表的《对南方的挑战》报告指出，"30 年的快速发展，导致许多发展中国家取得重大经济变革和社会成果"。"50 年代后的人均增长水平，与工业国家过去的发展状况以及南方内部前此的经历相比，均属有过之而无不及"。在这 30 年中，南方经济的平均增长率一直高于北方，使南北经济对比发生了有利于南方的变化。例如根据国际货币基金组织的统计，发展中国家与发达国家国内生产总值的比重，1960 年为 20∶80，到 1980 年已变成 25.4∶74.6。即使按人均产值，发展中国家在多数年份的增长也略高于发达国家。据世界银行统计，南北人均年增长率，1965—1973 年分别为 3.9% 和 3.6%，1973—1980 年为 3.1% 和 2.1%。再从双方在世界贸易中的比重看，1960—1980 年，南方从 29.7% 升为 34%，北方则从 70.3% 降为 66%。这就是说，在 80 年代的前 30 年，特别是 60 年代和 70 年代，南北差距并未拉大，国内生产总值和世界贸易所占份额的差距还有所缩小。正是在这种背景下，70 年代才出现建立经济新秩序问题上的南攻北守局面。因此，说南北经济差距一直在拉大，是不完全合乎事实的。

但是到了 80 年代，形势发生逆转，南北在国内生产总值、人均产值和世界贸易中的差距出现迅速扩大趋势。南北国内生产总值的比重到 1985 年就又退回到 20∶80 的水平。出口贸易双方所占比重到 1987 年已变成 25.5∶74.5。人均产值的差距更是明显扩大。例如 1980—1984 年，南北年均增长已分别为 0.7% 和 1.3%。而整个 80 年代，拉美和非洲都是负增长，拉美倒退了 10 年，非洲倒退了 20 年还多。

然而，与此同时也必须指出，第一，80 年代除少数年份外，发展中国家作为整体的增长率仍然略高于发达国家（据世界银行统计，1980—1989 年，发展中国家国内生产总值年均增长率为 4.3%，发达国家则为 3%）；第二，80 年代亚洲国家特别是东亚发展中国家和地区保持了较快的发展，中国实现了起飞，因此谈到"发展的危机"和"失去的十年"，不能把发展中国家这一重要组成部分包括在内；第三，80 年代也是发展中国家进行重大结构调整和改革的十年，这就为 90 年代的发展创造了一些有利条件。

发展中国家成为世界经济的重要推动力量

冷战后世界经济形势发生了重大变化，国际经济格局和经济关系也在进行规模空前的调整。西方发达国家由于长期积累的结构问题和冷战结束带来的冲击，经济陷入严重衰退。与此同时，发展中国家经济却或者继续保持快速增长势头如亚洲，或者摆脱"发展的危机"而有所好转如拉美和部分西亚非洲国家。虽然多数非洲国家还在进一步恶化，但其所占比重并不大。因此发展中国家作为整体已是形势看好,并成为世界经济的重要推动力量。国际货币基金组织认为,近几年世界经济增长在很大程度上是发展中国家推动的。1993年世界经济增长2.2%,其中发展中国家为6.1%,发达国家为1.1%。对世界经济增长的贡献度,前者超过60%,后者不足40%。所以该组织总裁康德苏说,"发展中国家现正在扮演世界经济火车头的角色"。国际舆论的类似说法还很多。例如联合国经社理事会新闻部1993年底曾提到,"东亚和南亚的发展中国很可能会率领世界实际经济潮流"。1994年初英国外务次官古德拉德也说,"亚洲将作为世界经济增长的源头而繁荣"。

南北经济关系的变化还可指出以下几点。南方发展受北方的影响在减弱,改变了以前那种北方特别是美国打喷嚏南方就感冒的局面。新加坡陈光炎博士说,以前东亚是美国车头后的车厢,经济所受影响达85%,近十年来已逐渐不以美欧日为车头,而拥有能独立发展的内部经济动力。《日本经济新闻》也以《亚洲经济依靠自己的力量走上增长轨道》为文,进行了论证。这是因为,发展中国家不但发展速度超过发达国家(特别是亚洲,拉美也在跟上来),而且相互贸易和投资的增长速度更快,加上各种形式的区域合作,就形成了一种新的经济格局,减弱了对发达国家的依赖。当然,这只是指南方自身发展力量的加强。至于南北间的相互依存,还是进一步加深的趋势,而且由于北方在世界经济和科技中占统治地位,南南合作有一定局限,南方对北方的依赖要更多些。在经济区域化和集团化上,许多发展中国家还不能不参加到以发达国家为中心的经济组织中去。但无论如何,南方对北方依赖的减弱却是事实。

另一方面,发达国家已增加了对发展中国家的依赖。由于西方经济疲软、市场相对饱和,它们就把目光转向了发展中国家,特别是向亚洲倾斜。国际货币基金组织说,1993年发展中国家进口增长率相当于发达国家的二倍,为后者提供了增长最快的市场。1993年12月27日美国《基督教科学箴言报》也在一篇题为《亚洲领导世界经济增长潮流》的报道中指出:"寻找迅速发展的市场,1995年还是撇开日欧以至美国,倒是可以考虑诸如中、印、韩、泰这样的国家。"1993年11月美国政府推出的全国出口战略,就把重点转向发展中国家,认为未来20年中,世界贸易增长的 3/4 将来自它们。日前美国商务部确定今后重点出口对象的十个国家（被称为"新兴大市场"），就都是发展中国家。事实上，从 1988 年到 1992 年，美国对亚洲的出口增长了一倍，对美国减轻和走出衰退起了重要作用。

与此有关并值得注意的还有两点。一是流入发展中国家的资金迅速增长，扭转了 80 年代一个时期的资金倒流现象。1993 年流入发展中国家的外来资金创最高纪录，其中直接投资净额占世界比重已由 1987 年的 21.4% 增加到 32%。同时还应指出，一些亚洲国家和地区由于经济实力和金融地位的加强，也在向发达国家投资。《日本经济新闻》说这是业已开始的"资金回流"，使"迄今为止由欧美向亚洲单向资金流动为之一变"。二是制造业从北向南转移。英国经济学家布朗和朱利叶在一篇获奖论文中说，全球经济形势的变化，正在促使制造业从富国向第三世界转移，美欧日主宰世界生产的格局即将发生变化，其后果将是"全球消费和生产的重心从富国转移到发展中国家"。不管舆论界怎么说，这种产业转移的趋势已经是越来越明显了。

所有这些，都显示了冷战后世界经济形势发生的积极变化。这一趋势今后还会持续下去并得到加强。因为 90 年代，西方国家经济因需进行深刻调整会长期处于低潮，在摆脱这次严重衰退后也只能保持低速增长；而发展中国家经济却进一步看好。亚洲将继续处于领先地位。拉美已被公认为全球第二个发展较快的地区。随着南非问题的解决（也不排除发生重大反复甚至陷于内乱和分裂的危险，但从长远看不会改变当前的发展趋势），还可能出现包括南非、纳米比亚、博茨瓦纳、津巴布韦等在内的又一个发展较快的地区，事实上现在已有"华尔街出现南非热"的报道。在中东和平进程取得重大进展后，人们已在谈论和谋求建立"中东地区市场"。处于严重困难的发展中国家数量还不少，但它们在发展中国家经济中占的比重和影响并不大，不能代表整个发展中国家。

总之，90 年代，发展中国家在世界经济中发挥着越来越大的作用，正成为发展的重要推动力量。在这种情况下，谈南北差距继续拉大已经不适宜了。当然，也必须估计到影响南北差距的各种因素。

影响评估南北经济对比的几个重要因素

（一）基础不同。发展中国家在发展，发达国家则在更高的水平上发展。历史造成双方发展的基础极为悬殊，存在巨大差距。因此，即使前者的发展速度快于后者，差距仍有拉大的可能。例如，1992年美国的国内生产总值为6万亿美元，非洲（指除南非外的撒哈拉以南非洲）40多个国家不到2000亿美元（1991年实为1730亿）。假定美国增长为2%，也实增长1200亿美元；非洲即使增长4%，也只增加不到100亿美元，双方对比的差距仍在扩大。人均产值更是如此。假如美国人均产值为2万美元（实为23123美元），增加1%就是200美元，非洲人均500美元（1991年实为350美元），即使增长2%也才是10美元。由于起点不同，后起国家的发展速度只有高过一定界线，才能使差距从扩大变为缩小，最后赶上先进国家。这个任务很艰巨，而且是个长期过程，但并非不可逾越。例如日本（虽不算发展中国家，但也是后起国家）的国民生产总值，50年代初只相当于美国的1/20，80年代下半期已升为1/2，人均产值还超过了美国。而属于发展中国家和地区的"四小龙"，确也在不断缩小同发达国家的差距。又如，1960年亚洲只占世界国民生产总值的4%，1993年已升为25%。据世界银行最近公布的资料，1985—1992年的人均产值增长率，发展中国家作为整体（按人口和经济比重）也高于发达国家，例如中国为6%、印度3.3%、印尼4.7%，美国为1.1%、英国1.5%、德国2.2%。

（二）人口因素。在进行国际比较时人均产值是个重要指标，因此人口增长的快慢影响极大。由于发展中国家人口增长比发达国家高得多，所以即使经济发展速度快于发达国家，按人口平均，差距还是在拉大。以80年代人口年均增长率看，发展中国家为2.1%，其中非洲竟达3.2%，而发达国家则只有0.6%。但这也不是无法解决的问题。第一，发展中国家人口增长大多已得到初步控制，增长速度随着经济的发展、文化的提高和计划生育的推行还会进一步下降。如拉美国家人口年增长率，70年代为2.4%，80年代降到2.1%。东亚国家同期从1.7%降到1.5%。第二，如上所述，发展中国家人均产值的增长速度在多数年份还是高于发达国家，亚洲国家更走在前面。最近，亚行行长佐藤说："在过去四年间，世界上24个发达工业国家的人均收入都有减少，而亚洲国家的人均收入的增长却超过4%。"由此可见，发展中国家按人均产值缩短同发达国家的差距，以至赶上它们，也是完全可能的。

（三）地区差异。经济发展不平衡这一绝对规律，在发展中国家间体现得更加突出。它们之间差距拉大的速度超过了它们同发达国家之间。因此按地区划分的发展中国家在整个发展中国家经济中的比重发生急剧变化。根据世界银行统计，1965年东亚国家占22%；非洲占12%；到1989年，已分别为37%和7%。而同期人口所占比重，东亚从42%降为40%，非洲则从10%升为12%。1980—1989年的人均产值年增长率分别为：东亚6.7%，南亚3.2%，拉美－0.6%，非洲－2.2%。可见在进行南北对比时是不可笼统而言的，使用"大多数发展中国家"这一概念时也要考虑到所占的经济比重。例如非洲45个国家的国内生产总值并不比我国台湾省多，更不能同中国大陆相比了。在这种情况下，显然不能以"大多数"来代表整个发展中国家。

（四）统计方法。至今在进行国际比较时，都是用汇率换算法，即把各国货币按官方汇率折算成美元。但这在计算各国国内生产总值和人均产值时就很不准确，往往还前后矛盾。例如世界银行计算中国的人均产值，1981年为300美元，1987年反而变成了290美元。在今年我国实行外汇汇率并轨后，国内生产总值和人均产值，一夜之间又都下降了20%多。一般说来，汇率法对发展中国家的估算有点偏低。但世界银行和国际货币基金组织用购买力平价法估算，则走向另一极端，而且偏差更大，把发展中国家人均产值提高了3倍。例如1992年，按汇率算的人均产值中国是370美元，印度是330美元；按购买力平价法算，中国则为2040美元，印度为1150美元。各国经济实力的排名次序也发生更大变化。西方国家一些领导人和报刊已因此常把中国称为世界第三经济大国。不管这种算法多么脱离发展中国家实际，有可能使它们的利益受到损害，但经合组织国家和联合国都在努力推广这种方法（现在参加这一国际比较项目的国家已有80个）。看来经过不断改进和逐步推广，用购买力平价法代替汇率法可能是大势所趋。而在此之前的发展中国家经济实力，虽然不是购买力平价法估算的那么大，但比迄今用汇率法计算的水平要高，大概也是事实。

综上所述，可以看出：（1）影响南北经济实力的国际比较的因素很多，进行比较是相当复杂的问题；（2）基础、人口等因素固然对南方影响很大，但却不能因此得出南北差距只能拉大的结论，事实上情况已经发生并将继续发生有利于南方的变化。

发展中国家面临的严峻挑战和发展前景

发展中国家经济还存在巨大困难，面临着严峻挑战。这主要来自两个方面，国际环境和内部问题。就国际环境而言，现在和今后相当时期，发达国家在世界经济中还占绝对优势。据联合国经社理事会去年7月报告，发达国家在全球国内生产总值中的比重达74%。所以世界经济基本上是在它们的控制之下，经济秩序的确立和运行规则的制定基本上取决于它们。这种格局自然对发展中国家不利。发展中国家遇到的许多困难都与此有关，如沉重的债务，国际贸易中的"剪刀差"和保护主义，经济制裁和超经济压力及干涉等，总之是一种不平等的关系。其次，南方许多国家不同程度地存在一些严重的内部问题，如人口膨胀、严重的贫困化、两极分化和腐败引起的社会危机、政局不稳和战乱频仍、政治格局和经济结构的不适应等。应特别指出的是，还有南北在科技方面的差距，正是在这点上显示着南北还处于不同的发展阶段，其影响也是深远的。

因此，对发展中国家的经济形势，对南北间的国际比较，都必须同时看到两个方面，既要看到有利条件和机遇，又要看到不利因素和挑战。同时，还要既注意形势的随时变化，又不忘记发展的基本趋势。不能因为西方用购买力平价法大大高估发展中国家和中国的实力，就忽略发达国家在相当时期都居世界经济中的统治地位这一客观事实。但也不能因为发展中国家面临诸多困难，就不承认它们在世界经济中起着日益重要作用这一基本趋势。

由于发展不平衡是绝对规律，后来居上是正常现象，所以今天还处于相对落后地位的某些发展中国家，不但有可能，而且必然会赶上现在的一些发达国家。亚洲的崛起已露出端倪。同时发展中国家的分化也会加速进行，其中一部分（如非洲、西亚和南亚一些国家。国数虽多，但所占经济比重不大），不但和发达国家间而且和发展较快的发展中国家之间的差距，将会进一步拉大；而另一部分（如亚洲和拉美许多国家，在人口和经济比重上为发展中国家的主体），则有可能在今后几十年或百年内分别赶上发达国家。英国《金融时报》认为，世界各国经济实力曾经历过三次大变化：一次是英国的崛起，一次是美国和随后德国的崛起，一次是日本的崛起，现在世界正处在第四次大变化的开端。日本《中央公论》1993年第11期载文，更直接以《世界将因中国的崛起而出现4极体制》为题，认为上次世界经济大国的均衡化是由日本带起，这次则是以中国和东南亚的崛起造成的。

90年代是世界经济进行大调整的时期，西方国家经济处于低潮，发展中国家可以利用机会取得较快发展。进入21世纪，由于经过调整和新技术革命的带动，世界将会迎来一个经济发展的新高潮，按照长周期理论，时间可能持续20年以上。在这次高潮中，世界经济会得到快速发展，但将更加不平衡，像上次高潮中日本、德国的崛起一样，这次也一定会出现几个新的经济大国，而且都在南方。北方各国，多数仍将保持发达国家地位，也有些可能相对落后，被后起者超过。这是一场优胜劣汰的激烈竞争，要重新排定经济和科技实力的座次。90年代是重要的准备阶段，许多国家进行调整和改革，就是着眼于迎接21世纪新的发展高潮。

发展中国家在世界经济中的地位正在发生积极变化。应该继续揭露南北经济关系的不平等性质，但强调南北差距继续拉大已不尽合乎事实，也无助于发展中国家增强赶超发达国家的信心。

最后，关于南北差距，再着重谈以下几点：(1) 南北经济发展是在不同的层次上进行的，处于不同发展阶段。南北差距不但指数量（如经济总量和人均产值），也指质量（如经济结构和科技水平）。但数量的变化达到一定程度时也必然引起质量的变化；而没有质量的提高，数量达到一定水平也无法再提高。所以发展中国家追赶发达国家，就既包括数量也包括质量。(2) 使用南方或发展中国家这一概念时，不能只计算国家数量，而应主要看在经济和人口上所占的比重。只要中国、印度、印尼、巴西、墨西哥等十数个发展中大国（也会有跟不上的）在缩短同发达国家间的差距,就不能再说南北差距的扩大了。(3) 如果说南北差距今后只会一直拉大,现在的发展中国家没有可能赶上或变成发达国家,那在理论上就有悖于发展不平衡规律,实际上也不合乎世界发展的历史。总不能说,现在人均产值处在发展中国家平均水平之下的中国,没有可能实现它的第三步战略目标。所以,南北差距问题不仅是个经济问题,也是个具有政治意义的问题。

(原载《世界知识》1994年第8、9期)

21世纪初中国国际环境的若干思考

——谈谈国际问题研究中的几个争论问题

近年来常读到一些谈论21世纪中国国际环境的文章，许多看法是一致的，但侧重点和倾向有很大不同。有的认为机遇难得，可以大有作为；有的认为形势严峻，不宜过分乐观。见仁见智，都有启迪。因为我们既要鼓干劲，不断增强实现三步战略的信心和勇气；也要居安思危，继续提高忧患意识和紧迫感。对这些，我本没多少话可讲，只是不少文章由于涉及一些国际问题研究中的争议问题，因此想"借题发挥"，就以下几个问题谈点个人意见。

一 关于世界格局和多极化

对于世界上代替两极格局的将是多极格局和现在正处于新旧格局交替的过渡时期，这两点已得到学术界的普遍承认，达成共识。但还是有些不同意见。例如有的文章认为，"多极化既是一个模糊的概念，又是一个短暂的无序现象。"实际上，多极化是非常清楚的，意思是总要比两极多。所以还在苏联解体前，邓小平就说："世界格局将来是三极也好，四极也好，五极也好，苏联总还是多极中的一个，不管它怎样削弱，甚至有几个加盟共和国退出去。所谓多极，中国算一极。"而且多极化是一个较长的过程，所以尼克松等人早在20世纪70年代初就已提出五大力量中心说。至于谈到"无序"，这只是研究国际问题中借用别的学科和外国人的说法，其实是并不确切的。说两极就有序，多极化就无序，也不符合事实。历史上长期存在的就是多极现象，两极倒是特定条件下的产物。我们一再申明支持世界向多极化发展，因为这有利于和平，绝不是说我们支持"无序现象"。

有的文章不赞成有个过渡时期，认为两极格局崩溃后即已形成一个所谓"一超多强"的新格局，并将存在下去。其实，历史上新旧世界格局的交替都必有一个或长或短的过渡时期，在力量对比逐渐走上相对平衡和稳定后，新格局才算大体定型。第一次世界大战后格局的正式确立，是经过从巴黎和会到华盛顿会议的四年过渡，第二次世界大战后的两极格局，也不是战争一结束就马上形成的，正式形成还应从1949年算起，在这之前仍属过渡时期。虽然1947年杜鲁门主义已导致冷战全面展开，但到1949年，才有德国正式分裂，东西壁垒分明，西方组成北大西洋公约组织，苏联东欧也以一系列双边条约形成事实上的同盟体系，使以美苏为核心的东西方两大集团对抗关系开始固定下来。上两次新旧格局的交替，由于是通过战争，所以过渡时期比较短，转变比较快。冷战后这次交替，是在和平条件下进行的，过渡时期自然会更长些。当然也不是长得没边，既为过渡，总不会太长。从当前多极化加速发展的趋势看，新格局形成当在下世纪头十年内外。国际上在预测世界形势发展时，也多以2010年作为分界线。

还有两种不同意见，一种说法虽有隐有显，但中心意思认为代替两极格局的是美国起主导作用的新格局，因为美国成了唯一的超级大国，实力还在不断增强。另一种意见实际上是主张代替旧格局的仍为两极格局，只是组成变了，成为以美国为首的西方同伊斯兰和中国等异己势力的对抗。对这两种意见，下面还要专题谈及。

多极化的根本原因在于发展不平衡，这是绝对规律。具体说来，决定多极化的是以下三个基本因素。一是美国实力相对衰落和美国干涉国际事务的能力明显下降。二是日、欧（主要是德国）的地位进一步提高，成为美国的主要竞争对手，而不是一般的追随者。三是许多发展中国家，特别是其中的大国和国家集团的崛起，显著减弱对发达国家的依赖，在国际上发挥更独立的作用。当这三者发展到一定程度，出现相对稳定的力量平衡，就应认为多极格局已基本形成。在多极格局下，各极之间的实力对比会不断发生消长变化，还会出现地区强国上升为世界强国和世界强国下降为地区强国的现象。但这都是格局内的运动，并不从根本上影响格局的相对稳定及其较长时期的存在。如果印度升为世界大国而英国降为地区强国，那仍然是多极格局。在和平与发展的时代，发展不平衡规律不再必然导致大国间的战争。而且由于相互依存和相互制约的加强，多极格局比两极格局更有利于维护和平和避免大战。

二 关于国际关系中的主要矛盾

苏联"8·19"事件后，我曾提出，随着冷战的结束，国际关系中的主要矛盾已从东西矛盾转化为西方国家即美日欧之间的矛盾。后来在学术界引起一些争论，受到很多批评。批评意见大体上可分为两类。最多的批评是，回避了辩证法关于同时存在许多矛盾的情况下"必有一种是主要矛盾"的原理，不谈国际关系中有无主要矛盾或什么是主要矛盾，只是说西方国家间的矛盾现在还不是主要矛盾。来自另一方面的批评是，同意有关主要矛盾的原理，但不是西西矛盾。有的认为是南北矛盾。唯因距现实太远，这种说法已不多见。还有一种意见认为，在今后三五十年，主要的都是以美国为首的西方同中国和伊斯兰之间的矛盾。鉴于这一提法比较新鲜，过去未曾涉及，而且外国特别是美国早有人谈到，所以先着重谈一下这个问题。

有的文章认为，在后冷战时代，特别是21世纪，由于中国的崛起和伊斯兰势力的骚动，以美国为首的西方国家联手对付上述异己势力将是它们的主要任务。它们之间的矛盾与上述问题相比，将居于次要地位，这种观点同美国人亨廷顿在"文明冲突论"中所提出的观点如出一辙。因为亨廷顿也说，"不同文明集团的冲突会更危险，更可能成为导致世界战争的根源"，"冲突的核心将是西方与伊斯兰—儒教国家的矛盾"，"儒教与伊斯兰的军事结合已经形成"。他说的儒教国家明确是指中国。值得一提的是，亨廷顿的"文明冲突论"一出笼就遭到广泛批判，站不住脚是很明显的。例如美国加州大学教授约翰·查默斯就指出："亨廷顿的观点存在几个问题。首先，他对自己列举的文明几乎是一无所知。其次，他好像不是出于无知，而是出于引发矛盾的意图，以不同的文明来划分日本和中国。"①

把伊斯兰势力列为西方打击的首要目标是缺乏根据的。第一，伊斯兰原教旨主义与伊斯兰文化是两回事，掌权的国家更是极少数。各种宗教都有原教旨主义，其兴衰决定于一定的历史条件。这次兴起于六七十年代的伊斯兰原教旨主义也是一种历史现象，不会成为伊斯兰世界的普遍发展趋势。而且即使对原教旨主义，由于其不断分化，美国近来也在调整政策，设法同温和派或务实派拉关系，而不是一律加以打击。第二，伊斯兰国家的凝聚力和整体作用很有限，没有也不可能形成同西方对抗的集团。第三，西方在为"控制石油资源"上，更多的是矛盾和争夺，而不是联合。它们没有也不可能结成"联手对付"伊斯兰产油国的统一战线。第四，如果激进势力指两伊和利比亚等国家，那大大超过"软遏制"的围堵早已开始，不会等到二三十年后。

把中国列为美国和西方主要的打击对象，这种意见几年前就有人提出来了，说美国和西方在海湾战争取胜和演变苏联东欧得手后，必然要"挥师东向"，集中力量对付中国。事实已经证明这种估计不确。美国并没有把中国当成它的主要对手，更不用说其他西方国家了。美国不会放弃对中国的"西化"和"分化"，还会不断施加压力，进行干涉，但这并不等于当作主要对手。又如美国把几个伊斯兰国家视为眼中钉，却不能说它们就是美国在国际上的主要对手。而且冷战后，国际斗争的中心和美国对外战略的重点仍然在欧洲，还没东移到亚太。所以邓小平说："现在国际形势对我们有利，西方不可能把矛头完全对着我们，他们顾不上。"在这种情况下，如果我们硬要把自己放在西方的主要对手地位，充当反西方的"头"，那将是十分危险和有害的。

有的文章提出，21世纪20—30年代，来自美欧两方面的、目标对准中国的"软遏制"局面也将最终形成。其实，所谓的"软遏制"手段，美国至今就一直在对中国使用着。美欧在对华关系上有协调的一面也有竞争的一面。但从发展趋势看，竞争显然大于协调。1989年对华制裁的迅速破产就是明证。

---

① 参见日本《世界》月刊1995年2月号。

很明显，无论是中国还是伊斯兰势力都不会构成对西方的主要威胁和挑战，因此也不可能成为主要矛盾的一方。主要威胁和挑战只能发生在西方国家相互之间。

冷战后也和第二次世界大战后一样，由于共同敌人的消失，主要盟友变成了主要对手。这是历史的必然。不能一方面承认经济已成为国际关系的主导因素、主旋律、重点，另一方面在分析国际矛盾时又把它置诸脑后。连西方学术界也普遍认为，冷战时美苏间的争夺重点在军事领域，而冷战后国际间争夺的重点则在经济领域。因此，国际关系中主要矛盾，在冷战时期表现为军事对抗，冷战后则表现为经济摩擦以及主导权的争夺。美欧日占世界经济比重60％，除它们相互间外，别的国家一时还没资格成为它们的主要竞争对手。由此看来，南北矛盾也不是国际关系中的主要矛盾。这不但由于发展中国家所占经济比重小，还因为它们在加速分化，凝聚力和整体作用都在下降，不可能成为主要矛盾的一方。南北矛盾确实日益尖锐，但并不能改变这种基本形势。

在主要矛盾问题上发生争论还有这样几种情况。第一种是不承认主要矛盾的提法，认为这是应予摒弃的"旧思维模式"。第二种是有条件地承认这一基本原理，认为主要矛盾的转化可以有"中断"，即在相当时期虽有许多矛盾，却不一定必有一个是主要矛盾。因此，西方国家间的矛盾将来可能发展成为国际关系中的主要矛盾，但现阶段还不是。第三种则属于对概念的理解不同，以为主要矛盾只能表现为斗争激烈、严重对抗，而西方国家由于相互依存的加强，往往还以协调为主，更不会打仗，因此不能看成主要矛盾。这同认为矛盾着的双方只有斗争而没有统一一样，显然是对主要矛盾的误解。因为所谓主要矛盾，只是说它的作用带有全局性，影响和规定着其他矛盾，并不一定以矛盾的激烈程度为转移。例如过去的海湾和现在的波黑，不管打得多么激烈，都只限于局部，绝不会成为国际关系中的主要矛盾。还有一种说法，就是认为现在情况复杂、形势多变，主要矛盾还不明朗，因此不必去找，否则找不准反而坏事。这是一种回避困难的办法。

正因为主要矛盾是西方国家美欧日之间的矛盾，使它们不可能集中力量联合对我，"他们顾不上"，所以才能得出"国际环境有利"的结论，否则情况就大不一样了。可见，讨论主要矛盾问题绝不是名词之争，而是马克思主义"研究问题是指导实际斗争的一个重要方法"，是进行决策的一个重要依据。

三　关于南北差距

第二次世界大战后，发展中国家作为整体（以下简称南方），经济发展速度除少数年份外，是一直高于发达国家（简称北方）的。以国家贫富分类的主要指标人均国内生产总值的增长为例，据世界银行1991年发展报告，1950—1989年，南方年均增长2.7%，北方2.3%。但是人们仍在谈差距拉大，特别是80年代以来谈得更多。这是因为：第一，80年代一个时期，南方的发展速度确实落后于北方。第二，基数过分悬殊，即使南方发展速度高于北方，在没有超过一定界线的相当时间内，差距仍在拉大。第三，人口因素的影响。第四，南方发展极不平衡，一些特别落后和贫困的地方往往被用来代表整个南方。以近十年南方的人均增长为例，2/3的人口年均增长率为5.7%，大大超过北方；但也有1/3人口增长不到1%或是负增长，可见从整体来讲，差距还是在缩小。

进入90年代，情况更发生根本变化。一方面是南北方经济增长的反差急剧拉大，头四年南方年均在5%以上，北方只有1%左右。另一方面，南方80年代倒退的地区也在先后赶上来。而且国际上普遍认为，这种反差和导致差距缩小的趋势将长期持续下去。世界银行预测，今后十年，南方年均增长5%，北方为2.7%（美国还认为2.5%对它更合适）。1994年12月19日的美国《商业周刊》曾综合一些机构对今后15年世界经济发展的预测，其中有一项是：1994年到2010年，以1993年国际美元计算，南方人均收入从950美元增加到2563美元，增加近1.7倍；北方从16610美元增为22800美元，不到40%。差距显著缩矩。但是，如果只以局部来比，情况就又不同了。例如以非洲（不包括北非七国和南非）同北方比较，差距确实还在扩大。但非洲在南方占比重极小，人口不过5亿，40多个国家的国民生产总值加起来还没有我国台湾省多。另外，也不可把南北差距和贫富差距相混淆。因为贫富差距扩大，不但存在于南北之间，也存在于南北各自内部和所有国家之中。

在谈南北差距时，还有质量、效益，以及科技和教育等问题。其实，姑不论历来谈南北差距都主要是指经济上的差距，国际组织对国家的分类也以经济作为一项主要指标，特别是人均收入；即使以质量和技术等而论，差距也不一定是在继续扩大，总体上或作为一个历史阶段，它们的发展还是同步的。科技革命也不一定必然导致南北差距扩大。历史证明，在技术上追赶先进要比保持先进容易。凡经济上崛起的国家，技术水平也提高得更快。这就是后来居上的规律。1994年11月22日《光明日报》载文说，澳大利亚的电话系统发展很早，但该国的程控装机容量只有40%，而我国却已达70%。1994年10月1—7日一期英国《经济学家》杂志在论证南北经济差距的缩小时也指出，"南北之间的技术差距在不断缩小"。

发展中国家的兴起，不但扭转了南北差距的扩大，还将导致世界经济格局发生历史性的大变化。意大利《快报》周刊1994年10月14日的经济专论说："在未来25年里，世界经济力量对比将发生一个半世纪以来最大的变动。"如按世界银行对今后十年南北经济发展的预测推算，到2020年北方在世界经济中的比重将降为40%。英国《经济学家》也说："历史将证明，一些发展中国家会在未来超过某些发达国家，正像英国在18世纪后期超过荷兰、美国在19世纪后期超过英国一样。"25年后，世界前25名经济大国中南方将占9个。至于北方各国，发展自然也有高低快慢之分，但整个说来，发展都会相对慢一些。当然，在相当时期，发达国家仍将在世界经济中起主导作用，在科技上也占绝对优势。但经济上崛起的发展中国家则有可能在保持快速增长中不断提高质量和效益，同时实现工业革命信息化和信息革命产业化，二化并举，毕其功于一役。

随着经济力量对比的变化，南北相互依赖关系也逐渐发生位移，南方对北方的依赖在不断减弱，而北方对南方的依赖却日益加深。这次西方衰退证明，南方已成为世界经济中一个独立的增长源泉，不再总是受北方左右。现在美、欧（盟）、日对南方的出口已分别占其总额的42%、47%、48%，而且还在继续向南倾斜。它们都把开拓市场的重点放在南方，而不是相互之间。美国贸易代表坎特就预言，到2010年，美对日出口将增加70%，为880亿美元；对亚洲出口增163%，达2480亿美元；对拉美也将从 940 亿增加到 2320 亿美元。① 这就是为什么美国把未来十个"新兴大市场"都定在发展中国家的原因。

但是，也不可过高估计南方经济地位的提高和南北关系的变化。第一，这些都还处在量变阶段，还有个激烈竞争和复杂斗争的过程。第二，南方在经济总量上超过北方后，除占人口比重不大的一些中小国家外，整体上的人均收入和北方比，还存在极大差距。第三，南北发展基础悬殊，南方遇到的困难更大。第四，北方终究优势居多，还会竭力向南方推行其"西化"战略，加强卡和压。南方加快发展和提高地位已是大势所趋，北方力图阻挡这一历史潮流，这就是新时期南北矛盾的实质和斗争的主要内容。

为了认清形势和汲取教训，应该防止两种偏向：一种是认为南北差距只会扩大，不能缩小。这就会导致不相信中国能在几十年内按人均产值赶上中等发达国家。另一种是把赶超发达国家看得过分简单，急于求成；或过高估计自己的经济增长和本国市场的作用，不能保持清醒和冷静。这都容易造成失误，甚至断送难得的机遇，而且是否成为发达国家，也只能按客观标准，不是人们宣布一下就算。墨西哥虽然已正式参加富国俱乐部的经合组织，但仍然不是发达国家。

四　关于美国的相对衰落

历史上，国家的衰落可分为绝对衰落和相对衰落两种。前者表现为一个国家内部实力与国际地位的直线下降以至崩溃，后者则表现为在国际上实力与地位的逐渐削弱以及发展的相对放慢。现代美国不存在绝对衰落问题，它仍然强大并在继续发展，在相当时期都会保持经济、政治、军事、科技上的全面优势。对此必须有充分估计。但它相对衰落的事实也不容否认，这包括综合国力的相对削弱，在世界经济中地位的相对下降，干预国际事务能力的减弱，霸权的衰落。所谓相对，是指比较而言，一是本身今昔的纵向比较，二是在国际上的横向比较。20 世纪 50 和 60 年代美国那种

---

① 引自 1994 年 11 月 10 日厄瓜多尔《商报》。

霸权主义的黄金时代已经一去不复返了。此后20多年，它的经济实力（占世界比重）和国际影响，也是在不断下降。冷战后，美国一时成了唯一的超级大国，但相对衰落的趋势还是没能扭转。

　　世界政治经济发展不平衡规律又一次导致大国实力的均衡化。欧、日的崛起，不但打破了美国对资本主义世界经济的垄断地位，形成鼎足之势，而且它们政治上的独立自主倾向也在迅速加强，不再以美国的马首是瞻了。军事上美国仍无与伦比，但第一，冷战后军事的作用已退居次要地位；第二，就是在军事上，美国也要求欧日发挥更大作用。现在，经济已成为国际关系的重点，力量对比首先看经济实力。欧共体经济早已与美国相当，还不算欧盟的扩大。日本国民生产总值占美国比重，已从50年代的二十几分之一上升到现在的60%以上，成为美国在经济上的主要对手。再以最近10年参加七国首脑会议各国国内生产总值占七国之和比重的变化为例，1984年美占51.4%，日占17.4%，其余五国共占31.3%；1993年已变为：美占39.7%，日占26.3%，五国占34.0%。美元一再贬值也是一个标志，因为美元汇率变化和美国经济实力变化大方向基本上是一致的。

　　不承认美实力相对衰落的理由还有，美国现在世界经济中的比重并不低于第二次世界大战前，战后一个时期属特殊情况。其实从历史上看，美国经济19世纪80年代就已跃居世界首位，1913年工业生产进而占世界38%，居第二位的德国占16%，日本只占1%。1937年美工业生产更占到资本主义世界的42%，但是无论第一次世界大战前还是第二次世界大战前，美国都只是列强之一，世界也没有形成一极格局。何况现在的力量对比已不同于以往，趋势又是美国继续下降，欧、日还在上升。

　　不但同发达国家，同许多发展中国家比，更可看出美国的相对衰落。亚洲的崛起使这点表现得特别明显。只举东盟为例，各国过去几乎全面依附美国。现在形势已大变。东盟独立自主性显著加强，国际地位迅速提高，各大国更加重视它的作用。它也有条件推行大国平衡外交，而积极启动"东亚经济核心会议"，还有与美抗衡之意。就是拉美，现在同美国的关系也已今非昔比。另外，美国却增加了对发展中国家的依赖，1993年11月推出的全国出口战略，就把重点转向发展中国家，认为未来20年中，世界贸易增长的 3/4 将来自它们。

但也不可走向另一极端,过分夸大美国的衰落。美国从两极之一变成多极之一,从超级大国降为普通大国,是多极化的必然结果。但在相当时期,它仍会比其他大国占有更多优势,在国际事务中发挥更大作用。因此,各国都必须以美国为打交道的主要对手,把对美关系看做影响全局的问题。

五 关于日本的走向和日美矛盾

无论是对我国国际环境还是对国际关系中的主要矛盾来说,日本都是一个重要因素。日本早已成为世界第二经济大国,正在竭力争当政治大国,还是冷战后西方大国中唯一不断增加军费的国家。冷战后,日本国内原有的政治格局已被打破,大国主义思潮有所抬头,淡化以至美化侵略战争的言论增多,特别值得注意的是,正在形成一派新保守势力。他们的主张还不能说是要复活军国主义,但却要求修改宪法,结束战后的吉田路线,以做"正常国家"为名,推行大国政策。日本今后的走向,也是影响亚太地区和平与发展、安全与稳定的一个重大不确定因素。对此必须给予高度重视。如同邓小平所指出的,要"警惕日本极少数人复活军国主义",绝不可掉以轻心。

日本在取得政治大国地位的同时或之后,是否走军事大国的道路,取决于许多国内和国际条件。首先是这会受到日本人民的反对,曾受日本侵略之害的亚太国家也不会答应。同时在和平与发展的时代,经济成为国际关系的主导因素。而且,美国也不容许日本在军事上对它构成威胁。因此在可预见的将来,日本还不会成为拥有核武器或其他进攻性战略武器的军事大国,日本政府一时也不能把走军事大国道路定为国策。但是,要成为大国或强国,光靠经济实力又显得不够,还得靠一定军事力量的支撑,在国际上发挥一定的军事作用,例如参加联合国维和行动和干预某些地区冲突。这样,日本又必然会以自卫和承担相应的国际义务为由,在声明不做军事大国的言辞掩盖下,稳步地增加军费、扩充军备、在海外出兵上一再实现突破。这种渐进作法,既可避免亚洲国家的严重反应,又因可减轻美国负担而得到它的支持。由于日本有强大的工业和技术基础，一旦遇到适当的国内外气候，实现重新武装对它并非难事。这也是亚太各国对日本保持警惕的原因。

对日本影响最大的还是日美关系。冷战后，双方都互相视为亚太地区最大的合作伙伴和最大的竞争对手。早在 1988 年，美国的民意测验中，多数人就认为日本已取代苏联成为美国的主要威胁。随着冷战的结束和经济摩擦的不断升级，这种意见就更加强烈，以致出现美日必有一次大战的言论。例如美国 1991 年出版的一本叫做《下一次美日战争》的书，竟得出结论说："如同大多数重大战争一样，尽管有关各方都怀有最好的意图，第二次美日战争仍将爆发。"

现在谈美日战争，显然为时过早，也并不实际。美日关系的演变，除本身的因素外，还受整个国际形势和时代背景的制约。虽然布热津斯基认为日本的发展已到达顶峰，但我们绝不能低估日本经济的适应能力。当前美国经济较具活力和日本面临较大困难，只是一时现象，日本经过调整后还会追上来。美国能源部情报管理局 1994 年 7 月 6 日发表的年度报告，在预测 2010 年前各国经济发展速度时就认为，"根据目前情况，日本未来的经济增长将是经合组织中最快的"。

美日争夺是它们关系的主要方面。这使它们不可能联合起来对付中国，而有助于形成中美日新三角。中国在立足亚太、稳定周边的战略方针下，重点也是处理好同美日两国的关系。

六　关于俄罗斯的发展前景

有的文章认为，俄罗斯的前景有两个：或者改革成功，走上西方为它设计的道路；或者改革失败，走上民族主义道路。这就过分简单化了。其实，像俄罗斯这样的大国，如果走西方为它设计的道路，改革倒是很难成功的。要改革成功，必须走自己的路。估计经过较长时间痛苦的探索，俄罗斯有可能找到一条具有本国特色的改革之路，也不会是英美那种模式。认定俄国改革一定失败，不是在从长远看问题。至于民族主义道路，也看怎么理解。如果指把维护本国利益放在第一位，那已是冷战后的普遍现象,连欧美都经常互相指责对方为民族主义。如果指对内实行独裁专制、对外实行侵略扩张,应该说这种可能不大,因为时代变了,俄罗斯的国内外条件都不允许。

俄罗斯的前景不明朗,是国际上最大的不确定因素。对俄罗斯发展趋势的估计,应该避免过与不及两种倾向。首先必须承认俄罗斯的大国地位,无论如何也是多极中的一极。现在国内存在严重危机,国际地位一落千丈,但不会永远如此。它保留着大国的基础,有许多优越条件,如幅员辽阔,资源丰富,技术水平高,教育基础好,更不用说仅次于美国的军事力量。对这样一个大国,即使在最困难的时候,美欧西方国家也不得不让它三分。这是近来事态已经证明了的。对俄罗斯估计不足会犯严重错误。但是现在的问题是,对俄罗斯估计有些偏高,认为俄罗斯很快就会复兴,甚至又一次成为美国的主要对手和邻国的最大威胁,因此这里着重讨论问题的这一方面。

对俄罗斯来说,最根本的问题还是经济,而经济的恢复和发展却有漫长的道路要走。根据俄政府1994年的计划预测和一些持乐观态度的学者估计,经济到1994年下半年和1995年实现稳定,停止下滑。从1996年起开始回升,增长速度为4%—5%,20世纪末恢复到1990年水平。悲观论者则认为,生产1996年还将继续下降,而且直到2000年都会在谷底上下浮动,21世纪初的经济形势如何还要看当时的国内政局和国际环境。俄《自由思想》双旬刊1994年第6期发表的一篇《新俄罗斯在世界上的位置》属于乐观派。它认为,如政治稳定,1995年经济即可好转,然后将以高出西欧一半的速度增长,到2010年,俄罗斯的国内生产总值将达到相当于美国的18.8%、日本的38.4%、德国的66.4%、法国的96.7%,超过英意成为欧洲第二或第三强国,"40—50年后,俄罗斯将像以往一样在欧洲占第一位"。可见,即使乐观派也认为俄国的恢复是长期的,绝非一二十年可以办到。另外,沙塔林领导的俄科学院经济学部和改革国际基金会共同提出的报告《俄罗斯的社会经济改革:现状和新思路》,把经济改革设想为三个阶段,一是两三年求得稳定;二是约十年使经济恢复到危机前水平,实现结构调整和建成市场主体;三是再用二三十年的时间形成完善的市场模式,成为世界经济大国之一。俄罗斯经济连年下降，1994年同1989年比，国内生产总值下降约一半。官方公布的1994年国内生产总值为630万亿卢布，如按现行汇率3000∶1，约合166亿美元，比世界银行公布的韩国和我国台湾省还低。这种计算可能与实际不符，但问题是俄国经济还没稳定下来，上述乐观派关于停止下滑的估计已经落了空。

七　关于中国的崛起及其国际地位

中国的崛起及其大国地位，已经得到比较普遍的承认。但也有些不同意见。例如有的文章认为，中国在保持政治稳定和社会主义市场经济良性发展的条件下，也要到21世纪20—30年代，才能算崛起和成为名副其实的大国。对中国的发展估计得谨慎点，要求对可能遇到的困难和问题准备得充分些，也是有好处的。但否认现在中国的崛起和大国地位，就有点太过分了。国际舆论认为，当前国际形势的一个重要特点是亚洲的崛起，而中国则被视为龙头。这也反映在美日欧三边委员会1994年发表的题为《在相互依存的世界中崛起的中国》的报告中："现在，整个世界，特别是三边各国政府，正面对着一个迅速崛起的强国——中国。"从历史上看，凡是大国、强国的崛起，都会引起国际上的震动。1993年美国兰德公司、国际货币基金组织和世界银行等，先后公布用购买力平价法计算的中国经济统计，把中国1992年就提升为世界第三经济大国。一方面这是一些人有意夸大，以唤起西方对中国成为大国的警惕、挑拨中国同周边国家关系，为"中国威胁论"制造根据，在国际上损害中国的利益。例如美国就不让中国恢复关贸总协定地位后享受发展中国家待遇。另一方面这也说明，西方不能再瞧不起中国了，中国的崛起已引起它们的极端重视。但应承认，即使按传统的方法计算，中国经济的崛起也是很明显的。

中国的大国地位现在就不容置疑。四年前邓小平就说："中华人民共和国在不长的时间内将会成为一个经济大国，现在已经是一个政治大国了。"1994年4月18日《人民日报》登了《总设计师怎样设计中国的形象》一文，把"努力造就经济大国的形象"列为五种形象的第二位,其中提到经济大国的一个重要条件是,"把一个贫困的中国变成小康的中国"。到 20 世纪末中国即可实现小康,国民生产总值将超过 1 万亿美元,经济规模的世界名次可能排第四名,当然应算是经济大国了。按 6%—7% 的发展速度,到 2010 年,还将超过德国,真的排到第三名。但由于人口多,15 年后,中国的人均产值仍大大低于世界平均水平,还属于低收入的发展中国家,同发达国家的差距更大,大约只有它们的 1/20 左右。所以至少在二三十年内,中国仍然是发展中国家。因此必须埋头苦干,不能有丝毫的骄傲自满。对中国的崛起和大国地位,也不可过分强调,以免图虚名而招实祸。但不能因此对我们的发展战略失去信心,以至把眼前的事看成遥远的未来。邓小平说:"中国不要贬低自己,怎么样也算一极。"

还有个问题,就是中国国际地位的提高,是有利于它的国际环境的改善呢,还是会使之更加严峻。有的文章认为,随着中国国力的增强,中国所面临的国际环境将从当前相对有利的情势变为 21 世纪初极为不利的局面。这是因为,现时美国尚能容忍中国的发展,一旦中国真的强大了,美国就再不能容忍了。这种看法显然是出于对美国在国际事务中的主导作用估计过高和看得太固定,而把中国始终置于被动地位。这既不符合两国发展的实际,也不符合世界多极化的趋势。从一定意义上讲,中国的强大就意味着美国的相对削弱,中国国际地位的提高也意味着美国干预国际事务能力的下降,这只能有利于中国国际环境的改善。所以邓小平说:"中国发展的越强大,世界和平越靠得住。""到本世纪末……达到小康水平,那时中国对世界和平和国际局势的稳定肯定会起比较显著的作用。"当然,强者遭忌,美国和其他某些国家不愿看到中国强大,总会增加疑虑和设法牵制。因此,随着中国的强大,国际环境会有严峻的一面,对此必须有思想准备。但是从总的方面看,国力越强,对世界的贡献越大,国际地位就会越高,国际环境也会越有利。

最后,作为结束语,再指出以下几点:第一,我国的国际环境是机遇与挑战并存,有利条件和不利条件同在,但在今后相当时期都是机遇大于挑战,有利多于不利。第二,争取有利的国际环境,根本依靠的是本国综合国力的强大和政策的正确,美国和其他大国的态度固然重要,但不是主要的。第三，同第三世界的团结合作，是中国国际环境的重要优势，不能只重视同大国关系而忽视同发展中国家的友好合作关系。第四，关键还在于把中国自己的事情办好，否则再好的国际环境也无法利用。第五，既要充分估计面临的严峻挑战，也要对我们三步走的发展战略和中国的大国地位抱有充分信心。

(原载《战略与管理》1995 年第 3 期)

日本问题篇

对中日关系的一些看法和意见

1997年是中日复交25周年。可以利用这个机会，来扭转两国关系近年出现的某些消极倾向，设法构筑较为长期稳定的互利合作关系。为此，也需要根据形势的变化，在对日关系的看法和做法上作一些调整。现提出以下几点看法和建议，仅供参考。

一　中日关系正经历转折

中日关系本来就同时存在矛盾竞争和友好合作的两面，现在又在一定程度上面临影响深远的转折：或者保持友好合作的势头，建立新形势下的平等互利关系；或者矛盾上升、摩擦增加、关系下滑，甚至导致对抗。这是双方需要做出的重大抉择。

中日复交是经过长期努力的结果。在缔结和平友好条约和我国实行改革开放后，两国关系更得到迅速和全面发展，一时成为我同发达国家关系的典范。人民间的传统友谊也不断加深。"中日两国人民世世代代友好下去"成为双方上下提得最响的口号。

但是，随着冷战的结束，近两年两国关系又一时出现倒退。原因之一是两国关系的内涵发生变化，虽然经济仍以互补型为主（竞争也在增加），但政治和安全上已失去共同防苏的战略基础，反而互相视为日后的潜在对手。二是日本羽毛渐丰，地位提高，加紧了争当政治大国的步伐，要夺取亚太地区的主导权，因而不愿看到中国的强大和统一。加之日本进行了政治换代，新领导人对我了解无多，对日中关系观念淡漠，还具有较强的新国家主义倾向。国会中对华友好人士已所剩无几，亲台势力却明显上升。社会思潮中的民族主义情绪有所增长，对侵略的负罪感日益淡薄。在这种情况下，就接连出现侵犯我主权及其他不友好事件。三是中国的崛起引起越来越大的反响，以致近来西方舆论特别是学术界许多人炒出"忘掉俄罗斯，该注意的是中国"的议论。正是在这种情况下，日本提高了对中国的疑虑和戒心，认为中国大规模纪念抗战胜利50周年和进行爱国主义教育是在激发仇日的民族情感；中国的政策是对美软、对日严，总想敲打日本，不让日本得到平等地位；特别是认为随着中国经济和军力的强大，必然会构成对日威胁，因此就要加以防范，包括加强日美军事合作。在这种政治气氛下，两国人民间原有的友谊也受到影响，民意测验中相互的好感已降到复交以来最低点，而认为对方可能构成威胁的比例却空前上升。

这种趋势发展下去对双方都极为不利，潜伏着很大危险。两国政府都已意识到这点，近来关系已开始走向缓和与改善。但要修复和发展稳定的友好合作关系，双方都还有许多事要做。在中国方面，也须实事求是地评估日本，充分认识中日关系的重要性，并对目前的政策和做法进行某些调整。

二　发展中日关系是重大的战略问题

为了抓住机遇，全力进行经济建设，坚持和发展中日友好合作具有重大的战略意义。

首先，在我国现代化建设中，日本起着很大作用。在我经济对外贸依存度超过40%的情况下，日本是最大的出口市场和第一贸易伙伴。在我引进外资（包括贷款和直接投资）的国家中，日本也居首位。日本虽在技术转让上卡得紧，但我国的重要设备和生产线还是以日本进口为最多。由于历史、地理和文化原因，我国更容易从日本吸取建设和管理经验，也得到日本友好人士的许多帮助。在经济合作中同日本的"天时地利人和"之便，是别国很难代替的。

其次，我们要争取和平的国际环境，要立足亚太、稳定周边，也必须搞好中日关系。因为日本是我国邻近的大国，中日关系对亚太地区的和平与稳定有决定性作用。只要中日保持友好，太平洋就不会发生大战。而且恰当处理中日关系，有利于我搞好同其他周边国家的关系。

最后，需要着重一谈的还有，搞好中日关系便于我国利用大国间特别是日美矛盾，拓宽外交回旋余地。无论从当前还是从长远看，美国都是我国主要对手和威胁，是外来麻烦的主要源头。日本要形成对我威胁还得依靠美国，而日美矛盾则呈日益发展的趋势。在对华关系上，日本也和美国有很大不同，并不完全跟美国走。例如在台湾问题上，美国是公开叫嚣和直接干涉；日本虽有强烈的"台湾情结"，但言行还比较谨慎。在人权、西藏、香港等问题上，日美间的差别就更大。日本朝野和舆论界的反华言论，也不像美国那样放肆。中日人民间的传统友谊又根深蒂固，在日本政治中起着重要作用。日本统治阶级主流派为了本国利益，也希望保持日中友好。1989年北京政治风波后打破西方制裁就是以日本为突破口的。相反，如果不搞好对日关系，总想敲打它，那就很难利用日美矛盾，还会促使日本向美靠拢。美国又正想离间和操纵中日关系。一位美国名人就说过，美国最怕的事是一觉醒来发现中日结成同盟。当然，利用矛盾既不是联美压日，也不是联日抗美。从我们的国家利益出发，也需要保持和发展对美关系。实际上，中美日三边关系，除了相互制约的一面外，还有相互促进的一面。改善中日关系，也有利于缓和中美关系。

总之，发展中日友好合作是我对外总体战略的重要一环，是事关全局的大问题，不可因一时一事影响大局，也不能以群众情绪决定政策。日本右翼势力的干扰在所难免，但应照邓小平同志所说："对一小撮不甘心中日友好的人，唯一的办法就是用不断加强友好、发展合作来回答他们。"

三　实事求是地评估日本

当然，搞好中日关系主要还取决于日本。但从中方来说，关键则在于如何看待日本和评估其走向。对此，国内外争论很多，焦点是日本复活军国主义和成为军事大国的问题。

对于军国主义和军事大国，虽没有公认的标准，但总得具备一些基本条件。例如以前的军国主义，就是指实行军事第一和对外不断侵略，对内实行法西斯（军部）专政和统制经济。所谓军事大国，起码也要有一定规模的进攻性战略武器装备和相当数量的兵员和预备役。如果依据这些来衡量，那日本在相当时期不会成为军事大国，至于复活军国主义，恐怕就更难办到。在当前的日本国内外形势中，制约它走军事大国道路的因素明显大于推动它走这条道路的因素。

就国际大气候来说，在和平与发展的时代背景和国际形势总体趋向缓和的情况下，经济是重点，日本也只能把发展经济和提高竞争力放在首位。现在有一种议论，似乎近两年美日又把军事安全置于经济之上，这是不符合实际的。而且当前国际形势和力量对比也阻碍日本成为军事大国。例如亚太国家就都反对，这是日本不能不小心对待的；美国虽然想让日本适当增强军力为自己分担一些义务，但不会容许它成为军事大国。日美军事同盟有这方面的作用，是日本朝野都心中有数的。

起决定作用的还是日本的国内因素。第二次世界大战后，和平主义和民主主义思潮在日本人民中已根深蒂固，对内恢复专制和对外进行军事侵略几乎成为不可思议的事。这就是为什么主张恢复军国主义的右翼势力始终属于极少数，修改和平宪法的活动进行了几十年也没能得逞。而且冷战后，日本原有的政治格局解体，经济的结构性危机严重，都亟须进行改革和调整。要把新的格局稳定下来和经济运行大体理顺，看来没有十年八年是不行的。日本统治集团的主流派也希望保持国际上的和平与稳定，便于它以主要力量整顿内部，同时对外继续经济扩张和积极开展大国外交。它们的近期目标还不是要成为军事大国，而是争当甩掉战败国帽子、同其他大国平等（如当安理会常任理事国）、在国际事务中发挥更大作用的政治大国。因此，日本政府不做军事大国的承诺在今后相当一段时期里应是基本可信的。

冷战后，日本面临继明治维新和战后重建的第三次历史性选择。而近几年的情况则显示出日本的走向日渐明朗，最大的可能是适应世界潮流仍以发展经济技术为主，做有一定实力的经济和政治大国，成为世界格局的重要一极。

还有几个问题需要做点说明。一是日本军力的国际比较。现在它只在某些方面达到或接近被称为"中等军事国家"的英法水平。从总体上看，日本的兵员（总额24万。陆军一直未满员，编制已从18万减为14.5万）和装备（技术水平很高，数量也可观，但没有核武器、航母、远程导弹和轰炸机等进攻性战略武器），都比英法差。二是关于军费大国。日本增加军费和扩充军备的最快时期是 20 世纪 80 年代。庞大的军费确实存在潜在威胁，但也要做具体分析。除汇率、物价、人事费、支持美驻军（一年 50 亿美元）等因素外，日本也在适应世界军事革命潮流，大搞质量建军，为此还感军费不足，例如不愿意立即参加美国的战区导弹防御系统，就有军费的因素。在日本今后的经济和财政状况下，军费增加的幅度将不会很大。三是日本军事化的能力和意愿。日本做军事大国，从经济、技术、财力上讲，都是不成问题的。实际上，这样的基础一二十年前就已经具备了。问题的关键在于，日本当局受国内外因素的制约，还不能把做军事大国定为国策。再如日本完全有能力制造核武器，但却不会去制造，这不但由于国内外反对，还因为日本国土狭窄，经不起核战争。

根据以上分析，日本在 15 年内外还不会成为军事大国。对日本加强军队自应密切注视和高度警惕，但要接受以往教训，不可强调过分，更不能影响我们以经济建设为中心和不搞军备竞赛的方针。只要抓住机遇，发展自己，我们在 15 年后就能处于更有利的地位以对付形势的变化。中国的壮大和中日友好，是当前防止日本走军事大国道路的最好办法。

四　以向前看的姿态对待历史

如何看待日本侵略是中日关系中一个原则性问题，也是经常引起两国摩擦和影响民族感情的焦点之一。现在事过半个世纪，可以总结出以下几点情况。

第一，第二次世界大战后由于美国的包庇，对日本军国主义没有像对德国纳粹那样进行较为彻底的清算和声势浩大的处理。因此在日本，不但许多政客元老和各种右翼势力拒不承认侵略，不断进行翻案活动，而且多数群众也一直缺乏应有认识，受传统影响很深。对待靖国神社就是明证。他们认为，凡在是战争中死去的人都是为国捐躯。即使抛开这一点，按他们信奉的神道教和人情世故也应祭祀。加之明治以来历次的战死者遗族甚广，使靖国神社影响极大，所以保守党也常以参拜争取选民。由于日本和受害邻国对战争认识的差异，一些政客又不得不照顾邻国反应，因此就经常表现出前后矛盾、在台上和在台下不同，以及发生各种"失言"事件。

第二，经过长期斗争，日本主流派对战争有一个基本看法，并得到大多数国民的认同，就是承认对中朝有过侵略和殖民统治以及某些日军暴行（但不承认太平洋战争是侵略）。日本打算就这样结束过去，在战败50周年后，使历史问题告一段落。加之经历过战争的人都已故去或下台，新一代人又以为没自己的责任。所以从官方、舆论界到一般国民，都已对历史问题感到厌烦，对外国的批评发生抵触和反感。在民间来往中，连某些友好人士也有此情绪。所以整个看来，日本对战争的基本认识今后大概不会再有大的改变，要它加深和彻底承认侵略罪行是不可能的了。但仍然要防止它在某些问题上的反复。

第三，国际上对日本侵略的反应更加淡化，已难形成太大压力。美英等对日本的态度并不过分计较。东盟和印缅等国对日本的侵略已多无反感（新加坡因华人多又遭过大屠杀故稍有不同）。马、菲、印尼，特别是马哈蒂尔，还一再表示不赞成日本道歉。连越南在战胜日本50周年时都没举行任何纪念活动。只有中、韩（还有朝鲜）常提历史并对日本态度时有批评和交涉。日本政府虽然对此不无顾忌，例如曾为自民党的"大家都来参拜靖国神社议员会"和日本遗族会头目的桥本首相，也被迫承诺在位期间不再参拜，但许多日本人却认为是中韩抓住辫子不放因而感到不满。

第四，中国领导人过去一直主张对待中日关系要向前看。例如周恩来总理早在1961年就说过，"有上万的日本朋友见到毛主席、刘主席和我，表示谢罪。我们说，这已经过去了……我们应该往前看，应该努力促进中日两国的友好关系。"陈毅副总理1964年也说，"中国政府和中国人民对待中日关系，从来是向前看，而不是向后看。"因为过多地讲对方过去的过错和罪行，容易引起不快和伤感情。西方列强就从不承认对华侵略。连苏联也否认帝俄掠夺中国领土、订过不平等条约，致使中苏边界问题久拖不决，后因我不再坚持才很快解决。因此，在中日关系上，固然要坚持原则，保持适当压力，但也要重视效果，做到有理有节，否则反而会妨碍两国关系和人民友好。

五　对宣传报道和舆论导向的几点意见

（一）多做友好工作。近两年由于前面提到的原因，友好讲得少了些，现在应重新加以强调。中日友好的旗帜不但不能丢，还应继续高举。特别是对双方年青一代，更要多做工作，使传统友谊得到继承和发扬。但由于日本对华存在两面性，我们也必须准备两手，既发展友好，又保持警惕，只是在形势没有发生根本变化时，都把发展友好置于首位。必要时的斗争批判，也是为了维护友好，而不是要把关系搞坏。例如经过斗争，自民党1997年1月的活动方针去掉了1996年9月选举公约关于首相和阁僚须正式参拜靖国神社的规定，这就有利于两国关系。中日都是大国，民族自尊心都很强，宣传舆论要注意互相尊重和平等相待，避免刺激和伤害，以防引起对方群众的反感和损害两国关系。

（二）防止走极端。为促进中日关系的稳定和成熟，舆论宣传照顾全局并保持应有的连续性十分重要。避免那种一时讲友好就全是友好，不能有批评；要批判就大加挞伐，不可提友好。有时由于形势的变化，也需要冷一下或热一点，但要防止片面性和绝对化，让一种倾向掩盖另一种倾向。这也包括在进行爱国主义教育和批判日本军国主义及其他反华言行时要注意全面和适度，否则会激起自己的民族情绪，反过来又影响舆论以至决策，形成某种恶性循环。

（三）表达应尽量含蓄和准确。外国非常重视我国报刊言论，从中摸我们的政策和动向。因此舆论导向一定要重视贯彻"韬光养晦"的方针，防止讲过头话和使用过激言辞。对一些不太成熟的提法和论断要慎重，以免引起误会和造成混乱，如"正在加速迈向军事大国的日本"、"日本军国主义正在卷土重来"等。此外，新闻报道也应核实。例如各报普遍刊登的一条新闻，说自民党外交调查会作出决定，建议今后外国元首访日要参拜靖国神社。有些还著文批判。后来该会负责人访华时却申明并无此事，说不可轻信《产经新闻》的报道。又如1997年1月19日报上有一很大标题："日本当局散布'中国军事威胁'，朝鲜《劳动新闻》载文批判"，而新闻内容则是日本防卫研究所一份报告中提到的。一段时间使用朝鲜传媒的文章批判日本的频率也高了些，2月8日到3月5日就有七条，致使一些日本友人给我们提意见说，这对中国的影响并不好。

（四）加强研究。冷战后，国际形势和日本情况都发生了极大变化，我们的认识也是需要提高和调整。当务之急就是在知己知彼的基础上研究出21世纪特别是今后15年中日关系的框架，供决策参考。但要发挥研究工作的作用，有个老问题仍须引起重视并求得解决，就是要鼓励提出不同意见和善于听取不同意见。应该说，这点至今还做得不够。

（本文稍作删节后发表于1997年5月11日的《环球时报》，
标题改为《我们能同日本友好下去吗？》）

新形势下的日本和中日关系

今天所谈都是些个人看法，错误难免，希望得到批评和指正。

下面讲三个问题：（1）当前国际形势的特点和趋势；（2）日本的现状和前景；（3）中日关系和存在的问题。

一　当前国际形势的特点和趋势

在讲日本问题之前需要先简单谈一下国际形势。因为列宁曾经强调，只有正确了解整个国际环境和时代特征，才能认清个别国家更详细的特点。所以共运中过去有个传统，就是做起报告总是先国际后国内。何况现在世界的国际化和相互依存已发展到空前程度，离开整个国际形势更无法了解一个国家。日本又声称要做"国际国家"，这除了想充当世界的领导力量这一野心外，对外依赖程度确实也是大国中最高的。事实上，日本政府部门在制订发展战略、经济计划的时候，连许多大企业和团体的发展规划，往往都是先从对国际形势的总结和估计谈起。另外，我们的观念也必须随着形势的变化而更新，不能用老眼光或静止地看问题。例如资源问题，过去曾经是发展中国家的巨大优势，但随着科技的发展和经济结构的变化，这一优势已大为减弱，这就对日本很有利。而当前国际形势的重大变化又直接影响到日本和中日关系。只有在这种大的国际背景下，才能更好地了解日本和中日关系。

当前的国际形势，我以为正处在一个重大的转折时期。20世纪80年代中叶以来，也就是近两年，世界经济和国际政治都发生了一些影响全局的战略性变化。对于这种变化，虽然见仁见智，说法不一，是好是坏，估计不同，但变化确是客观存在的，而且得到了全世界的普通承认。现在几乎所有的国家，都在根据变化了的形势，调整自己的政策，特别是对外政策。谁不注意或者不适应这种变化，谁就要落伍，就要吃亏。

对于当前国际形势，今天只着重谈以下几个问题。

（一）美苏关系和整个国际形势趋向缓和

国际形势发生转折和重大变化的首要标志，是美苏关系的较大松动和相当程度的缓和，即从以剑拔弩张的对抗为主转变为以比较全面的对话协商为主。并且这种对话协商正在形成一种格局，走向制度化、经常化。在4年内，两国首脑会谈4次，外交部长会谈27次，现在又商定了军方领导人的定期磋商。这都是以往历史上从来没有过的。频繁的对话和相互来往，增进了了解，缓和了气氛，也解决了一些问题，例如签署销毁中导的协议、苏联从阿富汗撤军等。虽然看起来只是开端，解决的问题不大，但意义不小，在削减军备、解决地区冲突和发展双边关系上都迈出了重要的一步。两个超级大国的对抗和争夺主要表现在两方面：一是疯狂的军备竞赛，一是激烈的地区争夺。现在美苏多少都已意识到，军备竞赛压倒不了对方，军事手段解决不了国际问题，到处伸手不但力不从心，也很难占到什么便宜，反而拉了经济技术发展的后腿，削弱了本国的竞争力。所以军备竞赛和地区冲突这两方面都在降温。双方都在减少军费，还庄严宣告：在核战争中不可能有胜利者，双方决心防止美苏间发生任何战争，并拒绝谋求取得军事优势（日内瓦和莫斯科两次首脑会谈声明）。这虽只是口头允诺，但也不能完全当做空话。两国宣传口气也有很大变化，苏联不再讲美帝是世界动乱的罪魁祸首，里根也不再称苏联为"邪恶的帝国"了。有关地区冲突的对话，有可能使一些局部战争逐渐走上政治解决。除阿富汗外，柬埔寨加强了政治解决的趋势，有关南部非洲的四方会谈已有进展。谈判解决中东问题也出现新的情况。非洲其他三个热点：利比亚和乍得，摩洛哥和阿尔及利亚，索马里和埃塞俄比亚，俱已握手言和，恢复了正常关系，等等。这都同美苏关系缓和及它们调整政策有关，而且事实上，双方对解决地区问题也一度在进行对话和协商。

当然，也必须注意到，美苏关系的缓和仍有它的脆弱性，不会一帆风顺。因为：双方互为对手进行争夺的战略总目标尚无根本变化；利益的冲突和历史的积怨不可能轻易解决；双方还存在着彼此猜疑、互相防范和保持着高度警惕；而且也难免出现形势发展中的各种偶发事件，如东欧有些国家形势不稳，如果出了事，美苏态度又各将如何；更不用说制度和意识形态的根本不同了。因此，仍然要看，不可一味乐观。

但是，这次缓和同70年代不同。一是基础比较稳固，不但出于双方需要，有共同利益，而且也是下面要谈到的整个国际形势变化的结果。这就不是双方哪个领导人所可任意改变的。二是因此持续的时间会比较长，起码到20世纪末，甚至成为长期和平竞赛的开端。今后相当时期，虽然会有反复曲折，但不致再恢复到冷战，主流和主要趋势仍将是缓和。

由于美苏矛盾一直是当今世界和国际关系中的主要矛盾，整个国际形势的紧张还是缓和，战争还是和平都主要取决于它们（只有它们两家有资格打世界大战），因此美苏关系的缓和也意味着整个国际形势的缓和。这已为战后的历史和当前的发展所证明。

对于正在出现的一个较长时期的相对缓和局势，各国均很重视。我们也不能因为裁军有限，对抗仍在，许多问题没有解决，就忽视甚至否认趋向缓和这一总的趋势。中央早就指出，和平和发展是当代世界两大主题，国际形势正是围绕着这两大主题而发展变化的。美国一个大企业家兼国际问题专家叫普兰霍夫的，前一阵来中国作报告时就说，对国际形势这一发展趋势，中国和欧洲先意识到了，而美国和苏联认识得较晚。

关于美苏关系的新发展及其影响，就谈这些。现在再简单谈谈当前国际形势中其他有关的几个特征和发展趋势以及新的变化对我国的影响。

（二）重要国家实力的均衡化

造成美苏关系和整个国际形势趋向缓和的一个重要原因，就是世界经济政治发展不平衡所引起的大国实力的均衡化，亦即人们常说的两个超级大国的走向衰落和世界加速向多极化发展。这种大国实力均衡化的情况，第一次出现在19世纪纪末，从一两个大国操纵世界事务变为五霸七雄并立。所不同的是，这次演变得更快，两超称霸的延续时间比较短暂。另一个重要的不同是，由于各方面条件的变化，均衡化不大会导致大国之间的战争或世界大战。

两个超级大国的衰落，早已为世界公认。例如美国著名历史学家保罗·肯尼迪就写了一本《大国的兴衰》的书，纵论上下500年，说美国正在步西、荷、法、英的后尘，走向衰落。其实两超的衰落和多极化趋势早已出现，只是近两年才发生了大的变化。美国的衰落在70年代初即已显露出来。尼克松曾以缩短战线进行挽救。这也是出现70年代缓和的重要原因。可是由于苏联领导见事晚，错误地估计了形势，乘机发动了全面攻势，一时造成苏攻美守的局面。里根遂采取反击措施，又一度使形势逆转，美国似乎要振兴了。但因终究力难从心，到了最近几年，如同《红楼梦》上形容贾府那样，"外面的架子虽未甚倒，内囊却也尽上来了"。美国一位前高级贸易谈判代表普雷斯托维茨1988年5月15日发表谈话说，1981年美国在金融、工业、技术和军事上仍处在世界领先地位，现在除军事外，其他均已丧失，成了"没有资本的资本主义国家"，全世界最大的债务国。这就是为什么美国现在不得不改弦更张，搞起缓和来了。

其实苏联的情况更加不妙。70年代即已进入"停滞时期"，但仍全力从事军备竞赛和对外扩张，入侵阿富汗达到了顶峰。也是到了80年代中叶，才开始彻底认识到形势危险，难以为继。戈尔巴乔夫上台后提出苏联处于危机前状态，并制定"加速发展战略"，锐意实行改革。实际上，苏联经济只相当于美国的一半，现在又已被日本赶上，在世界经济中的地位从第二变成了第三，特别是同西方的技术差距还在继续拉大，到20世纪末也很难煞住拉大的势头。例如人均使用计算机同美国的差距，1995年将比1988年扩大4倍。这就是苏联不得不在军备竞赛和对外扩张上大加收敛、提出政治新思维的内在因素。

多极化的趋势首先表现在日本和欧洲共同体已成为资本主义世界三大经济中心里的两个，对美国的依赖明显减少，政治上的独立倾向也日益加强。这里只列举一下美日经济实力消长的数字，就可看出变化之大。日本国民生产总值（GNP）相当于美国：1950年1/20，1965年1/8，1980年40%，1987年56%。

中国在70年代初就已被称做世界上的五大中心或者五极之一。现在，中国的情况更不是那个时候可比的了。此外，亚太地区的崛起也引起了国际上的重视。一些西方学者还把印度、巴西等列为今后将要出现的"极"。

另外，值得注意的是，在力量均衡化的过程中，经济、政治、军事有同步化的趋势。第二次世界大战后国际关系中有一个特点，就是力量结构上一些国家经济、政治、军事的发展不相称，不同步。如有国家经济实力强，但政治影响和军事力量却比较弱；有的国家经济落后，但政治影响大，或者军事力量强。现在这点逐渐起了变化，并有同步化的趋势。由于国际竞争的重点转移到了经济，一个国家的经济地位、国际影响，就要越来越看重它的经济实力了。同时，一些国家也要使它的政治地位、军事力量和拥有的经济实力能够相称，而另一些国家也不再只强调增强军力，而是更重视了发展经济。总之，各国都越来越着眼于综合国力的加强，特别是经济技术的发展。

世界经济政治发展不平衡所造成的大国实力的均衡化，这是问题的一个方面。问题的另一方面就是世界经济两大严重失衡。

一是发达国家经济关系的失衡。这方面的情况大家都清楚，无须多讲。这里只想说明，由于发达国家现在和今后相当时期在世界经济中还占绝对优势（单是参加七国首脑会议的七国，其 GNP 就占全世界的60%），技术上的优势更不用说。因此这一失衡就会造成世界经济的长期不稳定，并且随时会发生各种大小风暴。

第二个严重失衡是南北关系。发展中国家除少数新兴工业化国家和地区以及中国、印度等几个大国外，经济上同发达国家人均收入上的差距，一直在拉大。进入80年代，拉美、非洲各国经济形势进一步恶化，外贸进出口急剧下降。同以前相比，发展中国家在人力、资源、市场方面的优势日益减弱；国际贸易和资金流动条件更加恶化；债务积累越来越多；70年代发达国家的"滞胀"已转移到了许多发展中国家。加之，由于相互间经济发展不平衡和面对的紧迫问题各不相同，发展中国家已很难像70年代那样进行整体行动的斗争，主要考虑变成通过对话解决本地区或本国的紧迫问题。这些，就使南北关系发生了逆转，从70年代的南攻北守变成了80年代北攻南守的局面，争取建立国际经济新秩序的斗争进入低潮。

（三）经济技术竞争成为国际关系的重点，军备竞赛和核战略的地位相对下降

这是当前国际关系中的一个重大特点。虽然有些国家很早就已经以经济为重点，但是成为国际上的普遍现象，特别是美国和苏联把经济放到军事之上，却是近一两年的事。对这个问题谈以下几点情况。

一是安全观念发生了变化。各国越来越重视经济安全，军事安全的重要性在减弱。普雷斯托维茨就说："美国今天面临的最重要的一个问题是经济安宁。"最近《华盛顿邮报》民意测验，3/5 的美国人认为美国安全前景的最大威胁是经济竞争，对手主要是日本、西德，以至亚洲"四小龙"。加州大学诺曼教授也说："对美国来说，真正的威胁并不是来自苏联，而是来自窥视美苏对立，企图扩大经济实力的日本。"《基督教科学箴言报》1988 年 5 月 18 日刊登利特尔的文章，批评那些老智囊们如基辛格、布热津斯基等人的思想陈腐，说他们还抱着 40 年前凯南所提对苏遏制政策不放，而凯南本人现在却已经改变了。美国东西方安全研究所所长姆罗兹前不久来华作报告说，其实美苏领导人都已认识到对方并非本国的最大威胁。苏联也认为对它的最大威胁是经济技术落后，如果不赶上去，就会沦为二三流国家。

二是军备竞赛和核战略地位相对下降。世界大战（核战争）不能打，也打不起来，军事手段不能解决问题，这已成为大国的普遍认识。既然如此，就没有必要大力扩充核军备，特别是数量。而且正如西尔克 1988 年 6 月 3 日在《纽约时报》上所发表的文章《迫使削减军事开支的种种压力》中说的，经济上的压力正迫使美苏压缩庞大的军事计划，削减军费，同意裁军。以前苏联对 SDI（战略防御倡议，也叫星球大战计划）怕得要命，近来也不大叫了。而且美国民主党候选人杜卡基斯在竞选中还答应当选后将压缩甚至放弃 SDI。原因之一就是花钱太多。事实上，东西欧各国老早就不顾各自盟主的压力在压缩军费的增长。

三是超级大国对外干涉的能力大为减弱，对外义务和国外军力部署有紧缩的趋势。保罗·肯尼迪就说，美国要维护的战略利益和在海外承担的军事义务已超过了它的承受能力。所以美国强烈要求它的盟国分担义务，多出钱。加之，第三世界的民族独立运动已告一段落，今后的主要任务也是发展经济，局势趋向稳定，不再像以前那样容易受外界干涉，超级大国可乘之机也大为减少。像越南战争和入侵阿富汗这类事情，大约以后不可能重演，其他军事干涉也会减少。

四是社会制度和意识形态的作用在减弱。一些西方人士甚至认为，两种制度经过40年的竞赛，胜负已定，证明社会主义不行，影响和号召力没有了，美国和其他西方国家不再担心共产主义的扩张和一些发展中国家竞相走社会主义道路，而是等待一些社会主义国家走资本主义道路，特别寄希望于东欧。这些想法虽然只是反映了它们自己的主观愿望，但也说明西方已不像以前那样重视社会主义意识形态的作用。事实上，西方国家还普遍支持社会主义国家的改革和开放，希望增进相互间的经济联系与文化交流，加强相互依赖，推进全球一体化。至于苏联，"新思维"已改变了对世界革命的原有看法，行动上也不再到处去支援世界革命了，对现代资本主义在进行重新认识，认为现代资本主义还有发展潜力，今后将是两个制度长期的和平共处与和平竞赛，因此必须集中力量把本国的经济技术搞上去。各国都把经济利益放在了意识形态之上。例如匈牙利就不顾韩国的抗议，准备在韩国设立商务处。东欧国家同韩国、中国台湾的贸易都在发展。

经济技术成为国际竞争的重点，这也正是和平与发展时代的应有之义。它还说明了这样一种趋势，即在军事安全、军事同盟地位下降的情况下，随着美苏关系趋向缓和，东西两方内部的矛盾却会增长。例如西方发达国家之间的矛盾，苏联同东欧以及东欧国家之间的矛盾，都将逐渐加剧。南北矛盾也会尖锐化。国际形势趋向缓和，并不意味着天下太平、相安无事，实际上在经济技术领域的竞争、斗争和争夺还会越来越激烈。

（四）各国的内向化和普遍的调整改革

国际关系重点的转移，使各国普遍内向化，即更加注意国内问题特别是经济问题。这起码对美国和苏联来说，不能不说是个重大变化。

重视经济还使调整改革近年来成了世界范围的潮流。各国抓紧进行调整改革，就是为了适应国际经济形势的变化和促进本国经济的发展，提高在国际上的竞争力；同时也还着眼于下一步的大发展，以便在下一个世纪经济发展高潮中处于有利地位，不致落后。这个问题确实也值得我们很好注意，绝不能由于估计不到和缺乏准备而有所耽误，甚至丧失又一个发展的大好机会。

根据国际上现在颇为流行的理论和实际发展趋势看，再过若干年，世界经济就将进入一个为时较长的上升期。系统提出长波理论的是苏联经济学家康德拉季耶夫（此人在30年代遭斯大林镇压）。他在考察和研究了从18世纪80年代到20世纪20年代的一些重要统计数据后，认为资本主义经济除10年左右的生产周期外，还存在一个50—60年的长周期（长波）。每个长周期又分为约20—30年的上升期和下降期。战后世界经济的发展也和这个理论的推算完全相符。50和60年代为上升期，70年代起进入下降期。据此推算，到90年代末，下降期将会结束，又开始进入上升期，21世纪初世界又面临一个经济发展的高潮。姑且不论这个理论是否对社会主义适用，但是现在和今后相当长的时期，资本主义仍然在世界经济中占主导地位，所以这个理论还是有效的。而且从实际情况看，也确实如此。各国经过这个时期的调整改革，就为今后的发展创造了条件。还应指出的是，现在正酝酿着技术上的新的重大突破，如生物工程、超导材料、光电子技术等。显然，调整改革的见效和技术革命的迅速发展，预示着世界经济发展的上升期必将到来，20世纪末到21世纪头20年，又是一个发展高潮。许多国家都在为迎接新的发展高潮的到来而进行着积极的准备。即使主观上并未意识到这个前景，竞争的规律也迫使它不能不这样做。

（五）关于经济国际化和集团化

战后一个重大特点就是经济国际化和相互依存的迅速发展。证明之一就是国际贸易的增长速度大大超过生产的发展。例如1950—1973年，世界生产量年均增长5.4%，而商品出口贸易量却为7.2%。在进入下降的1973年和1979年，也分别为3.5%和4.5%。不但生产过程的国际化急剧发展，而且随着生产、资本等的国际化，连某些生产关系也在国际化。值得注意的是，近年来国际化又有新的更迅速的发展，特别是金融国际化达到了一个新水平，资金的国际流动规模急剧膨胀。因此，越来越突出的问题是，所有国家经济上的成败，在相当程度上取决于是否适应国际经济形势的变化。

与全球一体化（国际化）的同时，由于竞争的日益激烈和保护主义的抬头，地区一体化（集团化）的趋势最近以来已大为加强。美加贸易协定1989年施行，被称为北美集团；欧洲共同体1992年变成全面的统一市场；日本加紧推行亚太经济合作体制。这都是很值得注意的动向。表面看，集团化和国际化是互相排斥的，但也不尽然。例如东西欧两个集团就在互相接近和互相渗透。

（六）国际形势的新变化对我国的影响

上面谈了很多，归结起来，这些变化主要是相互联系的两个方面：一是随着美苏关系的较大松动，整个国际形势趋向缓和；二是国际竞争的重点转向经济技术，军备竞赛、核战略的地位下降。这些变化总的来说对我国是十分有利的。因为长期缓和的国际环境和以经济为重点的国际竞争，对我国集中发展经济和加速改革开放，无疑是个大好机会，可以减少国际局势的动荡带来的干扰。超级大国特别是苏联对我国的军事威胁将大为减弱。我国和一些周边国家的纠纷可能趋于缓和甚至求得解决。各国都会急于同我国发展经济关系，使我们在开展外贸、引进资金和技术上可有更多回旋余地，等等。但从局部和战术角度看，形势的变化对我国也有些不利之处。例如：美苏缓和会降低它们对我的倚重程度，影响我在大三角中的地位；它们的对话格局，还可能在同我有关的军备控制和解决地区冲突等问题上对我搞"越顶外交"，撇开我国甚至损害我国利益；以经济技术竞争为重点，这是我国的弱项，同发达国家的技术差距有拉大的危险，可能影响到我国的国际地位；日本地位的提高和新国家主义抬头，增加了对我们的潜在威胁，等等。所以我们一定要充分利用这一缓和形势，把改革开放搞好，把经济搞上去。同时要化不利因素为有利因素，使国际形势继续朝着有利于我们的方向发展。千万不能高枕无忧、麻痹大意，造成被动和落后。

讲了这个大的国际背景，也许会有助于我们了解日本和中日关系。

二　日本的现状和前景

在国际形势大变化的情况下，日本也发生了具有转折性的变化，如从经济大国又进而成为金融大国、债权大国、投资大国；1987年下半年经济发展开始从长期的外贸主导变为内需主导，政治上也实现了新老交替等。

关于日本问题，今天只讲三点：（1）经济大国的日本；（2）日本经济发展的启示；（3）日本的发展前景。

（一）经济大国的日本

战后日本经济发展迅速，为举世公认，且早已成为经济大国，近几年更有重大的发展变化。为了说明日本经济的发展和在世界经济中的地位，我们先列举几个数字。

战后日本国民生产总值的增长和在世界经济中比重的变化：1950年，109.6亿美元（人均132美元），占世界比重1.6%；1955年，240亿美元，占2.4%；1970年，1976亿美元；占6%；1980年，10589亿美元，占10%；1987年，342万亿日元，合2.53万亿美元，占15%，为美国的56%（美国同年为44877亿美元），人均产值已超过美国。

为了知己知彼，不妨和中国做个比较。据《人民日报》1988年4月6日的材料，1955年中国GNP占世界比重4.7%，1980年降为2.5%；国内生产总值1960年与日本相当，1982年只及日本的1/4，1985年后又变为1/5。做这种比较，并不是要长他人志气，而是有助于激发我们的紧迫感。

日本近几年的重大变化是，又一跃而成为世界的金融大国、债权大国、投资大国。例如，1980年日本外贸还是入超，1986年顺差已超过800亿美元（827亿美元），1987年降为797亿美元，经常收支盈余则升为845亿美元。到1987年底，日本的海外资产已突破万亿美元大关，纯资产达到2407亿美元，成为最大的债权国。年资本输出约千亿美元，主要是发达国家，特别是美国。前些年资本输出主要用于购买债券，直接投资很少。近年由于贸易摩擦、保护主义抬头和日元大幅度升值，直接投资也迅速增长：1985 年为 122 亿美元，1986 年为 223 亿美元，1987 年达 333 亿。日本银行资产已占国际银行资产的 35%。世界十大银行，前七名是日本的。外汇储备居世界首位。成为金融大国后，经济发展速度仍然在发达国家中遥遥领先，1987 年度（到 1988 年 3 月底）经济实际增长 4.9%（1986 年只有 2.6%），1988 年第一季度的经济增长折合成年率竟达 11.7%，超出政府和各方的预料，成为相隔 11 年第一次达到两位数。这说明日本已克服了日元升值带来的暂时困难，正在变外需主导为内需主导。战后日本以"贸易立国"，国民经济的发展在相当程度上靠出口带动，所以称为外需主导；直到 1981—1985 年，经济年均增长 3.9%，仍然有 1/3 是靠外需实现的，但 1987 年度对实际增长率作出的贡献，内需为 6%，外需为 -1%。鉴于外需已连续两年为负增长，所以日本企划厅认为内需主导型增长模式正在形成。

当然这不是说日本经济发展没有问题，没有困难，一切都好。不能忘记，日本仍然是资本主义国家，它的基本矛盾无法克服。但它发展迅速，其经济大国地位，却是不能否认的。据西方和日本的材料，它现在 GNP 已超过苏联，成为世界第二经济大国，不再只是资本主义世界第二经济大国了。它的人均产值已超过 2 万美元，居世界第一。无怪乎日本现在尾巴翘到了天上。

这里附带谈一下日本的社会政治状况，日本成为经济大国后，在政治上的反映就是所谓"保守回潮"和新国家主义的抬头。而由于生活水平的提高，多数人认为自己属于中产阶层，所谓"中流意识"得以迅速发展。人们普遍希望社会安定，群众运动进入低潮，革新势力的影响有所下降，自民党统治下的政局更趋稳定。正是在这种历史和社会背景下，统治集团提出了要做"政治大国"（后为了减少刺激改为"国际国家"），使日本在政治、军事上达到同经济实力相称的地位，在国际上发挥更大的作用。因此就发生在扩充军备上接连突破一些"禁区"，对外展开了积极活动，国内政治右倾化等。这种趋势已经引起了国内外的注意。

（二）战后日本经济发展的启示

各国研究日本经济发展的书可说是汗牛充栋。解释日本高速发展的原因也有好多。对此我们不拟详加列举和进行分析。这里只提几点有启示意义的问题，以供参考。当然制度不同，国情各异，也不可作简单类比。

1. 适应潮流，抓紧时机，集中发展经济

就世界总的形势而论，从20世纪50年代起世界已进入和平与发展的时代，没有大战，科技进步与经济发展超过了人类历史任何时期（19世纪世界GNP增长年平均为1%—2.5%，但战后40年却在5%左右）。日本正是利用了这个大好机会，全力发展经济，决心赶超欧美。例如外交主要为经济服务，至今日本外务省仍有1/3的人员是搞经济的，专司经济的就有两个局：经济局和海外协力局。应该承认，有不少国家丧失了这个机会。在这方面我们就有沉痛的教训。由于没有及时识别时代的交替，把握新时代的基本特征和平（没有大战）与发展（社会经济技术的高速发展），认识还停留在战争与革命的时代，过高估计大战的危险，对世界革命过分乐观，因此就没有把经济建设放在主要地位，而是立足于早打、大打、打核战争，国防上长期处于临战状态，并着眼于搞世界革命，准备打完了再建设。这曾使我们付出了巨大的代价。且不说三线建设、深挖洞和其他备战措施造成的浪费，单是时机的耽误，就已无法挽回。如果我们没有把沿海地区当做前线，而是在国际形势允许的条件下，抓紧建设，及早开放，现在将会是个什么样子！共和国成立后上海并不比东京差，新加坡、香港更不在话下，但是现在却被人家大大超过了。可惜现在还有人不承认时代的交替，似乎讲和平与发展，就会丧失警惕，就会盲目乐观。

2. 政局稳定，政策和计划比较适当

从1955年至今，日本一直是自民党统治，没有大的动乱和折腾。由于经济的迅速发展，代表垄断资本的政府又在分配政策上注意了调节和控制，使居民生活水平不断得到提高，所以社会比较安定，垄断资本的统治日趋稳定。政府的经济政策和经济计划定得也比较适当，执行得较好。例如，一开始就注重引进技术，但坚决避免盲目引进和重复引进，管制相当严格，从未发生重大失控现象。作为资本主义国家的日本，在制定和执行产业政策上，在对经济的宏观管理上，世界公认是做得比较好的，有不少地方也值得我们借鉴。

3. 重视教育，尊重知识和人才

重视教育，在战后日本经济发展中起了重大作用。1947年在经济极端困难、温饱问题还没解决的情况下，日本政府还把义务教育增加了三年。学校和教员在日本的地位甚高，受到全社会的尊重。日本著名学者茅诚司有一次对我谈到教育的重要。他说，有了文化，人的素质高，一切事情就都好办。因为有文化，所以容易掌握生产技术。例如索尼公司，技术要求高，但招收来的青年工人只要训练两三个月就可以进行熟练操作。他们利用女孩子结婚前想攒一笔钱，支付的工资也比较低，工作几年后要离厂结婚，就再找一批新的。有文化，有教养，就容易做到守纪律，社会秩序就会好，日本的公共汽车和地铁，虽然也很拥挤，但几乎遇不到吵架斗殴的事，甚至听不到高声叫嚷。

尊重知识、尊重人才之风在日本很盛。无论是政府机关还是企业、团体，都非常重视集思广益，发挥智囊的作用。一切政策、计划的制订，都要广泛征求意见。战后初期，吉田茂出任首相，就召集一批学者，沉痛地提出：日本战败了，今后怎样恢复，请大家各抒己见。其中就有许多马克思主义者。例如马克思主义劳农派的有泽广巳提出的著名的"倾斜生产方式"，就为政府所采纳，对战后恢复起了重要作用。日本各政府机构一直设立有名目繁多的各种咨询委员会，对有关政策和计划进行研究和论证，并且提倡不同意见的争论。由于尊重知识和尊重人才，日本基本上没有人才外流现象，即使在战后困难时期，留学生也都是学成回国，很少有人出国后不愿回来。

4. 适应性和危机感

日本由于是个岛国，又缺乏资源，所以国民意识中经常有一种危机感和紧迫感。加之统治阶级竭力宣传，甚至加以渲染，使这种危机感和紧迫感往往表现为上下一致，官民一体，成为一种民族精神，从而便于克服困难，使坏事变好事。所以国际上公认日本在经济上适应能力强。例如：战后恢复时期，举国一致，迅速渡过难关；第一次石油危机曾经使日本一时陷于困境，但经过官民的共同努力，反而促进了节能技术，降低了成本，终于变被动为主动。最近的日元升值，本来对已有强大经济实力的日本并没什么大了不起，但日本政府和全国舆论还是大叫危机，结果又是全民奋起，打了个翻身仗，走出了困境，加快了经济结构的调整。

5. 勤奋和实干精神

战后日本经济发展的"奇迹"，归根结底还是人民创造的。日本人的勤奋精神和干劲在世界上是出名的。外国流传着这么一句话，说美国人（或法国人）工作是为了生活，日本人生活是为了工作。日本人无论是工作或学习，都显得非常紧张，节奏很快。一次参观日产公司的汽车装配车间，看到工人干活那种忙碌又认真的情景。例如最后一道工序是装配好加上油的汽车要从生产线终端开往车库，这开车的司机总是开走第一辆又小跑回来开第二辆，因为走慢了就来不及。那里工人每天在厂时间是9小时，中午40分钟吃饭和休息，上下午各有10分钟休息。其余8小时一分钟也不能离开生产线，还得聚精会神，动作迅速，没有也不可能有"磨洋工"或离开岗位的现象。有一次在美国听人说，西洋人很难在街上分辨出中国人还是日本人，于是就看走路，凡走得快的就是日本人，走得慢慢腾腾、东张西望的就是中国人。听了实在不是味道。当然，日本工人是遭受资本主义剥削的，他们的紧张工作也是在严格的管理下不得不那样。但是勤奋和拼命干确实是日本的一种民族精神。一个民族要振兴，没有这种精神也是不行的。

（三）日本的发展前景

对日本今后的发展趋势，可以指出两点。

一是日本经济仍然具有活力，适应性强，还有很大的发展潜力，在今后一个时期发展速度还会居发达国家前列。日本"技术立国"的方针和正在进行的经济结构调整，已经初见成效。日本在世界经济中的比重还会进一步提高。在可以预见的将来，日本政局还将是稳定的。社会思潮倾向保守的趋势不会有大的变化，群众运动会继续处于低潮，无产阶级革命更是遥遥无期，三五十年不会出现革命形势。而且将来的革命或者社会制度的变化究竟是个什么样子，现在都很难说。

二是日本的新国家主义将进一步暴露，但制约它的各种因素不会消失，有些还会增长，使它的野心不容易实现。现在，日本统治阶级是财大气粗，关于什么"日本世纪"、"日本领导"、单独还是联合"称霸"的议论已甚嚣尘上。而且实际上它也确乎在扩充军备、加强国际活动，特别是着力于对外经济扩张。这些都必将激化它的内外矛盾。

在成为经济大国和国际形势发生重大变化的情况下，日本面临新的战略选择。中曾根上台以来，这点已逐渐明确。这就是：经济技术上结束赶超阶段，争当世界第一；对外加强经济扩张，提高国际地位，成为政治、军事和经济实力相称的政治大国，做世界上重要的"领导力量"。为此，日本政府除在国内进行一系列改革和调整，特别是抓技术革新，争取和确保技术上的优势（最近企业投资，科研经费首次超过设备投资，是个重要动向），以迎接所谓"日本世纪"的到来外，更重视对外政策的调整和加强国际活动。日本统治集团要在经济上超过美国，争当世界第一的野心能不能实现，这还不是短期内的事，起码20世纪末和21世纪初还做不到。但是同美国的差距越来越缩小，日本的国际地位越来越提高，大约是可以肯定的。事实上，日本的国际地位近年来已有很大提高。日本政府提出所谓"为世界做贡献的日本"的对外政策，以经济手段为主，到处插手，要"积极分担国际责任"。随着国际竞争重点转向经济，日本还会在国际事务中发挥更大的作用。

这里着重讲两个问题。

1. 日本对外经济战略的调整和积极推行环太平洋设想

对外经济战略调整的主要内容是：适当开放市场、增加进口，逐步减少经常收支盈余，缓和对外经济摩擦；扩大资本输出，实行外贸多元化，尽量减少对美市场的依赖；在亚太地区排挤美国，形成以日本为中心的经济合作体制。现在谈一下所谓环太平洋设想。

这一设想是1979年大平首相上台时就提出来的。过去由于形势并不紧迫而且矛盾很多，所以酝酿多实绩少。近来由于形势发生了重大变化，日本已开始加紧推行。主要背景是：日元升值和美欧的保护主义，使日本和亚洲"四小龙"、东盟等国家和地区，成为互相更为需要的市场（实际上单"四小龙"的市场就已超过日本，1987年"四小龙"进口在世界进口贸易中的比重为6.7%，日本则为6.2%）；亚太地区的发展速度和经济活力在世界领先，是大有前途的地区；加之，北美、西欧的集团化趋势，日本为了不被孤立和落后，也得加速亚太地区的集团化。最近以来，日本政府（或以外务省的名义，或以通产省的名义，有时首相和重要阁僚还直接出面）已不断提出各种建议和方案，如设立环太平洋新机构（原有的半官方组织"亚洲太平洋经济合作组织"——PECC 已不够了，日本政府计划设立一个像经济合作与发展组织那样具有强有力的协调能力的组织），建立太平洋论坛，召开环太平洋首脑会议（日本的想法是包括日、美、加、澳、新、"四小龙"、东盟和中国，以后还想扩大到拉美，但不要苏联）；外务省提出《亚太地区合作的展望和综合战略》，要求进行地区内对话和本地区同区域外（如西欧）的对话，等等。总之，大有紧锣密鼓之势。

　　日本不限于提建议，口头上说说，而且实际上在加紧推行。但鉴于亚太地区情况复杂，发展水平差别很大，因此它的作法是区别对待、分开步骤。对美国，它是明拉暗挤，即表面上拉美国参加，甚至奉为首座，实际则利用它的经济优势同美争夺领导。对拉美，是积极创造条件，留待下一步逐渐吸取进来。目前的重点是在亚洲，主要为西太平洋一带。又从经济结构、国际分工和政治考虑，把这一地区分为三个层次，即第一"四小龙"、第二东盟、第三中国（还有印支）成为一个雁形序列，日本自然是雁首。值得注意的是，最近竹下登首相的咨询机构设立了一个"东亚经济圈"的方案，作为实现"环太平洋设想"的第一步。这个方案只包括日本、"四小龙"和东盟，连我国和澳、新也被排斥在外。实际上，日本近来主要的也是加强同"四小龙"和东盟的所谓经济合作。如对它们开放市场、扩大进口（给予优惠），吸收它们的制成品，不像原来那样只进口原料和能源，使分工从垂直型逐渐转向水平型。1987 年日进口增加 18%，其中亚洲增加 31%；制成品进口增加更快，亚洲已取代美国居第一。再就是扩大资本输出，增加直接投资和转产，给予技术指导（特别强调人才培训），建立出口基地。1987 年同上年相比，对美直接投资从占总额的 47%降为 36%，而对亚洲则从 10% 升为 19%，主要又是投向"四小龙"和泰、马、印尼。日本还挟持其钱多，扩大所谓的综合经济援助。这方面亚太地区也是重点。过去提出 300 亿美元的资金回流计划。竹下登一上台就首先出访马尼拉参加东盟首脑会议，答应给予 20 亿美元的开发基金。日前竹下登在多伦多参加七国首脑会议和宇野外相访问开罗时，又先后提出今后五年计划向发展中国家提供 500 亿美元援助。

当然，日本在推行其野心勃勃的环太平洋设想时并不会一帆风顺，还会遇到很多障碍。例如同美国的矛盾就会加剧；亚洲国家也对"大东亚共荣圈"记忆犹新，担心受制于日本。但是，由于经济国际化和相互依存的加深，又共同面临欧美的保护主义，"四小龙"和东盟都需要开拓日本市场，引进日本的资金和技术，所以它们和日本在经济合作上已有共同需要，对日本复活军国主义的担心也已淡化，还欢迎日本在亚太地区和东南亚的安全稳定上，包括解决柬埔寨问题上，发挥更大作用。所以不管形式和进程如何，亚太地区的经济合作已成为必然趋势。

2. 军事大国和军国主义化问题

首先关于军事大国，主要看如何理解，如果只论军费，1987年度日本防卫费已达240亿美元，位列世界第六（如按欧美计算方法，只在美苏之下），似乎已经可以称得上军事大国。但兵力有限（兵员25万人，其中陆军15.5万）。论装备，不但没有核武器，而且基本上都还是防御性的。当然，这些情况都会变。它的技术先进，装备起来很容易。现有部队也都是骨干，官多兵少，容易扩充。特别值得注意的是，日本在扩充军备的道路上已经进行了一系列的突破，最明显的就是军费超过了占 GNP 1% 的限额。但是无论如何，日本现在离军事大国还差得很远。

估计今后日本的军费还会增加，军力还会加强，军用高技术还会发展（现在美国有些项目已有求于它，据说它的猎潜技术已超过美国）。日本统治集团也叫嚷要建设与经济实力相称的防卫力量，因此从长远看，不能排除日本成为军事大国的可能。基辛格甚至一再说日本已经是军事大国。但是国内外也存在着不少制约因素，特别是在国际形势趋向缓和、苏联调整对外政策和军事战略（日本扩充军备的主要借口就是对付苏联的侵略）的情况下，日本的扩军会遇到国内外更大的反对。所以日本政府一直声称专守防卫、不做军事大国，实际步骤上也不会太快，大约在20年内还不可能成为美苏那样的军事大国。

日本会不会复活军国主义？这也看如何理解。如果指投降前那种军国主义，那么可以说复活很难。一是形势不允许，二是日本发展本身不需要。经济上的战时统制，政治上的法西斯化，对外进行军事侵略，占领殖民地，都不再可能了。如果说，指的不是战前那种形式的军国主义，那就不要说"复活",另取个名字好了。实际上,其他形式的军国主义也不容易搞。从国内说,日本战后发生了重大变化,和平主义与民主主义已根深蒂固,不容易再走回头路。更重要的是,时代变了,国际形势已不允许。美国和苏联分别在越、阿的失败,说明军事优势并不能解决问题。对于日本垄断资产阶级来说,也没有必要冒军国主义的风险。在经济技术竞争中,它占有优势。加之国际化、相互依存、相互渗透日益加深,使它不能也不敢去打仗。这点连长谷川庆太郎这类极右的反华分子也都承认。有些带有法西斯性质的右翼团体,确实走得远,但他们成不了气候。这类团体据说全日本有200多个,每个的人数都很少(几十到几百),没有群众,极为孤立。日本各界人士一般不大相信日本会复活军国主义,舆论界和学界许多人对外界批评日本军国主义复活的言论还往往发生反感。

日本会不会成为亚太地区的威胁?这点恐怕应当肯定。因此必须提高警惕。这种威胁,按其性质可分为两种。主要的还是经济手段的威胁,如经济竞争、经济扩张、技术挟制,对你进行孤立、破坏、变相的封锁,等等。保持警惕,首先应在这方面。其次是一定程度的军事威胁,例如扩充军备、发展高级军事技术,扩大它的防卫区(像1000海里的海上通道防卫)和巡逻,侵犯和控制别国的专属经济区,影响领土和大陆架开发的争议,等等。这种威胁已经存在,今后还可能增强。但是军事侵略和战争的威胁,在相当时期还看不到。

对日本的威胁必须保持警惕,但也不可过分夸大。而且应当从时代背景和整个国际环境去看这个问题,不宜完全用第二次世界大战前列强发展的模式去套,似乎经济大国必然要发展成军事大国,军事大国必定走军国主义和对外进行武装侵略的道路。如果这样,那历史就要倒回去,世界大战又成为不可避免的了,和平与发展也不再是世界两大主题。所以对形势发展应有全面的估价,不能只看一点。否则就会重复过去的失误,干扰以经济建设为重点的战略方针,影响四化建设。

三 中日关系和存在的问题

现在来讲中日关系问题。由于时间的关系,只能简单地谈以下几点。

（一）基本估计

从十年前缔结《中日和平友好条约》以来，两国关系发展极快，无论深度和广度都超过了任何历史时期。虽然有时也出现一些问题，但主流一直是好的。这是由于形势的发展变化和双方互有需要，正像邓小平所说，不能不友好。

日本的对华战略方针具有两面性。一方面，十年来的历届政府都把维持"长期稳定的日中友好关系"作为仅次于日美同盟的又一"外交支柱"，因此对中国给予经济上的支持，政治上表示友好和在争执问题上保持某种低姿态（如在历史问题上还比较谨慎，重视中国的反应，对教科书问题和两个大臣发表谬论，都尽量作了处理；在一些属于中国内政问题，像美国和许多西方国家叫嚷的所谓西藏问题等，也不随便说三道四）。原因是：出于战略需要，外交上要借助于中国，经济上有互补性，而且抓日中友好还有助于它稳定国内政局（因为对华关系在日本不仅是外交问题，还同内政密切相关，谁要是反华，就会遭到人民和各界的反对，政治上就会孤立）。应当说，这一面是主导方面，是主流。另一方面，由于社会制度和意识形态的不同，害怕中国强大，加上过去一段长期的对抗历史，它又视中国为潜在对手甚至敌性国家，因此总想设法抑制中国的发展，使中国在经济和技术上一直落在它的后面，依赖和受制于它。此外，它还不忘情于台湾，又担心中苏接近。这就形成了日本对华关系的消极方面。

中国需要和平环境、睦邻关系，同日本发展友好合作有利于经济建设和亚洲和平。这就不用多说了。

因此，中日关系，过去，主流是好的，今后，仍然可能也需要得到继续发展。

（二）经济关系

这是中日关系的主要内容。虽然是互相依赖、互相补充的关系，但日本处于优势。对我国来说，无论从开展对外贸易还是引进资金、技术考虑，发展中日经济关系都是有利的。贸易上无可替代，特别是我们的沿海发展战略，必须积极开拓日本这个出口市场。引进资金、技术虽然困难较多，但这正是日本所长和我们所短，潜力还是不小的。

中日经济关系中的问题有三个。一是贸易问题。以前总是说贸易不平衡，我方逆差太大，是中日经济关系中的最大问题。其实并不确切。对日贸易一直占我外贸总额的 1/4 左右（1987 年降为 1/5）。1985 年占到 27%，逆差达 52 亿美元。此后由于我调整进口，逆差逐年下降，1987 年已降为 13.3 亿美元，1988 年上半年干脆变成了出超。前五年造成逆差的原因在日方，对我开放市场不够，还有所歧视，如某些商品关税高，配额少等。但主要还是我方进口失控。例如 1985 年逆差最大，一个重要原因就是由于家用电器和汽车等耐用消费品进口太多。当时连许多日本人都觉得奇怪。中日贸易中存在的主要是个商品结构问题，即我们出口的多是能源和初级产品，进口的多是制成品，基本上还是传统的垂直分工型。要解决这个问题主要还靠我们自己。今后只要不断提高我国商品的竞争力，扩大制成品的出口，即使有一点逆差也不要紧。

二是日方直接投资不积极。应当承认，在同我资金合作和对我经济援助上，日本还是第一名。例如日元贷款（政府的海外经济协力基金贷款），给予中国的份额常名列前茅。第一批（1979 年到 1983 年）为 3300 亿日元，合 15 亿美元；第二批（1984 年起）4700 亿日元，合 21 亿美元；第三批（竹下 8 月来访时可能敲定）据说已定为 8000 亿日元，合 60 多亿美元。这种贷款，条件是极为优惠的，利率在 2.5%—3.75% 之间，偿还期 30 年，含宽限期 10 年。另外还有能源贷款、无偿援助等。问题在于，日本对直接投资，特别是制造业投资不积极，一直居香港、美国之后。1986 年比 1985 年下降一半，1987 年仍未达到 1985 年水平，只有 111 家，约 3 亿美元。日本人的说法，主要是投资环境差，特别是软环境，如政策（认为偏紧，又怕变）、作风（官僚主义、不正之风）和人员素质（技术水平和劳动意愿即积极性）等。这些都不能说没有道理。不过我看还有两个重要原因，就是制度不同和怕中国强大。但是，资本的目的是追逐利润，只要投资环境适宜，有利可图，减少其他因素的干扰，日本的直接投资一定会增加。国际经济关系中也是按经济规律办事的。

三是技术转让。我以为这在现在和将来都是中日经济关系中最大的问题，明显地体现了日本对华政策的消极面。据说在"巴黎统筹委员会"讨论对华限制时，日本表现最积极。"东芝事件"后，日本政府已接连两次公开处罚对华贸易厂商。不但高技术，就是一般技术如彩电、冰箱中的关键部件的技术转让，日方也都一直卡住不放。对直接投资，特别是制造业投资不积极，一个重要原因也是不愿中国得到技术。但是，也不能因此就对从日本引进技术和中日技术合作完全悲观。实际上，十多年来，我国技术设备的进口中日本一直占第一位。而且技术转让也是贸易，只是竞争更为激烈，因此同直接投资一样，如果能创造出适宜的条件，引进技术也还是大有可为的。

（三）政治关系

如果说中日经济关系中日本处于优势，中国较多地依赖日本，那么在政治关系中中国却处于优势，日本欠着中国的账，而且更有求于中国。总的说来，中日政治关系也还是比较好的，政治磋商，友好往来，广泛交流，进行得都不错。有些纠纷或争执，大多得到了适当的解决。当然，政治上摩擦多了也必然影响经济关系的相互信任和长期稳定，日本在直接投资和技术转让上的顾虑就更多了。因此，对双方说来，稳定和发展政治关系也是相互需要的。

在政治关系中存在的问题有以下几个：

一是历史问题。日本统治阶级中总有些人不承认对中国侵略，总想翻历史的案，所以就经常出现一些摩擦。但它现在一般还保持低姿态。今后随着地位的提高，还可能出现更多的问题。对此，一方面要坚持原则，进行斗争；另一方面也应注意策略，掌握分寸。话又说回来，以前侵略过中国的如英、法、美等有哪一个承认的？连苏联，包括列宁、斯大林在内，也不承认俄国夺去中国150万平方公里土地。法德世仇，现已和好。每年美国纪念珍珠港事件，日本纪念广岛、长崎被炸，也并没妨碍它们的关系。

二是台湾问题。日本统治阶级的真实想法是维持现状或搞"一中一台"。但它比美国的姿态稍低，只做不说或少说。实际上日本对台影响仅次于美国，而且增长很快，经济关系已超出联合公报所说的"自然增长"。政治上不断升级，由于政府不便出面，就搞政党外交。日本的亲台帮在政界势力不小，非常活跃。随着环太平洋设想的积极推行，日台关系特别是经济关系还会有较快的发展。但日本政府重视我国反应，也不敢走得太远，而是试探着前进，估计在近期内还不致有大的出格行为。"光华寮"的终审判决也可能拖下去。

三是领土和大陆架的争议，具体说，就是钓鱼岛的主权归属和日本侵犯我专属经济区问题。对于钓鱼岛，我们提出暂时搁置主权归属，先搞共同开发。但日本却想据为己有，不许我们去。对我专属经济区，日本也常在部分海域进行捕鱼和巡逻，还曾一度伙同韩国搞过石油勘探，不承认公认的大陆架分界线。现在这些问题都暂时搁置着，将来如何解决，还得看那时的形势。

最后是日本加强军备问题。由于这会构成对我国和亚太地区的威胁，所以对此不能不保持警惕并在必要时作出反应，但不宜动辄和军国主义复活相提并论。这在前面已经谈过。

总的说来，正像我国领导人经常讲的，中日关系的主流还是好的。两国关系中存在一些问题和有时发生一些争执，也并不奇怪。只要双方严格遵守复交时的联合声明、和平友好条约和"四项原则"，发生了问题并不难解决，起码不会影响中日友好合作关系的发展。中日友好符合两国人民的根本利益，也是亚洲和世界和平的重要保证。我们必须继续高举两国人民世代友好的旗帜，不为发生某些问题而受影响。从日本方面看，出于它本身的需要，在相当长的时期内也还会把维护日中友好关系放在重要地位。因此，使两国关系继续得到发展，仍然是今后的主要趋势，也应当是我们努力的主要方向。但是由于日本军国主义的长期侵略使我国人民至今记忆犹新，再加上日本近年来滋长的大国主义倾向，也激起人们的不满和警惕。这种民族感情不但无可非议，而且是可贵的。问题只是在于，有些人因此产生了一种偏激情绪，怀疑发展中日友好的外交政策，主张对日本采取强硬态度，甚至要求重新提出日本给予战争赔偿。曾经有不少人同我谈到过这些问题。我对他们说，对待中日关系必须考虑到全局，从我国的根本利益出发，中日关系搞不好，首先对我国不利。例如经济上对日本进行抵制，受害最大的就首先是我国，因为我们的经济实力比较弱，双边贸易在各自进出口总额中所占比例，日本只有4%左右，我国却达20%以上，更不用说资金和技术方面的合作了。如果政治上对日本光是态度强硬、坚决斗争，那只能把关系搞坏，不但直接影响经济关系，而且会在我国周边造成紧张局势，不利于我国的经济建设和对外开放。至于索取赔偿，就更不现实了。因为我们已经宣布放弃，不能不守信誉。而且即使提出来，日本拒不答应甚至不加理睬，我们又有什么办法？结果只能是把关系搞坏，损害自己的国际声誉，而得不到什么实惠。所以，对这类偏激情绪，应当给予开导和解释。正如列宁所说，不能让一时的群众情绪影响我们的政策。因为群众情绪是很容易被某种事件所激发起来的。

总而言之，无论是从国际形势还是从中日关系看，只有把我们自己的事情办好，把经济搞上去，才能站稳脚跟，使国家民族真正站起来，成为名副其实的世界大国。现在虽然是和平与发展的时代，但经济技术上的竞争更为激烈甚至相当残酷，优胜劣败，弄不好硬是没有国家的地位，会重新受人欺侮。所以必须有危机感、紧迫感。观念也得随着形势的变化而改变，不能再以老大自居，讲些埋葬帝修反之类的豪言。现在需要的是，全民奋起，举国一致，为实现党中央提出的建设有中国特色的社会主义的基本路线而奋斗！

(1988年6月29日在中宣部组织的形势报告会上的发言，后中宣部所属《时事报告》杂志发表了文字稿)

记取历史教训　发展中日友好

——纪念卢沟桥事变 50 周年

　　日本军国主义发动全面侵华战争、并成为第二次世界大战导火线的"卢沟桥事变"，已经过去整整 50 年了。人世沧桑，半个世纪以来，无论国际形势还是中日关系，都发生了根本变化。时代在前进，人们应该向前看。但是，忘记过去也是轻率的。为了维护世界和平、巩固和发展中日间的睦邻友好关系，就必须正确对待历史，总结经验，汲取教训，克服前进道路上的各种障碍。

走过了曲折的道路

　　中日关系源远流长。在近代以前两千多年的交往中，两国人民友好相待，结成传统友谊。可是到了 100 年前，日本军国主义却对中国进行了长达半个世纪的侵略，给中国人民造成了极大灾难，严重阻碍了中国社会经济的发展。特别是在八年全面侵华战争中，侵略者的铁蹄踏遍半个中国，杀害了约 2000 万中国军民，造成物质财富和文化上的损失不可胜数。战争的浩劫，人们至今记忆犹新。但是，中国政府始终认为，对侵略战争应负责任的只是日本一小撮军国主义分子，而不是广大人民和后来的朝野人士。因此，新中国成立后，中国政府和人民没有对日本采取任何报复措施，还主动放弃了战争赔偿，并致力于恢复人民间的传统友谊和建立两国间的睦邻友好关系。侵略战争同样也给日本人民带来了严重灾难，而战后的和平发展却使他们得到很大好处。所以，日本人民战后一直积极维护和平、反对军国主义、主张中日友好，并为此进行了不懈的努力。事实证明，中日人民在接受历史教训、发展两国友好上，基本态度是一致的。

正是由于两国人民和各界有识之士的长期努力，中日关系才得以冲破各种阻力，在15年前正式恢复邦交，并于9年前签订了和平友好条约。复交以来，两国基于平等互利的友好合作关系得到迅速发展，在中日关系史上开创了一个新阶段。两国都一再声明，把中日友好奉为本国的一项基本国策，把世世代代友好下去定为两国关系中追求的最高目标。中日友好出现这样一个好的局面，是来之不易的，它包含着双方许多先行者和"掘井人"的心血，人们应当格外珍惜。

坚实基础和有利条件

中日友好十多年来能够得到迅速发展，说明它反映了两国人民的共同愿望，也体现了国际形势发展的时代要求。发展中日友好存在着坚实的基础和许多有利条件。

首先，中日是隔海相望的近邻，又是国际上具有重要影响的两个大国。从历史经验、当前形势以至地缘政治的角度看，如何处理相互关系，对两国都是头等大事。两国人民不仅有传统友谊和亲近感，更重要的是还都从以往的中日关系中获得了正反两方面的经验，这就是：友好则互利，交恶则两伤。日本人民和广大朝野有识之士，正是由于正确地汲取了历史教训，所以战争结束后，就用以民促官和积累的方式，为恢复两国邦交和推进中日友好作出了巨大贡献。有些日本朋友说，对华关系在日本不只是外交问题，一定程度上也是内政问题，现在无论哪个政党，如果反对中日友好，人民就不会答应，政治上就站不住。这种天时、地利、人和的有利条件，正是发展中日友好的重要保证。

其次，在当今的国际关系中，经济占着越来越重要的地位。而正是在经济上，中日之间并无根本性的利害冲突，倒是存在着互有需求、互为补充的关系。日本已成为资本主义世界第二经济大国，具有强大的经济实力、先进的技术、日益过剩的资金。中国还是一个发展中的社会主义国家，但拥有丰富的资源、广阔的市场和光辉的前景。双方各具优势，进行平等互利的贸易往来和经济合作，存在着天然的有利条件。复交以来，两国的经贸关系得到飞速的发展，相互已成为重要的合作伙伴。事实证明，这对于双方都大有好处，也是发展中日友好的物质基础。

再次，中日友好还是两国争取和平国际环境的重要条件。中国的"四化"建设需要持久和平，日本战后经济的迅速发展和人民生活水平的提高，也证明只能在和平的条件下实现。因此，为了各自国家的发展和人民的幸福，中日都需要和平的国际环境。

还应指出，中日都是亚太地区举足轻重的大国，两国关系对本地区的和平和稳定有决定性的作用。现在，亚太地区在世界经济和国际战略格局中的地位日益重要，超级大国也加强了在这里的争夺，一些局部战争和热点仍然存在。但是，只要中日两国和睦相处，友好合作，亚太地区就打不起全面战争来。因此，中日友好不仅是两国安全的必要条件，而且也是亚太地区和平和稳定的重要保证。中日两个伟大民族，应当以相互间的友好合作，为不同社会制度国家和平共处树立一个典范，对国际社会的和平和发展事业作出更大的贡献。

问题和消极因素

中日友好关系迅速发展，主流是好的。但必须承认，一些影响两国关系的消极因素不仅依然存在，而且近来还有所滋长，如不正确对待，妥善处理，任其发展下去，就势必会妨害中日友好，还可能带来严重后果。对这股逆流绝不可掉以轻心。

在对待历史的问题上，日本有那么一些人，硬是不承认日本军国主义对中国及其他亚太国家的侵略，还竭力为侵略战争和战争罪犯翻案，散布谬论，歪曲历史，说侵略是"自卫"，尊战犯为"英雄"，否认"南京大屠杀"，诬蔑"东京审判"不合法，等等。这种人为数不多，更不能代表珍惜中日友好的广大日本人民群众和各界有识之士。但他们能量不小，危害极大。他们经常制造舆论，迷惑群众，毒害日本一些青少年的思想，煽起沙文主义情绪，还不时挑起事端，伤害中国人民的民族感情。对这种为军国主义招魂，重温"大东亚共荣圈"迷梦的倾向，中日两国以及其他亚太国家人民，切不可漠然置之。

　　大约也就是这些人，他们老是在打中国台湾省的主意，用包括政党外交在内的各种方式，在日台关系上不断搞升级。最近竟发生了日本政府派专机和外务省官员护送朝鲜"清津"号船员去台湾的事件；日本大阪司法当局在审理"光华寮"案件中，更违背国际法的起码准则，公然制造"两个中国"，而日本政府却以各种借口推卸责任。中国政府和人民，对此当然不能默尔而息。有些日本人说，中国在政治问题上态度强硬，是为了压日本在经济上让步。这种说法不是由于无知，就是别有用心。须知，上述两个问题比起经济问题来，是更重要、更本质、更具原则性的。而中国政府和人民历来都是绝不拿原则做交易的。实际上，复交以来中日政治关系中出现的一些麻烦，诸如修改教科书、正式参拜靖国神社、光华寮案件等，无一不是日方挑起，并不是什么中国态度突然变得强硬了。

　　经济关系中存在的问题也并非不重要。近年来中日贸易严重失衡，中方连年出现巨大赤字。日本对解决问题很不积极。在技术转让和资金合作上，日本对中国也有明显的歧视和限制。和上述政治问题有所区别的是，经济上的问题虽然主要责任在日方，但中方也有一定的原因。所以只要日本采取积极态度，中日经济关系中发生的各种问题，都是可以根据平等互利、友好合作的精神逐步加以合理解决的。现在的主要障碍在于，日本有些人总以为两国在经济上不是互有需要，互为补充，而只是中国有求于日本，搞"四化"离不开日本；或者是担心中国强大，想使中国在经济上长期处于依赖日本的地位。这些看法自然不符合实际，但却影响中日经济合作和两国友好关系。

　　在中日关系中发生这些问题绝非偶然。不但如1986年7月28日的《美国新闻与世界报道》载文所说，"日本与西德不同，它没有花什么时间反省'战争罪行'"，而且战后还一直存在着一股军国主义残余势力和某些受其思想影响的人。尤其值得注意的是，近年来在一些日本人中迅速滋长着一种大国主义倾向。随着经济实力的加强，他们不但谋求做政治大国，还实际上企图使日本成为军事大国。面对日本在军事上的一再突破，中国和其他受过日本侵略的亚洲国家感到严重关切，是理所当然的。

　　与此同时，大国主义思潮也在日本泛滥起来，鼓吹日本民族优越的狭隘民族主义言论甚嚣尘上。有些人自以为日本了不起，对外表现出一种"财大气粗"、不可一世的派头，似乎暂时还可屈尊美国之后，对其他国家特别是亚洲邻国就根本不放在眼里了。傲慢和偏见使他们不愿了解这样的历史常识，即造成绝大多数亚洲国家落后的根本原因之一，是帝国主义的长期侵略和掠夺；日本曾是东亚的主要侵略者，对中国等的落后也负有历史的责任。

很明显，这种大国主义倾向如果发展下去，不仅会危害中日友好和亚洲和平，还可能再次把日本民族引入歧途，走上复活军国主义的道路。

克服消极因素，发展中日友好

应该看到，中日友好终究是人心所向，大势所趋。就全局而论，中日友好仍将是今后两国关系发展的主要趋势，一些消极因素有可能得到抑制和克服。上述那些少数想使历史倒退的人，也许可以暂时迷惑一部分人，制造一点麻烦，但他们的整个企图是决不会得逞的。过高估计他们的力量不合实际，更不能受他们的挑动而影响和动摇我们发展中日友好的信心和努力。这种努力主要包括以下两个内容。

一方面，两国都应为巩固和发展中日友好而竭尽全力，严格遵守联合声明和友好条约规定的原则，不做任何有碍友好合作和伤害对方人民感情的事。对两国关系中出现的问题，也应通过友好协商及时加以合理解决。

另一方面，对于违反联合声明及和平友好条约的言行，也必须进行坚决的斗争，随时揭露和批判日本少数人歪曲历史的言行，特别是制造"两个中国"和复活军国主义的活动。只有对损害中日友好的言行进行必要的斗争，才有助于维护中日友好。

中日友好是关系两国人民长远的根本利益和亚洲及世界和平的大事。纪念"卢沟桥事变"50周年，就是要汲取教训，引为鉴戒，让不幸的历史永不重演，实现世世代代友好下去这一两国人民的共同愿望和崇高目标。

(《世界知识》1987年第13期)

日本面临第三次历史性选择

随着冷战的结束，日本又一次进入历史转折时期，面临近代以来的第三次重大选择。"日本向何处去"的问题也更紧迫地提到了世人面前，不但日本国内在积极进行讨论和探索，而且全世界特别是亚太国家都给予严重关切和密切注视。这既说明日本地位的重要，也说明日本的走向还是一个很大的不确定因素。本文拟从日本的过去、现在及所处国际环境，对世纪之交的日本进行一点探讨，以纯属个人的管窥之见，就教于各位专家。

一 日本前两次历史性选择

日本的前两次选择，即1868年的明治维新和第二次世界大战中遭到惨败后的重新立国，早已尽人皆知，但这里仍需要略加论列。因为，第一，"鉴往知来"，只有了解日本的过去和现在，才便于预测它的未来；第二，弄清上两次选择的得失利弊，也可以从中汲取教训，对日本，今后少走些弯路，对别国，保持必要清醒；第三，何况在对待历史上，日本和别国还有很大分歧。当然日本并非舆论一律，持正确历史观的也大有人在。但不可否认，"一个社会里占统治地位的意识形态就是统治阶级的意识形态。"（见马克思：《共产党宣言》和《德意志意识形态》）在日本，正是这种占统治地位的历史观还存在一些原则性的问题，不能不稍加分辨。

无论是明治维新还是战后立国，都有两个方面，需要全面地看。只强调一面，而忽略甚或抹杀另一面，那就只能是有意或无意违背和歪曲历史，对于接受教训和教育后代都是无益有害的。

明治维新是日本从封建制的中世纪走向资本主义近代化的伟大转折，开辟了日本历史的新纪元。它的功绩和作用起码可以举出以下几条。第一，扭转了西方列强把日本推向半殖民地的方向，经过多年奋斗，废除了11个国家强加给它的不平等条约，建立了统一的现代国家，实现了完全的独立。第二，通过多种改良，在相当程度上解放了生产力，为后来的产业革命和工业化奠定了基础，使日本的经济发展速度一直走在世界的前列。第三，在一贯重视教育的基础上又大力提倡"文明开化"，引进西方先进的科学文化以至某些典章制度，塑造了日本文明，提高了国民素质。第四，以"富国强兵"相号召，全民奋起，追赶西方，很快就已跻身"列强"之林，以一个后起的小国在国际上占据了一个强国地位。

但是，明治维新的局限和弊端也是很突出的，使日本人民和亚太许多国家为此付出了沉重的代价。第一，明治维新没有实现民主革命的任务，人民仍然处于无权地位，受着封建的剥削和专制的压迫，最后使法西斯统治得以顺利确立。第二，由于没有解决土地问题和进行其他应有的改革，使国内市场狭窄，工业的发展不能不向国外找出路，再加上"富国强兵"的消极面，就在确立近代天皇制的同时，形成了军国主义体制，不断对外进行扩张和侵略。第三，日本资本主义起步晚，原始积累显得更为凶残，一靠对国内农民和其他劳动者的残酷剥削，二靠对外特别是对中国和朝鲜的疯狂掠夺，成为"带军事封建性的军国主义"。第四，在追赶西方的过程中，日本提出"脱亚入欧"，自外于亚洲，行动上也就同西方列强一起，对东亚进行瓜分和占领。正是由于明治维新存在着许多诸如此类的弊端和不足，才使日本发展成一个最富侵略性的军国主义国家。作为列强之一，日本也确实在国际舞台上耀武扬威了几十年，但日本人民却在一直为此受苦，而没有得到过什么好处，到头来，日本军国主义也遭到彻底失败，接受了无条件投降。日本国家和人民为此付出的代价是毋庸赘述的。

日本第二次历史性选择，是在美国占领下进行的。这既是日本的选择，而作为太上皇的美国占领当局则起了更大的作用。按理，为了进行这次选择，首先就应清算一下日本所从事的侵略战争，总结一下明治维新以来走过的道路，以便接受经验教训，避免重蹈覆辙。而且一开始本来盟国也是打算这样做的，例如计划废除天皇制，让日本实行非武装化等。后来由于情况的变化，有些做了，如进行民主改革、颁行和平宪法等；有些则没有做或做得很不彻底，如清算战争罪行和惩办战犯等。战争尚未结束，倾向民主的罗斯福总统逝世，主张反共的杜鲁门接任总统，美国对日政策开始右摆。在接受日本投降时，美国已实际上改"无条件"为有条件，即保留天皇制。这固然也是由于天皇在日本人民中还有很深影响，但更重要的还是美国认定保留天皇制有利于它对日本的占领和控制。后来美苏矛盾日益激化，中国革命又迅速取得胜利，美国对日政策就逐渐变抑制作为竞争对手的日本为扶植作为反苏反共帮手的日本，对清算日本战争罪行和追捕审判战争罪犯就越来越放松了。及至朝鲜战争爆发，美国的政策更为之大变，改为完全扶植日本反共的统治集团。所以，日本长期以来对侵略战争缺乏正确认识和对待，与德国的态度大不相同，美国是有重大责任的。

战争给日本造成了严重的破坏，饥饿席卷全国，丧失主权，接受占领，一时抬不起头来，一切都得听从占领当局摆布。在这种情况下，日本战后选择的自由是极其有限的。战后日本长期执行的所谓轻军事重经济的吉田路线，固然有日本统治阶级的代表人物如吉田茂等人的高瞻远瞩，接受了以前穷兵黩武终遭惨败的教训，但也还有势所使然的因素，这就是美国只要求日本作为它反苏反共的基地和后勤的供应所，并不想使它再度成为军事强国和威胁自己的对手，所以出自美国人手笔的和平宪法就载明日本国放弃组建海陆空军的权利（后来的建军是以自卫队的名义顶替的）。但不管怎样，在这第二次转折关头，日本选择了一条基本上走和平发展的道路并得到长期坚持，却是历史的真实。

这第二次选择，就是通过一系列改革在美国的保护下集中力量搞经济建设。走这条民主改革与和平建设的道路给日本带来了巨大的好处。第一，经济得到飞速发展，创造了历史上的奇迹。日本经济1950年恢复到战前水平（经济规模还不到当时联邦德国的一半），然后只用了19年的时间就把除美国外的所有西方国家甩在了后面，成为资本主义世界的第二经济大国。1995年日本报刊发表了一篇《从1%到10%》的文章，是说日本从明治维新到第一次世界大战前夕的1913年，经过45年的"殖产兴业"和对外扩张，日本工业在世界的比重才占到1%（美国为34%，英国为14%），而1950年后只用了20年，这一比重就已超过了10%。第二，民主主义与和平主义思潮深入人心。这就是为什么保守势力喧嚣了40多年要修改宪法而至今尚未得逞的一个原因。当然，今后在一定的气候下对宪法可能进行某种修改，但在日本恢复法西斯统治的可能却基本上排除了。此外，走和平发展道路，有助于人民生活的改善、社会秩序的安定、国际地位的提高等，更是不言自明的。

但是在这次选择中，也还存在着消极面、有做得很不够的地方。首先，如上所述，日本对过去的侵略罪行缺乏应有的认识，当然也就不会有对青少年应有的教育了。这就埋下了隐患，不仅无法取信于亚太各国人民，还在某种程度上存在重蹈历史覆辙的危险。其次，长期追随美国、支持它的许多霸权行径，例如直到中美关系开始松动的1972年，还充当反对恢复中国在联合国合法席位的急先锋。这当然影响日本在广大发展中国家的声誉。再加上不能正确对待历史，就使日本有"亚洲孤儿"之感，难以在国际上发挥更大的作用。

日本这头两次历史性选择，看来都是有得有失，但还是存在着本质的差别，而且结果也是截然不同的。无论日本统治阶级坚持什么样的看法，除了少数顽固分子外，作为整体，他们总会多少记取一点教训，这对日本当前正在进行的第三次选择总会起某些有益的作用。

二 日本又处于新的历史转折时期

在成为资本主义世界第二经济大国以后，日本就开始有人认为，追赶欧美的任务已经完成，对今后的发展应该制定新的目标了。20世纪80年代初，日本政界和学界一些著名人士已提出所谓第三次远航的问题，亦即进行第三次历史性选择。这次远航的目标，有的讲得隐晦，但有的也讲得很直率，质言之，就是要在经济上超过美国，雄踞世界之首，同时甩掉战败国的包袱，成为国际上与其经济实力相称的政治大国。

战后日本的经济发展确实值得称道，但到后来，也还是出现了一些虚假现象。50年代和60年代，日本经济以年均近10%的速度增长，70年代和80年代，仍保持了年均4%的中速增长。这期间，两次石油危机和几次日元升值的冲击，都被日本比较顺利地度过了。特别是80年代下半期，欧美各国的经济都在困难中挣扎，日本却仍以4%的年增长率在增长。而且地价与股票齐飞，外贸顺差与经常黑字猛增，对外直接投资连年翻番。

表面看来，日本又是一派繁荣景象，一些日本人也随之飘飘然起来，出现了是在 20 世纪还是在 21 世纪头一二十年超过美国的争论，以及购买美国房地产的高潮。然而好景不长。进入 90 年代，冷战结束，日本就已不适应，发现流年对它不利了。从"泡沫经济"崩溃开始，日元升值又雪上加霜，日本经济陷入战后时间最长的不景气，长时处于低迷状态，保持着连年的零增长。

按照世界经济发展的长周期理论，1973 年以后，发展的高潮已经结束，逐步进入低潮，在这种情况下，各国大多能适应形势，对经济体制和经济结构进行必要的改革与调整。而且应该说，日本做得还是比较好的，比较容易地走出石油危机和此后的滞胀。但是到了 80 年代，特别是后半期，日本却有点"大意失荆州"，显得落后了。本来，美国经济积重难返，问题最多，在国际竞争中总吃败仗。可是在 80 年代，为了对付日本的步步进逼，在宏观调控特别是微观改造上作了巨大努力。美国制造商协会主席贾西诺斯基甚至说："美国企业最近完成了 19 世纪工业革命以来前所未有的变革。"结果，进入 90 年代，美国已跑到了前面。日本则感到它的目光有点短浅，因而建立在一时虚假现象上的乐观情绪为之一扫，经济上的悲观气氛占了上风。人们已很难再看到或听到日本很快就要超过美国的议论。争论已变成日本经济是否已走到了顶峰，以后是否只能走下坡路的问题了。美国的布热津斯基就一直持这种看法。奈斯比特在最近出版的《亚洲大趋势》一书中，甚至称日本为没落的帝国，说"日本的经济实力已达到顶峰并开始走向衰落"。"它在亚洲和世界的相对经济地位已呈下滑趋势。"这场新的争论说明，日本经济确已处在一个历史转折点上。

冷战后，日本原有的政治格局和政权结构也显得有些不适应了。细川当选首相后就说："伴随冷战的结束，日本建立在冷战结构基础上的两极政治已画上了句号。"不论这话是否准确，但也说明日本政治同样走到了转折点。

冷战的结束和经济的不景气，使日本政局乱了套，自民党一党执政的所谓"1955 年体制"顿形瓦解，长期保持相对稳定的日本政治格局进入了各种力量大分化与大改组的动荡时期，连素称良好的社会治安状况也已今非昔比。由于造成这种混乱局面所由来者渐，因此，就不会很快结束。

执政 38 年的自民党，其实从一开始就是个大杂烩，派系林立、争权夺利，只是由于冷战时期，外有苏联的直接军事威胁，内有强大的"改革派"势力，遂使它还能代表整个统治阶级利益，执行所谓"吉田路线"，从总体上引导日本走和平建设的道路。所谓"改革派"，主要指社会党，但在一定意义上也应把日共计算在内。日本战败初期，改革与革命的浪潮也曾席卷全国，群众运动风起云涌，日本的统治阶级以及美国占领当局都着实被吓了一跳。但是后来运动逐渐进入低潮，美国支持下的日本垄断资产阶级的统治反而趋于稳定和巩固。这是由于两方面的历史原因造成的：一是日本长期处于美国的占领之下，革命和改革的群众性运动一旦高涨，就会遭到美国占领当局的严厉镇压。这一力量对比是很难改变的。二是由于第二次世界大战的性质和战后革命高潮所决定。第二次世界大战从一开始就具有反法西斯的民主性质，战后兴起的也是民族民主革命的高潮，而不是无产阶级社会主义革命的高潮。当时日本的革命群众运动也正是世界民族民主革命高潮的一个组成部分。在当时的历史条件下，日本这一任务的完成主要是靠自上而下的民主改革，虽然很不彻底，但总算大体上适应了战后的形势和潮流，因此，民族民主运动逐渐走向低潮是历史的必然。但是自民党在长期的执政中，所造成的"金权政治"、腐败作风，已使它失信于民，不能"照旧"统治下去了，必须改变形式。结果是自民党的分裂。在这次政局动荡中，最大的输家是社会党。它不但失去许多席位，而且不能不在性质和主张上作出根本性的改变，最后导致"保革"合流，出现了自民党和社会党的联合政权。但这也只是一时的过渡，所有政治力量仍处在急剧的分化组合之中，还没有形成比较稳定的政治格局和政治秩序。

  日本今后的外交政策，它在世界上的地位和作用，更是世人关心的问题。在冷战时期，日本在国际政治中的动向是不必太多注意的，因为它总是以美国的马首是瞻，自主性极其有限。随着美国实力的相对衰落和日本国际地位的提高，日本就已提出要和美国平起平坐（做"平等伙伴"），要当政治大国，要推行大国外交，不甘于总是跟着美国走。但在相当程度上，这还属于愿望成分的多，实际上在重大问题上还不能不同美国保持一致，遵守日本外交的"基轴"——日美同盟关系（保护和被保护的关系）。及至冷战结束，问题就开始发生质的变化。虽然一些提法照旧，但日本争当政治大国的步伐却加紧了。一开始先定了两个目标：一是争当联合国安理会常任理事国，取得和原有五大国相同的地位；二是通过联合国插手各种国际事务，特别是突破原有的一些禁区如向外派兵等，虽然事情进行得并不十分顺利，但它的决心却无丝毫动摇。相反，即使在经济萧条时期，日本的大国外交和大国主义思潮还是在不断上升，在《外交蓝皮书》中还公然提出要在亚太地区起"中心作用"。在不存在直接军事威胁的情况下，日本却在增加军费，扩充军备，这就使许多人提出了一个好像是规律性的问题，就是经济大国必然要当政治大国，成为政治大国后又必将发展成军事大国。这里第一点已经得到证实，只是第二点还有争论。例如美国就有两派，基辛格等人认为日本到21世纪肯定要成为军事大国。但也有些人认为不会。美国《今日军备控制》1994年11月号就载文说，日本政治和社会生活各方面均未表现出成为军事大国的意愿，虽然它已具备其余四个基本条件：工业、技术、财富、人力。至于日本自己则一再宣布绝不当军事大国，可人们哪里能轻易相信一种空洞的允诺呢？何况日本统治阶级还不肯坦诚承认和悔过以前的侵略事实，更不用说那些为军国主义招魂的极右分子颠倒黑白的言行了。由此可见，日本今后是走和平发展的道路，还是旧态复萌、走当年的老路，这显然还是一个不确定的问题，引起亚太国家的担心是并不奇怪的。

日本走什么道路，作什么选择，这不单决定于其国内因素，同时也决定于国际因素，特别是在全球化迅速发展、相互依存日益加深的情况下。因此要讨论日本的走向，就必须看一看国际形势的发展和世界格局的变化。

三　日本面临的国际环境

关于影响日本今后走向的国际形势，主要的可以提到以下几点。

第一，今后一个相当时期，将是一个总体上保持和平与相对稳定的国际环境。首先，世界大战打不起来了。因为一则现代资本主义已发生重大变化，它们之间发展不平衡必然导致战争的论断已失去效用。二则冷战后大国关系出现的一个新的重要特点就是互相不再构成直接的军事威胁，各国军事战略的重点已经是准备局部战争和地区冲突了。它们之间的矛盾和冲突已主要表现为以经济实力为基础的综合国力的竞赛以及主导权的争夺。其次，局部战争和地区冲突仍然在所难免，但呈现数量减少和规格缩小的趋势，且多属内战性质，大国虽在插手，却在尽量避免直接的军事卷入。最后，裁军和军控保持一定势头，安全合作的趋势在加强。虽然许多国家特别是西方大国，转而强调质量建军，坚持国际事务中军事的作用，国际间在安全和军控等问题上进行着激烈的斗争，但不致再恢复冷战时期的扩军备战和军备竞赛，国际形势的总趋势将是在不断反复中继续走向缓和。

第二，有利于维护和平的多极化在加速发展。所谓多极化，主要包括两个内容：一是大国实力的均衡化，世界大事不再由一两个超级大国说了算；二是发展中国家地位和作用的提高，国际事务特别是涉及发展中国家的问题不能只由几个大国协商决定。均衡从来都是相对的，不可能完全一样。这里所提均衡化是指大国实力差距明显缩小，都成为发挥独立作用的力量，相互制约的作用大为加强。具体说来，就是美国实力相对衰落和内部问题日趋严重，干预国际事务的能力不断下降；欧（主要是德国）日地位的上升和自主倾向加强；中国的快速发展；俄罗斯大国地位的保持和恢复。这里只强调指出一点，就是美国的相对衰落是不可扭转的。在多极格局形成后它仍将是大国中实力最强的，但不再是作为历史现象的超级大国了。至于多极化第二个因素，发展中国家地位和作用的提高，更是有目共睹的了。发展中国家作为整体，早已扭转了南北差距拉大的趋势使之走向缩小。不少研究机构预计，再过二三十年，发展中国家在世界经济中所占比重将超过发达国家，从而结束少数西方大国统治世界经济的历史。南北关系开始发生的另一个重大变化，就是南方对北方的依赖在相对减弱，北方对南方的依赖在相对加强。被一些人喜欢称为"一超"的美国，已越来越依靠发展对外经济关系，甚至说"我国经济增长的大部分潜力在国外"（美贸易谈判代表坎特1995年11月9日演讲），为此制定的新兴大市场战略中就全系发展中国家。在国际事务中，发展中国家的作用也已显著加强，特别是一些地区性大国和国家集团。有的日本报刊在论及亚太经合组织、东盟地区论坛和亚欧领导人会议时，甚至提出现在已是小国领导大国了。不管怎么说，以前那种中小国家或弱国只能听命于大国的现象已经成为历史了。由此可见，所谓多极化中的极也是分层次的，除了人们公认的五大极外，还有属于二、三层次的中小极，例如东盟就是亚太地区重要一极；在东北亚，韩国也是敢于和日本抗衡的。这都意味着国际关系的民主化。当然，发展中国家也在加速分化，许多国家将赶上或接近发达国家，但同时属于特别穷的国家又在增多，贫困化和边缘化还在发展。因此，南北差距在缩小，贫富差距却在扩大。冷战的结束使原来意义上的东方和西方的分界不复存在；经济政治的不平衡发展，经过二三十年，也将使现在的南北区别趋于模糊或另行分类划界，现在的第三世界那时也会消失。

第三，世界经济的发展正在酝酿着一个新高潮的到来。主要条件已经或正在成熟。这就是席卷全球的以市场导向的改革与调整，国际化和全球化的空前发展，方兴未艾的科技革命。这些因素在冷战后更有重大发展，预示着类似 20 世纪 50 和 60 年代那样的经济大发展将在下世纪初出现。所以人们对市场化、全球化、信息化给予了高度评价。例如美国商务部副部长萨默斯 1995 年 11 月 1 日在一次讲话中就说，"将来，当历史学家们回顾我们这个时代的时候，他们视作最突出的事件也许不是两个国家集团之间斗争的结束。这么多的国家转向以市场为基础的经济这样一种前所未有的局面也许是震动更大的变化。这是一场把亚洲、东欧、拉美和非洲二三十亿人口送上通往繁荣的快速电梯的运动。"他的部长布朗八天后在宣讲新兴大市场战略时也说："全球经济一体化堪与 150 年前的工业革命相提并论。"还可引证 1995 年 12 月 7 日法国《世界报》上的一段话，"促进目前世界经济革命有两种力量：商品关系的普遍化和信息技术的发展。五年前，市场经济还只涉及世界六亿人口，再过五年，市场经济将涉及 60 亿人。"

当然，即将到来的这场世界经济发展的新高潮与上次会有很大不同，必然有些新的特点，主要的可能有以下几点：一是角色和结局的变化，上次高潮扮演主角的都是西方发达国家，发展中国家除少数小国和地区还多少赶上了末班车外，绝大多数国家和其中一些大国如中、印、印尼等，都丧失了机遇，连配角也没当上。但是这次高潮中，发展中国家作为整体，或其中许多国家，发展速度都将超过发达国家。单论经济规模，可能多数经济大国将由发展中国家取代，只是经济水平还同发达国家有不小差距。二是发展的内涵和层次不同。发达国家比较重视质量、提高效益，注意全面发展，加速实现信息化。发展中国家还只能把工业化作为重点，重视增长速度，同时在科技上利用后发优势，适当解决信息化等问题。这种情况说明，发展中国家的增长虽将大大快于发达国家，但提高科技和经济水平还面临很大困难，因而不可盲目乐观。三是经济在国际关系中的地位有变。上次高潮处于冷战时期，军备竞赛占了重要地位。这次高潮则是冷战后。国际斗争仍然甚至更加激烈，但其主要内容和表现形式也不在军事领域，而转到了经济领域，各国都更加重视经济安全和经济发展，而把意识形态的差异放到了次要地位。四是经济的全球化、集团化有了很大发展，在一定意义上出现了质的区别。冷战后在两个重大的理论问题上已经没有了争论。一是市场为人类社会发展必由之路。一是国际化（包括意义不尽相同的全球化、区域化、集团化）成为世界经济发展的主要动力。冷战后还出现了两个相反相成的趋势，即一方面，世界上的相互依存越来越紧密，全球作为一个完整和统一的市场日益走向一体化；另一方面，民族主义情绪高涨，贸易保护主义抬头，经济关系和政治关系融合，大国特别是美国动辄使用经济制裁手段。正是在这种情况下，全球化（不全等同于国际化）和集团化同时迅速发展。到了真正的全球一体化，大概才会合二而一。此外，还应指出的是，两次高潮也有许多共同点，例如都不是直线上升，都会发生波折，都无法避免从景气到衰退的周期等。

　　第四，世界并不安宁。虽然在今后长时间内和平与发展将一直是世界主题和时代特征，但由于仍然存在许多不确定和不稳定的因素，所以必然在国际上造成一定的动荡、紧张以至危机，出现激烈的摩擦与斗争，导致各种局部战争与地区冲突。冷战时期被掩盖的一些矛盾突然爆发出来，就使曾是相对稳定的欧洲一时变成世界上最不稳定的地区。日积月累的阶级矛盾趋于尖锐，许多国家特别是大国，内部问题突出，社会治安随之恶化。由于经济地位的上升，使竞争更加激烈，进一步加强了经济关系政治化和政治关系经济化，经常发生制裁和反制裁、干涉和反干涉的斗争，也助长了领土的争端和资源的争夺。国际关系中的主要矛盾转移到了经济领域。经济竞争和摩擦以及主导权的争夺，成为主要矛盾的主要表现形式。

此外，还产生越来越多的共同性问题，如国际犯罪、恐怖主义、毒品贩运、环境破坏等。但是，最大的不稳定因素还是强权政治和霸权主义。个别大国，一直自封世界领导，还要以国际警察和国际法官自居。一切都得听它的，若有违抗，就要施加压力、进行制裁，甚至以军事相威胁，直到使用武力。不过时代终究变了，霸权行径常遭到其他大国的抵制，而且即使中小发展中国家也不再俯首听命了。强权政治引起的各种摩擦和斗争，危及世界和平与稳定，但是人们看到的将是它的逐渐衰落，而不是它的进一步兴起。

第五，与日本关系更直接的亚太地区，也和全世界一样，存在着两种趋势，但主导的一面将是和平与稳定、发展与合作。谈到亚太地区的经济情况，一般更重视亚洲特别是东亚。这里的经济发展早已引起全世界的关注，被称为世界新的经济增长中心。各国都在纷纷制定"新亚洲战略"，生怕失掉在亚洲的机会。看来，相信个别美国人对东亚经济抱悲观态度的人并不多。

亚太地区不同形式和不同层次的经济合作也进展很快。发展中国家的崛起，在亚洲表现得最为明显。除经济因素外，亚太地区的另一个重要特点是形势一直保持相对稳定。原因，可能有以下几点：一是多极化在这里发展比较早，因此，冷战结束带来的冲击要比欧洲小。二是亚太各国和地区都较早重视发展经济，而相互依存与相互渗透又迅速加深，增进了合作，加强了凝聚力。三是冷战后的力量对比的调整比较快地趋于相对均衡，使相互制约的作用大为增强。俄罗斯由于内部问题较多，对外关系的重点又在欧洲，因此一个时期内在亚太地区的作用有限。这里的大国主要是中、日、美三国，它们的相互关系在本地区形势中起着决定性作用。但这种关系已同冷战时期的中苏美大三角有本质的不同，不但互相不再构成直接的军事威胁，也缺乏两个联合固定对付一个的战略基础。这个新三角虽然不等边，但基本上还是一种相互竞争、相互合作、相互制约、相互促进的关系。此外，东盟作为一个国家集团，也是亚太地区的重要一极。在处理地区经济合作和安全问题上有时起着不亚于大国的作用。根据亚太地区的力量对比和发展趋势，相对稳定的局面还会长时间保持下去。但不能让影响和平与稳定的因素占上风，否则就会被另一种趋势所代替。

这是因为亚太形势中不稳定和不确定的因素还很多。这里只择其要者谈以下几点：一是大国关系还没理顺，还没定位，若发生问题影响也比较大。在经济领域的竞争和摩擦，以及地区主导权的争夺上，美日间的矛盾是主要的，且呈发展趋势。但相互依赖和互有所求，使它们的关系可以得到协调，不会走向破裂。由于美国的强权政治，中美关系经常出现险情。但同样互有需要，所以也坏不到哪里去。中国是主张保持和发展对美关系的，如果美国也有此愿望，双方关系还有改善的可能。二是本地区有些原有热点或可能变成热点的问题，处理得好，不致失控；处理不好，就可能酿成大祸。印巴克什米尔之争，会是冲突不断，但不致导向全面战争。朝鲜半岛形势仍不明朗，存在着各种可能性。现在核问题已走向解决，各方关系也稍有缓和，如果能照此方向继续前进，形势也许会逐步稳定下来，避免突然事变的发生。台湾问题一直就是本地区一个不稳定因素。近来由于外部势力的挑动和岛内分离主义的猖獗，台湾问题又被突出起来。但两岸关系纯属中国内政，中国政府又坚持和平统一方针，因此如无外部势力的进一步插手和制造"两个中国"的活动，台湾形势是可以逐步缓和下来，并通过两岸关系的发展最终实现祖国统一的。南中国海的形势是相对平静的，并不像一些人渲染得那么严重。中国提出的"搁置争端，共同开发"的方针，可以防止事态的恶化，吵嚷"南中国海危机"是缺乏根据的。当然也不能说亚太地区这类问题都不会出现危机。应该承认，发生突然事变的可能性是确实存在的。但可以大致肯定的是，无论哪个问题出现突变，也总是带有地区性和局部性，不会引起亚太地区的全面冲突和对抗。至于是否出问题，则在很大程度上取决于美国，因为它执行的是插手和干涉的政策，例如台湾问题的突出就是由它引起的。同时，日本的作用也不能忽视，因为它也在本地区居于重要地位，又是一个不十分确定的因素。

四 日本向何处去

根据以上的分析，现在我们可以对日本进入 21 世纪的走向作一些探讨了。当然，这种估计不可能看得很准，因为起决定作用的还是要看日本今后的政治演变和最终执行什么样的基本国策。

下面只就几个主要方面谈一下日本今后15年发展趋势。

（一）经济可能逐步过渡到中速增长，在世界经济发展中处于"中游"地位

日本经济目前还未走出衰退，相当时期内也不会恢复到20世纪80年代那样的中速增长。这不只是由于泡沫经济崩溃造成金融秩序的破坏短期内无法克服，而且由于日本对于经济体制和结构中早已过时的部分进行改革和调整太慢，没能赶上形势的变化。例如关于以内需为主导、减少经常收支顺差，从"前川报告"以来讲了多年，实际改变并不大，自然收效甚微。虽然从这次衰退中得到不少教训，但由于无论宏观还是微观都积累问题太多，又有利益集团和传统势力的阻碍，因此改革和调整将是十分艰巨的，不可能在三五年内完成，显示重大成效起码也得到21世纪。现在日本政界和企业界都认识到改革的重要，虽然还有分歧和斗争，但改革调整已势在必行。而且从各方反映看，大方向也基本一致，即放松管制，实际上就是更充分地利用市场机制，对内大幅度减少或取消各种限制，对外进一步实行开放。随着改革的深入开展，日本经济形势会逐渐好转，到21世纪初可望跟上世界经济发展的新高潮。根据过去的经验，日本的适应能力不可低估，特别是在危机当头的时候，往往能够上下一致，渡过难关。

但是无论从短期看还是从长期看，日本经济还存在许多不利因素，如金融业一时很难恢复健康运转、失业率逐步上升、财政赤字高（财政对国债的依赖程度大大超过欧美）、政府经济对策回旋余地不多、储蓄率有降低趋势、社会的老龄化等。再加上在世界经济发展的新阶段里，重点已逐渐转向提高经济质量和科技水平，不再特别强调增长速度。这当然也适用于日本。因此，日本经济发展速度最近几年大约仍会低迷，进入高潮后也将是3%左右。上次高潮中那种年均10%的增长率再不可能出现了。但即使如此，它的速度也将算得上中速增长。

90年代出现的经济上"美升日降"现象主要是些临时原因造成的，除上述美改革走在了前面外，还有美元贬值、美国较早走出衰退等，但双方的根本态势并未改变。从长远看，美国经济实力相对衰落的趋势不

可逆转。因为美国经济生活中存在的某些问题一时无法解决，日本却略占优势。如美国的高赤字、高消费、高债务和低投资率、低储蓄率（1993年美只占经合国家全部储蓄净额的5%，日本则占56%）；1993年美对外债务6580亿美元，日本则为债权6100亿美元；美国在日本的直接投资只有日在美的1/4，等等。因此，今后的总趋势并不是一些人所说的"太阳西沉"和"美升日降"，而是双方差距的继续缩小，只是速度会比以前慢得多。

在新高潮中，发展中国家作为整体（经济总量和人口比重的主要组成部分），增长速度又会超过日本，其中有些国家还要更快。例如东亚发展中国家今后十年的发展速度，人们估计就可能高出日本几倍。这样，日本在世界经济发展中就处于"中游"地位。因此，有两种观点是不能同意的：一是认为日本经济已到达山顶，以后只能走下坡路；二是认为日本还会继续创造奇迹，很快就会超过美国，成为世界第一经济大国。

（二）政治趋向保守，一些人想实行美国式的两党制

冷战后，日本政治一个显著特点就是保守倾向的加强。还在自民党分裂前，一股被称为"新保守主义"的势力就在兴起。此后在政治力量的分化组合中，被称为"鹰派"的政治人物也纷纷走上前台。日本政治格局中原有的"保革"之争，已被两大保守势力之争所代替，从其领袖人物和主张看，都具有"新保守主义"色彩。原来的革新势力已大为削弱，社会党不但改了名字，而且变了性质。从前一些所谓"中道政党"也大多为保守势力所融合，甚至追随新保守主义。随着形势的变化和"新国家主义"的舆论导向，社会思潮也趋于保守，这就造成相互不良影响的循环。

但是，新保守主义并没有稳操胜券。日本政治格局还处于过渡时期，政局的稳定也不是三两年的事，各派政治力量还在进行着激烈的分化组合。现在政坛上起主要作用的政党只剩下了两个：自民党和新进党。看来，再经过一个时期的酝酿和斗争，由金丸信设计、经小泽一郎倡导并得到财界支持的美国式两党制也许可能在日本出现。现在的自民党和新进党的骨干都出自前田中军团（后来的竹下派），基本路线上没有什么太大区别，同属两大保守党在进行权力斗争，这和美国相似；但其多党组合、派

系林立、分聚不定的状况又与美国不同，例如，自民党和新进党都可能再次分裂，重新组合。因此日本的两党制不会顺利形成，形成后也不会十分稳定。

由于政治趋向保守和"新国家主义"思潮抬头，修宪的议论将会多起来。而一旦气候适合，例如完全由新保守主义势力当权，修宪的议论就会变成修宪的行动。应该说，随着时代的发展和形势的变化，对宪法作一些相应的修改也是无可非议的。德国的宪法就已修改了41次。但日本的修宪从一开始就是右翼思潮的一部分，就包含一些令人不安的因素。1957年甲级战犯嫌疑犯岸信介任首相时先提出修改宪法第九条。第二年政府又成立了作为常设机构的内阁宪法调查会。在日本政治生活中也一直存在修宪和护宪的斗争，但是修宪派始终没能占上风。现在情况发生了变化，国内外的阻力有所减弱，修改的可能性增大，主要内容将是摆脱战败国地位和反映大国政策。但时代终究不同了，修宪不会太容易，也不会完全按右翼势力的想法，如实行专制和恢复天皇制等。

冷战后，发达国家中一个普遍现象是国内问题突出、矛盾加剧。日本也不例外，不但过渡时期政局混乱，即使实现了保守的两党制，国内形势也不容易做到十分稳定，治安情况更要比以前差。国内问题多，不能不对保守势力的大国主义产生一定的影响和制约。

（三）继续扩充军备，实行质量建军，作为增强综合国力的重要组成部分

冷战后，世界出现了持续裁军的趋势，日本的安全形势也有了根本改善：随着苏联的解体，解除了外来的直接军事威胁；亚太形势进一步保持相对稳定；继续得到美国的军事保护。但日本却与世界潮流背道而驰，坚持增加军费和扩充军备，并本着这种精神于1995年相继出台了《防卫计划大纲》和《中期防卫力量建设》，使建军进入了一个新阶段。特别是《大纲》是个重要文件，它规划了15年蓝图，提出了新的战略方针，值得注意的有以下几点。一是推进军事力量现代化和高技术化，按照"合理、精干、高效"的原则，实行质量建军，把日本的军力提高到一个新的高度。二是加强同美国的军事合作，还要把合作范围扩大到整个西太平洋。三是调整了假想敌，除朝鲜外，还暗指中国为潜在对手，甚至连韩国（特

别是统一后的朝鲜）也隐含在内。四是提出了新的任务，如积极参加联合国维和行动，干预某些地区冲突等。

在和平与发展时代、国际形势整体趋向缓和的条件下，日本加强军备的原因何在呢？它不能和一些发展中国家例如东盟各国相比拟。第一，这些国家原来的军事装备都极其落后，需要更新换代，现在由于经济发展也具备了条件。但日本的装备却很先进，在某些项目上甚至超过美国。第二，这些国家的军费都很少，整个东盟和中国加在一起也没日本多。人们很难相信一个朝鲜会构成对日本安全的威胁，何况还前有韩国和美国给它隔挡着。至于暗示中国是它的潜在威胁，一方面说明日本统治集团中有些人确实不愿看到和害怕中国的强大，另一方面也是在制造借口，以便拉住美国、影响中国的邻国，以提高它的地位。其实他们知道中国不会也没可能威胁到它。

那么，日本扩充军备追求的是什么目标呢？看来，当前主要还是为了达到以下目的。一是作为争当政治大国的一个重要手段。根据海湾战争的经验，光有钱还不行，还得有军事力量，才能在将来世界格局中取得大国地位，成为重要一极。二是以军事力量为基础，争取更多地参加联合国维和行动和干预地区冲突，扩大日本影响，提高日本地位。三是把日本造成一个经济、政治、军事都强大的和独立自主的"正常国家"，在国际一些领域和亚太地区争夺主导权。

关于是不是想要当军事大国，这就有争论了。日本政府一再宣布不做"军事大国"，但亚太国家许多人却认为日本下世纪必将发展成军事大国。当然，这也要看对军事大国如何理解。现在日本就已是军费大国了，军事技术也很先进，按照日本现有条件，增添和提高装备以及扩大人员都是不费事的。如果军事大国指拥有庞大的兵力和具有进攻性装备，日本一旦有此意愿和环境允许，那也是很容易做到的。但是，现在还是有不少因素对它有所制约。首先是国内和平主义与民主主义已深入人心，国民普遍反对军事化。其次，国际上仍存在强大压力，除亚洲各国反对外，日美同盟也起所谓"瓶盖"作用（意即不让军事大国这个怪物跑出来）。再次，现在经济是重点，用经济手段向外扩张更有效，而对外用兵则有沉痛教训，又已不合时宜。最后，统治阶级内部存在分歧，还不是都要求现在就做军事大国。因此，在我们所谈的这个时期内，日本还不会成为军事大国，日本政府也不会以此为国策。至于十多年后的情况，那就要看形势的发展变化了。

同样，在相当时期日本也不会制造核武器，虽然它现在就有能力造。这除了上述制约因素外，还因为日本国土狭小，缺乏战略纵深，工业和人口又比较集中，经不起核战争。就是常规导弹击中它现在运转的40多个核反应堆的一部分，它也是受不了的，更不要说核弹头了。

但是现在日本的右翼势力却并未觉悟到这些，还在叫嚷加强军力（在一定程度上政府也在这样做），重温昔日旧梦。其实，复活以前那样的军国主义，即对内实行法西斯专政和统制经济，对外进行无止境的军事侵略，大概永远也不可能了。现在人们提到的防止日本军国主义复活，已经主要是指重建威胁亚太地区和平与稳定的军事力量。这倒确是有现实意义的。

（四）摘掉战败国帽子，争当政治大国，在国际事务中发挥更大作用

在外交上，日本一直想摘掉战败国帽子，如删去联合国宪章中的前敌国条款，与其他国家特别是大国处于平等地位等。这些要求，按理也是无可非议的。所以本届联大已对宪章作了相应的修改。至于在大国间的平等地位，也多已不成问题，只是同美国的平起平坐还在继续争取。其实，日本主要的国家战略目标还是争当政治大国。上述这些也都包括在此战略目标内。这一战略酝酿很早，还在70年代初，当时的佐藤首相就提出，日本不仅要做经济大国，也要做政治大国。进入80年代，中曾根更加强调提出，日本"要增加作为政治大国的分量"，"发挥与经济大国相适应的国际作用"。冷战后，日本当局虽然不大提政治大国这个名词，但争当政治大国的步伐却大为加紧。

什么是"政治大国"，和军事大国一样，标准并无定论，但在人们印象中起码应具备三个条件：一是具有一定的经济基础，这在日本已不成问题；二是得有一定的军事实力，日本正在增强军力；三是参与国际事务的能力和实际影响。日本争当政治大国的努力主要集中在这第三方面。所以冷战后日本就一再强调要积极推行"大国外交"，要对国际社会作更大"贡献"。日本定下两个初期步骤是争当联合国安理会常任理事国和派兵出

国参加联合国维和行动。这第二个目的已经得到初步实现，但第一个目的却搁浅了。看来原因有二：一是日本对联合国改革的复杂性估计不足，以为它是经济大国，对联合国可多作经济贡献，加上得到美英法等西方大国的支持，就没什么问题了，却没想到联合国内占绝对多数的是发展中国家，它们强调安理会应照顾地区性和普遍性，并不认为谁钱多谁就有资格参加。二是日本的国际形象并不十分好，特别是对侵略战争的态度一直引起亚太国家的不满。例如韩国和朝鲜就明确表示，由于日本对待历史的态度而坚决反对它当常任理事国；其他亚洲国家在联大发言中也出乎日本意料地没一个表示支持。由此可见，日本要当常任理事国并不容易，做政治大国也有一条漫长的路要走。当然从实际情况看，日本的国际地位已经有显著提高。例如日本为国际事务提供财力较多，已收到一定效果；是唯一列席欧安会和北约会议的亚洲国家；是联合国第二大出资国，当安理会非常任理事国次数最多，在联合国高级官员中任职的也多；介入当前国际热点的面较广，在一些问题上的发言权甚至超过英、法、俄。所以安理会外的政治大国首先要推日本和德国。在我们谈及的这一时期内，不管能不能当常任理事国，日本都有可能成为政治大国。问题是当什么样的政治大国和发挥什么样的作用。如果能致力于世界和平与发展，同大小国家都能平等相处和友好合作，做这样的政治大国有什么不好呢？否则在国际上就不会受欢迎了。

在外交上，日本强调同美国的关系是基轴。由于双方互有需要，估计在今后相当时期日美同盟也还会保持。但有两点变化是不可避免的。一是随着双方实力的相对变化（美降日升），日本的独立自主倾向会不断加强，越来越可以对美国说"不"，两国表现在经济摩擦和争夺亚太地区主导权的矛盾与斗争会日趋尖锐。二是相互依存和相互渗透又在不断加深。美国需要日本的资金和在国际事务中的支持。日本仍离不开美国的市场、安全保护和对当政治大国的支持。因此，两国间的矛盾虽在不断发展，但同盟关系在相当时期也不会破裂。

在日本外交上，日中关系的重要性仅次于日美关系。由于双方得"天时、地利、人和"之便，以友好合作为主的关系有可能得到长期保持，这也完全符合双方的利益和有助于亚太地区的和平与稳定。但双方又相互视为不确定的因素。日本既担心中国的迅速强大以致视为潜在对手，又不忘情于台湾。中国则对日本不断增强军力有疑虑，也不满日本对待历史和在台湾问题上的态度。所以中日关系的发展不会一帆风顺，还会有反复。只要日本和国际上不发生特别变化，中日间以和平共处、友好合作为主的关系将会持续下去，并可能有所发展。这也是中国方面的愿望。

近年来，国际上和中日两国舆论中提出一种所谓日本"脱美入亚"论。这其实是不十分准确的。日本历来就重视亚洲。它的战后发展，在一定程度上就是靠亚洲（特别是东南亚）的市场和资源。冷战后由于亚洲的崛起，全世界都在向亚洲倾斜，日本当然也更加重视亚洲，因此不能说才"入亚"。至于"脱美"，在相当时期还不会，甚至不敢这样讲。例如马来西亚总理提出的东亚经济核心论坛，他原来是要日本参加进来并起主导作用的，但日本怕美国，不敢表态。就是在这次曼谷亚欧会议上，日本的态度也貌似超脱亚洲，说是要"做欧亚间的桥梁"，并一再提及同美国关系的重要。这是由于它还羽翼未丰，存在着对美国的严重依赖，更谈不上"脱美"了。美国和亚洲对日本都很重要，都离不开，所以外相河野1995年一篇《日本外交前进的道路》文章中就提了两个基轴，一方面说冷战后"日美关系仍然是日本外交的基轴"，另一方面又说，"我以为，在日本的外交中加强亚太这一基轴仍是当务之急"。虽然日本同美国的矛盾在加深，进一步向亚洲靠拢，因为正如河野所说，美国的经济力量已相对下降，东亚地区却出现显著的经济发展和未来的经济增长前景。但现在两者还可兼顾，无须作出脱此入彼的决定，只是今后碰到两难选择会越来越多就是了。

由于国际地位的提高和政治倾向保守，日本今后在外交上态度可能趋向强硬，但由于多极化的迅速发展，制约因素很多，因而也不会强硬到哪里去，而且越是强硬越会孤立，对它是更不利的。同俄罗斯的北方领土问题很难解决，关系不会有很大改善。同韩国的矛盾可能还要增多。总之，日本外交今后是不会很顺利的。

从所有的这些情况看来，经过几年的过渡，日本的走向会逐渐明朗起来，同冷战时期比会有很大变化。或者仍以发展经济为重点，同时适当增强军力、争取和加强政治大国地位，这一可能性大些。或者实行大国主义，不但要当政治大国，而且进而要当军事大国，以致威胁地区的和平与稳定。这是亚太国家最担心的。日本到底向何处去，就只能看将来的发展了。

(1996年3月，"21世纪中国与日本"国际研讨会的主题报告)